半月谈

教育知识与能力

（中学）

半月谈图书编写组　编著

电子工业出版社

Publishing House of Electronics Industry

北京·BEIJING

内 容 简 介

本书依据教育部教师工作司和教育部考试中心制定并颁布的《中小学和幼儿园教师资格考试标准（试行）》、教育部考试中心制定的小学教师资格考试大纲和历年教师资格考试真题，分析了考查重点和命题趋势，对常考、易考知识点和其他考点进行了区分。详讲常考、易考知识点，并呈现相关经典真题，让考生能迅速了解知识的运用方式和考查角度；略讲其他非常考、非易考知识点，在不缺失知识内容的前提下，减轻考生记忆负担。本书采取了边学边巩固的策略，设置考点收纳盒、知识储备库、真题陈列架和记忆保温箱等栏目，使考生能够在学习知识之前了解相关知识点的考情，学习知识之后温故知新、巩固所学。

本书适合作为国家教师资格考试（中学阶段）的辅助教材。

未经许可，不得以任何方式复制或抄袭本书之部分或全部内容。

版权所有，侵权必究。

图书在版编目（CIP）数据

教育知识与能力 . 中学 / 半月谈图书编写组编著 . -- 北京 : 电子工业出版社 , 2020.12
ISBN 978-7-121-40269-2

Ⅰ . ①教… Ⅱ . ①半… Ⅲ . ①中学教师—教学能力—资格考试—自学参考资料 Ⅳ . ① G451.1

中国版本图书馆 CIP 数据核字 (2020) 第 259579 号

责任编辑：朱怀永

印　　刷：天津画中画印刷有限公司

装　　订：天津画中画印刷有限公司

出版发行：电子工业出版社

　　　　　北京市海淀区万寿路173信箱　　邮编　　100036

开　　本：787×1092　1/16　印张：24　字数：614千字

版　　次：2020年12月第1版

印　　次：2020年12月第1次印刷

定　　价：62.80元

凡所购买电子工业出版社图书有缺损问题，请向购买书店调换。若书店售缺，请与本社发行部联系，联系及邮购电话：(010) 88254888，88258888。

质量投诉请发邮件至zlts@phei.com.cn，盗版侵权举报请发邮件至dbqq@phei.com.cn。

本书咨询联系方式：(010) 88254608，zhy@phei.com.cn。

国家教师资格考试是贯彻落实《国家中长期教育改革和发展规划纲要（2010—2020）》的重要举措，是依据《教育部关于开展中小学和幼儿园教师资格考试改革试点的指导意见》（教师函〔2011〕6号）和《教育部办公厅关于2012年扩大中小学教师资格考试改革和定期注册制度试点工作的通知》（教师厅〔2012〕1号）文件开始实施的考试项目。

通过实施中小学教师资格考试，考查申请人是否具备教师职业道德、基本素养、教育教学能力和教师专业发展潜质，严把教师入口关，择优选拔乐教、适教人员取得教师资格。

一、国家教师资格考试时间

按照教育部等有关部门的安排，全国每年组织两次教师资格考试，分别为上半年和下半年考试。其中，上半年笔试时间为每年的3月中旬，面试时间为每年的5月中旬；下半年笔试时间为每年的11月中旬，面试时间为次年的1月。具体考试时间考生可以登录各省、自治区、直辖市的相关教育部门网站，查看当年最新公告，或登录中小学教师资格考试网（http://ntce.neea.edu.cn）查询。

二、国家教师资格考试科目

类　别		笔试科目			面　试
		科目一	科目二	科目三	
幼儿园		综合素质	保教知识与能力	—	教育教学实践能力
小学		综合素质	教育教学知识与能力	—	教育教学实践能力
初级中学		综合素质	教育知识与能力	学科知识与教学能力	教育教学实践能力
高级中学				学科知识与教学能力	教育教学实践能力
中职	文化课教师			学科知识与教学能力	教育教学实践能力
	专业课教师			（试点地区自行组织）	（试点地区自行组织）
中职实习指导教师				（试点地区自行组织）	（试点地区自行组织）

📘 注意：

1. 初级中学的《学科知识与教学能力》科目为：语文、数学、英语、物理、化学、生物、思想品德、历史、地理、音乐、体育与健康、美术、信息技术、历史与社会、科学15个学科。

2. 高级中学、中职文化课教师的《学科知识与教学能力》科目为：语文、数学、英语、物理、化学、生物、思想政治、历史、地理、音乐、体育与健康、美术、信息技术、通用技术14个学科。

3. 幼儿园教师资格考试面试不分科目。

4. 小学教师资格考试面试科目分为：小学语文、小学数学、小学英语、小学社会、小学科学、小学音乐、小学体育、小学美术、小学心理健康教育、小学信息技术、小学全科。

5. 初级中学、高级中学、中职文化课教师资格考试面试科目，与笔试科目三《学科知识与教学能力》内容相同。报考"日语""俄语""心理健康教育"3科的考生，参加笔试科目一、科目二合格后即可进行面试报名。

半月谈图书编写组

2020年12月

半月谈

第一节 教育的产生与发展

考点收纳盒

关键考点	考查力度	常考题型	理解难度
教育的属性		单选、辨析、简答	★★☆☆☆
教育功能		单选	
教育的起源		单选	★☆☆☆☆
教育的历史发展脉络		单选	★☆☆☆☆

知识储备库

一、教育的概念

（一）教育的词源

在我国，"教"和"育"两个字最初是分开使用的。东汉许慎在《说文解字》中对"教""育"二字的注解为"教，上所施、下所效也""育，养子使作善也"。

一般认为，最早将"教"和"育"二字连用的是孟子。他在《孟子·尽心上》中说："得天下英才而教育之，三乐也。"

（二）教育的定义

广义的教育泛指增进人们的知识、技能和身体健康，影响人们的思想观念的所有活动。广义的教育包括家庭教育、社会教育和学校教育。

狭义的教育主要指学校教育，是教育者根据一定的社会要求，有目的、有计划、有组织地对受教育者的身心施加影响，把他们培养成一定社会或阶级所需要的人的活动。

二、教育的属性

（一）教育的本质属性

教育是一种有目的地培养人的社会活动，是人类社会生活不可或缺的重要组成部分。

002

1 考点收纳盒

——历年考情，一览无余

第一节 教育的

考点收纳盒

关键考点	考查力度	常
教育的属性		单选、
教育功能		
教育的起源		
教育的历史发展脉络		

知识储备库

半月谈

第三节 教育的基本规律

考点收纳盒

关键考点	考查力度	常考题型	理解难度
个体身心发展的一般规律		单选	★★★☆☆
个体身心发展的动因		单选、简答	★★★★☆
影响个体身心发展的因素		单选、辨析、简答、材料分析	★★★☆☆
教育与社会生产力的关系		单选	★★★☆☆
教育与社会政治经济制度的关系		单选、简答	★★★☆☆
教育与文化的关系		单选、简答	★☆☆☆☆
教育与人口发展的关系		单选	★☆☆☆☆
教育与科学技术的关系		单选	★☆☆☆☆

知识储备库

一、教育与人的发展

（一）个体发展的概念

个体发展是指个体生命从开始到结束的一生中身心诸方面及其整体结构与特征所发生的一系列变化的过程。其内容包括生理发展、心理发展和社会适应发展三个方面。

（二）个体身心发展的一般规律

1.个体身心发展的顺序性

个体身心发展在整体上具有一定的顺序，身心发展的个别过程和特点的出现具有一定的顺序。个体身心发展是一个由低级到高级、由简单到复杂、由量变到质变的连续不断的发展过程。例如，身体的发展遵循着从上到下、从中间到四肢、从骨骼到肌肉的顺序；心理的发展总

024

2 知识储备库

——讲解知识，详略得当

知识储备库

一、教育与人的发展

（一）个体发展的概念

个体发展是指个体生命从开始到结

一系列变化的过程。其内容包括生理发

（二）个体身心发展的一般规

1 个体身心发展的顺序性

3 真题陈列架

——经典真题，举一反三

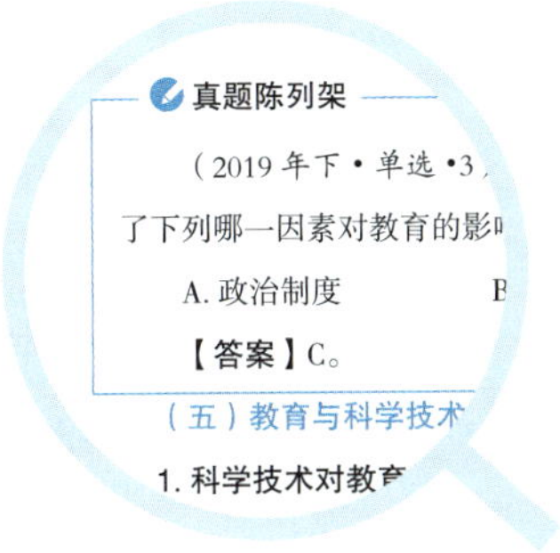
真题陈列架
（2019 年下・单选・3
了下列哪一因素对教育的影
A. 政治制度
【答案】C。
（五）教育与科学技术
1. 科学技术对教育

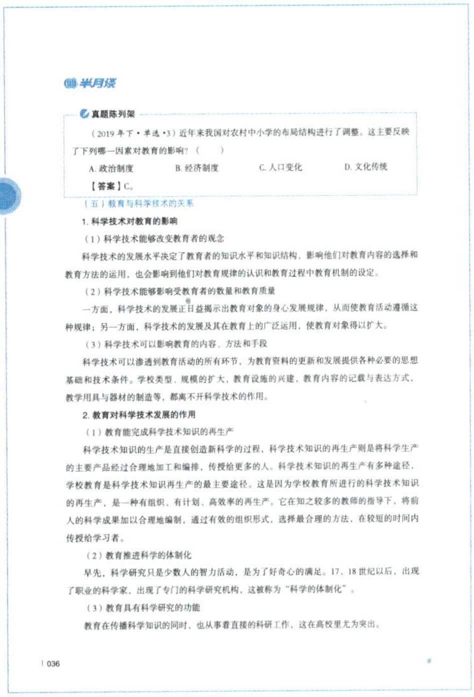

半月谈

真题陈列架

（2019 年下・单选・3）近年来我国对农村中小学的布局结构进行了调整。这主要反映了下列哪一因素对教育的影响？（　　）

A. 政治制度　　B. 经济制度　　C. 人口变化　　D. 文化传统

【答案】C。

（五）教育与科学技术的关系

1. 科学技术对教育的影响

（1）科学技术能够改变教育者的观念

科学技术的发展水平决定了教育者的知识水平和知识结构，影响他们对教育内容的选择和教育方法的运用，也会影响到他们对教育规律的认识和教育过程中教育机制的设定。

（2）科学技术能够影响受教育者的数量和教育质量

一方面，科学技术的发展正日益揭示出教育对象的身心发展规律，从而使教育活动遵循这种规律；另一方面，科学技术的发展及其在教育上的广泛运用，使教育对象得以扩大。

（3）科学技术可以影响教育的内容、方法和手段

科学技术可以渗透到教育活动的所有环节，为教育资料的更新和发展提供各种必要的思想基础和技术条件。学校类型、规模的扩大，教育设施的兴建，教育内容的记载与表达方式，教学用具与器材的制造等，都离不开科学技术的作用。

2. 教育对科学技术发展的作用

（1）教育能完成科学技术知识的再生产

科学技术知识的生产是直接创造新科学的过程，科学技术知识的再生产则是将科学生产的主要产品经过合理地加工和编排，传授给更多的人。科学技术知识的再生产有多种途径，学校教育是科学技术知识再生产的最主要途径。这是因为学校教育所进行的科学技术知识的再生产，是一种有组织、有计划、高效率的再生产。它在知之较多的教师的指导下，将前人的科学成果加以合理地编制，通过有效的组织形式，选择最合理的方法，在较短的时间内传授给学习者。

（2）教育推进科学的体制化

早先，科学研究只是少数人的智力活动，是为了好奇心的满足。17、18 世纪以后，出现了职业的科学家，出现了专门的科学研究机构，这被称为“科学的体制化”。

（3）教育具有科学研究的功能

教育在传播科学知识的同时，也从事着直接的科研工作，这在高校里尤为突出。

036

4 记忆保温箱

——强化记忆，温故知新

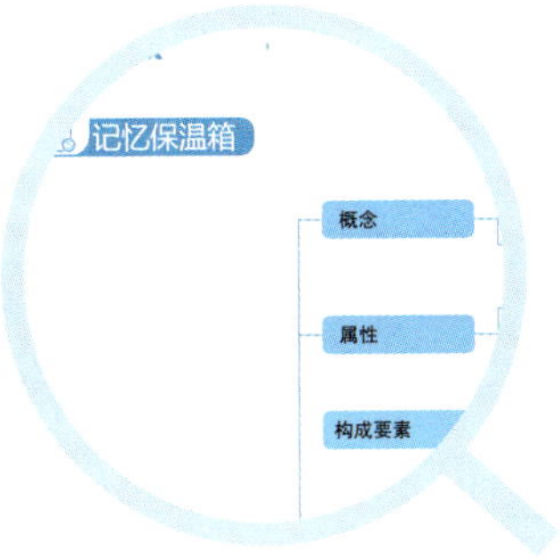
记忆保温箱
概念
属性
构成要素

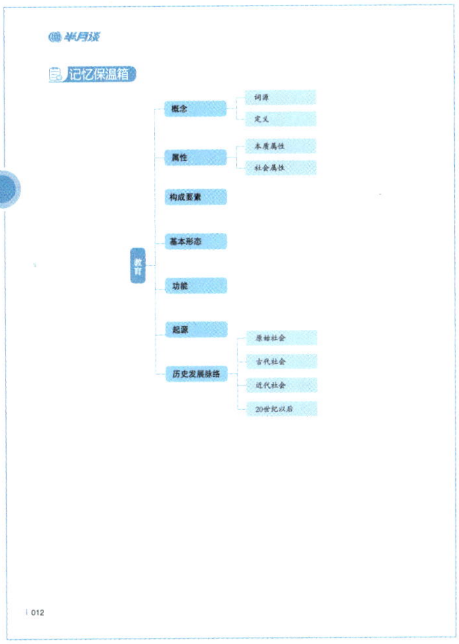
半月谈
记忆保温箱
教育
概念
词源
定义
属性
本质属性
社会属性
构成要素
基本形态
功能
起源
历史发展脉络
原始社会
古代社会
近代社会
20世纪以后
012

CONTENTS
目录

第一章

教育基础知识和基本原理

本章知识点难度不大，但多且零碎。
建议备考时应以识记和理解为主。

第一节　教育的产生与发展

考点收纳盒

关键考点	考查力度	常考题型	理解难度
教育的属性	▪▪▪▫	单选、辨析、简答	★★☆☆☆
教育功能	▪▫▫▫	单选	★☆☆☆☆
教育的起源	▪▫▫▫	单选	★☆☆☆☆
教育的历史发展脉络	▪▫▫▫	单选	★☆☆☆☆

知识储备库

一、教育的概念

（一）教育的词源

在我国，"教"和"育"两个字最初是分开使用的。东汉许慎在《说文解字》中对"教""育"二字的注解为"教，上所施，下所效也""育，养子使作善也"。

一般认为，最早将"教"和"育"二字连用的是孟子。他在《孟子·尽心上》中说："得天下英才而教育之，三乐也。"

（二）教育的定义

广义的教育泛指增进人们的知识、技能和身体健康，影响人们的思想观念的所有活动。广义的教育包括家庭教育、社会教育和学校教育。

狭义的教育主要指学校教育，是教育者根据一定的社会要求，有目的、有计划、有组织地对受教育者的身心施加影响，把他们培养成一定社会或阶级所需要的人的活动。

二、教育的属性

（一）教育的本质属性

教育是一种有目的地培养人的社会活动，是人类社会生活不可或缺的重要组成部分。

（二）教育的社会属性

1. 教育具有永恒性

教育是人类所特有的社会现象，只要人类社会存在，教育就存在，教育与人类社会共始终。

2. 教育具有历史性

教育是一种历史现象，在不同的社会或同一社会的不同历史时期，教育的性质、目的、内容等各不相同，每个时期的教育都具有自己的特点。

3. 教育具有阶级性

在阶级社会，学校教育的控制权属于一定的当权阶级，一定的教育反映一定的阶级要求并为之服务，它体现在教育的目的、制度、方针、内容甚至方法上。阶级性是教育的历史性在阶级社会中的必然反映。

4. 教育具有相对独立性

教育的相对独立性是指教育具有自身的运行规律和发展特点，并对社会政治经济制度和生产力具有能动作用。教育的相对独立性具体表现在以下几个方面。

（1）教育具有质的规定性

教育是有目的地培养人的社会活动，是有意识地向受教育者传递社会经验以培养人的社会实践。

（2）教育具有历史继承性

每一时代的教育都与以往教育有传承接续关系。任何一种教育都是在整个教育历史发展过程中产生的，都必然要吸收和利用以往历史阶段的教育成果。在教育方法、内容及原则等方面存在着千丝万缕的关系。

（3）教育具有与社会生产力和社会政治经济制度发展的不平衡性

教育与社会生产力的发展和社会政治经济制度的变革并非完全同步。这种不同步主要表现为两种情况：一是教育落后于一定的社会政治经济发展水平，即当社会政治经济发生了变化，某些教育内容、思想、方法还能在相当长的一段时间内沿用，有时会对社会政治经济的发展起着阻碍作用；二是教育超前于一定的社会政治经济发展水平，这时教育会对新的社会政治经济起着促进作用。旧的社会制度下会出现新教育的萌芽；新的教育制度下，也可能存在旧教育的延续。

> **真题陈列架**
>
> （2019年上·单选·4，即2019年上半年"教育教学知识与能力（中学）"科目考试，单项选择题的第4题，简记为此，下文类同）教育具有自身发展的规律，在某些方面不一定会随着社会的改变而改变。这反映了教育的哪一特征？（　　）
>
> A. 阶级性 　　　　 B. 生产性 　　　　 C. 目的性 　　　　 D. 相对独立性
>
> 【答案】D。

三、教育的构成要素

作为在一定社会背景下发生的促进个体的社会化和社会的个性化的实践活动，教育是一种相对独立的社会子系统。这个子系统包括三种基本要素——"教育者""受教育者（学习者）""教育影响"。教育的三种基本要素之间既相互独立，又相互规定，共同构成一个完整的实践系统。

（一）教育者

在教育活动中以教为职责的人是教育者。教育者是指直接对受教育者的素质发展起影响作用的人，包括学校的教师、管理人员、兼职教师、家庭教师、家长。其中，学校教师是教育者的主体和代表，是最直接的教育者。教育者在教育活动中发挥着主导作用。

（二）受教育者（学习者）

受教育者是指在教育过程中以学为职责的人，主要是学生。在教育过程中，受教育者是教育对象，同时也是学习的主人，是教育的主体，要倡导主体性教育。

（三）教育影响

教育影响即在教育活动中教育者作用于受教育者的全部信息，既包括信息的内容，也包括信息选择、传递和反馈的形式，是形式与内容的统一。从内容上说，教育影响主要就是教育内容、教学材料或教科书；从形式上说，教育影响主要就是教育手段、教学方法、教育组织形式。

四、教育的基本形态

从教育系统所赖以运行的空间特性来看，可以将教育形态划分为家庭教育、学校教育与社会教育三种类型。

（一）家庭教育

家庭教育是指以家庭为单位进行的教育活动，是指在家庭内由父母或其他年长者对新生一代和其他家庭成员所进行的有目的、有意识的教育。家庭教育具有先导性、生活性、感染性、针对性、终身性等特点。

（二）学校教育

学校教育是指以学校为单位进行的教育活动，是一种主导性的现代教育形态。学校教育的特点表现为职能的专门性、组织的严密性、作用的全面性、内容的系统性、手段的有效性、形式的稳定性等。

（三）社会教育

社会教育是指在广泛的社会生活和生产过程中所进行的教育活动。社会教育的概念有广义和狭义之分。广义的社会教育，泛指一切增进人们的知识、技能、身体健康及形成或者改变人们思想意识的活动。狭义的社会教育，则是指学校教育和家庭教育之外的一切社会文化机构及有关的社会团体或组织对社会成员（学生和人民群众）所进行的教育。社会教育具有开放性、多样性、群众性、补偿性、融合性等特点。

五、教育功能

教育功能就是教育对人的发展和社会发展所能够起到的影响和作用。

（一）个体功能与社会功能

从教育作用的对象看，教育功能可以分为个体功能和社会功能。

教育的个体功能是指教育对社会中个体的生存与发展所具有的作用和效能。教育的个体功能又被称为教育的本体功能或教育的固有功能。

教育的社会功能是指教育对社会的存在和发展所产生的作用和效能，具体体现在教育对人口、经济、政治、文化等的影响上。教育的社会功能不是教育自身的功能，而是教育培养的人参与社会实践活动中而发生的功能。因此，教育的社会功能又被称为教育的衍生功能或教育的派生功能。

教育的社会功能又可分为社会变迁功能与社会流动功能两种。教育的社会变迁功能是指教育通过开发人的潜能，提高人的素质，引导人的社会化，影响人的社会实践，能够推动社会的发展与变革。教育的社会流动功能是指社会成员通过教育的培养、筛选和提高，能够在不同的社会区域、社会层次、职业岗位、科层组织之间转换、调整和变动，以充分发挥个人的智慧才能，实现其人生价值。

（二）正向功能与负向功能

从教育作用的方向看，教育功能可以分为正向功能和负向功能。

教育的正向功能（积极功能）是指教育对社会发展和人的身心发展所产生的积极促进作用。

教育的负向功能（消极功能）是指与教育目标、教育主体愿望相反的客观效果，是教育对社会发展和个体发展所产生的阻碍作用或消极影响。

> **真题陈列架**
>
> （2018年下·辨析·22）教育对人的发展的作用总是积极的。
>
> 【参考答案】错误。按教育作用的方向，教育功能可分为正向功能与负向功能。教育的正向功能是指教育对社会发展和人的身心发展所产生的积极促进作用。教育的负向功能是指与教育目标、教育主体愿望相反的客观效果，是教育对社会发展和个体发展所产生的阻碍作用或消极影响。所以教育对人的发展的作用既有积极作用，又有消极作用。因此本题说法错误。

（三）显性功能与隐性功能

从教育作用的呈现形式看，教育功能可以分为显性功能和隐性功能。

教育的显性功能是依照教育目的、任务和价值期待，教育在实际运行中所体现出来的与之相符合的功能，如教育的个体发展功能、政治功能、经济功能、文化功能等。这部分功能既是教育的期待，也具有显著的外部表现。

教育的隐性功能是教育非预期的并且具有较大隐藏性的功能。教师的行为方式对学生潜移默化的影响，学校文化、社会环境对学生发展的影响等，都属于教育的隐性功能。

显性与隐性的区分既是相对的，也是可以相互转化、利用的。一旦意识到隐性功能的重要性，有意识地进行引导和利用，隐性功能就会转变为显性功能。

六、教育的起源

（一）教育的神话起源说

教育的神话起源说是人类关于教育起源的最古老的观点，所有的宗教都持这种观点，与本体论意义上的神创说密不可分。这种观点认为，教育与其他万事万物一样，都是由人格化的神（上帝或天）所创造的，教育的目的就是体现神或天的意志，使人皈依于神或顺从于天。这种观点是错误的，是非科学的。

（二）教育的生物起源说

教育的生物起源的代表人物是法国社会学家、哲学家利托尔诺与英国教育学家沛西·能。该学说认为教育的产生完全来自动物的本能，是种族发展的本能需要。教育的生物起源说是教育学史上第一个正式提出的有关教育起源的学说。它的根本性错误在于没有把握人类教育的目的性和社会性，抹杀了人与动物的根本区别。

（三）教育的心理起源说

教育的心理起源说的代表人物是美国教育家孟禄。孟禄认为，原始教育形式和方法主要是日常生活中儿童对成人的无意识模仿。教育的心理起源说使教育从动物界回到了人类社会，提出模仿是教育起源的新说，有一定的合理性。但这种观点把教育完全归于无意识状态下产生的模仿行为，忽略了人的包括教育活动在内的一切活动都是由意识支配的有目的的行为，夸大了模仿在教育中的地位和作用，否定了教育活动固有的目的性和意识性，因而也是不正确的。

（四）教育的劳动起源说

教育的劳动起源说也被称为教育的社会起源说，它是在直接批判教育的生物起源说和心理起源说的基础上，在马克思主义历史唯物主义理论的指导下形成的。教育的劳动起源说的代表人物是苏联的米丁斯基、凯洛夫等。教育的劳动起源说的主要内容是教育起源于劳动过程中社会生产需要和人的发展需要的辩证统一。

> **真题陈列架**
>
> （2016 年下·单选·3）美国学者孟禄根据原始社会没有学校、没有教师、没有教材的史实，断言教育起源于儿童对成人的无意识的模仿。这种观点被称为（　　）。
>
> A. 交往起源说　　　　　　　　B. 生物起源说
>
> C. 心理起源说　　　　　　　　D. 劳动起源说
>
> 【答案】C。

七、教育的历史发展脉络

（一）原始社会的教育

原始社会是人类历史中最初的社会形态，也是一个漫长的历史阶段。原始社会的社会生产状况和社会生活方式，决定了原始教育的特点。原始教育的特点包括以下几个方面。

1. 原始教育的无阶级性

部落中人与人之间的平等性决定了原始教育中没有阶级性。表现为每个社会成员都有享受教育的权利，人人接受教育的机会均等。

2. 原始教育主要为生产劳动服务

原始社会的生产力水平低下，为了满足人们基本的物质需求，教育活动主要围绕着生产劳动进行，为生产劳动而服务。

3. 原始教育是在整个社会生产和生活中进行的

原始的教育活动主要是在生产实践中以及政事、宗教、艺术等活动中进行的。

4. 原始教育的教育手段极其原始和简单

原始社会尚没有形成正规的教育机构，也没有专职的教师和教材，当时的教育主要是以年长一代或有经验的人的言传身教为主要教育手段。

（二）古代社会的教育

古代社会的教育一般指奴隶社会的教育和封建社会的教育。

1. 古代中国的教育

古代中国的教育发展情况见表 1-1。

表1-1　古代中国的教育发展情况

时　期	朝　代	学校名称	教育内容	选拔制度	教育特点
奴隶社会	夏、商	庠、序、校	"六艺"（礼、乐、射、御、书、数）	—	培养为奴隶社会服务的人才
	西周	国学、乡学			"政教合一""学在官府"
	春秋	私学兴起	各家学说		自由办学、自由就学、自由讲学、自由竞争
封建社会	战国	私学繁荣（稷下学宫）	各家学说	—	自由办学、自由就学、自由讲学、自由竞争
	汉代	太学、鸿都门学、郡国学	"罢黜百家，独尊儒术"	察举制、征辟制	思想专制主义的文化教育和选士制度
	隋唐	国子寺（国子监）"六学二馆"	分科教学（经、史、律、书、数）	科举制	唐代建立完备的官学教育体系——"六学"（国子学、太学、四门学、律学、书学、算学）和"二馆"（崇文馆、弘文馆）
	宋朝	国子学、书院	国学：程朱理学。教育内容："四书"（《大学》《中庸》《论语》《孟子》）和"五经"（《诗》《书》《礼》《易》《春秋》）		—
	明朝	国子监			"八股文"成为科学考试的固定文体
	清朝	学堂	清朝末年开始引入西方教育内容	废除科举制（1905年）	—

2. 古代西方的教育

古代西方的教育发展情况见表 1-2。

表1-2 古代西方的教育发展

时　期		学　校	教育内容	教育目的	教育特点
奴隶社会	古印度	婆罗门教教育	《吠陀》为主的经典、经义	—	在教育中，僧侣是唯一的教师，宗教权威至高无上，教育控制在婆罗门教和佛教手中
		佛教教育	广设庙宇，使教育面向更多的群众，形成了寺院学府的特色	—	
	古埃及	宫廷学校	法老教育皇子皇孙和贵族子弟的场所	—	"以僧为师""以（书）吏为师"
		僧侣（寺庙）学校	附设在寺庙中的学校，看重科学技术教育，亦为学术中心	—	
		职官学校	以吏为师、以法为教，招收贵族和官员子弟，兼负文化训练和业务训练的任务	—	
		文士（书吏）学校	"学为文士"成为一般奴隶主阶级追求的目标	培养熟练运用文字从事书写及计算工作的人	
	古希腊	斯巴达	私人为主，主要有文法、弦琴、体操三种学校	是强调军事体育训练（五项竞技——赛跑、跳跃、角力、投标枪、掷铁饼）和政治道德灌输	培养忠于统治阶级的强悍军人和武士	军事教育
		雅典	国家教育机构（军营）	政治、哲学、文学、艺术、体操等	培养有文化修养和多种才能的政治家和商人	和谐教育
封建社会	中世纪	教会学校	僧院学校、大主教学校：七艺（三科：文法、修辞、辩证法；四学：算术、几何、天文、音乐）；教区学校：简单的读、写、算	僧院学校、大主教学校：培养僧侣和统治人才；教区学校：对普通贫民子弟进行宗教教育	教育脱离了生产劳动，为封建地主阶级的统治服务
		骑士教育	骑士七技（骑马、游泳、投枪、击剑、打猎、下棋、吟诗）	培养封建骑士	

第一章　教育基础知识和基本原理

3. 古代社会教育的特点

古代社会教育的特点如下。

①专门的教育机构和专职的教育人员。古代产生了学校，教育成为社会专门职能，教育成为阶级统治的工具。

②鲜明的阶级性与严格的等级性。古代学校教育适应古代经济与政治的发展，具有阶级性；封建社会的学校还具有等级性。

③教育内容更加丰富。文字的发展和典籍的出现丰富了教育的内容。教育方法崇尚书本、呆读死记、强迫体罚、棍棒纪律。教学组织形式有个别施教和集体施教。

④古代学校教育与生产劳动相脱离，具有非生产性。

⑤官私并行的教育体制。古代官学分中央和地方两个层次。古代学校教育初步发展，尚未形成复杂的结构体系。

⑥古代学校教育适应古代思想文化的发展，表现出道统性、专制性、刻板性和象征性。

> **真题陈列架**
>
> （2019 年下·单选·5）我国唐代中央官学设有"六学二馆"，其入学条件中明文规定不同级别官员的子孙进入不同的学校。这主要体现了我国封建社会教育制度的哪一特征？（　　）
>
> A. 继承性 　　　　 B. 等级性 　　　　 C. 历史性 　　　　 D. 民族性
>
> 【答案】B。

（三）近代社会的教育

近代社会教育的特点：①国家加强了对教育的重视和干预，公立教育崛起；②初等义务教育的普遍实施；③教育的世俗化；④重视教育立法，倡导以法治教；⑤出现了双轨制；⑥形成了较系统的近代学校教育制度。

（四）20 世纪以后的教育

进入 20 世纪以后，教育在数量上获得了更大的发展，义务教育普遍向中等教育延伸，职业教育发展受到普遍重视，政治道德教育普遍呈现出国家主义特征，教育的改革和发展呈现出一些新的特点。

1. 教育的终身化

终身教育是适应科学知识的加速增长和人的持续发展的要求而逐渐形成的一种教育思想和教育制度，它的本质在于，现代人的一生应该是终身学习、终身发展的一生。终身教育贯穿于整个教育过程。

2. 教育的全民化

全民教育是指教育必须面向所有的人，即人人都有接受教育的权利，且必须接受一定程度的教育。

3. 教育的民主化

教育的民主化是对教育的等级化、特权化和专制性的否定。一方面，它追求让所有人都受到同样的教育，包括教育起点的机会均等，教育过程中享受教育资源的机会均等，甚至包括教育结果的均等，这就意味着对处于社会不利地位的学生予以特别照顾。另一方面，教育的民主化追求教育的自由化，包括教育自主权的扩大，如办学的自主性、根据社会需求设置课程、编写教材的灵活性、价值观念的多样性等。

4. 教育的多元化

教育的多元化是对教育的单一性和统一性的否定，它是物质生活和精神生活的多元化在教育上的反映。具体表现为培养目标的多元化、办学形式的多元化、管理模式的多元化、教学内容的多元化、评价标准的多元化等。

5. 教育技术的现代化

教育技术的现代化是指现代科学技术（包括工艺、设备、程序、手段等）在教育上的运用，并由此引起教育思想、教育观念的变化。

记忆保温箱

```
                                    ┌─────────┐
                          ┌─────────┤  词源   │
                  ┌────────┴┐       └─────────┘
                  │  概念   │       ┌─────────┐
                  └────────┬┘       │  定义   │
                          └─────────┤         │
                                    └─────────┘

                                    ┌─────────┐
                          ┌─────────┤ 本质属性 │
                  ┌────────┴┐       └─────────┘
                  │  属性   │       ┌─────────┐
                  └────────┬┘       │ 社会属性 │
                          └─────────┤         │
                                    └─────────┘

                  ┌─────────┐
                  │ 构成要素 │
                  └─────────┘

                  ┌─────────┐
          教育     │ 基本形态 │
                  └─────────┘

                  ┌─────────┐
                  │  功能   │
                  └─────────┘

                  ┌─────────┐
                  │  起源   │
                  └─────────┘
                                    ┌─────────┐
                          ┌─────────┤ 原始社会 │
                  ┌────────┴┐       └─────────┘
                  │历史发展脉络│      ┌─────────┐
                  └────────┬┘       │ 古代社会 │
                          ├─────────┤         │
                          │         └─────────┘
                          │         ┌─────────┐
                          ├─────────┤ 近代社会 │
                          │         └─────────┘
                          │         ┌─────────┐
                          └─────────┤20世纪以后│
                                    └─────────┘
```

第二节　教育学的产生与发展

考点收纳盒

关键考点	考查力度	常考题型	理解难度
教育学的萌芽阶段	▪▪▪▮	单选	★★☆☆☆
教育学的独立形态阶段	▪▪▪▮	单选	★★☆☆☆
教育学发展的多样化阶段	▪□□□□	单选	★☆☆☆☆
教育学的理论深化阶段	▪▪▪□□	单选	★☆☆☆☆

知识储备库

一、教育学的研究对象及任务

教育学是一门以教育现象、教育问题为研究对象，探索教育规律的学科。教育学的研究任务是阐明教育的基础知识和基本理论，揭示教育的基本规律，为教育理论工作者和教育实践工作者提供理论支撑，为培养符合社会需要的人才服务。

二、教育学的萌芽阶段

在古代社会，教育学处于萌芽阶段，没有形成一门独立的学科。

（一）中国古代的教育思想

1. 孔子的教育思想

孔子的教育思想集中体现在他的言论记录《论语》里，具体包括以下几个方面。

（1）人性论

孔子认为人的先天本性相差不大，个性的差异主要是后天形成的（"性相近也，习相远也"）。

（2）教育目的

孔子希望把人培养成"贤人"和"君子"，主张"学而优则仕"。

（3）办学方针

孔子很注重后天的教育工作，主张"有教无类"。

（4）教学内容

《论语·述而篇》记载："子以四教：文、行、忠、信。""文、行、忠、信"实际上包含了文化知识（即"文"）的教学和道德（即"行、忠、信"）教育两个方面。

①文化知识的教学。孔子继承西周"六艺"教育的传统，教学纲领是"博学于文，约之以礼"，基本科目是《诗》《书》《礼》《乐》《易》《春秋》。这些教学内容有三个特点：其一，偏重社会人事，都是属于社会、历史、政治、伦理方面的文化知识；其二，偏重文事；其三，轻视科技与生产劳动，认为社会分工有君子之事，有小人之事，而"君子谋道不谋食"，反对弟子学习生产劳动技术。

②道德教育。孔子的学说以"仁"为核心和最高道德标准，提倡"克己复礼为仁"，主张"非礼勿视，非礼勿听，非礼勿言，非礼勿动"，强调忠孝和仁爱。

（5）教学思想和教学方法

孔子的教学思想和教学方法主要有：①启发诱导（"不愤不启，不悱不发。举一隅不以三隅反，则不复也"）；②因材施教（"求也退，故进之；由也兼人，故退之"）；③温故知新（"温故而知新，可以为师矣"）；④学、思、行结合（"学而不思则罔，思而不学则殆"）；⑤好学与实事求是的态度（"知之者不如好之者，好之者不如乐之者""知之为知之，不知为不知，是知也"）。

2.《学记》中的教育思想

《学记》撰写于我国战国末期，是中国古代也是世界上最早的专门论述教育问题的著作，被认为是"教育学的雏形"。《学记》中的教育思想见表1-3。

表1-3 《学记》中的教育思想

归 纳	思想概括	原 句
教育的功能	教育的政治功能	君子如欲化民成俗，其必由学乎
		建国君民，教学为先
	教育的个体功能	玉不琢，不成器；人不学，不知道
师生关系	教学相长	是故学然后知不足，教然后知困。知不足，然后能自反也；知困，然后能自强也。故曰：教学相长也
	尊师重道	师严然后道尊，道尊然后民知敬学
教学原则	长善救失原则	教也者，长善而救其失者也
	启发诱导原则	故君子之教喻也：道而弗牵，强而弗抑，开而弗达
	藏息相辅原则（即课内与课外相结合原则）	大学之教也，时教必有正业，退息必有居学
		故君子之于学也，藏焉修焉，息焉游焉
	预防性原则	禁于未发之谓豫
教学原则	及时施教原则；抓关键期；遵循个体身心发展的不平衡性规律	当其可之谓时
		时过然后学，则勤苦而难成
	循序渐进原则；遵循个体身心发展的顺序性规律	不陵节而施之谓孙
		杂施而不孙，则坏乱而不修
		学不躐等也
	学习观摩原则	相观而善之谓摩
	量力性原则	语之而不知，虽舍之可也

3. 墨子的教育思想

墨子在人性论方面主张"素丝说"（"染于苍则苍，染于黄则黄。所入者变，其色亦变"）；在教育内容方面，以"兼爱"和"非攻"为教，同时注重对文史知识的学习和逻辑思维能力的培养，还注重应用技术的传习。对于获得知识的理解，墨子认为，主要有"亲知""闻知""说知"三种途径，前两种都不够全面和可靠，所以必须重视"说知"，依靠推理的方法，来追求理性知识。

4. 孟子的教育思想

孟子提出"性善论"，认为教育的目的在于"明人伦"；在教学方面提倡"不盈科不行""盈科而后进"，反对"揠苗助长"，认为学习和教学过程应循序渐进。

5. 荀子的教育思想

荀子主张"性恶论"，认为"人之性恶，其善者伪也"，而教育的作用就在于"化性起伪"；认为完整的学习过程包括闻、见、知、行（"不闻不若闻之，闻之不若见之，见之不若知之，知之不若行之，学至于行之而止矣"）四个阶段。

6. 朱熹的教育思想

朱熹强调读书穷理，其读书方法可概括为"朱子读书法"六条，即循序渐进、熟读精思、虚心涵泳、切己体察、着紧用力、居敬持志。

> **真题陈列架**
>
> （2020年下·单选·1）世界上最早专门论述教育问题的文献是（　　）。
>
> A.《学记》 B.《论语》
>
> C.《论演说家的教育》 D.《理想国》
>
> 【答案】A。
>
> （2017年上·单选·3）明确提出"长善救失""教学相长""不陵节而施""藏息相辅"等重要教育思想的文献是（　　）。
>
> A.《论语》 B.《学记》 C.《孟子》 D.《大学》
>
> 【答案】B。
>
> （2016年下·单选·1）我国先秦时期，主张"有教无类"，倡导"因材施教"的教育家是（　　）。
>
> A.孔子 B.孟子 C.荀子 D.庄子
>
> 【答案】A。

（二）西方古代的教育思想

1. 苏格拉底的教育思想

古希腊哲学家苏格拉底与孔子一样提倡"有教无类"；认为教育的目的是培养治国人才，教育的首要任务是教人"怎样做人"；在教学方法上，采用问答法，亦称"产婆术"，即通过与对方共同讨论、不断提问，使对方认识并承认自己的错误，自然而然地获得正确的结论。

2. 柏拉图的教育思想

古希腊哲学家柏拉图的教育思想集中体现在他的代表作《理想国》中。柏拉图是西方教育史上第一个提出完整的学前教育思想并建立了完整的教育体系的人，是"寓学习于游戏"的最早提倡者。他认为，教育的最高目标是培养哲学家兼政治家——哲学王；教育的最终目的是促使"灵魂转向"；女子应和男子接受同样的教育，从事同样的职业；应重视早期教育；等等。另外，柏拉图在认识论上提出"认识就是回忆"。

3. 亚里士多德的教育思想

亚里士多德是古希腊百科全书式的学者，其教育主张主要体现在他的著作《政治学》中。他认为人的灵魂由三部分构成，即植物性灵魂、动物性灵魂和理性灵魂，与之相应也有三方面的教育：体育、德育和智育，教育的目的在于促进儿童在德、智、体多方面和谐的发展。亚里士多德注意到了儿童心理发展的自然特点，主张按照儿童心理发展的规律对儿童进行分阶段教育。

4. 昆体良的教育思想

古罗马教育家昆体良被认为是教育史上第一个教学理论家，他的《雄辩术原理》（又被译为《论演说家的教育》）是西方最早的专门论述教育问题的著作，被称为世界上第一本研究教学法的书籍。在书中，他提出了分班教学的设想，这是班级授课制思想的萌芽；论证了学生的个性差异，并倡导因材施教。

> **真题陈列架**
>
> （2015 年上·单选·1）国外最早的教育学著作是（ ）。
>
> A.《理想国》 B.《政治学原理》
>
> C.《论雄辩家》 D.《论演说家的教育》
>
> 【答案】D。

三、教育学的独立形态阶段

17 世纪以后，教育学逐渐发展成为一门独立的学科，形成了比较完整的体系。

1. 培根的教育思想

英国哲学家培根被誉为"近代实验科学的鼻祖"，提出了实验的归纳法，为教育学的发展奠定了方法论的基础。1623年，培根在《论科学的价值和发展》一文中，首次把"教育学"作为一门独立的科学提了出来，与其他学科并列。

2. 夸美纽斯的教育思想

捷克教育家夸美纽斯的《大教学论》是近代最早的一部教育学著作。这部著作表达出的教育思想主要有以下几个方面。

①教育适应自然的原则。夸美纽斯提出了教育适应自然的原则，认为教育必须依据人的自然本性和儿童年龄特征进行教育。

②"泛智"教育思想和普及初等教育的思想。夸美纽斯提出了"泛智"教育思想，探讨"把一切知识教给一切人"。从"泛智"教育思想出发，他提出了普及初等教育的思想。

③班级授课制思想。夸美纽斯第一次较为详细地论述了班级授课制的思想，主张把全校学生按照年龄和程度分成班级。

④教学原则。在教学上，夸美纽斯论证了"直观性原则、巩固性原则、系统性和循序渐进性原则"三个影响较大的教学原则。

⑤高度评价教师的职业。夸美纽斯赞誉教师为"太阳底下最光辉的职业"。

3. 洛克的教育思想

英国哲学家洛克著有《教育漫话》一书。他一方面主张教育万能，提出了著名的"白板说"，认为人的心灵如同白板，观念和知识都来自后天，并且得出结论，天赋的智力人人平等，"人类之所以千差万别，便是由于教育之故"；另一方面，主张绅士教育，认为绅士教育应把德行的教育放在首位。在论述教育的内容时，他第一次把教育的三大部分德育、智育、体育做了明确区分，并特别重视体育。

4. 卢梭的教育思想

法国启蒙思想家卢梭的小说体教育名著《爱弥儿》系统地阐述了自然主义教育思想。《爱弥儿》的基本观点是，教育要遵循儿童的自然本性，根据不同年龄阶段儿童的身心特征和个体差异进行教育；教育的目的在于培养"自然人"，即能适应资本主义生产关系需要的身心和谐发展的人；教育原则和方法应"模仿自然"；在德育方面实行"自然后果法"。

5. 康德的教育思想

德国哲学家康德的教育思想主要反映在《康德论教育》一书中。教育学成为一门学科在大学里讲授，最早始于康德。康德认为，"人是唯一需要教育的动物"，教育的根本任务在于充分发展人的自然禀赋，使人人都成为自身，成为本来的自我，都得到自我完善。

6.裴斯泰洛齐的教育思想

瑞士教育家裴斯泰洛齐最著名的教育论著当数《林哈德与葛笃德》。他的教育思想主要有以下几个方面。

①教育遵循自然。裴斯泰洛齐主张教育要遵循自然，教育者对儿童施加的影响，必须和儿童的本性一致，使儿童自然发展，并把这种发展引向正确的道路。

②教育目的。裴斯泰洛齐认为，教育的目的在于按照自然的法则全面、和谐地发展儿童的一切天赋力量。

③"教育心理学化"。在世界教育史上，裴斯泰洛齐是第一个明确提出"教育心理学化"口号的教育家。

④要素教育论。要素教育论的基本思想，就是认为初等学校的各种教育都应该从最简单的要素开始，然后逐渐转到日益复杂的要素，以便循序渐进地促进人的和谐发展。在智育上，裴斯泰洛齐认为，数、形、词是智育的最基本、最简单的要素。

⑤初等学校各科教学法。裴斯泰洛齐具体研究了初等学校各科教学法，被称颂为"现代初等学校各科教学法的奠基人"。

7.赫尔巴特的教育思想

德国教育家赫尔巴特被认为是"现代教育学之父""科学教育学的奠基人"。其教育思想对19世纪以后的教育实践和教育思想产生了很大影响，被看作传统教育学的代表。他的《普通教育学》是最早以"教育学"命名的专著，被公认是第一本现代教育学著作，标志着教育学已经成为一门独立的学科。赫尔巴特的教育思想主要有以下几个方面。

①教育目的。赫尔巴特认为，教育的根本目的在于培养良好的国家公民，强调道德教育是教育的首要任务，纪律和管理是教育的主要手段。

②教育学的理论基础。赫尔巴特的贡献在于把教学理论建立在心理学的基础上，把道德教育理论建立在伦理学的基础上，可以说是奠定了科学教育学的基础。

③教育性教学原则。赫尔巴特指出："我想不到有任何无教学的教育，正如反过来，我不承认有任何无教育的教学。"

④教学过程的四个阶段。赫尔巴特根据"统觉"学说，强调教学应该是一个完整过程，将教学过程分为明了（或清晰）、联想（或联合）、系统和方法四个阶段。后来，赫尔巴特的学生又将这四个阶段发展为"五段教学法"，即预备、提示、联想、总结和应用。而后，凯洛夫又将其演变为五步法，即复习、引入、讲解、总结和练习。

⑤传统教育的"三中心"。赫尔巴特强调系统知识的传授，强调课堂教学的作用，强调教

材的重要性，强调教师的中心地位，形成了传统教育"教师中心""教材中心""课堂中心"（简称"旧三中心"）的特点。

> 真题陈列架
>
> （2018年下·单选·3）提出了普及初等教育思想，论述了班级授课制，被认为是近代最早的教育学著作的是（　　）。
>
> A.《普通教育学》　　　　　　　　B.《大教学论》
>
> C.《教育论》　　　　　　　　　　D.《教育漫话》
>
> 【答案】B。

四、教育学发展的多样化阶段

19世纪50年代以来，世界上出现了众多教育思想。

1. 斯宾塞的教育思想

英国思想家斯宾塞的代表作是《教育论》。斯宾塞是实证主义者，他反对思辨，主张科学是对经验事实的描写和记录，提出教育的任务是为完美生活做准备。

2. 梅伊曼和拉伊的教育思想

德国教育学家梅伊曼和拉伊是实验教育学的代表人物，他们的代表作分别是《实验教育学讲义》和《实验教育学》。在教育史上，梅伊曼首次系统地论述了实验教育学的性质、方法、研究范围和任务。拉伊把教育实验分为假设、实验和应用三个阶段，始终强调实验与教育实际的密切联系。

3. 杜威的教育思想

美国教育家杜威是实用主义教育学的代表人物，其代表作有《民主主义与教育》《明日之学校》《经验与教育》等。作为现代教育的代言人，杜威的教育思想与赫尔巴特的教育思想针锋相对。

①教育的本质。杜威把教育的本质概括为"教育即生活""教育即成长""教育即经验的改造或改组"，并进一步提出"学校即社会"，使学校生活成为儿童生活与社会生活的契合点，使学校成为一个理想的雏形社会。

②教育目的。杜威主张"教育无目的论"，指出教育过程之外没目的，教育目的在教育过程之中，儿童的生长即教育的目的。

③"从做中学"。杜威强调教法与教材的统一，强调目的与活动的统一，主张"从做中学"，在问题中学习。

④现代教育的"三中心"。针对传统教育的"三中心"，杜威提出"儿童中心""活动中心""经验中心"（简称"新三中心"）。

⑤"五步教学法"。杜威提出创设疑难情境，确定疑难所在，提出解决问题的种种假设，推断哪个假设能解决这个困难，验证这个假设的"五步教学法"。

4.凯洛夫的教育思想

苏联教育理论家凯洛夫的《教育学》是一本试图以马克思主义的观点和方法阐明社会主义教育规律的著作。

5.马卡连柯的教育思想

马卡连柯的核心教育思想是集体主义教育，他提出了平行教育原则，即教育集体的同时通过集体去教育个人，又通过对个人的教育影响集体。他的代表作有《教育诗篇》《论共产主义教育》等。

6.杨贤江的教育思想

中国教育家杨贤江撰著的《新教育大纲》是中国第一本试图用马克思主义的观点论述教育的著作。

> **真题陈列架**
>
> （2017年上·单选·1）在教育史上，重视实科教育，主张启发学生学习的自觉性，强调教育是为完美生活做准备的教育家是（　　　）。
>
> A.夸美纽斯　　　　B.赫尔巴特　　　　C.斯宾塞　　　　D.杜威
>
> 【答案】C。

五、教育学的理论深化阶段

20世纪60年代以来，各国教育学在理论上也愈益深化、丰富，有了新的发展。教育学理论深化阶段的代表人物及其著作和教育观点见表1–4。

表1–4　教育学理论深化阶段的代表人物及其著作和教育观点

人　物	著　作	教育观点
布卢姆	《教育目标分类学》	把教育目标分为认知、情感和动作技能三大领域，认为教学应该以掌握学习为指导思想、以教育目标为导向、以教育评价为调控手段，提出了掌握学习理论
布鲁纳	《教育过程》	主张"无论选教什么学科，务必使学生理解该学科的基本结构"；认为学科结构要与儿童认知结构相适应，提出了"任何学科的基本原理都可以用某种形式，教给任何年龄的任何儿童"；特别重视学生能力的培养，提倡发现学习

人　物	著　作	教育观点
赞科夫	《教学与发展》	提出"只有当教学走在学生发展前面的时候才是好的教学";以学生的一般发展作为教学的出发点,提出了发展性教学理论的五条教学原则,即高难度、高速度、理论知识起主导作用、理解学习过程、使所有学生包括后进生都得到一般发展的原则
皮亚杰	《教育科学与儿童心理学》	提出了儿童智力发展阶段与教学关系的理论,认为教学的主要目的是发展学生智力
苏霍姆林斯基	《给教师的一百条建议》《把整个心灵献给孩子》《帕夫雷什中学》	理论核心是人的全面和谐发展
瓦·根舍因	《范例教学原理》	创立范例教学理论:教师在教学中选择真正基础的、本质的知识作为教学内容,通过"范例"内容的讲授,使学生达到举一反三掌握同一类知识的规律的方法
巴班斯基	《教学过程最优化》《教学教育过程最优化》等	认为应该把教学看作一个系统,从系统的整体与部分之间、部分与部分之间、系统与环境之间的相互联系、相互作用之中考察教学,以便最优处理教育问题;将现代系统论的方法引进教学论的研究,是对教学论进一步科学化的新探索

📖 **真题陈列架**

（2018年下·单选·5）为了大面积提高教学质量,苏联教育家巴班斯基将系统论的方法引入教育改革,提出的教育理论是（　　　）。

A. 教学过程最优化理论　　　　　　B. 最近发展区理论

C. 建构主义教学理论　　　　　　　D. 范例教学理论

【答案】A。

记忆保温箱

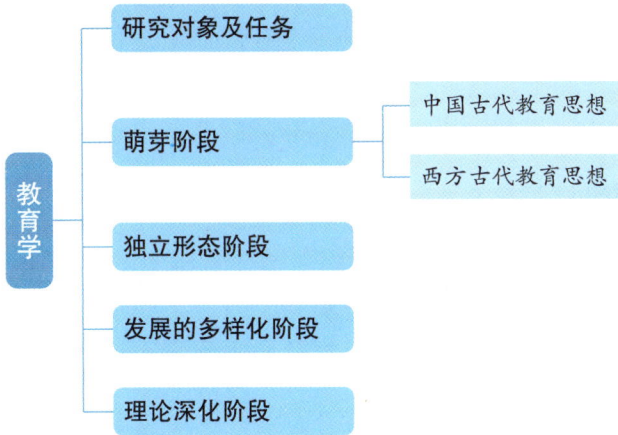

第三节 教育的基本规律

考点收纳盒

关键考点	考查力度	常考题型	理解难度
个体身心发展的一般规律	▪▪▪▪▫	单选	★★★☆☆
个体身心发展的动因	▪▫▫▫▫	单选、简答	★★★★☆
影响个体身心发展的因素	▪▪▪▪▫	单选、辨析、简答、材料分析	★★★☆☆
教育与社会生产力的关系	▪▪▪▪▫	单选	★★★☆☆
教育与社会政治经济制度的关系	▪▪▫▫▫	单选、简答	★★★☆☆
教育与文化的关系	▪▪▫▫▫	单选、简答	★☆☆☆☆
教育与人口发展的关系	▪▫▫▫▫	单选	★☆☆☆☆
教育与科学技术的关系	▪▫▫▫▫	单选	★☆☆☆☆

知识储备库

一、教育与人的发展

（一）个体发展的概念

个体发展是指个体生命从开始到结束的一生中身心诸方面及其整体性结构与特征所发生的一系列变化的过程。其内容包括生理发展、心理发展和社会适应发展三个方面。

（二）个体身心发展的一般规律

1.个体身心发展的顺序性

个体身心发展在整体上具有一定的顺序，身心发展的个别过程和特点的出现也具有一定的顺序。个体身心发展是一个由低级到高级、由简单到复杂、由量变到质变的连续不断的发展过程。例如，身体的发展遵循着从上到下、从中间到四肢、从骨骼到肌肉的顺序；心理的发展总是由机械记忆到意义记忆，由具体思维到抽象思维，由喜怒哀乐等一般情感到理智感、道德感、美感等复杂情感。

个体身心发展的顺序性要求教育工作要循序渐进地进行，既不要"拔苗助长""陵节而施"，也不要压抑学生的发展。但是，循序渐进并不意味着消极地迁就学生现有的发展水平，而是要向学生不断提出高于现有发展水平又是学生经过努力能够达到的要求，以此来促进学生身心的发展。

2. 个体身心发展的阶段性

个体在不同的年龄阶段表现出身心发展不同的总体特征及主要矛盾，面临着不同的发展任务，这就是个体身心发展的阶段性。前后相邻的阶段是有规律地更替的，在一段时间内，发展主要表现为数量的变化，经过一段时间，发展由量变到质变，从而使发展水平达到一个新的阶段。例如，童年期学生的思维特点具有较大的具体性和形象性，抽象思维能力还比较弱；少年期的学生，抽象思维已有很大发展，但经常需要感性经验作支持；青年期的学生，抽象思维居于主导地位，具有一定的独立性、批判性和创造性。

个体身心发展的阶段性决定了教育工作必须根据不同年龄阶段的特点分阶段地进行。在教育、教学的要求、内容和方法上不能搞"一刀切"，既不能把小学生当中学生看待，也不能把初中生和高中生混为一谈。与此同时，还应看到各年龄阶段是相互联系的，不能人为地截然分开，要注意各阶段间的"衔接"和"引渡"工作。

3. 个体身心发展的不平衡性

个体身心发展的不平衡性表现在两个方面，一是同一方面的发展速度，在不同的年龄阶段变化是不平衡的。例如，青少年的身高体重有两个生长的高峰，第一个高峰出现在出生后的第一年，第二个高峰则在青春发育期。在这两个高峰期内，身高和体重的发展速度比平时要快速得多。二是不同方面发展的不平衡性。例如，在生理方面，神经系统、淋巴系统成熟在先，生殖系统成熟在后；在心理方面，感知成熟在先，思维成熟在后，情感成熟更后。

针对个体身心发展的不均衡性，心理学家提出了发展关键期或最佳期的概念。所谓发展关键期是指身体或心理某一方面的机能和能力最适宜于形成的时期。在此期间，个体对某种刺激特别敏感，过了这一时期，同样的刺激对之影响很小或没有影响。在这一时期中，对个体某方面的教育可以获得最佳成效，并能充分发挥个体在这方面的潜力。错过了关键期，训练的效果就会降低，甚至永远无法补偿。因此，教育应抓住发展关键期，及时进行适当的教育。

4. 个体身心发展的互补性

个体身心发展的互补性反映个体身心发展各组成部分的相互关系，它首先指机体某一方面的机能受损甚至缺失后，可通过其他方面的超常发展得到部分补偿。例如，失明者通过听觉、触觉、嗅觉等方面的超常发展得到补偿。互补性也存在于心理机能与生理机能之间。人的精神力量、意志、情绪状态对整个机体能起到调节作用，能够帮助人战胜疾病和残缺，使身心依然得到发展。

个体身心发展的互补性要求教育者首先要对全体学生，特别是生理或心理机能发生障碍、学业成绩落后的后进生树立起坚定的信心，相信他们可以通过其他方面的补偿性发展来达到与一般正常人一样或相似的发展水平。其次要掌握科学的教育方法，特别是善于发现他们的优势，扬长避短、长善救失，激发他们自我发展的信心和积极性，通过他们自己的精神力量来达到身心的协调、统一发展。

5. 个体身心发展的个别差异性

由于个体在遗传、环境、教育等方面的不同，其身心发展的实际情况也会表现出一定的个别差异性。这种个别差异性，首先表现在不同学生在同一方面的发展，其速度和水平各不相同。如两个同为6岁的儿童，一个儿童的抽象思维已有很好的发展，已经掌握数的概念，可以利用概念进行运算；另一个还不能脱离实物进行运算。其次，不同学生在不同方面的发展速度与水平也不尽相同。如有的学生数学能力强，有的学生则语言能力强等。最后，不同的学生所具有的个性倾向性也不同。如有的学生热情，有的学生则冷漠；有的学生乐群，有的学生则孤僻。

个体身心发展的个别差异性要求教育工作不仅要认识学生发展的共同特征，还应充分重视每个学生的个别差异，做到因材施教、有的放矢，能够发挥每个学生的潜力和积极因素，选择最有效的教育途径，使每个学生都能各得其所地获得最大限度的发展。

> **真题陈列架**
>
> （2017年下·单选·12）在某个时期内，个体对某种刺激特别敏感，过了这个时期，同样的刺激则影响很小或没有影响，这个时期称为（　　　）。
>
> A. 关键期　　　　　B. 发展期　　　　　C. 转折期　　　　　D. 潜伏期
>
> 【答案】A。

（三）个体身心发展的动因

1. 内发论

（1）基本观点

内发论的基本观点是人的身心发展的力量主要源于人自身的内在需要，身心发展的顺序也是由身心成熟机制决定的。内发论者强调人的内在因素作用，却忽略了外在因素对人的影响。

从历史上看，性善论、遗传决定论、成熟论、人本主义心理学都强调身心发展的内在因素。

（2）代表人物及其观点

中国古代的孟子是性善论者，提出"仁义礼智，非由外铄我也，我固有之也""人之所不学而能者，其良能也；所不虑而知者，其良知也"。

古希腊的柏拉图认为"观念"先天地存在于人的灵魂之中。

奥地利的弗洛伊德认为人的性本能是最基本的自然本能，它是推动人发展的根本动因。

美国的威尔逊认为"基因复制"是决定人的一切行为的本质力量。

美国的格赛尔根据双生子爬梯实验提出"成熟势力说"，强调成熟机制对人的发展的决定作用。

美国的霍尔是遗传决定论者，认为"一两的遗传胜过一吨的教育"。

英国的高尔登是"优生学"的代表人，著有《遗传的天才》一书。

2. 外铄论

（1）基本观点

外铄论的基本观点是人的发展主要依靠外在的力量，诸如环境的刺激和要求、他人的影响和学校的教育等。外铄论者一般忽视个体的内在需要，或者认为外在力量可以支配内在的需要。性恶论、环境决定论、教育万能论、行为主义心理学都持外铄论的观点。

（2）代表人物

中国古代的荀子是性恶论者，提出"人之性恶，其善者伪也"，而教育的作用就在于"化性起伪"。

中国古代的墨子认为人的发展有如白布放进染缸，"染于苍则苍，染于黄则黄，所入者变，其色亦变"。

英国的洛克是教育万能论者，提出"白板说"，认为人的心灵如同白板，它本身没有内容，可以任人涂抹、刻画，一切的发展都来自后天，"人类之所以千差万别，便是由于教育之故"。

美国的华生认为"给我一打健康的婴儿，不管他们祖先状况如何，我可以任意把他们培养成从领袖到小偷等各种类型的人"。

美国的斯金纳认为人的行为乃至复杂的人格都可以通过外在的强化或惩罚手段来加以塑造、改变、控制或矫正。

3. 多因素相互作用论

辩证唯物主义认为，人的发展是个体的内在因素（如先天遗传的素质、机体成熟的机制、个体的主观能动性等）与外部环境（外在刺激的强度、社会发展的水平、个体的文化背景等）在个体活动中产生作用的结果。人是能动的实践主体，没有个体的积极参与，个体的发展是不能实现的。在主客观条件大致相似的情况下，个体主观能动性发挥的程度，对人的发展有着决定性的意义。

真题陈列架

（2015年上·单选·5）"唯上智与下愚不移""生而知之"等反映了影响人的发展因素的哪一理论？（　　）

A. 环境决定论　　　　B. 遗传决定论　　　　C. 教育万能论　　　　D. 儿童学理论

【答案】B。

（四）影响个体身心发展的因素

1. 遗传

（1）遗传的概念

遗传是指人从上代继承下来的生命机体及其解剖上的特点，如机体的结构、形态、感官和神经系统的特点及本能、天赋倾向等。这些遗传的生理特点，也叫遗传素质，是人的发展的自然前提或生理前提。

（2）遗传素质在个体身心发展中的作用

①遗传素质为人的发展提供了可能。

人的发展总是要以遗传获得的生理组织及一定的生命力为前提的。没有这个前提，任何的发展都不可能。遗传下来的特点，特别是人的大脑神经系统对人的发展有直接关系。

②遗传素质的差异性对人的发展有一定的影响。

人的遗传素质是有差异的。遗传素质的差异，对人的发展有很大的影响。例如，一个神经活动灵敏、智力超常的儿童，就容易培养成才；一个天生的弱智儿童，则会给教育工作带来困难。

③遗传素质的成熟制约身心发展的水平及阶段。

儿童的遗传素质是逐步成熟的。遗传素质的成熟程度制约着身心发展和发展的年龄特点。它为一定年龄阶段的身心特点的出现提供了可能和限制。有些早期运动机能是直接建立在成熟的生理基础上的，只要机体某一部分达到成熟，某种技能就能出现，如抓握动作。

④遗传素质具有可塑性。

随着环境、教育和实践活动的作用，人的遗传素质会逐渐发生变化。有的人即使遗传素质在某些方面有缺陷，但通过环境和教育的作用，可以使其他方面加速发展，从而得到补偿。

⑤遗传素质仅为人的发展提供物质前提，而不能决定人的发展。

遗传素质有差异，但就一般人而言相差并不是很大。遗传素质为人的发展提供了巨大的可能性，但这种可能性能否变成现实则取决于后天的环境。完全否定遗传在人的身心发展中的作用和遗传决定论的观点都是错误的。

2. 环境

（1）环境的概念

环境是围绕在个体周围并对个体自发地发生影响的外部世界，包括自然环境和社会环境。

（2）环境在个体身心发展中的作用

①环境使遗传提供的发展可能性变成现实。

与生俱来的遗传素质能否适时发展，以及向什么方向发展，并不是由遗传本身决定的，而是由环境决定的。遗传提供的可能只有在一定的社会条件下才能变为现实。

②环境决定人的发展方向、水平、速度和个别差异。

在不同的社会生活条件下，人的发展方向、水平、速度均不相同，如原始人与现代人发展水平相差很大，这主要取决于社会生产、科学文化发展的水平的不同。在资本主义制度下和社会主义制度下人的发展也不同，这取决于社会制度与社会意识形态的不同。同一社会制度下，不同的阶段、不同的家庭、不同的地位、不同的教育，人的发展也不同，这取决于社会关系的不同。

③人对环境的反应是能动的。

人在接受环境影响和作用时，也不是消极的、被动的。人具有主观能动性，人在改造环境的实践中发展着自身。环境对人的发展的影响要通过个体的主观努力和社会实践活动才能实现。因此，夸大环境对人的发展的作用，特别是环境决定论的观点，是错误的。

3. 学校教育

教育包括家庭教育、社会教育、学校教育。学校教育，在一定意义上是一种特殊的环境教育，在人的发展中起主导作用。

（1）学校教育在人的发展中起主导作用的原因

①学校教育是有目的、有计划、有组织地培养人的活动，规划着人的发展方向；②学校教育是由受过专门训练的教师来进行的，相对而言效果较好；③学校教育能有效地控制、影响学生发展的各种因素；④学校教育对人的影响比较全面、系统和深刻。

（2）学校教育在人的发展中起主导作用的表现

①学校教育对个体发展做出社会性规范；②学校教育具有加速个体发展的特殊功能；③学校教育对个体发展的影响具有即时和延时的价值；④学校具有开发个体特殊才能和发展个性的功能。

4. 个体的主观能动性

（1）概念

个体的主观能动性是指人的主观意识对客观世界的反映和能动作用。

（2）个体的主观能动性在个体身心发展中的作用

①个体的主观能动性是人发展的<u>动力</u>。

个体的主观能动性是人身心发展必不可少的内在动力，也是促进个体发展从潜在的可能状态转向现实状态的决定性因素。在同样的环境和教育条件下，每个学生发展的特点和成就，主要取决于他自身的态度，取决于他在学习、劳动和科研活动中所付出的努力。

②个体的主观能动性通过人的活动表现出来。

个体的主观能动性是通过人的活动表现出来的。离开人的活动，遗传素质、环境和教育所赋予的一切发展条件，都不可能成为人的发展的现实。人的活动包括生命活动、心理活动和社会实践活动。人们只有通过这些活动，才能得到发展，否则，就谈不上发展。可见，从个体发展的各种可能性变为现实性这一意义上说，个体的活动是个体发展的决定性因素。

📖 **真题陈列架**

（2019年下·辨析·23）遗传在人的发展中起决定作用。

【参考答案】错误。影响人身心发展的因素是多方面的。影响个体身心发展的因素主要有遗传、环境、学校教育和个体的主观能动性。遗传素质是人的发展的自然的或生理的前提条件；环境使遗传提供的发展可能性变成现实；学校教育作为特殊的环境教育对人的身心发展起主导作用；人的主观能动性是人的身心发展的内在动力，也是促进个体发展从潜在的可能状态转向现实状态的决定性因素。这些因素相互联系，共同促进人的身心发展。因此本题说法错误。

（五）青春期的生理变化

青少年期是童年向成年过渡的时期，在这一时期，青少年在生理和心理上都产生了巨大的变化。生理上的成熟使青少年在心理上产生成人感，他们希望能获得成人的某些权利，找到新的行为标准并渴望变换社会角色。然而，他们的心理发展水平有限，有许多期望不能实现，因而容易产生挫折感。

青少年期的身体发育主要出现在青春期，青少年的身高、体重急剧增长及第二性征的发育均在青春期发生。青春期是个体成长发育的第二个高峰期。在这一时期，青少年的身体和生理机能都发生了急剧的变化，主要表现在身体外形的变化、体内机能的增强及性的发育和成熟三个方面，这就是青春期发育的三大巨变。

1. 身体外形的变化

青春期个体的外形变化最明显的特征就是身高的迅速增长。体重的增长反映出身体内脏的增大、肌肉的发达及骨骼的增长和变粗，也反映出营养及健康情况等，所以体重也是身体发育的一个重要标志。第二性征是性发育的外部表现，是青少年身体外形变化的重要标志。随着第二性征的出现，青少年开始从童年的中性状态进入到两性分化的状态。进入青春期的个体，头面部特点也发生了微妙的变化，童年期的面部特征在逐渐消失，童年期那种头大身小的身体形态逐渐被头身比例协调的身体形态所取代。

2. 体内机能的增强

青春期个体的心血管系统出现了一些新的机能特点：首先，在形态上，为了保证青春期生长发育突增的需要，作为人体运输系统的心血管系统也出现了第二次生长加速；其次，在机能方面主要表现为心律、脉搏开始减慢。在整个青春期，个体的肺活量将比青春期前增加一倍多。青春期个体体重的增长表明肌肉和骨骼发生了变化。在量的方面，青春期个体脑重及脑容量的增长不显著；在质的方面，儿童和青少年的大脑白质和灰质密度存在显著差异，在青春期个体的额叶皮质与顶叶皮质中，白质体积增多，灰质体积减少。青少年的神经系统基本上与成人没有什么差异，大脑皮质沟回组合完善，神经纤维完成髓鞘化。随着神经系统的发育成熟，青少年的兴奋和抑制也逐渐趋于平静。

3. 性的发育和成熟

生殖系统是人体各系统中发育成熟最晚的系统，它的成熟标志着人体生理发育的完成。青春期性的发育和成熟主要表现在以下几个方面：性腺激素分泌增加，性腺激素水平相应提高，促进了性腺发育；性器官发育；性机能发育，青春期女生出现月经，青春期男生出现遗精。

二、教育与社会的发展

（一）教育与社会生产力的关系

1. 生产力对教育的制约作用

（1）生产力的发展水平制约着教育事业发展的规模和速度

物质资料的生产是社会存在与发展的基础。教育事业发展的规模和速度归根结底是由生产力的发展水平决定的。一定的教育必须与一定的生产力发展水平相适应，这是学校教育发展必须遵循的规律。

（2）生产力的发展水平制约着人才的培养规格和教育结构

培养什么样的人也与生产力发展的水平密切相关。古代社会的农耕劳动者都是在生产过程中学习和成长的，而工业社会的劳动者和专门人才则必须由学校教育来培养。学校教育与社会经济部门在人才的培养与供求上，绝非是被动、机械、简单的对口关系，因为学校教育培养的是具有能动性的人，不仅要考虑他们当前的职业分工需要，而且要考虑未来产业结构和分工的变化。

（3）生产力的发展水平制约着教学内容、教学方法和教学组织形式的发展和改革

生产力的发展推动了科学技术的发展，也必然促进教学内容的发展与更新。随着现代科学技术的发展，量子物理、电子计算机、遗传工程、激光、海底开发、控制论、信息论、系统论

等新兴科学技术，逐渐被纳入学校的课程。教学方法和教学组织形式的变革也是一样，如班级教学组织形式的产生与改进，探究、练习、实验、参观、实习和多媒体教学等现代教学方法的运用，都是与生产力的发展水平和科学技术的运用紧密相关的。

2. 教育对生产力的促进作用（教育的经济功能）

（1）教育使潜在的劳动力转变为现实的劳动力，促进经济的发展

劳动力是劳动者在生产某种使用价值时所运用的体力和智力的总和，是附载在劳动者身上的劳动能力。潜在的劳动力要变为真正在生产中起作用的现实劳动力，就需要教育给予其知识、技能，发展其能力。

（2）教育生产科学技术，促进经济的发展

如果说科学技术是第一生产力，那么教育则是生产第一生产力的工作母机，是生产科学技术的重要手段与途径。在这个意义上，教育生产科学技术也就是教育的科技功能。教育为科学技术服务，最基本的途径就是通过培养创新型人才，生产新的科学技术，实现科技的创新。

（3）教育能够产生经济效益，是经济发展新的增长点

在传统观念中，教育是一种消费事业，不具有生产性和经济效益。但在现代观念中，教育是一种投资性事业，教育的生产性及所产生的经济效益越来越明显。教育发展对经济增长具有明显的促进作用，教育投资越来越成为经济发展新的增长点。

3. 人力资本理论

人力资本理论的提出者是美国经济学家舒尔茨，其核心概念是人力资本。人力资本是相对于物质资本而言的，它指人所拥有的诸如知识、技能及其他可以影响从事生产性工作的能力。人力资本理论认为，人力资本也是一种生产要素资本，是经济增长的重要源泉。教育投资是人力资本的核心。教育投资不仅能更好地开发人力资源，促进经济增长，而且是一种可以带来丰厚利润的生产性投资。

> **真题陈列架**
>
> （2019年上·单选·7）有人认为教育投资是有效的生产性投资，这种观点主要反映了教育的哪种功能？（　　）
>
> A. 政治功能　　　　　B. 经济功能　　　　　C. 文化功能　　　　　D. 生态功能
>
> 【答案】B。

（二）教育与社会政治经济制度的关系

1. 社会政治经济制度对教育的制约作用

（1）社会政治经济制度制约着教育的性质与领导权

一定的教育具有什么样的性质是由一定的社会政治经济制度的性质决定的。在历史的进程

中，当新的社会政治经济关系代替旧的社会政治经济关系时，新兴的统治阶级为了自身的利益，必定会垄断学校教育，掌控教育的领导权，使教育为其政治经济制度服务，成为阶级统治的重要工具。社会主义社会建立了人民民主政治，教育才由人民当家作主。

（2）社会政治经济制度制约着教育的目的和内容

教育目的是一个社会的政治经济制度对教育的权益要求的集中体现。在阶级社会中，统治阶级总是利用其政权力量来制定教育的目的、制度和方针、政策，规定学校教育的课程与内容，确保学校教育能够培养出他们所需要的人才，为其政治经济制度服务。只有在社会主义社会中，教育才能为全体人民服务，反映人民的意愿和需要。

（3）社会政治经济制度制约着受教育权

让哪些人受教育，受到何种程度的教育，都是由社会的政治经济制度决定的。此外，社会政治经济制度还制约教育管理体制的特性。可见，教育的性质、教育的领导权与受教育权、教育的目的与方针政策、教育的课程与内容及教育的管理体制都是受社会的政治经济制度所制约的。

2. 教育对社会政治经济制度的促进作用（教育的政治功能）

（1）教育通过培养合格的公民和政治人才为政治服务

教育通过培养人才，服务于政治，维护统治阶级的利益，这是教育发挥政治功能的一个最基本的途径。

（2）教育是一种影响政治经济的舆论力量

教育既是培养人的工具，也是宣传思想的工具。教育通过传播一定的思想意识来影响社会舆论和道德风尚，达到为政治经济服务的目的。积极的社会舆论有利于巩固、维护社会政治经济制度，是促进社会发展不可缺少的思想力量。

（3）教育推进社会走向民主

教育功能具有一定的"保守性"，但也具有"超越性"。第一，教育传播科学，启迪人的民主观念；第二，教育民主化本身是政治民主化的重要组成部分，也是衡量社会民主化的重要一环；第三，民主的教育是政治民主化的"孵化器"。

（三）教育与文化的关系

1. 文化对教育的制约作用

（1）文化知识制约着教育的内容与水平

年轻一代只有在传承和学习前人创造的文化知识的基础上才能成长为一定的社会成员。可见，文化是教育的基础，教育的本质是"以文化人"，即通过传承和创新文化来培养人才。文化是教育的主要资源，文化知识的发展特性与水平制约着教育的发展特性与水平。

（2）文化模式制约着教育的背景与模式

首先，文化模式为教育提供了特定的背景。生活在经济政治制度大体相同而文化模式迥异的国家里的人，其国民性却大相径庭。其次，文化模式还从多方面制约着教育的模式。如东方文化模式的核心是追求和谐、崇尚德行、关注整体；西方文化模式的核心则是追求征服、崇尚理性、关注个性。受这两种不同文化模式影响的教育模式，在教育目的、内容与方式等各个方面也有明显的差异。

（3）文化传统制约着教育传统的特性

文化传统越久，对教育传统的制约性越大。我国的文化传统既具有许多积极的内涵，也具有不少消极的因素。由于受到这些文化传统的影响，我国传统教育在价值取向上，讲求重德轻术、师道尊严；在思维方式上，也显示出重演绎、轻归纳，重知识的传承、轻创造和实际操作能力的训练等特征。

2. 教育对文化发展的促进作用（教育的文化功能）

（1）教育的文化传承功能

教育是保存文化的有效手段。教育的文化保存和延续功能有两种方式：一是纵向的文化传承，表现为文化在时间上的延续；二是横向的文化传播，表现为文化在空间上的流动。教育作为培养人的活动，它以文化为中介，客观上起着文化的传承和文化的普及作用。

（2）教育的文化选择功能

为了有效地传承文化，必须发挥教育对文化的选择功能。杜威对此有精辟的论述，他认为文化过分庞杂，不能全部吸收，必须通过教育"简化"，吸取其基本内容；文化中存在丑陋现象，必须通过教育"净化"，清除其不良因素，吸取其优秀内容；为了使人们避免其所在社会群体的文化局限，必须通过教育来"平衡"社会文化中的各种成分，以便和更广阔的文化建立充满生气的联系。教育的文化选择功能十分重要，体现了教育对文化发展的积极引导和自觉规范。

（3）教育的文化融合功能

文化是一定时期特定地域人们的思想、行为的共同方式，在这个意义上，文化具有地域性和封闭性。全球化时代教育的开放性，也使文化在传递过程中不断地相互吸收、相互融合。一方面，教育通过交流活动，如互派留学生、教师的出国访问、国际学术交流等，促进不同文化间的相互吸收、相互影响；另一方面，教育过程本身通过对不同文化的学习，如引进国外的教材、介绍国外的学术成果和理论，对这些异域的文化进行判断、选择，对本土的文化进行变革、改造，进而整合成新的文化，促进文化的不断丰富和发展。

（4）教育的文化创造功能

人类文化的发展，不仅需要传递和保存已有的文化，更需要创造新的文化。没有文化的更新和创造，就没有文化的真正发展。教育的文化功能，最根本的就是实现文化的创新与发展。教育通过以下几个方面实现文化的创造功能：首先，教育对文化的选择、批判和融合，使文化得到不断的更新和发展；其次，教育直接生产新的文化；最后，教育创造文化最根本的途径就是培养创造性人才。

> **真题陈列架**
>
> （2020年下·简答·26）简述教育的文化功能。
>
> **【参考答案】**教育的文化功能包含以下方面：①教育具有保存和传递文化的功能；②教育具有选择和提升文化的功能；③教育具有传播和交流文化的功能；④教育具有更新创造文化的功能。

（四）教育与人口发展的关系

1. 人口对教育的影响

（1）人口数量影响着教育的规模

人口数量决定着教育需求的大小，因此也就决定着教育的可能规模。人口数量越多，教育规模越大。

（2）人口质量影响着教育的质量

人口质量是指人口的身体素质、文化修养和道德水平。人口质量对教育的影响表现在两个方面：一是入学者已有的水平对教育的影响；二是年长一代的人口质量对新生一代的人口质量的影响。

（3）人口结构影响着教育的结构

人口结构是指人口在年龄、性别、文化、技术、职业、阶级、地域、民族等方面的构成状况。人口结构中每个方面的结构变化都直接或间接地影响教育。例如，人口分布过密或过稀都会制约教育的发展。

2. 教育对人口再生产的作用（教育的人口功能）

（1）教育提高了人口质量

人口质量是由人口素质体现的，教育培养人的目的就是提高每个人的素质，从而提高整体人的素质。

（2）教育控制人口数量

控制人口数量，需要制度的制约，但根本上需要通过教育来改变人们的生育观念，实现少生优育，一方面提高人口素质，另一方面降低人口出生率。

（3）教育改善人口结构，促进人口结构合理化

教育是使人口结构趋向合理化的手段之一。教育可以改变人口的文化结构和职业结构，更好地适应社会发展的需要；教育提高了人口素质，减少人口质量的区域差异，尤其是通过提高偏远地区的人口素质，促使人口的地域分布趋于合理。

> **真题陈列架**
>
> （2019年下·单选·3）近年来我国对农村中小学的布局结构进行了调整。这主要反映了下列哪一因素对教育的影响？（　　　）
>
> A. 政治制度　　　　　B. 经济制度　　　　　C. 人口变化　　　　　D. 文化传统
>
> 【答案】C。

（五）教育与科学技术的关系

1. 科学技术对教育的影响

（1）科学技术能够改变教育者的观念

科学技术的发展水平决定了教育者的知识水平和知识结构，影响他们对教育内容的选择和教育方法的运用，也会影响到他们对教育规律的认识和教育过程中教育机制的设定。

（2）科学技术能够影响受教育者的数量和教育质量

一方面，科学技术的发展正日益揭示出教育对象的身心发展规律，从而使教育活动遵循这种规律；另一方面，科学技术的发展及其在教育上的广泛运用，使教育对象得以扩大。

（3）科学技术可以影响教育的内容、方法和手段

科学技术可以渗透到教育活动的所有环节，为教育资料的更新和发展提供各种必要的思想基础和技术条件。学校类型、规模的扩大，教育设施的兴建，教育内容的记载与表达方式，教学用具与器材的制造等，都离不开科学技术的作用。

2. 教育对科学技术发展的作用

（1）教育能完成科学技术知识的再生产

科学技术知识的生产是直接创造新科学的过程，科学技术知识的再生产则是将科学生产的主要产品经过合理地加工和编排，传授给更多的人。科学技术知识的再生产有多种途径，学校教育是科学技术知识再生产的最主要途径。这是因为学校教育所进行的科学技术知识的再生产，是一种有组织、有计划、高效率的再生产。它在知之较多的教师的指导下，将前人的科学成果加以合理地编制，通过有效的组织形式，选择最合理的方法，在较短的时间内传授给学习者。

（2）教育推进科学的体制化

早先，科学研究只是少数人的智力活动，是为了好奇心的满足。17、18 世纪以后，出现了职业的科学家，出现了专门的科学研究机构，这被称为"科学的体制化"。

（3）教育具有科学研究的功能

教育在传播科学知识的同时，也从事着直接的科研工作，这在高校里尤为突出。

（4）教育具有推进科学技术研究的功能

教育向科学提出将科学成果在教育上应用技术化的要求，从而丰富科学技术的活动，扩大科学技术的成果。比如多媒体技术、电脑软件技术在教育上的广泛运用，对推进相关科学和技术的研究有直接作用。

> **真题陈列架**
>
> （2018 年上·单选·4）科学技术知识的再生产有多种途径，其中最重要的是（　　）。
>
> A. 社会生活　　　　B. 科学实践　　　　C. 生产劳动　　　　D. 学校教育
>
> 【答案】D。

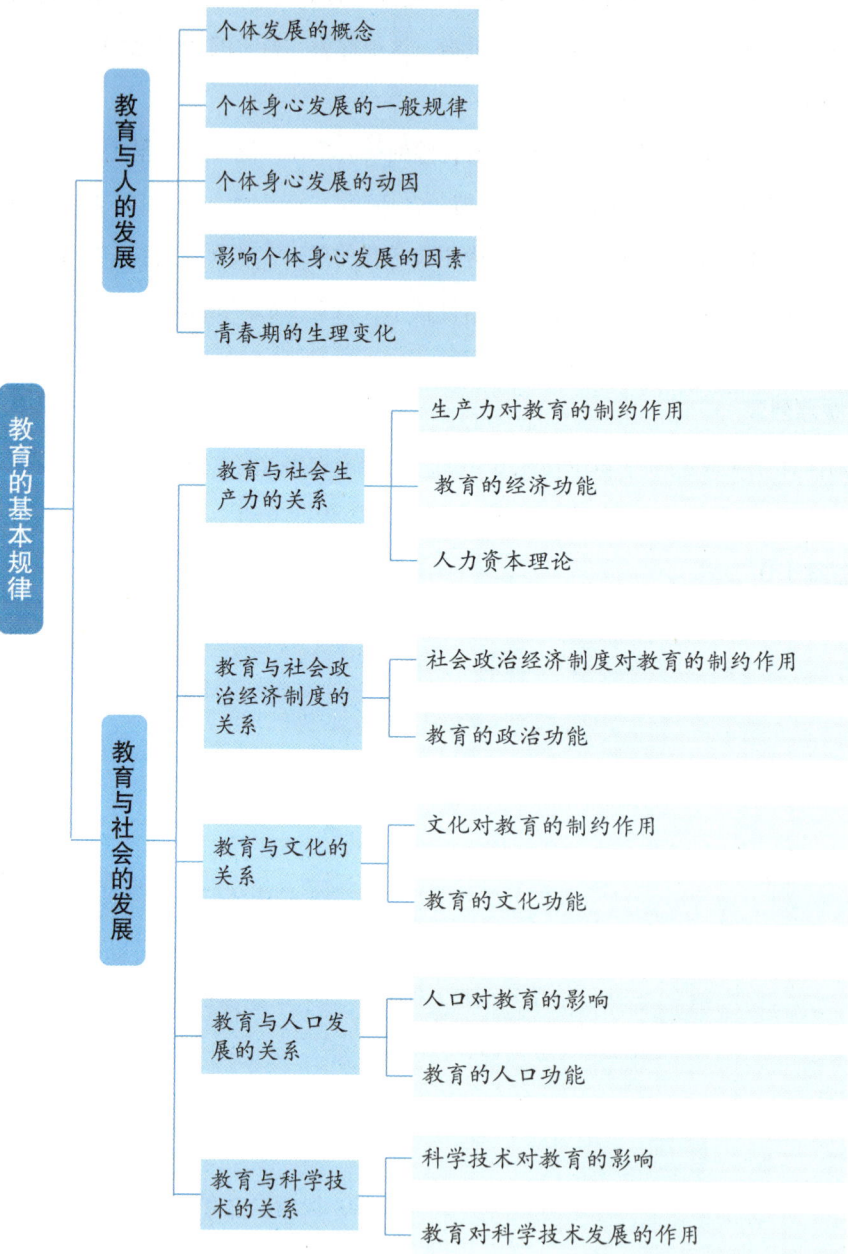

记忆保温箱

教育的基本规律
├─ 教育与人的发展
│   ├─ 个体发展的概念
│   ├─ 个体身心发展的一般规律
│   ├─ 个体身心发展的动因
│   ├─ 影响个体身心发展的因素
│   └─ 青春期的生理变化
└─ 教育与社会的发展
    ├─ 教育与社会生产力的关系
    │   ├─ 生产力对教育的制约作用
    │   ├─ 教育的经济功能
    │   └─ 人力资本理论
    ├─ 教育与社会政治经济制度的关系
    │   ├─ 社会政治经济制度对教育的制约作用
    │   └─ 教育的政治功能
    ├─ 教育与文化的关系
    │   ├─ 文化对教育的制约作用
    │   └─ 教育的文化功能
    ├─ 教育与人口发展的关系
    │   ├─ 人口对教育的影响
    │   └─ 教育的人口功能
    └─ 教育与科学技术的关系
        ├─ 科学技术对教育的影响
        └─ 教育对科学技术发展的作用

第四节　教育目的

考点收纳盒

关键考点	考查力度	常考题型	理解难度
教育目的概述	■■■□□	单选、辨析	★★☆☆☆
教育目的的价值取向	■■■■□	单选	★★☆☆☆
我国的教育方针与教育目的	■■■□□	单选、简答	★★☆☆☆
全面发展教育	■■□□□	单选、辨析、简答	★★★☆☆

知识储备库

一、教育目的概述

（一）教育目的的概念

教育目的的概念有广义和狭义之分。

广义的教育目的是指人们对受教育者的期望，即人们希望受教育者通过教育在身心诸方面发生什么样的变化，或者产生怎样的结果。狭义的教育目的是指国家对把受教育者培养成为什么样人才的总的要求。

教育目的对一切教育工作具有指导意义，是教育工作的方向，是一切教育工作的出发点和归宿。

（二）教育目的的层次结构

1. 国家的教育目的

在我国，教育目的是指党和国家对人才培养质量和总的规格的要求，是衡量各级各类教育质量高低的唯一标准。因为教育目的是对所有教育的一般要求，所以它也就具有较强的抽象性。为了实现教育目的，必须要对教育目的进行具体化。

2. 各级各类学校的培养目标

培养目标又被称为教育目标，是教育目的的具体化，它是指某一级或某一类学校培养人才的质量和规格的要求。

教育目的与培养目标是普遍与特殊的关系。教育目的是针对所有受教育者提出的，而培养目标是针对特定的教育对象提出的，各级各类学校的教育对象有各自不同的特点，制定培养目标需要考虑各学校学生的特点。

3. 教师的教学目标

教学目标是教育者在教育教学过程中，在完成某一阶段（如一节课、一个单元或一个学期）工作时，希望受教育者达到的要求或产生的变化结果。

教师的教学目标与教育目的、培养目标的关系是具体与抽象的关系，它们彼此相关，但相互不能取代。目的与目标具有根本性的不同，目标可测量，而目的不可测量。

真题陈列架

（2015年上·辨析·22）教育目的和培养目标是同一概念。

【参考答案】错误。教育目的分为三个层次，即国家的教育目的、各级各类学校的培养目标、教师的教学目标。狭义的教育目的是指国家对把受教育者培养成为什么样人才的总的要求。培养目标又被称为教育目标，是教育目的的具体化，它是指某一级或某一类学校培养人才的质量和规格的要求。教育目的与培养目标是普遍与特殊的关系。教育目的是针对所有受教育者提出的，而培养目标是针对特定的教育对象提出的，各级各类学校的教育对象有各自不同的特点，制定培养目标需要考虑各学校学生的特点。二者并不是同一概念。因此本题说法错误。

（三）教育目的的功能

1. 教育目的的导向作用

教育目的一经确立就成为人们行动的方向。它不仅为受教育者指明了发展方向，预定了发展结果，也为教育工作者指明了工作方向和奋斗目标。因此，无论是对教育者还是受教育者，教育目的都具有导向作用。

2. 教育目的的激励作用

目的反映人的需要和动机，是人们在一起共同活动的基础。因此，共同的目的一旦被人们认识和接受，它不仅能指导整个实践活动过程，而且能够激励人们为实现共同的目标而努力。

3. 教育目的的评价作用

教育目的是衡量和评价教育实施效果的根本依据和标准。评价学校的办学方向、办学水平和办学效益，检查教育教学工作的质量，评价教师的教学质量和工作效果，检查学生的学习质量和发展程度等工作，都必须以教育目的为根本标准和依据进行。

4. 教育目的的选择作用

人类社会发展至今，可供学生学习的知识经验繁多复杂，需要培养的技能技巧多种多样，需要发展的智力能力涉及方方面面。有了教育目的，就为教育内容的选择确定了基本范围，保证了教育能够科学地对人类丰富的文化做出有价值的取舍。同时，教育目的也为选择相应的教育途径、方法和形式提供了依据。

（四）制定教育目的的基本依据

1. 教育目的的制定受生产力发展水平和社会政治经济制度的制约

教育目的的制定受一定社会历史条件的制约，主要是指受生产力与科技发展及社会政治经济制度的制约，受历史发展进程的制约。生产力和科技发展的状况是确定一定历史时期教育目的的物质基础。在一定生产力基础之上建立起来的生产关系对教育目的起着决定性的作用。教育目的的社会性质和受教育者的社会价值主要是由社会政治经济制度决定的。教育目的的制定会体现一定的社会政治经济制度的要求，在阶级社会中具有鲜明的阶级性。

2. 教育目的的制定要考虑人的身心发展的特点

教育目的含有对人的素质发展的要求，这种要求不仅要依据社会现实及其发展来确定，也要依据人的身心发展及其需要来确定。人的身心发展具有顺序性、阶段性、不平衡性等特点，这是确立教育目的应予以很好把握的基本前提。人的发展需要也是确立教育目的的不可忽视的重要因素之一。满足人的主体性需要的教育目的，往往更有利于人的价值的提升和人的本质力量的增强，才能对培养人的实际教育赋予根本的活动宗旨或活动追求。

制定教育目的时，要考虑受教育者的身心发展特点和人的发展需要，但真正决定教育目的的性质、方向和内涵的还是社会生产力发展水平和社会政治经济制度的性质。

二、教育目的的价值取向

教育目的的价值取向，即对教育目的的价值性进行选择时所具有的倾向性。人们对教育活动的价值选择，历来有不同的见解和主张。其中，争论最多、影响最大、最具根本性的问题是教育活动究竟是注重个人个性的发展还是注重社会需要，因而形成了两个典型对立的理论主张，即个人本位论和社会本位论。典型的教育目的价值取向观主要有以下几种。

（一）个人本位论

个人本位论盛行于18世纪至19世纪上半叶，以卢梭、洛克、裴斯泰洛齐、福禄贝尔等人为代表。其基本观点是教育目的应依据个人需要来确定。该理论认为，人生来就具有健全的本能，教育目的是由人的本能、本性的需要决定的，教育的根本目的在于使人的本能和本性得到自由发展；个人价值高于社会价值，评价教育价值也应当以其对个人发展所起的作用为标准来衡量。

（2020年下·单选·5）卢梭从自然教育观出发，提出培养自然人的教育目的。这种教育目的观属于（　　）。

A. 社会本位论　　　　　　　　B. 个人本位论

C. 宗教本位论　　　　　　　　D. 自然本位论

【答案】B。

（二）社会本位论

社会本位论是在19世纪下半叶产生的，代表人物有孔德、涂尔干、赫尔巴特、凯兴斯坦纳等。其基本观点是教育目的应根据社会需要来确定。该理论认为，个人的发展有赖于社会，教育结果也只能以其社会功能加以衡量，教育结果的好坏，主要看它对社会贡献了什么，贡献的程度如何；教育的一切活动都应服从和服务于社会需要，教育除了社会的目的之外，没有其他目的。

（2014年上·单选·4）德国教育家凯兴斯坦纳曾提出过"造就合格公民"的教育目的，这种教育目的属于（　　）。

A. 个人本位论　　　　　　　　B. 社会本位论

C. 集体本位论　　　　　　　　D. 个别差异性

【答案】B。

（三）教育无目的论

教育无目的论由杜威提出。他在《民主主义与教育》中指出："教育的过程，除它自身以外没有目的，它就是它自己的目的。"杜威所否定的是教育的一般的、抽象的目的，强调的是教育过程内有的目的，即每次教育活动的具体目的，并非主张教育完全无目的。

（四）教育目的辩证统一理论

这是马克思主义的教育目的论。教育目的的辩证统一理论主张教育目的要考虑人的身心发展的各个要素，给予个体自由和充分地发展，并予以高度重视；又要把个体发展放在一定的历史范围之内，放在各种社会关系中考察，把二者辩证地统一起来。

三、我国的教育方针与教育目的

（一）我国当前的教育方针与教育目的

2010年7月29日，党中央、国务院正式颁布《国家中长期教育改革和发展规划纲要（2010—2020年）》（以下简称《纲要》）。《纲要》指出："全面贯彻党的教育方针，坚持教育为社会主义现代化建设服务、为人民服务，与生产劳动和社会实践相结合，培养德、智、体、美全面发展的社会主义建设者和接班人"。

2015年修订的《中华人民共和国教育法》指出："教育必须为社会主义现代化建设服务、为人民服务，必须与生产劳动和社会实践相结合，培养德、智、体、美等方面全面发展的社会主义建设者和接班人。"这一表述涵盖了教育方向、培养目标和实施途径，明确回答了我国教育在新的历史时期应当"为谁服务""培养什么样的人""培养人的途径"等问题。这是目前对教育方针最规范的表述。由此可见我国教育方针的基本内容有：①教育必须为社会主义现代化建设服务，这是我国教育工作的总方向；②教育必须与生产劳动和社会实践相结合，是我国教育工作的重要内容；③要求学生德、智、体、美等方面全面发展，这是教育培养目标的重要标准；④培养社会主义事业的建设者和接班人，这是我国社会主义教育的总的培养目标。

✏ 真题陈列架

（2019年下·单选·4）2015年修订的《中华人民共和国教育法》中明确规定，我国教育的性质和方向是（　　）。

A. 教育必须为社会主义现代化建设服务、为社会生活服务

B. 教育必须为社会主义现代化建设服务、为人民服务

C. 教育必须为社会主义物质文明建设服务、为精神文明建设服务

D. 教育必须为社会主义建设服务、为人的发展服务

【答案】B。

（二）我国当前教育目的的基本精神

1. 社会主义是我国教育性质的根本所在

教育作为培养人的社会活动，既源于社会需要也受社会制约。因此，教育不可避免地带有各个时代社会的特点和要求，体现一定的社会性质。正是由于我国教育目的所具有的对教育的社会性质的规定性，才在根本上保证了我国教育发展的社会主义方向，指引着我国教育为社会主义事业的全面发展培养各方面的人才。

2. 使受教育者德、智、体、美等方面全面发展

我国教育目的中蕴含着人才培养的素质要求。一是明确了人才应有的基本素质，即德、智、体、美等全面发展；二是明确了使受教育者各方面全面发展，即在注重基本素质（德、智、体、美等）形成和发展的同时，也要注重其他素质的形成和发展，而不应仅仅局限在德、智、体、美四个方面。这是促进人的个性丰富发展所必需的，有利于个人在物质生活领域和精神生活领域发挥创造性才能，更好地实现自己的理想和价值，使人的生存与发展充满内在的活力。

3. 以提高全民素质为宗旨

我国教育目的不仅包含对人的全面发展的要求，而且包含对整个民族素质全面提高的要求。

提高全民族素质，是我国当今社会发展赋予教育的根本宗旨，也是我国当代教育的重要使命。提高全民族素质、促进经济建设和社会发展，是我国教育目的所蕴含的一个重要方面。

4.为经济建设和社会的全面发展培养各级各类人才

为经济建设和社会的全面发展培养各级各类人才，这是我国教育的基本使命。一个国家经济建设和社会的全面发展进步，需要各级各类人才与之相适应。培养能够坚持社会主义方向的各级各类人才，是我国改革开放以来教育目的所体现的基本要求。我国教育目的所要求培养的人才，都是服务于社会主义的"劳动者""建设者""接班人"。

（三）我国教育目的的理论基础

马克思主义关于人的全面发展理论是确定我国教育目的的理论基础。

马克思主义关于人的全面发展理论的基本思想：人的发展是与社会生产发展相一致的。旧式劳动分工导致人的片面发展，大工业机器生产要求人的全面发展，并为人的全面发展提供了物质基础；实现人的全面发展的根本途径是教育与生产劳动相结合。

📌 **真题陈列架**

（2016年上·单选·3）确立我国教育目的的理论基础是（　　）。

A. 素质教育理论　　　　　　　　B. 马克思关于人的全面发展理论

C. 创新教育理论　　　　　　　　D. 生活教育理论

【答案】B。

（四）实现教育目的的要求

1.要以素质发展为核心

教育目的的实现不能忽略对人的素质的培养。这主要是因为：素质既蕴含活动的潜能和底蕴，也表现为在现实应对中适当把握、灵活驾驭事物或问题的实际水平。

2.要确立和体现全面发展的教育观

（1）确立全面发展的教育观的必要性

人的全面发展已成为当代世界各国教育普遍重视并努力实现的目标，缺乏全面发展的观念，甚至忽视全面发展，都不能培养和造就出适应现代和未来社会发展需要的全面发展的人才。

（2）正确理解和把握全面发展

全面发展不是人的各方面平均发展、均衡发展。实质上，全面发展是指人的各方面素质的和谐发展。

全面发展不是忽视人的个性发展。不能认为全面发展与个性发展是矛盾的、对立的，是不要个性的发展。

要坚持人的发展的全面性。不能为了眼前的需要（如升学应试的需要），而漠视其他素质的培养。

（3）正确认识和处理各育关系

在全面发展教育中，各育既不可分割，又不能相互代替。各育的不可分割和不能相互代替，反映了它们在全面发展教育中的关系是辩证统一的。

（4）要防止教育目的的实践性缺失

全面发展是我国教育目的蕴含的总体要求，实现这样的要求，需要依据教育目的来把握好教育实践，即要以教育目的的要求来时刻校准教育实践活动的方向，把它作为衡量、评价教育实践的根本标准。

四、全面发展教育

（一）全面发展教育的组成部分

全面发展的教育目的决定了全面发展教育的整体内容，德育、智育、体育、美育、劳动技术教育是全面发展教育的基本组成部分。

1. 德育

（1）德育的概念

德育是培养学生正确的人生观、世界观、价值观，使学生具有良好的道德品质和正确的政治观念，形成学生正确的思想方法的教育。

（2）德育的意义

第一，德育是进行社会主义精神文明建设和物质文明建设的重要条件；第二，德育在青少年思想品德的形成和发展中起主导作用，是培养社会主义接班人和建设者的条件；第三，德育是学校全面发展教育的基本组成部分，是实现教育目的的重要保证。

（3）德育的任务

第一，培养学生正确的政治方向，使学生形成正确的政治信念，具有为国家富强和人民富裕而努力奋斗的献身精神；第二，培养学生正确的世界观、人生观，使他们形成科学辩证的思想方法，正确认识世界和人生，在社会生活中追求新知，解放思想，实事求是，勇于创造；第三，培养学生良好的道德品质，使学生成为具有良好社会公德和文明行为习惯的遵纪守法的好公民；第四，培养学生良好、健康的心理品质，使学生能正确地认识自己，讲究心理卫生、提高心理素质、形成完善人格。

2. 智育

（1）智育的概念

智育是授予学生系统的科学文化知识、技能，发展他们的智力和与学习有关的非认知因素的教育。

（2）智育的意义

第一，智育是科学知识再生产和人类精神财富延续和发展的重要条件，是开发人的智力、培养各级各类人才的重要手段；第二，智育在人的全面发展中也具有重要意义。智育为其他各育的实施提供了知识技能的准备和智力的支持，是实施其他各育的基础。

（3）智育的任务

第一，向学生系统传授科学文化基础知识，为学生各方面发展奠定良好的知识基础；第二，培养和训练学生，使其掌握基本技能；第三，培养和发展学生的智力，增强学生各方面能力；第四，培养学生良好的学习品质和热爱科学的精神。

3. 体育

（1）体育的概念

体育是授予学生健康的知识、技能，发展他们的体力，增强他们的自我保健意识和体质，培养参加体育活动的习惯，增强其意志力的教育。

广义的体育，包括身体文化、身体教育和身体锻炼三个方面。狭义的体育，即学校体育，是一种有目的、有计划、有组织地促进学生身心全面发展、增强学生体质、掌握运动的基本技能与技巧和培养道德品质的教育活动。

理解学校体育的概念，要把握三个要点。首先，学校体育是一种教育活动，它以在校学生为教育对象。如果说社会体育的特点是健身性、娱乐性、竞技性，学校体育的特点则是教育性与基础性。其次，学校体育是教育活动的一个组成部分。最后，学校体育的根本任务是增强学生体质。它影响学生终身的健康、强壮、活力，使学生乐观而有朝气。

（2）学校体育的意义

第一，学校体育可以促进学生身体的健康成长与发育；第二，体育与智育、德育、美育和综合实践活动是密切联系的；第三，发展青少年体育，既是普及的需要，也是提高的需要。

（3）学校体育的任务

第一，学校体育的根本任务是发展学生体力，增强学生体质；第二，使学生逐步掌握体育运动的基本知识和技能技巧，养成自觉锻炼身体的习惯；第三，培养学生热爱党、热爱祖国、热爱集体、遵守纪律、勇敢顽强、朝气蓬勃的革命精神。

4. 美育

（1）美育的概念

美育是培养学生健康的审美观，发展他们鉴赏美、创造美的能力，培养他们的高尚情操与文明素养的教育。美育不等于艺术教育，也不仅仅是"美学"学习，美育的内容要比艺术教育和"美学"学习宽阔得多。

（2）美育的意义

①美育是社会主义精神文明和物质文明建设的需要。

②美育是陶冶性情、培养健全人格的需要。

③美育渗透在全面发展教育的各个方面，对学生身心健康和谐地发展有促进作用。第一，美育能够促进学生智力发展，扩大和加深他们对客观世界的认识；第二，美育能够促进学生科学世界观和良好道德品质的形成；第三，美育能够促进体育，具有健身怡情的作用；第四，美育能够促进劳动技术教育，使学生体验到劳动创造带来的喜悦。

（3）学校美育的基本任务

学校美育的基本任务主要包括以下几个方面：第一，使学生树立正确的审美观点，提高审美能力；第二，培养学生健康的审美情趣，激发他们对美的热爱和追求；第三，发展学生表现美和创造美的能力。

5. 劳动技术教育

（1）劳动技术教育的概念

劳动技术教育是引导学生掌握劳动技术知识和技能，形成劳动观点和习惯的教育。

（2）劳动技术教育的意义

第一，劳动技术教育是促进学生全面发展不可缺少的重要组成部分，能促进学生优良品德的发展，有利于掌握知识、形成技能、发展智力，还能促进学生体质的增强；第二，有利于完成升学和就业双重任务，适应社会主义现代化建设的需要。

（3）劳动技术教育的任务

第一，培养学生良好的劳动品质；第二，使学生掌握现代生产基本原理与基本生产技术知识和某种职业技术知识；第三，通过劳动技术教育实践，增强体质，陶冶审美情趣，促进学生身心的健康发展，并注意在劳动中培养学生观察、思维、想象的能力和创造精神。

📖 真题陈列架

（2019 年下·简答 •27）简述学校美育的基本任务。

【参考答案】 学校美育的基本任务主要包括：第一，使学生树立正确的审美观点，提高审美能力；第二，培养学生健康的审美情趣，激发他们对美的热爱和追求；第三，发展学生表现美和创造美的能力。

（二）全面发展教育各组成部分之间的关系

德育、智育、体育、美育和劳动技术教育作为全面发展教育的有机组成部分，各有其特定的任务和不可替代的作用。德育是各育实施的方向统帅和动力源泉；智育是各育实施的认识基础、智力支持；体育是各育实施的物质前提，是人的一切活动的基础；美育提升人的精神境界和生活情趣，协调各育的发展；劳动技术教育是各育的实践基础。五育紧密相连，不能偏废，不可替代，共同促进人的全面发展。全面发展教育强调五育并举，全面发展，并不是主张门门百分，平均发展。要求每个学生都成为科学家、艺术家、技术巨匠、运动健将，或者要求每个学生都精通数学、物理学、化学、生物学、历史学、政治学等，这既不可能，也不必要。但是，要求每个受教育者在智、德、美、体和综合实践能力诸方面都得到发展，没有重大缺陷，则是合理的。一般来说，每个青少年学生都可以且应当在基本素质全面发展的基础上发展自己的个性和特长。所以，在教育工作中，要把全面发展与因材施教结合起来，使学生既有较完善的基本素质，又能充分展其所长，形成丰富而独特的个性。

记忆保温箱

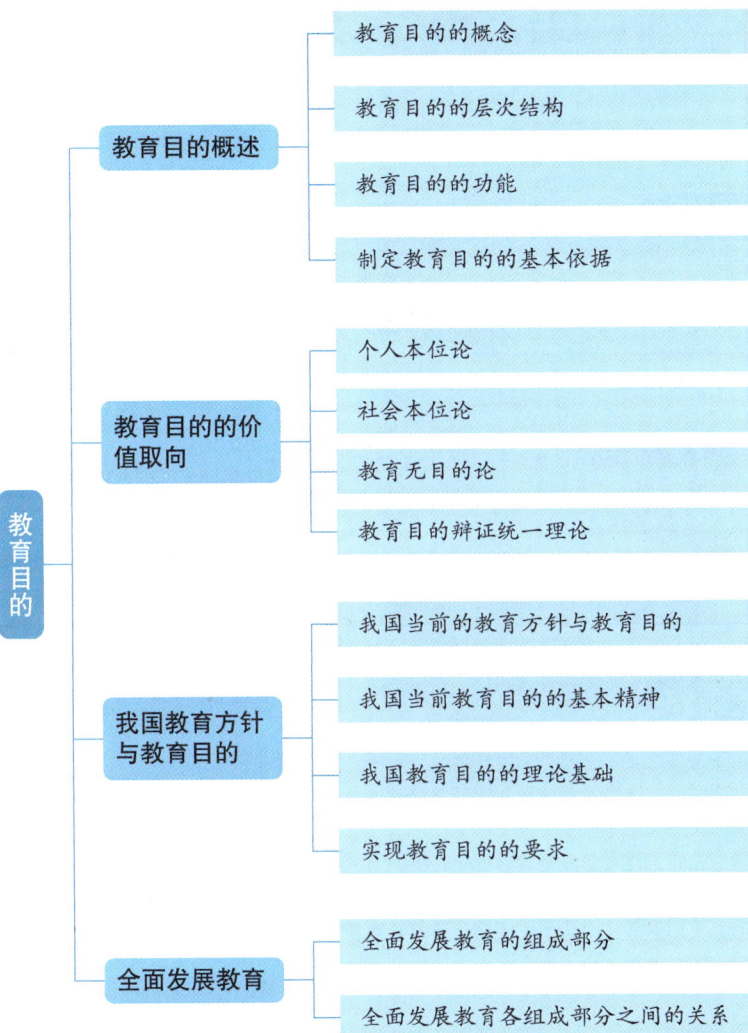

教育目的
- 教育目的概述
  - 教育目的的概念
  - 教育目的的层次结构
  - 教育目的的功能
  - 制定教育目的的基本依据
- 教育目的的价值取向
  - 个人本位论
  - 社会本位论
  - 教育无目的论
  - 教育目的辩证统一理论
- 我国教育方针与教育目的
  - 我国当前的教育方针与教育目的
  - 我国当前教育目的的基本精神
  - 我国教育目的的理论基础
  - 实现教育目的的要求
- 全面发展教育
  - 全面发展教育的组成部分
  - 全面发展教育各组成部分之间的关系

第五节　教育制度

考点收纳盒

关键考点	考查力度	常考题型	理解难度
教育制度概述	■■□□□	单选、简答	★☆☆☆☆
现代学校教育制度的类型	■□□□□	单选	★☆☆☆☆
我国现代学制的沿革	■■□□□	单选	★☆☆☆☆
义务教育制度	■■□□□	单选、材料分析	★★☆☆☆

知识储备库

一、教育制度概述

（一）教育制度的概念

所谓教育制度，是指一个国家各级各类实施教育的机构体系及其组织运行的规则。它包括相互联系的两个基本方面：一是各级各类教育机构与组织；二是教育机构与组织赖以存在和运行的规则，如各种相关的教育法律、规则、条例等。学校教育制度是教育制度的基本组成部分，处于核心地位。学校教育制度，简称学制，是指一个国家各级各类学校的系统，具体规定着学校的性质、任务、入学条件、修业年限及它们之间的协调关系。

（二）学校教育制度建立的依据

学校教育制度的建立受到多个因素的影响。

1. 社会生产力的发展水平和科学技术的发展状况影响着学校教育制度的建立

学制不可能超越当时社会生产力和科学技术的水平，因为它们直接影响着学校教育的物质基础、规模、速度、普及程度、课程结构、专业设置等。学制是随着各国生产力的发展和科学技术水平的提高而日臻完善的。

2. 社会政治经济制度也是影响学校教育制度建立的重要因素

国家的政治权力机关制约着学校教育制度的颁布与实施。一国的政治经济制度是该国各项政策制定与实施的前提和基本准则。同样，对于关系着人才培养的种类与层次的教育结构和学制问题，也必然要以政治经济制度的要求为准则。

3. 人的身心发展规律同样制约着学校教育制度的建立

人是教育的对象，教育制度的建立必须充分考虑到教育对象的特点。人在一生当中会经历不同的发展阶段，不同的阶段其身心的发展都会呈现出不同的特点和规律。为了能够符合学生的身心发展特点，各国在制定学校教育制度、规定入学年龄与修业年限、确定各类学校的分段与衔接等方面都必须要考虑到学生的身心发展特点及规律。

4. 学校教育制度的建立，不仅要吸取原有学制改革中的有益成分，还要借鉴国外学制的有益经验

纵览中外教育发展史，每个国家的学校教育制度都有其形成和发展的历史过程，在制定学制的过程中，既不能脱离本国学制发展的历史，也不能只顾及本国而忽视了汲取其他国家学制改革的有益经验。

二、现代学校教育制度的类型

各国学校教育制度在发展过程中形成了三种典型的学制类型：双轨学制、单轨学制、分支型学制。西欧原来的学制是双轨学制，美国的学制是单轨学制，苏联的学制则是分支型学制。我国现行的学制是分支型学制。

（一）双轨学制

18 和 19 世纪的西欧形成了欧洲现代教育的双轨学制，简称双轨制：一轨为资产阶级子女设立，自上而下，其结构是大学（后来也包括其他高等学校）、中学（包括中学预备班）；另一轨为劳动人民的子女设立，从下而上，其结构是小学（后来是小学和初中）及其后的职业学校（先是与小学相连的初等职业教育，后发展为和初中相连的中等职业教育）。双轨制是两个平行的系列，既不相通，也不连接，最初甚至也不对应，因为一轨从中学开始（基于家庭教育），一轨最初只有小学。

（二）单轨学制

单轨学制，简称单轨制，最早产生于美国。美国单轨制的结构是小学、中学、大学。其基础教育的特点是一个系列、多种分段，即六三三、五三四、四四四、八四、六六等分段。单轨制因为有利于教育的逐级普及而被世界许多国家采用。

（三）分支型学制

分支型学制，又称"Y"形学制或中间型学制，是在双轨制与单轨制的基础上发展而来的。该学制从一开始的时候并不分轨，职业学校毕业的学生也有机会升入大学。但是，在中学阶段时开始分轨。也就是说，该学制在小学和初中阶段是单轨，以后开始分轨，是介于双轨学制与单轨学制之间的分支型学制。分支型学制的中学，上通（高等学校）下达（初等学校），左（中等专业学校）右（中等职业技术学校）畅通，这是分支型学制的优点和特点。

> **真题陈列架**
>
> （2020年下·单选·4）在学制发展过程中，有些国家规定学生在小学和初中阶段接受统一的基础教育，初中以后可以接受普通教育或职业教育。这些国家的学制类型属于（　　）。
>
> A. 单轨学制　　　　B. 双轨学制　　　　C. 多轨学制　　　　D. 分支型学制
>
> 【答案】D。

三、发达国家学制的改革与发展

1. 加强学前教育并重视与小学教育的衔接

第二次世界大战前，学前教育很少被纳入国家教育系统，但现在很多国家都将学前教育纳入了国家教育系统，并重视与小学教育的衔接。

2. 强化普及义务教育、延长义务教育年限

义务教育是国家用法律形式规定，对一定年龄儿童免费实施的某种程度的学校教育。19世纪末，欧美一些国家开始实行初等义务教育并逐步延长义务教育年限，现在世界上180多个国家中有2/3以上的国家实行了9年或9年以上的义务教育制度。

3. 普通教育与职业教育朝着相互渗透的方向发展

普通教育主要是以升学为目标，以基础科学知识为主要教学内容的学校教育；职业教育是以就业为目标，以从事某种职业或生产劳动的知识和技能为主要教学内容的学校教育。第二次世界大战后，综合中学的比例逐渐增加，出现了普通教育职业化、职业中学普通化的趋势。

4. 高等教育的类型日益多样化

随着社会生活的丰富多样化和高等教育的大众化，传统的以学术性为标准的单一大学逐渐发生变化。在形式上，不同学制、不同办学形式的学校纷纷出现；在内容上，基础性的、应用性的、工艺性的学校各显特色；在入学目的、考试评价的方法上也多种多样。

5. 学历教育与非学历教育的界限逐渐淡化

随着一次性教育向终身教育的转变，以获得文凭为受教育目的的程度逐渐降低，通过教育

补充知识、丰富人生的目的越来越强，社会教育的程度越来越高，学历教育与非学历教育的界限逐渐被淡化。

6. 教育制度有利于国际交流

交通、通信技术的发展，使得世界正在缩小，国际文化的交流越来越重要，也越来越现实，这就要求各国的教育制度应有利于国际间的交流，增强学制、学位、学分等的互通性。

四、我国现代学制的沿革

（一）中华人民共和国成立前我国现代学制的沿革

我国学制是从清末开始建立的。1840年以后，清政府采取了"废科举，兴学校"的措施，制定了学制。

1902年，清政府颁布了《钦定学堂章程》，亦被称为"壬寅学制"，这是我国正式颁布的第一个学制，但未实施。1904年初，清政府又颁布了《奏定学堂章程》，亦被称为"癸卯学制"，这是我国第一个正式实施的学制。这两个学制都以当时的日本学制为蓝本，同时反映了"中学为体，西学为用"的思想，两个学制中都明确提出了"强迫教育"。

1912年至1913年，南京临时政府对旧学制进行了修订，实行了"壬子癸丑学制"。该学制明令废除在受教育权方面的性别和职业限制，将学堂改为学校，允许初等小学男女同校。在法律上体现了教育机会均等，反映了资产阶级在学制方面的要求，是我国教育史上第一个具有资本主义性质的学制。

1922年，北洋政府颁布了"壬戌学制"，又称"六三三学制"或"新学制"。该学制以美国学制为蓝本，明确以学龄儿童和青少年身心发展规律作为划分学校教育阶段的依据，这在我国现代学制史上是第一次。

> 🔖 **真题陈列架**
>
> （2016年下·单选·7）在我国近现代学制改革中，明确规定将学堂改为学校，实行男女教育平等，允许初等小学男女同校的学制是（　　）。
>
> A. 壬寅学制　　　　B. 癸卯学制　　　　C. 壬子癸丑学制　　　　D. 壬戌学制
>
> 【答案】C。

（二）中华人民共和国成立后我国的学制改革

1949年中华人民共和国成立，为了国家政治、经济和文化建设的需要，中央人民政府于1951年10月颁布了《关于改革学制的决定》，初步奠定了中华人民共和国成立后教育制度发展的基础。

1958 年，中共中央、国务院颁布了《关于教育工作的指示》，该指示提出学制改革"两条腿走路"的办学方针和"三个结合""六个并举"的具体办学原则。

1985 年，中共中央发布了《关于教育体制改革的决定》，其中有关学制的内容是：实行九年制义务教育；调整中等教育结构，大力发展职业技术教育；改革高等教育招生与分配制度，扩大高等学校办学自主权；基础教育权属于地方，学校逐步实行校长负责制。

1993 年，中共中央、国务院印发了《中国教育改革和发展纲要》，确定了 20 世纪末教育发展的总目标：基本普及九年义务教育，基本扫除青壮年文盲；全面贯彻党的教育方针，全面提高教育质量；建设好一批重点学校和一批重点学科。确定了基础教育、职业教育、成人教育、高等教育四种类型的教育结构。

1995 年颁布的《中华人民共和国教育法》以法律的形式规定了我国的基本教育制度。该法规定，国家实行学前教育、初等教育、中等教育和高等教育的学校教育制度；国家实行九年制义务教育制度。

1999 年，国务院发布了《面向 21 世纪教育振兴行动计划》，主要目标是到 2000 年，全国基本普及九年义务教育，基本扫除青壮年文盲，大力推进素质教育；完善职业教育培训和继续教育制度；积极稳步发展高等教育，入学率达到 11% 左右；深化改革，建立起教育新体制的基本框架，主动适应经济社会发展。到 2010 年，城市和经济发达地区有步骤地普及高中阶段的教育，全国人口受教育年限达到发展中国家先进水平；高等教育规模有较大扩展，入学率接近 15%；基本建立起终身学习体系。

（三）我国当前的学制及学制改革

1. 我国现行学制的形态

从形态上看，我国现行学制是从单轨学制发展而来的分支型学制。

（1）我国学校教育系统的层次结构

从层次结构上看，我国现行学校教育包括幼儿教育、初等教育、中等教育和高等教育四个层次。

幼儿教育的实施机构主要是托儿所、幼儿园、学前班等。

初等教育主要指全日制小学教育，实施机构包括独立设立的小学和九年一贯制学校。

中等教育分为初级和高级两个阶段，实施机构包括全日制普通中学、中等专业学校、职业中学等。

高等教育是正规学校教育的最高层次，主要包括全日制大学、专门学院、专科学院、研究生院和各种形式的业余大学等。高等教育是多层次的教育，包括专科教育、本科教育和研究生教育三个层次。

（2）我国学校教育系统的类别结构

从类别结构上看，我国学校教育还可划分为基础教育、职业教育、高等教育、成人教育和特殊教育五个大类。

基础教育是提高民族素质的奠基工程，在教育中处于基础性地位，主要任务是为学生以后的进一步学习、生活和工作打下扎实的基础。基础教育是一个动态的概念，它的内涵随着时代的发展而变化。2001年颁布的《基础教育课程改革纲要（试行）》指出"新的课程体系涵盖幼儿教育、义务教育和普通高中教育"，首次以政府文件的形式将基础教育的范围扩大为涵盖幼儿教育、义务教育和普通高中教育的大学前正规教育阶段。

职业教育是向学生或在职人员传授专业或业务知识和技能的教育，是现代教育的重要组成部分，是工业化和生产社会化、现代化的重要支柱。

高等教育是培养高级专门人才的教育。当前，我国高等教育的发展要坚持走内涵发展为主的道路，重视提高教育的质量和效益。

成人教育是适应终身教育发展的一种教育制度，面向社会在职人员，对于不断提高人的素质、促进经济和社会发展具有重要意义。

特殊教育是指用特殊的方法、设备和措施对特殊的群体进行的教育。如盲、聋、哑教育，工读教育和超常教育。工读教育是指通过工读学校对有违法行为和轻微犯罪行为的青少年进行的教育。超常教育是指对智力超常或具有某些特殊才能的儿童的教育。

2. 我国当前学制改革

2010年，《国家中长期教育改革和发展规划纲要（2010—2020年）》（以下简称《纲要》）正式颁布。在学制方面，《纲要》按照完善现代国民教育体系、形成终身教育体系的要求，明确了今后一个时期我国学制方面的发展任务，主要有以下几点：①基本普及学前教育，重点发展农村学前教育；②巩固和提高九年义务教育水平，推进义务教育均衡发展；③加快普及高中阶段教育，推动普通高中多样化发展；④大力发展职业教育，增强职业教育吸引力；⑤全面提高高等教育质量；⑥加快发展继续教育，构建灵活开放的终身教育体系；⑦重视和支持民族教育事业，全面提高少数民族和民族地区教育发展水平；⑧关心和支持特殊教育，完善特殊教育体系，健全特殊教育保障机制。

> 📖 **真题陈列架**
>
> （2014年下·辨析·22）目前我国普通高中教育不属于基础教育。
>
> **【参考答案】**错误。基础教育是提高民族素质的奠基工程，在教育中处于基础性地位，主要任务是为学生以后的进一步学习、生活和工作打下扎实的基础。目前，我国基础教育涵盖幼儿教育、义务教育和普通高中教育的大学前正规教育阶段。因此本题说法错误。

第一章　教育基础知识和基本原理

五、义务教育制度

（一）义务教育的概念

义务教育又称强迫教育和免费义务教育，是根据法律规定，适龄儿童和青少年都必须接受，国家、社会、家庭必须予以保证的国民教育。其实质是国家依照法律的规定对适龄儿童和青少年实施的一定年限的强迫教育的制度。

（二）义务教育的特点

强制性、普及性、免费性是义务教育的三个基本特点。

1. 强制性

强制性是义务教育的最本质特点。所谓强制性，是指义务教育是依据法律的规定，由国家强制力保证其推行和实施的。国家、社会、学校和家庭必须依法予以保证。

2. 普及性

所谓普及性，是指全体适龄儿童、少年，除了依照法律规定办理缓学或免学手续的以外，都必须入学接受教育，并且必须接受规定年限的义务教育。

3. 免费性

所谓免费性，是指国家对接受义务教育的适龄儿童、少年免除其全部或大部分就学费用。这是世界各国实施义务教育的一个共同特点和宗旨。

（三）义务教育的产生与发展

世界上最早颁布义务教育法的国家是德国。1619年，德意志魏玛公国颁布学校法令，规定父母应送其6～12岁子女入学，否则政府会强迫其履行义务。此为义务教育的开端。1763—1819年，德国先后三次修订法令推行义务教育，成为推行义务教育最早的国家。随后，美国、英国、日本也相继施行义务教育。

🞂 真题陈列架

（2014年上·单选·5）在学校教育制度的发展变革中，义务教育制度产生于（   ）。

A. 原始社会　　　　B. 奴隶社会　　　　C. 封建社会　　　　D. 资本主义社会

【答案】 D。

（四）义务教育在我国的发展

1985年颁布的《中共中央关于教育体制改革的决定》，规定把普及九年义务教育的责任交给地方，有计划、有步骤地普及九年义务教育。

1986年4月，第六届全国人民代表大会第四次会议通过了《中华人民共和国义务教育法》，以国家立法形式正式确立我国实行九年义务教育，标志着中国义务教育制度的确立。

2006 年 6 月 29 日，中华人民共和国第十届全国人民代表大会常务委员会第二十二次会议再次审议并通过《中华人民共和国义务教育法》（简称新《义务教育法》），该法自 2006 年 9 月 1 日起实施，由此拉开了我国义务教育向着均衡、公平方向发展的序幕。

根据《国家中长期教育改革和发展规划纲要（2010—2020 年）》，我国义务教育的发展任务包括以下三点：第一，巩固和提高九年义务教育水平，包括巩固义务教育普及成果、提高义务教育质量和增强学生体质。第二，推进义务教育均衡发展。均衡发展是义务教育的战略性任务，要切实缩小校际差距、城乡差距、区域差距。义务教育阶段不得设置重点学校和重点班。第三，减轻中小学生课业负担。各级政府要统筹规划，整体推进；学校要把减负落实到教育教学各个环节；要充分发挥家庭教育在儿童和青少年成长过程中的重要作用。

我国九年制义务教育的学制年限实行小学六年、初中三年的"六三制"，或小学五年、初中四年的"五四制"，以及不划分为两个阶段的"九年一贯制"。总体来看，学制年限是多种形式并存的。

记忆保温箱

```
教育制度 ── 教育制度概述 ── 教育制度的概念
                        └─ 学校教育制度建立的依据
          ├─ 现代学校教育制度的类型
          ├─ 发达国家学制的改革与发展
          ├─ 我国现代学制的沿革 ── 中华人民共和国成立前我国现代学制的沿革 ── 《钦定学堂章程》
          │                                                            ├─ 《奏定学堂章程》
          │                                                            ├─ "壬子癸丑学制"
          │                                                            └─ "壬戌学制"
          │                     ├─ 中华人民共和国成立后我国的学制改革
          │                     └─ 我国当前的学制及学制改革
          └─ 义务教育制度 ── 义务教育的概念
                          ├─ 义务教育的特点
                          ├─ 义务教育的产生与发展
                          └─ 义务教育在我国的发展
```

第六节　教育研究的基本方法

🍀 考点收纳盒

本节内容在 2014 年以来的教师资格考试中从未考查过，考生备考时应以了解为主。

📖 知识储备库

一、观察法

（一）观察法的概念

观察法是指研究者通过感官和辅助仪器，有目的、有计划地对处于自然情境下的事物、人、活动等进行系统感知，从而获得经验和事实的一种科学研究方法。观察法是一种基础性的、常用的科学研究方法。

（二）观察法的分类

1. 自然情境中的观察和实验室中的观察

根据对观察的环境条件是否进行控制和改变，观察法可以分为自然情境中的观察和实验室中的观察。

（1）自然情境中的观察

自然情境中的观察包括自然行为的偶然的现象观察和系统的现象观察，能搜集到客观真实的材料，但材料往往是观察对象的外部行为表现。

（2）实验室中的观察

实验室中的观察是研究者根据研究的目的，在对观察对象发生的环境和条件加以控制或改变的条件下进行的观察。这种观察有严密的计划，有利于探讨事物内在的因果关系。

2. 直接观察和间接观察

根据观察时是否借助仪器设备，观察法可以分为直接观察和间接观察。

（1）直接观察

直接观察是凭借人的感官，在现场直接对观察对象进行的感知和描述，直观具体。

（2）间接观察

间接观察是利用一定的仪器或其他技术手段作为中介，对观察对象进行观察。

3.参与性观察和非参与性观察

根据观察者是否直接参与被观察者所从事的活动，观察法可以分为参与性观察和非参与性观察。

（1）参与性观察

参与性观察是观察者直接参加到所观察的群体和活动中去，不暴露观察者的真正身份，在参与活动中进行隐蔽性的研究观察。

（2）非参与性观察

非参与性观察不要求观察者站到与被观察对象同一地位，而是以旁观者的身份，可采取公开的，也可以采取秘密的方式进行。每当一种行为发生时，观察者及时进行观察记录。

4.结构式观察和非结构式观察

根据是否对观察活动进行严格的控制，观察法可以分为结构式观察和非结构式观察。

（1）结构式观察

结构式观察有明确的目标、问题和范围，有详细的观察计划、步骤和合理设计的可控制性观察。

（2）非结构式观察

非结构式观察是对研究问题的范围采取弹性态度，观察内容与观察步骤没有预先确定，也无具体记录要求的非控制性观察。

（三）观察法的实施步骤

观察法的实施分为以下几个步骤：①界定研究问题，明确观察目的和意义；②编制观察提纲，进入研究情境；③实施观察，收集、记录资料；④分析资料，得出研究结论。

（四）观察法的优缺点

1.优点

①可以在自然状态下获取事实数据；②不干扰观察对象的自然表现，可以获得客观、真实的数据；③可以对同一观察对象进行较长时间的跟踪研究。

2.缺点

①取样小，观察法一般限于小样本的研究；②所获材料具有一定的表面性；③观察缺乏控制，不能说明所观察到的现象的因果关系。

二、调查法

（一）调查法的概念

调查法是研究者通过问卷、访谈等方式，有目的、有计划地收集研究对象的有关资料，对取得的第一手资料进行整理和分析，从而揭示事物的本质和规律，寻求解决实际问题的方案的研究方法。

（二）调查法的分类

1. 普遍调查、抽样调查和个案调查

按调查对象的选择范围，调查法可分为普遍调查、抽样调查和个案调查。

（1）普遍调查

普遍调查也叫全面调查，是对某一范围内所有研究对象进行调查。这种类型的调查的优点是具有普遍性，能全面地反映教育的许多现象及其变化发展情况，搜集的资料比较全面。但是调查所得到的材料往往比较肤浅和简单，有些问题无法深入了解，同时由于调查范围广，往往耗资大、费时长。

（2）抽样调查

抽样调查，即从调查对象的全体范围（总体）中，抽取一部分单位（样本）进行调查，并以样本特征值推断总体特征值的一种调查方法。

（3）个案调查

个案调查，即在对调查的教育现象或教育对象进行具体分析的基础上，有意识地从其中选择某个教育现象或教育对象进行调查与描述。

2. 现状调查、相关调查、发展调查和预测调查

依据调查内容，调查法可分为现状调查、相关调查、发展调查和预测调查。

（1）现状调查

现状调查，即对某一教育现象或教育对象的现状进行调查。这种类型的调查，其时间特征是"现在"或"当前"，是进行"现在状况""当前情况"的调查。

（2）相关调查

相关调查，主要调查两种或两种以上教育现象的性质和程度，分析与考察它们是否存在相关关系，是否互为变量，目的是寻找某一教育现象的相关因素，以探索解决问题的办法。

（3）发展调查

发展调查，即对教育现象在一个较长时间内的特征变化进行调查，以找出其前后的变化与差异。

（4）预测调查

预测调查，主要揭示某一教育现象随时间变化而表现出的特征和规律，从而推断未来某一时期的教育发展趋势与动向。这类调查难度较大，其结果相对来说准确性不是很高。

3. 问卷调查、访谈调查、测量调查和调查表法

依据调查的方法和手段，调查法可分为问卷调查、访谈调查、测量调查和调查表法。

（1）问卷调查

问卷调查，又被称为问题表格法，指以书面提出问题的方式搜集资料的一种研究方法。研究者将所要研究的问题编制成问题表格，以邮寄方式、当面作答或追踪访问方式填答，从而了解被调查者对某一现象或问题的看法和意见。

（2）访谈调查

访谈调查，指研究者通过与被调查者进行面对面的交谈，以口头问答的形式搜集资料的一种调查研究方法。

（3）测量调查

测量调查，指用一组测试题（标准化试题或自编试题）去测定某种教育现象的实际情况，从而搜集数据资料进行量化研究的一种方法。

（4）调查表法

调查表法，指通过向相关的被调查者发放根据研究要求设计好的各种调查表格来搜集有关事实或数据资料的调查研究方法。调查表法主要用于搜集各种形式的事实资料，尤其偏重于搜集数据资料。

（三）调查法的实施步骤

调查法的实施包括以下几个步骤：①明确调查目的；②制订调查计划；③准备调查材料和工具；④实施调查；⑤整理调查材料；⑥撰写调查报告。

（四）调查法的优缺点

1. 优点

调查法可以深入了解教育现状，发现问题，弄清事实，为教育行政部门制定教育政策、教育规划及为教育改革提供事实依据。

2. 缺点

①调查往往只是表面的，难以确定其因果关系；②调查的成功往往取决于被调查者的合作态度，更多地受制于研究对象；③调查的可靠性有一定限制，调查者的主观倾向、态度都有可能影响被调查者，使调查的客观性降低。

三、实验法

（一）实验法的概念

实验法是研究者按照研究目的，合理地控制或创设一定条件，人为地影响研究对象，从而验证假设，探讨教育现象因果关系的一种研究方法。

（二）实验法的分类

1. 实验室实验和自然实验

根据实验进行的场所，实验法可分为实验室实验和自然实验。

（1）实验室实验

实验室实验指研究者根据研究的需要，在经过专门设计的、人工高度控制的环境中进行的实验。这类实验的优点是能把实验中的各种变量严格分离出来，并给予确切的操作与控制，提高研究结论的准确性和可靠性。

（2）自然实验

自然实验也叫现场实验，是在实际的教育情境中进行的实验。

2. 确认性实验、探索性实验和验证性实验

根据实验的目的，实验法可分为确认性实验、探索性实验和验证性实验。

（1）确认性实验

确认性实验的目标主要是借助实验搜集事实材料，确认所研究的对象是否具有研究假说内容的基本特征，并推动教育实践的发展，也叫试探性实验。

（2）探索性实验

探索性实验包括有预测作用的超前实验。它是以认识某种教育现象或受教育者个性发展规律为目标，通过揭示与研究对象有关的因果关系及问题的解决，来尝试创建某种理论体系，所以具有较强的创新性。此类实验由专门的研究人员为主进行。

（3）验证性实验

验证性实验是以验证已取得的实验成果为目标，对已经取得的认识成果用再实践的经验来检验、修正和完善。这类实验具有明显的重复性，是在不同环境条件下反复进行的，不仅对实验条件有明确分析，而且实验方案具有可操作性，关注实验结果应用的普遍性，追求实验较高的外在效度。

3. 单因素实验和多因素实验

根据同一实验中自变量因素的多少，实验法可分为单因素实验和多因素实验。

（1）单因素实验

单因素实验是指同一实验中研究者只操纵一个自变量的实验，也叫单一变量实验。由于单因素实验的自变量单一、明确，操纵相对比较容易，实验难度相对较小。

（2）多因素实验

多因素实验是指在同一实验中需要操纵两个或两个以上的自变量的实验，也叫组合变量实验。这类实验要操纵的实验因素较多，实验的过程比较复杂，因变量的观测内容也随之增多，

因而难度较大。

（三）实验法的实施步骤

实验法的实施包括以下几个步骤：①提出实验的假说；②设置变量；③选择适当的实验组织形式；④对实验组实施干预，同时严密控制无关变量；⑤实验进行一个轮次或一个阶段，对因变量进行后效测试（后测），并对结果进行比较；⑥检验课题假说能否成立。

（四）实验法的优缺点

1. 优点

①能确立因果关系，认识事物的本质和规律；②研究结果客观、准确、可靠；③能对变量进行控制，提高研究的信度；④能为理论的构建提供佐证和说明；⑤能将实验变量和其他变量的影响分离开来；⑥严密的逻辑性是其他研究方法难以比拟的。

2. 缺点

①应用范围有限，有些问题难以用实验的方法来解决；②可能会有人为造作的痕迹，实验的结果不一定就是现实的结果，缺乏生态效应等。

四、行动研究法

（一）行动研究法的概念

行动研究法是中小学教师在日常实践工作中发现教育问题，依靠教育专家、学者的帮助，在教育实践中展开研究，并以研究成果指导自身实践的一种研究方法。

（二）行动研究法的特点

行动研究法的特点可以概括为"为教育行动而研究""在教育行动中研究""由教育行动者研究"。"为教育行动而研究"指出了教育研究的目的，行动研究以提高行动质量、解决实际问题为首要目标；"在教育行动中研究"指出了研究的情境和研究的方式，行动研究以行动过程与研究过程的结合为主要表现形式；"由教育行动者研究"指出了教育行动研究的主体是实际工作者，主要是教师。

（三）行动研究法的实施步骤

行动研究法的步骤大致分为循序渐进的四个环节，即计划、行动、考察和反思。

（四）行动研究法的优缺点

1. 优点

①灵活，能适时做出反馈与调整；②能将理论研究与实践问题结合起来；③对解决实际问题有效。

2. 缺点

①研究过程松散、随意，缺乏系统性，影响研究的可靠性；②研究样本受具体情境的限制，缺少控制，影响研究的代表性。

记忆保温箱

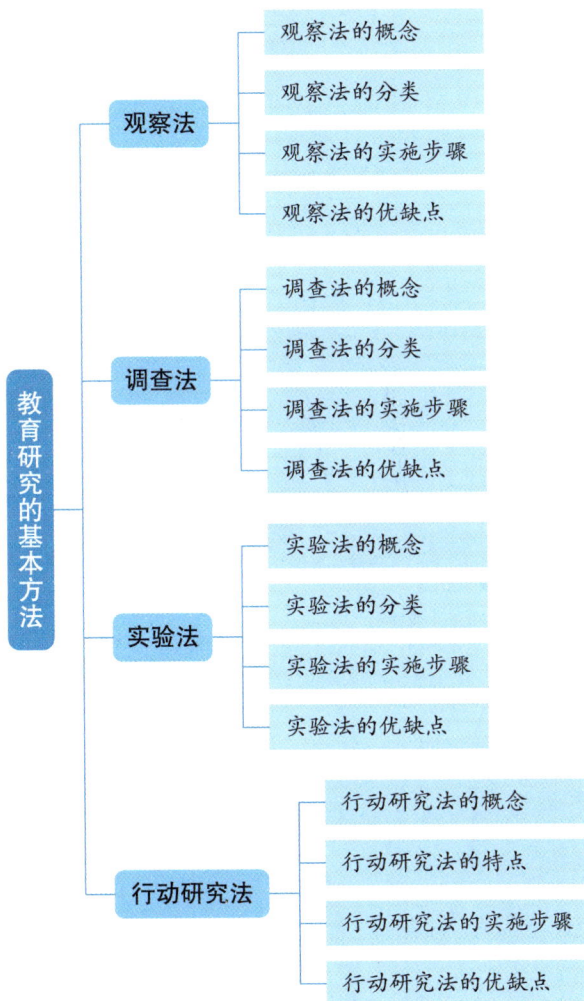

第二章

中学课程

本章客观题考查面较广，需要理解记忆。
主观题考查次数较多，建议考生耐心背诵。

第一节　课程概述

考点收纳盒

关键考点	考查力度	常考题型	理解难度
课程的类型	▮▮▮▯	单选、简答	★★☆☆☆

知识储备库

一、课程的概念

在我国，"课程"一词始见于唐宋时期。唐代孔颖达在为《诗经·小雅》中"奕奕寝庙，君子作之"一句作注解时写道："维护课程，必君子监之，乃依法制。"这里的"课程"是指"秩序"。宋代朱熹在《朱子全书·论学》中多次提到"课程"，如"宽着期限，紧着课程""小立课程，大作工夫"等。这里的"课程"是指功课及其进程。

在西方，"课程"一词最早出现在英国教育家斯宾塞的《什么知识最有价值》一文中。课程概念有广义、狭义之分。广义的课程是指各级各类学校为实现培养目标而规定的学习科目及其进程的总和。狭义的课程特指某一门学科。

二、课程的类型

（一）学科课程和活动课程

按照课程的固有属性和存在方式来划分，课程可分为学科课程和活动课程。

1. 学科课程

学科课程以人类长期以来积累的丰富文化遗产和探寻的科学真理为主体，以间接经验为主要内容，从各门学科中选择学生必须掌握的基础知识，根据学科的内在逻辑顺序和学生身心发展的规律组成。学科课程分科设置，是一种单学科的课程组织模式，它强调不同学科门类之间的相对独立性，强调一门学科的逻辑体系的完整性，因此又被称为"分科课程"。

学科课程有悠久的历史，中国古代的"六艺"、古希腊的"七艺"，是最早的学科课程。其主导价值在于传承人类文明，使学生掌握、传递和发展千百年来人类积累起来的知识文化遗产。

学科课程特征有如下几点：第一，强调学科知识的逻辑结构，学科课程根据某一学科的知识发展逻辑而组织课程内容，体现出很强的逻辑性和结构性；第二，强调系统性，学科知识被按照由易到难、从浅入深的顺序系统地组织起来，学科中的概念与概念、原理与原理之间的联系很密切，有着很强的系统性；第三，强调简约性，根据学生认知发展的不同阶段和特征而有针对性地将有关知识概括地予以呈现，简化了知识的表达方式。这些特征使学科课程有利于文化知识的讲授和传播，易于学生学习和掌握。

学科课程的优点：①有利于学生获得系统的文化知识，有助于人类知识文化遗产的传承；②有助于教学的组织、评价及教学效率的提高。

学科课程的缺点：①课程的内容以文化知识为主，多是过去生活、生产经验的总结，容易忽视学生的需要，容易脱离经验和生活，容易忽视当代社会及其发展的需要；②不利于学生的全面发展，尤其是不利于那些需要通过实践或锻炼才能发展起来的素质的培养；③由于学科划分过细，造成知识面过窄，内容偏深偏难；④各学科相互分离，彼此孤立，造成学习内容相互分离甚至脱节。

2. 活动课程

活动课程又称儿童中心课程、经验课程，是从学生的兴趣和需要出发，以学生的主体性活动经验为中心组织的课程。经验课程打破了学科的界限，强调学生的直接经验的价值，旨在培养具有丰富个性的学生。经验课程的基本内容来源于学生的兴趣、经验、动机及其成长需要，其主导价值在于使学生获得关于现实世界的直接经验和真切体验。杜威、克伯屈是经验课程理论的主要代表人物。

活动课程的特点如下：第一，以学习者的兴趣为出发点，强调课程内容对学习者的吸引力，致力于满足其求知的欲望、发展其多样化的兴趣；第二，突破"知识中心"和学科逻辑，从学习者的生活经验和心理发展逻辑出发选择课程内容，打破了以系统化知识为主体编写教材的方式；第三，在课程的实施中主张"从做中学"而不是讲授，让学习者通过活动获得直接经验并积累知识。

相对于学科课程，活动课程具有以下优点：①重视学生的需要与兴趣，尊重学生的主体性，有利于学生学习的主动性、积极性的发挥；②突破了学科界限，知识与生活密切联系，综合性较强，有利于学生获得对世界的完整认识；③强调实践活动，重视学生通过亲身体验获得直接经验，对发展学生的智力、培养学生的能力很有效果；④强调教材的心理组织，有利于学生在与文化、学科知识的交互过程中，获得人格的不断发展。

活动课程的缺点：①忽视系统的学科知识的学习；②组织与实施比较困难；③课程评价的主观性较强。

（2019年下·单选·6）我国古代教育内容中的"六艺"、欧洲古代教育内容中的"七艺"和工业革命以后出现的物理、化学等课程属于（　　）。

A.学科课程　　　　B.活动课程　　　　C.综合课程　　　　D.融合课程

【答案】A。

（二）分科课程和综合课程

按照课程内容的组织形式来划分，课程可分为分科课程和综合课程。

1.分科课程

分科课程是一种单学科的课程组织模式，它强调不同学科门类之间的相对独立性，强调一门学科逻辑体系的完整性。分科课程与学科课程基本上是一致的，只不过分科课程强调的是课程内容的组织形式，而学科课程强调的是课程内容固有的属性。分科课程的主导价值在于使学生获得逻辑严密和条理清晰的文化知识，但是它容易带来科目过多、分科过细的问题。

2.综合课程

综合课程是指打破传统的学科课程的知识领域，组合两门或两门以上学科领域而构成的一门新的学科。它强调学科之间的关联性、统一性和内在联系。综合课程的主导价值在于通过相关学科的整合，促进学生认识的整体性发展，并形成全面把握和解决问题的视野与方法。

根据综合课程的综合程度及其发展轨迹，可将其分为以下几种。

一是相关课程，就是在保留原来学科独立性的基础上，寻找两个或多个学科之间的共同点，使这些学科的教学顺序能够相互照应、相互联系、穿插进行。

二是融合课程，就是把部分的科目统合兼并于范围较广的新科目，选择对于学生有意义的论题或概括的问题进行学习。

三是广域课程，就是合并数门相邻学科的教学内容而形成的综合性课程。

四是核心课程，这种课程围绕一些重大的社会问题组织教学内容，社会问题就像包裹在教学内容里的"果核"一样，因此又被称为"问题中心课程"。

前三种课程都是在学科领域的基础上进行的知识综合的课程形式，它们是对旧的学科课程的改进和扩展；而核心课程则是以解决实际问题的逻辑顺序为主线来组织教学内容的。

综合课程的特点：综合课程可以说是学科课程的一种改进类型，仍具有学科课程的性质。

综合课程的优点：①综合课程打破了学科之间的界限，有利于促进知识的综合化，培养学生对事物的整体认识能力；②综合课程减少了课程的门类，有利于减轻学生的负担；③综合课程从生活、社会的实际出发，具有较强的实践性，有利于培养学生的分析和解决问题的能力。

综合课程的缺点：①教科书的编写较为困难，只专不博的教师很难胜任综合课程的教学，教学具有一定的难度；②难以向学生提供系统完整的专业理论知识，不利于高级专业化人才的培养。

（三）必修课程和选修课程

按照课程计划对课程设置和实施的要求来划分，课程可分为必修课程和选修课程。

1. 必修课程

必修课程是指国家、地方或学校规定，学生必须学习的公共课程，是为了保证所有学生的基础学力而开发的课程。必修课程的主导价值在于培养和发展学生的共性，体现对学生的基本要求。

2. 选修课程

选修课程是指依据不同学生的特点和发展方向，允许个人选择的课程，是为了适应学生的个性差异而开发的课程。选修课程的主导价值在于满足学生的兴趣、爱好，培养和发展学生的良好个性。

（四）国家课程、地方课程和校本课程

按照课程设计、开发和管理的主体来划分，课程可分为国家课程、地方课程和校本课程。

1. 国家课程

国家课程是由中央教育行政机构编制和审定的课程，其管理权属于中央教育行政机关，是一级课程。它侧重于学生发展的基本要求与共同素质，强调课程内容的一致性、共同性和发展性，在实施上具有强制性。

2. 地方课程

地方课程是由省、自治区、直辖市教育行政机构和教育科研机构编制的课程，属于二级课程。它是一种为突出地方特色与地方文化，满足地方发展需要而设置的课程，它具有区域性、本土性的特点。

3. 校本课程

校本课程是指在实施国家课程和地方课程的前提下，学校根据自己的教育理念，在对学校学生的需求进行系统评估的基础上，充分利用社区和学校的课程资源而开发的多样性的、供学生选择的课程，又称学校课程。学校在执行国家课程和地方课程的基础上，可根据学校课程开发与管理的指导意见和所在地区的教育环境优势，结合本校的传统和资源，兼顾学生的兴趣和需要，在专家指导下，组织学校教师、学生、家长和社区有关人士共同参与，进行校本课程的

管理、开发、设计和实施工作。

（五）显性课程和隐性课程

按照课程的表现形式或者影响学生的方式为依据来划分，课程可分为显性课程和隐性课程。

1.显性课程

显性课程也叫显在课程、正规课程、官方课程，是在学校情境中以直接的、明显的方式呈现的课程，是为实现一定的教育目标而正式列入学校教学计划的各门学科，以及有目的、有组织的课外活动。计划性是显性课程的主要特征，同时也是区分显性课程和隐性课程的主要标志。

2.隐性课程

隐性课程也叫潜在课程、非正规课程、隐蔽课程，是在学校情境中以间接的、内隐的方式呈现的课程，如师生关系、校风、学风等。隐性课程具有非预期性、潜在性、多样性、不易觉察性等特点。隐性课程是伴随着显性课程而产生的，没有显性课程就没有隐性课程。

杜威曾在《经验与教育》一书中提到"连带学习"的概念。他认为"连带学习"在一定条件下，甚至比正规教学内容有更大的教育影响。例如，一个学生可以获得优秀的数学成绩，但如果他在学习数学的过程中，由于某种原因而"学会"了对数学的厌恶，那就可以预料，在离开学校以后，他很可能永远不会再去主动钻研数学问题了。美国教育家克伯屈曾提出"附属学习"的概念。"附属学习"指的是在学习正规课程内容时，学生在有意无意之间接受的态度、兴趣和情感的熏陶。后来的学者把"连带学习"或"附属学习"的内容称为"隐蔽课程"或"潜在课程"，这就是我们所说的隐性课程。美国教育学家杰克逊在1968年出版的《班级生活》一书中首先提出隐性课程的概念。

隐性课程的主要表现形式：①观念性隐性课程，包括隐藏于显性课程之中的意识形态，学校的校风、教风、学风，有关领导与教师的教育理念、价值观、知识观、教学风格、教学指导思想等；②物质性隐性课程，包括学校建筑、教室的布置、校园环境等；③制度性隐性课程，包括学校管理体制、学校组织机构、班级管理方式、班级运行方式等；④心理性隐性课程，主要包括学校的人际关系状况，师生特有的心态、行为方式等。

> **真题陈列架**
>
> （2016年上·单选·7）校风、教风和学风是学校文化的重要构成部分，就课程类型而言，它们属于（　　）。
>
> A.学科课程　　　　B.活动课程　　　　C.显性课程　　　　D.隐性课程
>
> 【答案】D。

三、课程理论流派

（一）学科中心课程论

学科中心课程论是出现最早、影响最广的课程理论。夸美纽斯、赫尔巴特、斯宾塞是学科中心课程论的代表人物。

1. 学科中心课程论的基本主张

学科中心课程论主张学校教育的目的在于把人类千百年来积累下来的文化科学知识传递给下一代，而这些文化科学知识的精华就包含在学校设置的各门学科里。教师的任务是把各门学科的知识教给学生，学生的任务是掌握预先为他们准备好的各门学科的知识。学校课程应以学科的分类为基础，以学科教学为核心，以使学生掌握学科的基本知识、基本规律和相应的技能为目标。

2. 学科中心课程论的代表理论

（1）结构主义课程理论

结构主义课程理论以学科结构为课程中心，认为人的学习是认知结构不断改进与完善的过程，因此，学科基本结构的学习对学习者的认知结构发展最有价值。该理论的主要代表人物是布鲁纳，主要观点：重视学科结构的重要性；提倡螺旋式课程；倡导发现学习。

（2）要素主义课程理论

要素主义课程理论认为教育要传授具有严谨学术体系的各门学科，传授人类文化的宝贵财富，否则人类文化的丧失就会导致人类文明的崩毁。该理论的主要代表人物是巴格莱，主要观点：课程的内容应该是人类文化的"共同要素"，课程的设置首先要考虑国家和民族的利益；学科课程是向学生提供经验的最佳方法；重视系统知识的传授，以学科课程为中心。

（3）永恒主义课程理论

永恒主义课程理论认为，在过去、现在和未来中小学课程都应是"不变的学问"，初等教育的永恒教育内容就是"3RS"（读、写、算），后期中等教育的永恒教育内容是人类的伟大文化遗产。永恒主义者主张教育要用永恒的科学进行理性训练，但他们很少考虑学习者的兴趣和要求，排斥根据社会需要设置课程。该理论的主要代表人物是赫钦斯，主要观点：具有理智训练价值的、传统的"永恒学科"的价值高于实用学科的价值；"永恒学科"是课程的核心。

3. 学科中心课程论的优缺点

（1）优点

①学科中心课程论看到了学科知识的发展价值，有利于系统地传授人类的文化科学知识；②有利于学生继承和掌握人类文化遗产的精华；③有利于学生掌握各门学科的原理和规律。

（2）缺点

过分重视知识，强调学科逻辑，各学科独立设置，彼此难以沟通和综合，学科统一要求，重视学术性而忽略了学生学习的主体性、主动性和差异性。

（二）活动中心课程论

活动中心课程论，又称经验主义课程论、学生中心课程论、儿童中心课程论。作为与学科中心课程论相对立的一种课程理论流派，活动中心课程论认为课程不应该关注知识，而应关注学生的兴趣、动机和需要、能力和态度。卢梭、杜威、罗杰斯等是这一流派的主要代表人物。

1. 活动中心课程论的基本主张

①课程以学生作为根本出发点；②课程应以学生的兴趣或生活为基础，以学生的活动为中心；③课程的组织应心理学化，考虑学生的心理发展顺序以利用学生现有的经验和能力。

2. 活动中心课程论的优缺点

（1）优点

①重视学生学习活动的心理准备，在课程设计与安排上满足了学生的兴趣，有很大的灵活性，调动了学生学习的主动性和积极性。

②强调实践活动，重视学生通过亲自体验获得直接经验，引导学生主动去探索，有利于培养学生解决实际问题的能力。

③强调围绕现实社会生活各个领域精心设计和组织课程，有利于学生获得对世界的完整认识。

（2）缺点

①过分夸大学生个人经验的重要性，忽视了知识本身的内在逻辑联系与顺序，从而使课程设置有很大的偶然性和随机性。

②不能保证课程教学的连续性和系统性，只能使学生获得一些零碎片段的知识，不能掌握系统的文化知识，降低了学生的知识水平，教育质量很难保证。因此，表面上看它旨在发挥学生的主体性，但实质上却限制了学生主体性的发展。

③以学生为中心，容易轻视教育的社会任务。

（三）社会中心课程论

社会中心课程论把重点放在当代社会的问题、社会的主要功能、学生关心的社会现象及社会改造和社会活动计划改革等方面，把关注的焦点从知识与学生转向了社会。社会中心课程论的代表人物众多，如布拉梅尔德、弗莱雷、布迪厄、阿普尔、吉鲁等。

1. 社会中心课程论的基本主张

①社会改造是课程的核心，课程不应该帮助学生去适应现存社会，而是要建立一种新的社会秩序和社会文化。

②课程的价值既不能根据学科知识本身的逻辑来判断，也不能根据学生的兴趣、需要来判断，而应该有助于学生的社会反思，唤醒学生的社会意识、社会责任和社会使命。

③学生是社会中的一员，应尽可能地参与到社会中。

④广泛吸收不同社会群体参与到课程开发中。

2. 社会中心课程论的优缺点

（1）优点

①社会中心课程论重视课程与社会的联系，从社会现实出发，以社会需要和社会反思来设计和组织课程，可以更好地为社会服务，促进社会的健康发展。

②重视各学科的综合学习，有利于学生掌握解决问题的方法。

（2）缺点

①由于片面强调社会需要与社会改造，在夸大了课程的社会作用的同时，也取消了课程问题的独特性。

②忽视各门学科的系统性，不利于学生掌握各门学科的系统知识。

记忆保温箱

```
课程概述
├─ 课程的概念
│   ├─ 在我国：唐宋（时期）
│   ├─ 在西方：斯宾塞（作者），《什么知识最有价值》
│   ├─ 广义
│   └─ 狭义
├─ 课程的类型
│   ├─ 学科课程和活动课程
│   ├─ 分科课程和综合课程
│   ├─ 必修课程和选修课程
│   ├─ 国家课程、地方课程和校本课程
│   └─ 显性课程和隐性课程
└─ 课程理论流派
    ├─ 学科中心课程论
    │   ├─ 基本主张
    │   ├─ 代表理论
    │   └─ 优缺点
    ├─ 活动中心课程论
    │   ├─ 基本主张
    │   └─ 优缺点
    └─ 社会中心课程论
        ├─ 基本主张
        └─ 优缺点
```

第二节　课程设计与开发

🔷 考点收纳盒

关键考点	考查力度	常考题型	理解难度
课程设计与开发概述	▮▯▯▯▮	单选	★☆☆☆☆
课程内容	▮▮▮▯▮	单选、辨析、简答	★★☆☆☆

📖 知识储备库

一、课程设计与开发概述

（一）课程设计的概念

课程设计是以一定的课程观为指导，制定课程标准、选择和组织课程内容、预设学习活动方式的活动，是对课程目标、教育经验和预设学习活动方式的具体化过程。

> ✏️ **真题陈列架**
>
> （2018年上·单选·11）以一定的课程观为指导，制定课程标准、选择和组织课程内容、预设学习活动方式的过程是（　　）。
>
> A.课程评价　　　　B.课程实施　　　　C.课程组织　　　　D.课程设计
>
> 【答案】D。

（二）课程开发的概念

课程开发是指通过对社会和学习者的需求进行分析，确定课程目标，再根据这一目标选择某一个学科的教学内容和相关教学活动，进行计划、组织、实施、评价、修订，最终达到课程目标的整个工作过程。

（三）课程开发的主要影响因素

学生、社会及学科特征是制约学校课程开发的三大因素：①学生的年龄特征、知识与能力基础及其接受性会影响课程开发；②社会政治经济制度和文化发展水平对课程开发有影响；③学科（知识）特征会影响课程的编制。

（四）课程设计与开发的主要模式

1.目标模式

目标模式是以目标为课程设计的基础和核心，围绕课程目标的确定及其实现、评价而进行课程设计的模式，是 20 世纪初开始的课程设计与开发科学化运动的产物。

目标模式的代表人物是美国课程理论专家泰勒。1949 年，泰勒出版《课程与教学的基本原理》一书，从此该书成为课程研究与开发领域的经典之作。泰勒被誉为"现代课程之父"。在这本书中泰勒提出了关于课程开发的四个问题，即泰勒原理。

①学校应该试图达到什么教育目标？（确定目标——课程目标的选择）

②提供什么教育经验最有可能达到这些目标？（选择经验——学习经验的选择）

③怎样有效组织这些教育经验？（组织经验）

④如何确定这些目标正在得以实现？（评价结果）

其中，确定目标是最为关键的一步，其他所有步骤都是围绕目标而展开的。目标模式提出并发展了一种至今都具权威性、系统化的课程设计理论，为课程设计的探究奠定了基础。

2.过程模式

过程模式是由英国著名课程论专家斯腾豪斯在对目标模式的分析批判的基础上提出的。其基本观点：课程开发是一个将研究、编制和评价合而为一的连续不断的过程，这个过程集中在课堂实践中，教师是整个课程开发过程的核心人物；课程开发关注的应是过程，而不是目的。

课程开发的过程模式是通过对知识和教育活动的内在价值的确认，鼓励学生探索具有教育价值的知识领域、进行自由自主的活动。过程模式把学生视为一个积极的活动者，教育的功能则在于发展学生的潜能，使他们自主而有能力地行动。过程模式倡导"过程原则"，强调过程本身的教育价值，主张教育过程应给学生足够的活动空间。

二、课程目标

（一）课程目标的概念

课程目标是指课程本身要实现的具体目标和意图。它规定了某一教育阶段的学生通过课程学习以后，在发展品德、智力、体质等方面期望实现的程度，它是确定课程内容、教学目标和教学方法的基础。从某种意义上说，所有教育目的都要以课程为中介才能实现。事实上，课程本身就可以被理解为使学生达到教育目的的手段。所以说，课程目标是指导整个课程编制过程最为关键的准则。

（二）确定课程目标的依据

课程目标确定的依据主要包括对学生的研究（学习者的需要）、对社会的研究（当代社会生活的需求）、对学科的研究（学科的发展）。

（三）三维课程目标

"新课程"改革倡导的三维课程目标包括"知识与技能目标""过程与方法目标""情感态度与价值观目标"，这与布卢姆所提出的认知、动作技能、情感三大领域教育目标基本一致。

"知识与技能目标"强调基础知识和基本技能的获得，相当于传统的"双基教学"，是课程目标中的基础性目标。

"过程与方法目标"强调的是让学生"学会学习"，使学生获得知识的过程同时成为获得学习方法和能力发展的过程。

"情感态度与价值观目标"强调在教学过程中激发学生的情感共鸣，引起积极的态度体验，形成正确的价值观。

三、课程内容

（一）课程内容的概念

课程内容是课程的核心要素，从总体上讲，课程内容是根据课程目标从人类的经验体系中选择出来，并按照一定的学科逻辑序列和学生心理发展需求组织编排而成的知识体系和经验体系。它体现在由课程方案所设定的，由各门课程标准分别规定的，并考虑到学生的年龄特征及其知识与经验水平、预期的学习活动及效果的需要而编写的教科书上。

（二）课程内容的组织形式

课程内容采取何种形式组织与编写，直接影响课程内容结构的性质和形式，制约着课程实施中的学习活动方式和学生学习的成效。早在20世纪40年代，泰勒就明确提出了课程内容组织的三条规则，即连续性、顺序性和整合性。

课程内容的组织，除上述三条规则外，主要应处理好以下组织形式的关系。

1.直线式与螺旋式

关于课程内容的组织，一直存在着直线式与螺旋式两种组织形式。

直线式，是指把课程内容组织成一条在学科知识逻辑上前后联系的"直线"，即学科课程内容的组织呈直线前进，前面安排过的内容在后面不再呈现。

螺旋式，是指在不同单元或阶段，乃至相同课程门类中，使课程内容重复出现、螺旋上升，逐渐扩大知识面，加深知识难度，即同一课程内容前后重复出现，前面的内容是后面内容的基础，后面内容是对前面内容的不断扩展和加深，且层层递进。

2.纵向组织与横向组织

纵向组织，是指教材内容要按照学科知识的逻辑序列，从已知到未知、从简到繁、从具体到抽象等先后顺序来组织编写。这是从学习理论的角度提出的一种组织形式。

横向组织，是指打破学科的知识界限和传统的知识体系，按照学生发展的阶段，以学生心理发展阶段需要探索的、社会最为关心的问题为依据来组织编写教材内容，构成一个一个相对独立的专题。横向组织是依据发展心理学从人的成长过程的角度提出的。

3. 逻辑顺序与心理顺序

逻辑顺序是指根据学科本身的体系和知识的内在联系来组织课程内容。

心理顺序是指按照学生心理发展的特点来组织课程内容。

真题陈列架

（2017年上·单选·6）学生在小学数学课程中通过测量或拼图学习"三角形的内角和为180度"，在中学数学课程中通过证明学习"三角形的内角和为180度"。这种课程内容的组织形式是（　　）。

A. 直线式　　　　B. 螺旋式　　　　C. 纵向式　　　　D. 横向式

【答案】B。

（三）课程内容的文本表现形式

课程内容的文本表现形式是课程计划、课程标准和教科书。课程计划是关于教育内容安排的总体规划；课程标准是对某门学科内容的具体规划；教科书是对教育内容的具体表述。

1. 课程计划

课程计划是课程设置的整体规划，它对学校的教学、生产劳动、课外活动等做出全面安排，具体规定学校应设置的学科、学科开设的顺序及课时分配，并对学期、学年、假期进行划分。课程计划是教育主管部门制定的有关学校教学教育工作的指导性文件，体现了国家对学校的统一要求，是组织学校活动的基本纲领和重要依据。

课程计划由课程设置、学科顺序、课时分配、学年编制和学周安排构成。其中，课程设置是指确定开设哪些学科为课程计划的中心。

2. 课程标准

课程标准是课程计划的具体化，是课程计划中每门学科以纲要的形式编制的、有关学科教学内容的指导性文件，也是教材编写、教学、评价和考试命题的依据，是国家管理和评价课程的基础。它规定了学科的教学目的和任务，知识的范围、深度和结构，教学进度及有关教学方法的基本要求。

新课程标准的基本框架：前言、课程目标、内容标准、实施建议、附录。其中，课程目标是课程标准的核心内容。

3. 教科书

（1）教材和教科书

教材是教师和学生据以进行教学活动的材料，包括教科书、讲义、讲授提纲、参考书、活动指导书及各种视听材料。其中，教科书和讲义是教材的主体部分，故人们常把教科书与讲义简称为教材。

教科书又称课本，是依据课程标准编制的，系统反映学科内容的教学用书。通常按学年或学期分册，划分单元或章节。课文是教科书的主体部分。

（2）教科书的作用

①教科书是学生在学校获得系统知识、进行学习的主要材料。

②教科书是教师进行教学的主要依据。它为教师备课、上课、布置作业、评定学生学业成绩提供了基本材料。

③根据教学计划对本学科的要求，分析本学科的教学目标、内容范围和教学任务。

④根据本学科在整个学校课程中的地位，研究本学科与其他学科的关系，确立理论与实际相联系的基本途径和最佳方式，对各教学阶段的课堂教学和课外活动做出统筹安排。

（3）教科书的编排要求

首先，教科书的编排形式要有利于学生的学习，符合卫生学、教育学、心理学和美学的要求。其次，教科书的内容阐述要层次分明；文字表述要简练、精确、生动、流畅；篇幅要详略得当。最后，教科书的标题和结论要用不同的字体或符号标出，使之鲜明、醒目。封面、图表、插图等，要力求清晰、美观。字号大小要适宜，装订要牢固，规格大小、厚薄要适度，便于携带。

（4）编写教科书应遵循的基本原则

①按照不同学科的特点，在内容上体现科学性与思想性。

②强调内容的基础性。

③在保证科学性的前提下，教材还要考虑到我国社会发展现实水平和教育现状，必须注意基本教材对大多数学生和大多数学校的适用性。

④在教材的编排上，要做到知识的内在逻辑与教学方法要求的统一。

⑤教科书的编排形式要有利于学生的学习。教科书的内容阐述要层次分明，文字表述要简练、精确、生动、流畅，篇幅要详略得当；标题和结论要用不同的字体和符号标出，使之鲜明、醒目。

⑥教科书的编排要兼顾同一年级各门学科内容之间的关系和同一学科各年级教材之间的衔接。

真题陈列架

（2020年下·单选·7）要充分发挥课程在学校教育中的作用，就必须编制好三个文本。这三个文本是（　　）。

　　A.课程计划、课程目标、课程内容　　　　B.课程计划、课程标准、教科书

　　C.课程方案、课程标准、课程内容　　　　D.课程方案、课程实施、课程评价

【答案】B。

（2018年上·简答·26）简述编写教科书的基本要求。

【参考答案】编写教科书的基本要求主要有以下几点。①按照不同学科的特点，在内容上体现科学性与思想性。②强调内容的基础性。③在保证科学性的前提下，教材还要考虑到我国社会发展现实水平和教育现状，必须注意基本教材对大多数学生和大多数学校的适用性。④在教材的编排上，要做到知识的内在逻辑与教学方法要求的统一。⑤教科书的编排形式要有利于学生的学习。教科书的内容阐述要层次分明，文字表述要简练、精确、生动、流畅；篇幅要详略得当。标题和结论要用不同的字体和符号标出，使之鲜明、醒目。⑥教科书的编排要兼顾同一年级各门学科内容之间的关系和同一学科各年级教材之间的衔接。

四、课程实施

（一）课程实施的概念

课程实施是指把课程计划付诸实践的过程，它是达到预期课程目标的基本途径。一般来说，课程设计得越好，实施起来就越容易，效果也就越好。

（二）课程实施的取向

1.忠实取向

课程实施过程是忠实地执行课程计划的过程。预定课程计划的执行程度和预定课程目标的实现程度是衡量课程实施成功与否的标准。所实施的课程越接近预定的课程计划，课程实施效果就越好；与预定的课程计划差距越大，则课程实施效果就越差。

2.相互适应（互相调适）取向

课程实施过程是预定的课程计划与特定的教育实践相互调整、改变和适应的过程。由于教育实践是由教师、学生、情境等相互作用构成的，因此相互适应取向也可以理解为课程计划与教师、学生、特定的教育情境相互调整的过程。相互适应包括两个方面的变化：一是改变预定的课程计划，以适应特定的实践情境的需要；二是改进既定的实践情境，以满足落实课程计划的需要。

3. 创生取向

课程实施的"创生取向"是课程实施中的新兴取向。这种取向认为，课程实施本质上是在具体教育情境中创生新的教育经验的过程。课程不是事先设计好的内容，而是教师与学生联合创造的教育经验，既定的课程计划、课程内容只是教育经验的创生过程中可利用的资源。

（三）课程实施的过程结构

课程实施作为一个动态的序列化的实践过程，具有一定的运行结构。

在课程实施过程中，至少要考虑七个方面的问题：①安排课程表，明确各门课程的开设顺序和课时分配；②确定并分析教学任务；③研究学生的学习活动和个性特征，了解学生的学习特点；④选择并确定与学生的学习特点和教学任务相适应的教学模式；⑤对具体的教学单元和课程的类型与结构进行规划；⑥组织并开展教学活动；⑦评价教学活动的过程与结果，为下一轮的课程实施提供反馈信息。

以上七个方面在运作过程中构成一个循环往复的动态结构，这便是课程实施的过程结构。

五、课程评价

（一）课程评价的概念

课程评价是指检查课程的目标、编制和实施是否实现了教育目的，实现的程度如何，以判定课程设计的效果，并据此做出改进课程的决策。课程评价应当是一个客观的过程，需要运用科学的手段，如教育测验，对课程做出量的分析，即量的评价；还需要根据观察学生的行为表现，做出质的分析、说明和鉴定，即质的评价。

（二）课程评价的主要模式

1. 目标评价模式

目标评价模式是以目标为中心而展开的，是针对 20 世纪初形成并流行的常模参照测验的不足而提出的，是在泰勒的"评价原理"和"课程原理"的基础上形成的。评价原理可概括为七个步骤或阶段：①确定教育计划的目标；②根据行为和内容来界定每个目标；③确定使用目标的情境；④设计呈现情境的方式；⑤设计获取记录的方式；⑥确定评定时使用的计分单位；⑦设计获取代表性样本的手段。

泰勒在这一评价原理的基础上，结合课程编制的实践，提出了更引人注目的"课程原理"。课程原理可概括为四个步骤或阶段：①确定课程目标；②根据目标选择课程内容；③根据目标组织课程内容；④根据目标评价课程。

其中，确定课程目标是最为关键的一步，因为其他所有步骤都是围绕目标而展开的。

目标评价模式强调要用明确的、具体的行为方式来陈述目标，并以预先规定和界定的教育目标为中心来设计、组织和实施评价，从而确定学生通过课程教学所取得的进步，亦即确定学生达到教育目标的程度，找出实际结果与课程目标之间的差距，并利用这种信息反馈作为修订课程计划或更新课程目标的依据。由于这一模式既便于操作又容易见效，所以在很长时间里在课程领域占主导地位。

2. 目的游离评价模式

目的游离评价模式是由美国学者斯克里文针对目标评价模式的弊病而提出来的，即主张把评价的重点从"课程计划预期的结果"转向"课程计划实际的结果"上来。评价者不应受预期的课程目标的影响，尽管这些目标在编制课程时可能是有用的，但不适宜作为评价的准则。

评价除了要关注预期的结果之外，还应关注非预期的结果。评价的指向不应该只是课程计划满足目标的程度，而是更应该考虑课程计划满足实际需要的程度。但它也存在着不少问题：如果在评价中把目标搁在一边去寻找各种实际效果，结果很可能顾此失彼，背离评价的主要目的。此外，目的完全"游离"的评价是不存在的。因为评价者总是有一定的评价准则，游离了课程编制者的目的，评价者很可能会用自己的目的取而代之。而且，严格地说，目的游离评价不是一个完善的模式，因为它没有一套完整的评价程序。

3. 背景、输入、过程、成果（CIPP）评价模式

CIPP 是背景评价（context evaluation）、输入评价（input evaluation）、过程评价（process evaluation）、成果评价（product evaluation）这几种评价名称的英文首字母缩略词。该模式包括四个步骤。

第一，背景评价，即要确定课程计划实施机构的背景；明确评价对象及其需要；明确满足需要的机会；诊断需要的基本问题；判断目标是否已反映了这些需要。背景评价强调，首先应根据评价对象的需要对课程目标本身做出判断，看两者是否一致。

第二，输入评价，主要是为了帮助决策者选择达到目标的最佳手段，而对各种可供选择的课程计划进行评价。

第三，过程评价，主要是通过描述实际过程来确定或预测课程计划本身或实施过程中存在的问题，从而为决策者提供如何修正课程计划的有效信息。

第四，成果评价，即要测量、解释和评判课程计划的效果。成果评价时要收集与结果有关的各种描述与判断，把它们与目标及背景、输入和过程方面的信息联系起来，并对它们的价值和优点做出解释。

CIPP 评价模式考虑到了影响课程计划的种种因素，可以弥补其他评价模式的不足，相对来说比较全面，但是其操作过程比较复杂。

📋 **记忆保温箱**

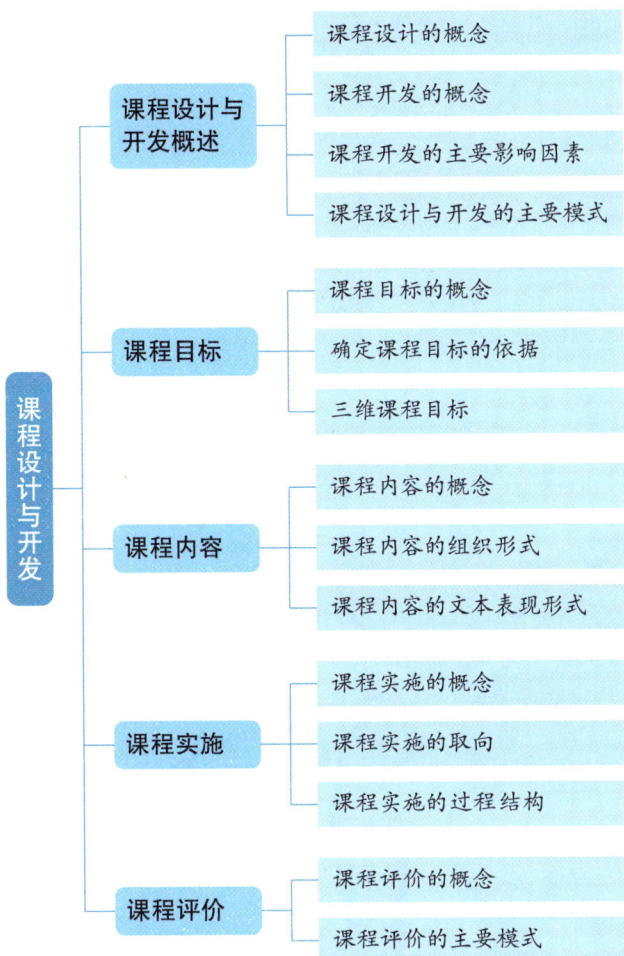

第三节　我国基础教育课程改革

考点收纳盒

关键考点	考查力度	常考题型	理解难度
我国基础教育课程改革的具体目标	▪▫▫▫▫	单选、简答	★★☆☆☆
新课改中课程结构的改革	▪▪▪▪▫	单选、辨析、简答	★★☆☆☆

知识储备库

2001年6月，教育部颁布了《基础教育课程改革纲要（试行）》，对基础教育进行了整体改革，这标志着我国基础教育课程改革（以下简称"新课改"）进入了一个崭新的阶段。

一、新课改的核心理念

新课改的核心理念是教育"以人为本"，即"一切为了每位学生的发展"。具体体现在以下几个方面。

第一，关注每位学生。每位学生都是生动活泼的人、发展的人、有尊严的人，在教师的课堂教学理念中，包括每位学生在内的全班所有学生都是自己应该关注的对象，关注的实质是尊重、关心、牵挂，关注本身就是最好的教育。

第二，关注学生的情绪生活和情感体验。教师必须用"心"施教，不能只做学科体系的传声筒。用"心"施教体现着教师对本职工作的热爱、对学生的关切，体现着教师热切的情感。

第三，关注学生的道德生活和人格养成。教师不仅要充分挖掘和展示教学中的各种道德因素，还要积极关注和引导学生在教学活动中的各种道德表现和道德发展。这样，学科知识增长的过程同时也就成为人格健全与发展的过程。

二、我国基础教育课程改革的目标

（一）我国基础教育课程改革的总目标

新课程的培养目标应体现时代要求，要使学生具有爱国主义、集体主义精神，热爱社会主义，继承和发扬中华民族的优秀传统和革命传统；具有社会主义民主法制意识，遵守国家法律和社会公德；逐步形成正确的世界观、人生观、价值观；具有社会责任感，努力为人民服务；具有初步的创新精神、实践能力、科学和人文素养及环境意识；具有适应终身学习的基础知识、基本技能和方法；具有健壮的体魄和良好的心理素质，养成健康的审美情趣和生活方式，成为有理想、有道德、有文化、有纪律的一代新人。

（二）我国基础教育课程改革的具体目标

1. 实现课程功能的转变

改变课程过于注重知识传授的倾向，强调形成积极主动的学习态度，使获得基础知识与基本技能的过程同时成为学会学习和形成正确价值观的过程。

2. 体现课程结构的均衡性、综合性和选择性

改变课程结构过于强调学科本位、科目过多和缺乏整合的现状，整体设置九年一贯的课程门类和课时比例，设置综合课程，以适应不同地区和学生发展的需求，体现课程结构的均衡性、综合性和选择性。

3. 密切课程内容与生活和时代的联系

改变课程内容"繁、难、偏、旧"和过于注重书本知识的现状，加强课程内容与学生生活及现代社会和科技发展的联系，关注学生的学习兴趣和经验，精选终身学习必备的基础知识和技能。

4. 改善学生的学习方式

改变课程实施过于强调接受学习、死记硬背、机械训练的现状，倡导学生主动参与、乐于探究、勤于动手，培养学生搜集和处理信息的能力、获取新知识的能力、分析和解决问题的能力及交流与合作的能力。

5. 建立与素质教育理念相一致的评价与考试制度

改变课程评价过分强调甄别与选拔的功能，发挥课程评价促进学生发展、教师提高和改进教学实践的功能。

6. 实行三级课程管理制度

改变课程管理过于集中的状况，实行国家、地方、学校三级课程管理，增强课程对地方、学校及学生的适应性。

（2019年下·单选·7）2001年我国颁布的《基础教育课程改革纲要（试行）》明确规定，我国基础教育课程实行（　　）。

A. 国家一级管理　　　　　　　　　B. 国家、地方二级管理

C. 国家、地方、学校三级管理　　　D. 国家、地方、学校、教研室四级管理

【答案】C。

三、新课改中教育理念的改革

（一）学生观

1. 学生是发展的人

①学生的身心发展是有规律的。教师必须依据学生的身心发展规律和特点开展教育活动。

②学生具有巨大的发展潜能。教师必须坚信每个学生都是可以积极成长的，是可以获得成功的，对教育好每个学生都应充满信心。

③学生是处于发展过程中的人。学生正在发展与成长，所以学生是一个不成熟的人，是一个在教师指导下不断成长的人。

2. 学生是独特的人

①学生是完整的人。在教育活动中，必须反对割裂人的完整性的做法，还学生完整的生活世界，丰富学生的精神生活，给学生全面展现个性的时间和空间。

②每个学生都有其自身的独特性。珍视学生的独特性和培养具有独特个性的人，应成为教师对待学生的基本态度。独特性也意味着差异性，教师要尊重学生的差异，使每个学生都得到完全、自由的发展。

③学生与成人之间存在着巨大的差异。学生的观察、思考、选择和体验都和成人有着明显的不同，所以，教师应把学生看成一个孩子，而不是一个成人。

3. 学生是具有独立意义的人

①每个学生都是独立的，是不以教师的意志为转移的客观存在。教师不能将自己的意志与知识强加给学生，否则就会挫伤学生学习的主动性和积极性，扼杀他们的学习兴趣，禁锢他们的思想，引起他们自觉或不自觉地抵制或抵抗。

②学生是学习的主体。教师只能引导学生自己读书，自己感受事物，自己观察、分析、思考，从而使他们明白事理，自主把握事物发展变化的规律。教师应引导学生而不是代替学生做出选择。

③学生是责权的主体。学生是权利主体，教师要保护学生的合法权利；学生是责任主体，

教师要引导学生学会对学习、对生活、对自己、对他人负责，学会承担责任。

（二）教师观

1. 教师角色的转变

①从教师与学生的关系看，新课改要求教师应该是学生学习的促进者。

②从教学与研究的关系看，新课改要求教师应该是教育教学的研究者。

③从教学与课程的关系看，新课改要求教师应该是课程的建设者和开发者。

④从学校与社区的关系看，新课改要求教师是社区型的开放的教师。

2. 教师教学行为的转变

①在对待师生关系上，新课改强调尊重、赞赏、民主、互动、教学相长。

②在对待教学关系上，新课改强调帮助、引导、启发。

③在对待自我上，新课改强调反思。

④在对待与其他教育者的关系上，新课改强调合作。

（三）教学观

1. 教学从"教育者为中心"转向"学习者为中心"

教师应鼓励学生参与教学；创设智力操作活动；教给学生思维的方法并加强训练。

2. 教学从"教会学生知识"转向"教会学生学习"

教师应指导学生掌握基本的学习过程；指导学生了解学科特征，掌握学科研究方法；培养学生良好的学习习惯。

3. 教学从"重结论轻过程"转向"重结论的同时更重过程"

教师应做到教学相长，提倡重结论的同时更重过程。

4. 教学从"关注学科"转向"关注人"

关注人的教学理念的表现：关注每位学生；关注学生的情绪生活和情感体验；关注学生的道德生活和人格养成。

> ✐ **真题陈列架**
>
> （2015 年下·辨析·23）教学中"授之以鱼"不如"授之以渔"。
>
> 【参考答案】正确。新课改背景下的教学观强调：教学从"教会学生知识"转向"教会学生学习"。"授之以鱼"是指传授学生知识，而"授之以渔"是指传授给学生学习的方法。在教学中，教会学生学习的方法更重要，要让学生自己学会学习。这句话符合新课改背景下的教学观的要求。

四、新课改中学习方式的改革

（一）自主学习

自主学习是指个体确定自主学习目标、制订学习计划、选择学习方法、监控学习过程、评价学习结果的学习。自主学习具有主动性、独立性和自控性的特征。

（二）合作学习

合作学习是指学生在小组或团队中为了完成共同的任务，有明确责任分工的互动性学习。合作学习有助于培养学生的合作精神和竞争意识；有助于因材施教，真正实现使每个学生都得到发展的目标。合作学习具有交往性、互助性和分享性的特征。

（三）探究学习

探究学习是在学生主动参与的前提下，根据自己的猜想或假设，在科学理论的指导下，运用科学的方法对问题进行研究，在研究过程中获得创新实践能力和思维发展，自主构建知识体系的一种学习方式。探究学习具有主动性、问题性、开放性、生成性和创造性的特征。

五、新课改中课程结构的改革

（一）课程设置方式

①整体设置九年一贯的义务教育课程。小学阶段以综合课程为主；初中阶段设置分科与综合相结合的课程；高中阶段以分科课程为主。

②从小学阶段至高中阶段设置综合实践活动并作为必修课程，其内容主要包括研究性学习、社区服务与社会实践、劳动与技术教育及信息技术教育。

综合实践活动是基于学生的直接经验，密切联系学生自身生活和社会生活，体现对知识的综合运用的课程形态。

研究性学习是指学生基于自身兴趣，在教师的指导下，从自然、社会和学生自身生活中选择和确定研究专题，主动地获取知识、应用知识和解决问题的学习活动。

社区服务与社会实践是指学生在教师的指导下，超越单一的教室空间，参与社区和社会实践活动，以获得直接经验、发展实践能力、培养社会服务意识、增强公民责任感为主旨的学习领域。

劳动与技术教育是以学生获得积极劳动体验、形成良好技术素养为主的多方面发展为目标，且以操作性学习为特征的学习领域。

信息技术教育是为了适应技术迅猛发展的信息时代对人才培养提出的新要求而设置的学习领域。

除上述指定领域之外，综合实践活动还包括大量非指定领域，如班团队活动、学校传统活动（科技节、体育节、艺术节）、学生同伴间的交往活动、学生个人或群体的心理健康活动等。

综合实践活动是国家义务教育和普通高中课程方案规定的必修课程，与学科课程并列设置，是基础教育课程体系的重要组成部分。该课程由地方统筹管理和指导，具体内容以学校开发为主，自小学一年级至高中三年级全面实施。

③农村中学课程要为当地社会经济发展服务。

（二）课程结构的特征

《基础教育课程改革纲要（试行）》明确要求课程设置必须"体现课程结构的均衡性、综合性和选择性"。均衡性、综合性和选择性既是本次课程结构调整的三条基本原则，又是新课程结构区别于传统课程结构的三个基本特征。

> ✏ 真题陈列架
>
> （2019年上·单选·9）我国《基础教育课程改革纲要（试行）》规定，在课程设置上，高中阶段（　　）。
>
> A. 以综合课程为主　　　　　　　　B. 以分科课程为主
>
> C. 以实践活动课程为主　　　　　　D. 设置分科与综合相结合的课程
>
> 【答案】B。
>
> （2017年下·简答·26）简述综合实践活动的主要领域。
>
> 【参考答案】综合实践活动的主要领域：①研究性学习；②社区服务和社会实践；③劳动与技术教育；④信息技术教育。

六、新课改中课程评价的改革

新课改中课程评价理念：改变课程评价过分强调甄别和选拔的功能，发挥评价促进学生发展、教师提高和改进教学实践的功能。

（一）学生发展评价

建立促进学生全面发展的评价体系。评价不仅要关注学生的学业成绩，而且要发现和发展学生多方面的潜能，了解学生发展中的需求，帮助学生认识自我、建立自信。发挥评价的教育功能，促进学生在原有水平上的发展。

（二）教师发展评价

建立促进教师不断提高的评价体系。强调教师对教学行为的分析与反思，建立以教师自评为主，校长、教师、学生和家长共同参与的评价制度，使教师从多种渠道获得信息，不断提高教学水平。

（三）课程发展评价

建立促进课程不断发展的评价体系。周期性地对学校课程执行的情况、课程实施中的问题进行分析和评价，调整课程内容、改进教学管理，形成课程不断革新的机制。

（四）继续改革和完善考试制度

考试命题要依据课程标准，杜绝设置偏题、怪题的现象。教师应对每位学生的考试情况做出具体的分析和指导，不得公布学生考试成绩或按考试成绩排列名次。

真题陈列架

（2015年上·单选·7）我国新一轮基础教育课程改革中，课程评价功能更加强调的是（　　）。

A. 甄别与鉴定　　　　　　　　　B. 选拔与淘汰

C. 促进学生分流　　　　　　　　D. 促进学生发展与改进教学实践

【答案】D。

记忆保温箱

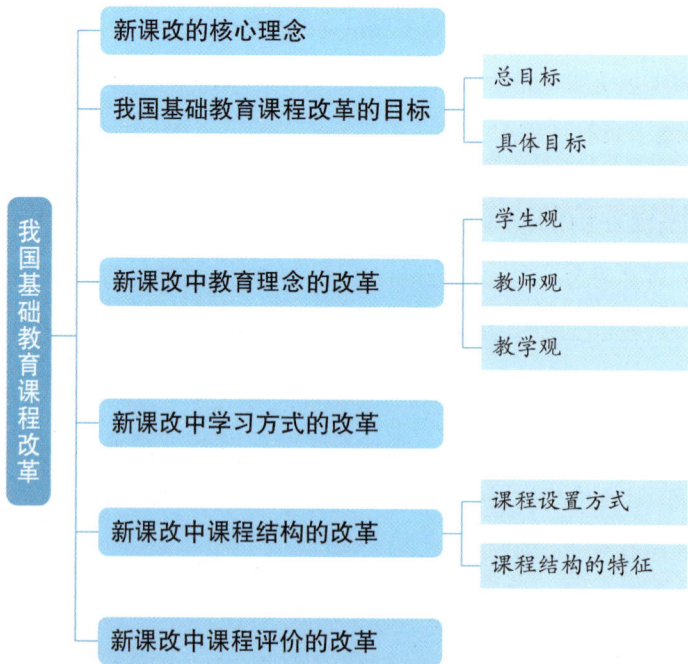

第三章

中学教学

本章内容的考查以主观题的形式较多。
建议备考时以理解和记忆为主。

第一节 教学概述

考点收纳盒

关键考点	考查力度	常考题型	理解难度
教学的概念	■□□□	辨析	★★☆☆☆
教学的任务	■□□□	辨析	★☆☆☆☆

知识储备库

一、教学的概念

教学是在一定教育目的规范下的，由教师的教与学生的学共同组成的一种教育活动。教学是教师有目的、有计划地积极引导学生主动掌握系统的科学文化知识和技能，发展智力、体力，陶冶品德、审美，形成全面发展的个性的过程。因此，教学是学校实现教育目的的基本途径。

理解教学的概念，还要注意教学与其他相关概念的联系与区别。

1. 教学与教育的关系

教学与教育，是部分与整体的关系。教育包括教学，教学是学校实施全面发展教育的一个基本途径。除教学活动外，学校还通过课外活动、生产劳动、社会实践等途径对学生进行教育。教学工作是学校教育工作的一个组成部分，是学校教育的中心工作。除教学工作外，学校教育还包括其他教育和管理工作，如德育工作、后勤工作等。

2. 教学与智育的关系

教学与智育，是交叉关系。智育是全面发展教育的一个组成部分，主要通过教学进行，但教学并不是智育实现的唯一途径，智育还要通过课外活动、社会实践等途径才能全面实现；教学要完成智育任务，但是智育却不是教学的唯一任务，教学也要完成德育、美育、体育、劳动技术教育的任务。

3. 教学与上课的关系

教学与上课，是整体与部分的关系。上课是教学的基本组织形式，是教学工作的中心环节，是完成教学任务的主要途径。教学不仅包括上课，还包括课外辅导、作业批改、成绩检查与评定等重要环节。

> **✓ 真题陈列架**
>
> （2018 年上·辨析·23）教学是实现学校教育目的的基本途径。
>
> 【参考答案】正确。教学是在一定教育目的规范下的，由教师的教与学生的学共同组成的一种教育活动。它是教师有目的、有计划地积极引导学生主动掌握系统的科学文化知识和技能，发展智力、体力，陶冶品德、美感，形成全面发展的个性的过程。因此，教学是学校实现教育目的的基本途径。

二、教学的意义

教学是学校教育中最基本的活动，不仅是智育的主要途径，也是德育、体育、美育等的基本途径，在学校整个教育系统中居于中心地位。

（一）教学是人类社会历史经验得以再生产的一种主要手段

教学，作为一种专门组织起来传递人类知识和经验的活动，能简捷地将人类积累的科学文化知识转化为学生个体的精神财富，使他们在短时间内达到人类发展的一般水平。通过教学，不仅促进个体实现社会化的进程，而且使人类文化知识和经验一代代继承和发展。因此，教学是人类社会历史经验得以再生产的一种主要手段。

（二）教学为个人全面发展提供科学的基础和实践

教学的作用直接地、具体地表现在对个体发展的影响上。

①教学使个体的认识突破时空局限及个体直接经验的局限，扩大了他们的认识范围，赢得了认识的速度。

②教学使个体的身心发展建立在科学的基础上，结合科学文化知识的传授和学习，在一个统一的过程中实现德、智、体、美诸方面的和谐发展。

（三）教学是教育工作构成的主体部分，又是教育的基本途径

学校工作应坚持以教学为主，但是教学必须与其他教育形式结合，必须与生活实践加强联系才能充分发挥作用。因此，应妥善地安排教学与其他教育活动，建立正常的教学秩序，保证全面提高学校教育的质量。

三、教学的任务

教学以促进学生德、智、体、美等方面全面发展为根本目的。教学的基本任务如下：

①引导学生掌握科学文化基础知识和基本技能，这是教学的首要任务；

②发展学生智力，培养学生的创造能力和实践能力；

③发展学生体力，提高学生的健康水平；

④培养学生高尚的审美情趣，使其具有良好的思想品德，形成科学的世界观和良好的个性心理品质。

真题陈列架

（2019年上·辨析·23）教学的任务就是向学生传授知识。

【参考答案】错误。教学的基本任务主要有以下几个方面：①引导学生掌握科学文化基础知识和基本技能，这是教学的首要任务；②发展学生智力，培养学生的创造能力和实践能力；③发展学生体力，提高学生的健康水平；④培养学生高尚的审美情趣，使其具有良好的思想品德，形成科学的世界观和良好的个性心理品质。由此可见，教学的任务不仅仅是向学生传授知识。

记忆保温箱

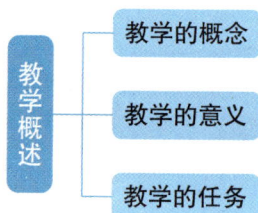

第二节 教学过程

🍀 考点收纳盒

关键考点	考查力度	常考题型	理解难度
教学过程的本质	▪◻◻◻◻	单选、辨析	★★☆☆☆
教学过程的基本阶段	▪▪◻◻◻	单选、简答	★☆☆☆☆
教学过程的基本规律	▪▪▪▪◻	单选、辨析、简答	★★★☆☆

📚 知识储备库

一、教学过程的概念

教学过程是教师根据教学目的、任务和学生身心发展的特点，通过指导学生有目的、有计划地掌握系统的科学文化基础知识和基本技能，发展学生智力和体力，形成科学世界观及培养道德品质、发展个性的过程。

二、教学过程的本质

（一）教学过程本质上是一种认识过程

教学过程是教师引导学生认识世界的过程，教学过程包括教师的教与学生的学这两个既有区别又相互依存的有机统一的活动。一般来讲，教学过程的主要矛盾是学生与其所学知识之间的矛盾，具体体现在教师提出的教学任务同学生完成这些任务的需要、实际水平之间的矛盾。这一矛盾实际上是学生认识过程的矛盾。因此，教学过程本质上是一种认识过程。

（二）教学过程是一种特殊的认识过程

教学过程是学生在教师的指导下进行的一种特殊的认识过程，是由教师领导未成熟的学生通过学习知识去间接认识世界，是一个认识与实践统一的过程。其特殊性主要表现在以下几方面。

1. 认识的间接性

学生认识的客体是教材，教材是对客观世界的间接反映，即学生学习的内容是已知的间接经验。学生主要以学习人类积累的科学文化知识为中介，间接地认识现实世界。

2. 认识的交往性

教学活动是教师的教和学生的学组成的双边活动，教学活动是发生在师生之间的一种特殊的交往活动。学生的认识如果离开了师生在特定情境、为特殊目的进行的交往，教学活动的概念就可以扩大到生活教育的领域。

3. 认识的教育性

教学中学生的认识既是目的，也是手段。认识是发展的，在认识的过程中追求与实现着学生的知、情、意、行的协调发展与完全人格的养成。

4. 认识的引导性

学生的个体认识始终是在教师的引导下进行的。区别于一般的认识过程，教学认识是在主客体之间"嵌入"一个起主导作用的中介因素——教师，形成"学生（主体）—课程与教材（客体）—教师（领导）"相互作用的特殊的"三体结构"。

5. 认识的简捷性

通过学习间接知识认识世界，可以减少探索的时间，避免探索的弯路，尽快地掌握人类的科学文化精华。

> **✔ 真题陈列架**
>
> （2018年上·单选·5）"再生产科学所必要的劳动时间，同最初生产科学所需要的劳动时间是无法相比的，例如学生在一小时内就能学会二项式定理。"这说明教学活动具有（   ）。
>
> A. 引导性　　　　B. 简捷性　　　　C. 直接性　　　　D. 实践性
>
> 【答案】B。

三、教学过程的基本阶段

（一）引起学习动机

对事物的认识始于感知，教学应从诱发和激起求知欲并把求知欲聚焦于当前学习的知识点开始，从引导学生做好学习的心理准备开始。激发学习动机是教学起始的重要一环，也是教学过程中始终应重视的一个重要任务。

（二）感知教材

学生在教学中的认知，往往是从感知教材入手的。因为教材是一种用符号表征的书本知识，学生只有凭借自己的生活经验或有关的感性知识才能理解书本知识。理解书本知识必须以感性认识为基础，但并非要求每节课都要从感知事物开始。

（三）理解教材

在教学过程中，不能让学生的认识停留在感性上，而要引导他们把所感知的材料同书本知识联系起来，进行思维加工，把握事物的本质和规律，上升到理性认识。理解教材是教学过程的中心环节。

📎 **真题陈列架**

（2015 年上·单选·8）教学过程中学生掌握知识的中心环节是（ ）。

A. 感知与评价　　　B. 理解教材　　　C. 巩固知识　　　D. 运用知识

【答案】B。

（四）巩固知识

巩固知识就是引导学生把所学知识牢牢保持在记忆里。只有在理解的基础上，记牢所学的基础知识，才能顺利地继续学习、理解与运用新知识。故教学要注重巩固。巩固知识既是理解教材之后的一个必要阶段，又是教学过程中始终应注意的一个因素。

（五）运用知识

理解知识和巩固知识是运用知识的基础。但是，学生理解了知识不等于形成了相应的技能、技巧，形成了一定的技能、技巧也不等于会解决实际的问题。学习知识的目的全在于运用，故教学要重视运用知识。

（六）检查知识、技能和技巧

学生掌握知识、技能和技巧的质量怎样，只有通过检查才能确定。因此，在教学过程中，教师要随时了解学生对知识的理解情况，对技能和技巧的掌握情况，以便及时调整教学的内容、方法和进度，使教学能保质保量地完成；还要在完成一定教学（一节课、一个课题或一个单元）之后，进行专门的检查，了解学生的知识掌握、技能和技巧发展的情况与问题，以改进教学。因此，"检查知识、技能和技巧"也是不可缺少的教学阶段。

四、教学过程的基本规律

教学过程的规律是指教学过程中客观存在的、必然的、稳定的、普遍的联系，对教学活动具有制约、指导作用。教师只有不断学习、掌握教学过程的基本规律，方能更好地开展教学活动、高质量地完成教学任务，实现教育目的。

（一）间接经验与直接经验相统一的规律（学生认识的特殊性规律、间接性规律）

人们认识客观事物主要有两条途径：一是获取直接经验，即通过亲自探索、实践所获得的经验；二是获取间接经验，间接经验即他人的认识成果，主要是指人类在长期认识过程中积累并整理而成的书本知识。在教学活动中，要将直接经验与间接经验相结合，既要传授给学生系统的科学文化知识，也要丰富学生的感性认识。

1. 学生以学习间接经验为主

在教学过程中，学生主要是学习间接经验，并且是间接地去体验。学生主要通过"接受"现成的知识，然后再去"应用"和"证明"，这样能使学生在最短的时间内系统地掌握大量的科学文化基础知识。这是学校教学为学生精心设计的一条认识的捷径。

2. 学生学习间接经验要以直接经验为基础

学生学习的书本知识是以抽象的文字符号（概念、定理、原理等）表示的，是对前人生产实践和社会实践的认识和概括，而不是来自学生的实践与经验，因此，可能会给学生带来理解上的困难。所以，教学中要充分利用学生已有经验，以增加学生学习新知识所必须有的感性认识，从而保证教学的顺利进行，使人类的知识和经验转化为学生真正理解和掌握的知识。

3. 要实现间接经验与直接经验相统一

在教学中，要正确处理直接经验与间接经验的关系：一方面要防止过分强调书本知识的传授和学习，忽视引导学生通过实践活动、亲身参与、独立探索去积累经验和获取知识的倾向；另一方面注意不要只强调学生通过自己探索去发现、积累知识，而忽视书本知识的学习和教师的系统讲授。因此，应该将直接经验与间接经验有机结合起来。

（二）掌握知识与发展能力相统一的规律（发展性规律）

知识是人类社会历史经验的概括和总结，能力是人在从事某种活动时表现出来的多种心理品质的概括。现代教学论认为，教学不仅要使学生掌握知识和技能，而且要发展学生的智力和能力，包括一般认识能力和特殊能力。重视教学的发展性，是新时代的要求。

1. 掌握知识是发展能力的基础

学生认识能力的发展有赖于知识的掌握。知识为智力提供了广阔的领域，只有具备了某方面的知识，才有可能从事某方面的思维活动。学生的能力是在掌握知识的过程中形成、发展和表现出来的，掌握知识的过程必然要求学生积极进行认识、思考和判断等心智活动，在这个过程中个体的能力得以发展。

2. 能力发展是掌握知识的重要条件

学生具有一定的智力、能力是进一步掌握知识的必要条件，直接影响到学生掌握知识的广度、深度、巩固程度和运用程度。同时，学生掌握知识的速度与质量，依赖于学生原有智力水平的高低。

3. 掌握知识与发展能力具有相互转化的内在机制

知识不等于智力或能力。掌握知识的多少不完全表明能力的高低，发展学生的能力也不是自发的过程。必须探索二者的差异及相互转化的过程和条件，引导学生在掌握知识的同时有效发展能力。二者转换的条件主要有以下方面。

第一，传授给学生的知识应该是科学的、规律性的知识。

第二，科学地组织教学过程，一定时间范围内学习的知识量要适当，不能过多，要给学生留有充分的思考空间，从而促进学生能力的发展。

第三，采用启发式教学，重视教学中学生的操作与活动，培养学生的参与意识与能力，提供学生积极参与实践的时间和空间。

第四，培养学生良好的个性品质，重视学生的个别差异，注重因材施教。

4. 教学过程中要防止形式教育论和实质教育论两种倾向

对于如何处理掌握知识与发展能力的关系问题，近代教育史上曾出现过形式教育论和实质教育论的论争。

形式教育论形成于 17 世纪，主要代表人物有英国教育家洛克和瑞士教育家裴斯泰洛齐。形式教育论认为，教学的主要任务在于通过开设希腊文、拉丁文、逻辑、文法和数学等学科发展学生的智力，至于学科内容的实用意义则是无关紧要的。形式教育以官能心理学为基础。

实质教育论是在 18 世纪末 19 世纪初出现的，主要代表人物有德国教育家赫尔巴特和英国教育家斯宾塞。实质教育论认为，教学的主要任务在于传授给学生对生活有用的知识，至于学生的智力则无须进行特别的培养和训练。实质教育以联想主义心理学为基础。

教学过程中要防止这两种倾向，既不能像形式教育论者那样，只强调培养学生的认识能力，忽视知识的传授；也不能像实质教育论者那样，只向学生传授对实际生活有用的知识，忽视对学生认识能力的培养。在教学中，只有把两者有机地结合起来，才能提高教学质量。

> ✏️ **真题陈列架**
>
> （2015 年上•单选•9）教师不能满足"授之以鱼"，更要做到"授之以渔"。这强调教学应重视（　　）。
>
> A. 传授知识　　　　B. 发展能力　　　　C. 培养个性　　　　D. 形成品德
>
> 【答案】B。

（三）教师的主导作用与学生的主体作用相统一的规律（双边性规律）

教学是教师教与学生学的结合，学生是教师组织的教学活动中的学习主体，教师对学生的学习起主导、指导作用，两者有机结合，才能取得良好的教学效果。

1. 教师在教学过程中处于组织者的地位，应充分发挥教师的主导作用

在教学过程中，教师闻道在先，学有专攻，并且了解学生的身心发展规律，懂得如何组织和进行教学。因此，学生的学习主动性和学习质量都有赖于教师的教导。发挥教师的主导作用能有效地促进学生掌握知识，使学生身心各方面得到发展；否定、削弱教师的主导作用势必会导致教学质量的下降。

教师的主导作用表现在以下几个方面：教师的指导决定着学生学习的方向、内容、进程、结果和质量，起引导、规范、评价和纠正的作用；教师的指导影响学生的学习方式及学生学习主动积极性的发挥；教师的指导影响学生的个性及人生观、世界观的形成。学生的主动性调动程度及学习效果如何，是衡量教师主导作用发挥得好坏的主要标志。

2. 学生在教学过程中处于学习主体的地位，应充分发挥学生的主观能动性

相对学习对象而言，学生处于主体地位。只有充分发挥学生的主观能动性，才能促进教学活动的顺利开展。否定学生在教学中的主体作用，必然会削弱教学的效果。

在教学中，学生的能动性具体表现在以下几个方面：受学生本人兴趣、需要及所接受的外部要求的推动和支配，学生对外部信息的选择具有能动性、自觉性；受学生原有知识经验、思维方式、情感意志、价值观等制约，学生对外部信息进行内部加工具有独立性、创造性。

3. 建立合作、友爱、民主平等的师生交往关系

要实现教师的主导和学生的主体的辩证统一，只解决师生之间的认知关系是不够的，还要解决师生之间的人际关系，所以要建立合作、友爱、民主、平等的师生交往关系。

（四）传授知识与思想品德教育相统一的规律（教育性规律，教学过程中知、情、意的统一）

在教学过程中，学生掌握科学文化知识和提高思想品德修养是相辅相成的两个方面，具体体现在以下三个方面。

1. 知识是思想品德提高的基础

学生的思想品德的提高有赖于其对科学文化知识的掌握。正如赫尔巴特说的"我不承认有任何无教育的教学"，这说明教学永远具有教育性。

2. 学生思想品德的提高又为他们积极地学习知识奠定了基础

掌握科学文化知识的过程是一个能动的认识过程，学生的思想品德状况对学习的积极性起着重要的作用。

3. 传授知识和思想品德教育有机结合

在教学中要防止两种倾向：一是脱离知识进行思想品德教育。这会使思想品德教育成为无源之水、无本之木，不仅不利于学生品德的提高，而且还会影响系统知识的教学；二是只强调传授知识，忽视思想品德教育。

✏️ **真题陈列架**

（2019年上·简答·27）教学过程有哪些基本规律？

【**参考答案**】教学过程的基本规律包括以下几个方面：①间接经验与直接经验相统一；②教师的主导作用与学生的主体作用相统一；③掌握知识与发展能力相统一；④传授知识与思想品德教育相统一。

📑 **记忆保温箱**

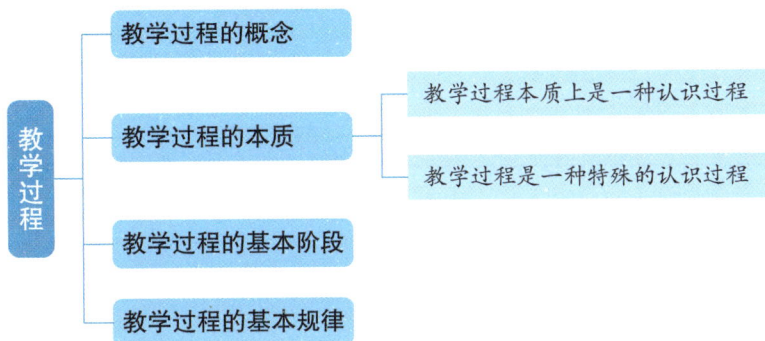

第三节 教学原则与教学方法

考点收纳盒

关键考点	考查力度	常考题型	理解难度
教学原则	▪▪▪◻	单选、辨析、简答、材料分析	★★★☆☆
教学方法	▪▪▪◻	单选、辨析	★★☆☆☆

知识储备库

一、教学原则

（一）教学原则概述

1.教学原则的概念

教学原则是根据教育教学目的、教学规律而制定的指导教学工作的基本准则。教学原则反映了人们对教学活动本质性特点和内在规律性的认识，它的制定必须以教学规律为依据。

2.教学原则与教学规律的区别

教学规律是教与学内部矛盾运动的客观规律，人们只能去发现它、掌握它，但不能制造它；而教学原则是人们在认识教学规律的基础上制定的教学的基本准则，它反映了教学规律。人们对教学规律的不断发现和掌握，会使其制定的教学原则不断发展和完善。

（二）中学常用的教学原则

1.直观性原则

（1）基本含义

直观性原则，是指在教学中要通过学生观察所学事物或教师语言的形象描述，引导学生形成所学事物、过程的清晰表象，丰富他们的感性知识，从而使他们能够正确理解书本知识和发展认识能力。

（2）直观手段

一般来说，直观性的具体手段有以下三种。

①实物直观。实物直观是通过实物进行的，直接将对象呈现在学生面前。在学习生活中比较生疏的内容时，实物直观能够最为真实有效地为学生提供理解、掌握所必需的感性经验。

②模象直观。模象直观是运用各种手段对实物的模拟，包括图片、图表、模型、幻灯片、录音、录像、电影、电视等。

③言语直观。言语直观是教师运用自己的语言、借助学生已有的知识和经验进行比喻描述，引起学生的感性认识，达到直观的效果。与前两种直观手段相比，言语直观可以最大限度地摆脱时间、空间、物质等条件的限制，是最便利和最经济的。

（3）贯彻此原则的要求

①正确选择直观教具和现代化教学手段。在教学中要根据教学的任务、内容和学生的年龄特征正确选用直观教具。

②直观要与讲解相结合。教学中的直观不是让学生自发地看，而是要在教师的指导下有目的地观察，教师通过提出问题引导学生去把握事物的特征，发现事物之间的联系，并通过讲解以解答学生在观察中的疑惑，获得较全面的感性知识，从而更深刻地掌握理性知识。

③重视运用言语直观。教师用语言做生动的讲解、形象的描述，能够给学生以感性知识，形成生动的表象或想象，这也可以起到直观的作用。

④直观是手段而不是目的。直观是为了帮助学生获得必要的感性经验，以便形成科学概念，不能为直观而直观，否则只能是过多地浪费时间、分散注意、影响学生抽象思维的发展，导致教学效果的降低。一般来说，在学生对教学内容感到比较生疏或在理解和掌握上遇到困难或障碍时，才需要教师运用直观手段进行教学。

2. 启发性原则

（1）基本含义

启发性原则，是指在教学中教师要承认学生是学习的主体，注意调动他们的学习主动性，引导他们独立思考、积极探索、生动活泼地学习，自觉地掌握科学知识和提高分析问题、解决问题的能力。

（2）贯彻此原则的要求

①调动学生学习的主动性。调动学生学习的主动性是启发的首要问题。学生学习的主动性受许多因素影响，教师要善于因势利导，使学生一时的欲望和兴趣，汇集和发展为推动学习的持久动力。

②启发学生独立思考，发展学生的逻辑思维能力。教师在启发学生思考的过程中，要有耐心，给学生以思考时间，要有重点，问题不能多，不能蜻蜓点水，启而不发；要深入下去，提出补充问题以引导学生获取新知，不仅要启发学生理解知识，而且要启发学生理解学习的过程，

让学生掌握获取知识的方法。

③让学生动手，培养其独立解决问题的能力。学生掌握知识有一个逐步深化的过程，懂了不一定会做，会做还不一定有创造性。因此，教师要善于启发诱导学生将知识创造性地应用于实际。

④发扬教学民主。教学民主包括建立民主平等的师生关系和生生关系，创造民主和谐的教学气氛，鼓励学生发表不同见解，允许学生向教师提问、质疑，等等。

3. 循序渐进原则

（1）基本含义

循序渐进原则，又叫系统性原则，是指教学要按照学科的逻辑系统和学生认识发展的顺序进行，使学生系统地掌握基础知识、基本技能，形成严密的逻辑思维能力。

（2）贯彻此原则的要求

①按教材的系统性进行教学。按课程标准、教科书的体系进行教学是为了保证科学知识的系统性和教学的循序渐进。

②注意主要矛盾，解决好重点与难点的教学。循序渐进并不意味着教学要面面俱到、平均使用力量，而是要求区别主次、分清难易、有详有略地教学。

③由浅入深，由易到难，由简到繁。这是循序渐进应遵循的一般要求，是行之有效的宝贵经验，符合学生的认识规律，不可违反。

4. 巩固性原则

（1）基本含义

巩固性原则，是指教学要引导学生在理解的基础上牢固地掌握知识和技能，长久地保持在记忆中，能根据需要迅速再现出来，以便于知识和技能的运用。

（2）贯彻此原则的要求

①在理解的基础上巩固。理解知识是巩固知识的基础。要使学生对知识掌握得牢固，首先需要在传授时使学生深刻理解，并给其留下极深的印象。

②重视组织各种复习。为了组织好复习，教师要向学生提出复习与记忆的任务，要安排好复习的时间，注意复习方法的多样化。要指导学生掌握记忆方法，学会通过整理和编排知识、写成提纲或口诀以帮助记忆。

③在扩充、改组和运用知识的过程中积极进行巩固。在教学中，教师要引导学生通过努力学习新知识，扩大、加深、改组原有知识，并且积极将所学知识运用到实际生活中，进一步巩固知识。

5. 量力性原则

（1）基本含义

量力性原则，又叫可接受性原则、发展性原则，是指教学的内容、方法和进度要适合学生的发展水平，但又要有一定的难度，需要他们经过努力才能掌握，以便有效地促进学生的身心发展。

（2）贯彻此原则的要求

①要具体研究所教学生的一般年龄特点和个别特点，了解他们的生活经验和现有知识、能力水平，以此作为知识教授和方法选择的出发点。

②教师教给学生的知识应该是具有一定分量的内容，具有学生经过努力才能克服的难度，不可过难或过易，要使学生"跳起来摘果子"。

③教师对学生既要有统一要求，又要因材施教，针对不同的情况，提出个别要求。

6. 因材施教原则

（1）基本含义

因材施教原则，是指教师要从学生的实际情况、个别差异出发，有的放矢地进行有差别的教学，使每个学生都能扬长避短，获得最佳的发展。

（2）贯彻此原则的要求

①针对学生的特点进行有区别的教学。教师应当了解每个学生德、智、体发展的特点，各学科学习的情况与成绩，有何兴趣、爱好与擅长及不足之处，然后有目的地因材施教。

②采取有效措施，使有才能的学生得到充分的发展。如对有特殊才能的学生，请有关学科的教师或校外专家进行特殊的指导和培养，让他们参加一些有关的课外小组和校外活动、有关的竞赛；在有条件的学校试行按能力分班教学；开设一些选修课，以照顾学生的兴趣与爱好，允许成绩优异的学生跳级，使他们的才能获得充分的发展。

7. 科学性与思想性相统一的原则

（1）基本含义

科学性与思想性相统一原则，又称科学性与教育性相结合原则，是指教学要以马克思主义为指导，传授学生科学知识，并结合知识教学对学生进行社会主义品德和正确的价值观与世界观教育。

（2）贯彻此原则的要求

①要确保教学的科学性。在教学中，选择和补充的教学内容，传授给学生的知识及其方法、过程都应当是科学的、准确无误的、富有教益的。

②发掘教材的思想性，注意在教学中对学生进行品德教育。在教学中，如果能深入发掘教材内在的思想性，并且结合知识的传授，联系实际、有的放矢地向学生进行思想教育，就能有力地感染学生。

③要重视补充有价值的资料、事例或录像。教学需要补充一些有价值的资料，包括生动的

故事与实例、经典的格言、感人的录像。这些资料能启迪学生的心智，震撼学生的心灵，使他们受益匪浅。

④要不断提高教师的业务素质和思想品德素质。教师在行为方面表现出来的特征对学生影响很大，如教学态度、教学作风、待人方式、工作方法等，都明显包含思想、品德等教育内容。

8. 理论联系实际原则

（1）基本含义

理论联系实际原则，是指教学要以学习基础知识为主导，从理论与实际的联系上去理解知识，注意运用知识去分析问题和解决问题，达到学懂会用、学以致用的目的。

（2）贯彻此原则的要求

①书本知识的教学要注重联系实际。只有注重理论联系实际，教学才能生动活泼，抽象的书本知识才能易于被学生理解、吸收，转化为对他们有用的精神财富，而不至于造成学生囫囵吞枣，掌握的是一大堆无用的、空洞死板的概念。

②重视培养学生运用知识的能力。首先要重视教学实践，如练习、实验、参观和实习等；其次还要重视引导学生参加实际操作和社会实践。教师应当根据教学的需要，组织学生进行参观、访问、社会调查，参加课外学科或科技小组的实际操作活动，或组织他们从事一些科学观察、实验与发明及生产劳动等。

③正确处理知识教学与技能训练的关系。在教学中，只有将两者结合起来，学生才能深刻理解知识，掌握技能，学以致用。如果仅有教师讲、学生听，而无技能的训练，那么学生是否理解是难以检验的，即使他们理解了也缺乏动手能力。

④补充必要的乡土教材。由于我国幅员辽阔，各地各方面的差异很大，为了使教学不脱离实际，必须补充必要的乡土教材。

📖 **真题陈列架**

（2015年下·单选·9）罗老师讲解"观潮"这篇课文时，通过播放视频，让学生真切感受到钱塘江大潮的雄伟壮观。他在教学中贯彻了（　　　）。

A. 直观性原则　　　　　　　　　B. 科学性和思想性相结合原则

C. 循序渐进原则　　　　　　　　D. 巩固性原则

【答案】A。

（2018年下·简答·27）简述贯彻科学性和思想性相统一教学原则的基本要求。

【参考答案】贯彻科学性和思想性相统一的教学原则，需要遵循以下基本要求：①教师要确保教学的科学性；②教师要发掘教材的思想性，注意在教学中对学生进行品德教育；③教师要重视补充有价值的资料、事例或录像；④教师要不断提高自己的业务素质和思想品德素质。

二、教学方法

（一）教学方法概述

1.教学方法的概念

教学方法是为完成教学任务而采用的办法。它包括教师教的方法和学生学的方法，是教师引导学生掌握知识和技能、获得身心发展而共同活动的方法。

2.选择与运用教学方法的基本依据

①教学目的和任务的要求；②课程的性质和教材的特点；③学生的特点；④教学时间、设备、条件；⑤教师业务水平、实际经验及个性特点。

（二）中学常用的教学方法

1.以语言传递为主的教学方法

这类教学方法是指以教师和学生的口头语言活动及学生的书面阅读为主的教学方法。它包括讲授法、谈话法、讨论法和读书指导法等。

（1）讲授法

①概念：讲授法是教师通过口头语言系统、连贯地向学生传授知识的方法。

②方式：讲授法可分讲述、讲解、讲读和讲演四种。讲述是教师运用具体生动的语言对教学内容做系统叙述和形象描绘的一种讲授方式，一般在人文学科教学中运用得比较多，其中又分为科学性讲述和艺术性讲述。讲解是教师运用通俗易懂的语言对教材内容进行解释、说明、论证的一种讲授方式，一般在自然学科教学中运用得较多。讲读是教师把讲述、讲解同阅读教材有机结合，讲、读、练、思相结合的一种讲授方式，一般用于语文、外语学科的教学中，也可用于数理化学科的教学中。讲演是以教师的演说或报告的形式在较长的时间里系统地讲授教材内容，条分缕析，广征博引，科学论证，从而得出科学结论的一种讲授方式；因为讲演的时间长、知识面涉及广、难度大，其主要运用于大学的教学中，而在中小学教学中运用得较少。

③优点：有利于发挥教师的主导作用，使学生在短时间内获得大量、系统的科学知识；有利于发展学生的智力，系统地对学生进行思想品德教育；有利于教学活动有目的、有计划地进行。

缺点：不利于学生主动性的发展；不利于因材施教；对非知识性素质的发展作用有限；对教师个人语言表达能力的依赖较强。

④运用讲授法的基本要求有以下几点。

第一，讲授内容要有科学性、系统性、思想性。既要突出重点、难点，又要系统、全面；既要使学生获得可靠知识，又要使学生在思想上有所提高。

第二，注意启发。在讲授中善于提问并引导学生分析和思考问题，使他们的认识活动积极开展，自觉地领悟知识。

第三，讲究语言艺术。力图语言清晰、准确、简练、形象、条理清楚、通俗易懂；讲授时教师的音量、速度要适度，注意音调的抑扬顿挫；以姿势助说话，提高语言的感染力。

（2）谈话法

①概念：谈话法，又叫问答法，是通过师生问答、对话的形式来引导学生思考、探究，以获取或巩固知识，促进学生智力发展的方法。

②优点：有助于提高学生学习的积极性，培养学生独立思考问题的能力；方便教师知晓学生的学习情况，有助于教师适时调控教学；有助于锻炼学生的综合能力；有助于发展民主平等型的师生关系。

缺点：耗费时间长，效率低；只适用规模较小的班级，如果班级规模过大，谈话法很难保证质量；不适用于年龄小、经验不足、思维能力有限的学生。

③运用谈话法的基本要求有以下几点。

第一，要准备好问题和谈话计划。在上课之前，教师要根据教学内容和学生已有的经验、知识，准备好谈话的问题、顺序，以及如何从一个问题引出和过渡到另一个问题。

第二，提出的问题要明确、能引起思维兴奋，即富有挑战性和启发性，问题的难易要因人而异。

第三，要善于启发诱导。当问题提出后，要善于启发学生利用他们已有的知识经验或对直观教具观察获得的感性认识进行分析、思考，研究问题或矛盾的所在，因势利导。

第四，要做好归纳、小结。使学生的知识系统化、科学化，并注意纠正一些不正确的认识，帮助他们准确地掌握知识。

（3）讨论法

①概念：讨论法是学生在教师指导下为解决某个问题而进行探讨、辨明是非真伪以获取知识的方法。

②优点：能更好地发挥学生的主动性、积极性，有利于培养学生独立思维能力、口头表达能力，促进学生灵活地运用知识。

缺点：耗时较长，效率低；教学秩序难以维持，易导致课堂混乱；教师的指导与组织比较困难；需要学生具备一定的基础知识、能力。

③运用讨论法的基本要求有以下几点。

第一，讨论的问题要有吸引力。抓好问题是讨论的前提，问题要有吸引力，这样才能激起学生的兴趣，有讨论、钻研的价值。

第二，要善于在讨论中对学生进行启发引导。启发学生独立思考，勇于发表自己的看法，围绕中心议题发言。

第三，做好讨论小结。讨论结束前，教师要简要概括讨论情况，使学生获得正确的观点和系统的知识，纠正错误、片面或模糊的认识。对疑难和争论的问题，教师要尽力阐明自己的看法，但要允许学生保留意见。

（4）读书指导法

①概念：读书指导法是教师指导学生通过阅读教科书、参考书以获取或巩固知识的方法。

②优点：丰富学生的知识，拓宽学生的视野；使学生学会学习，培养学生的自学能力；充分发挥学生的自主性。

缺点：缺少教师指导，学生对教师的指导领会不到位，就会影响学习效果；难以保证学生学习过程的质量；对学生的学习能力和自我控制能力有一定的要求，因此不适合年龄较小的学生。

③运用读书指导法的基本要求有以下几点。

第一，提出明确的目的、要求和思考题。让学生自主掌握学习的方向、要求，主动去实现学习目的。

第二，教给学生读书的方法。让学生学会朗读、默读；学会浏览与精读；学会查阅读物的序言、目录、注释、图表；学会做记号、提问题、做眉批、摘要和写读书心得；等等。

第三，善于在读书中发现问题和解决问题。

第四，适当组织学生交流读书心得。在个人阅读的基础上，适当组织学生开展讨论、举办学习园地、交流心得，以增进读书的收获，培养读书的兴趣爱好。

2. 以直观感知为主的教学方法

这类教学方法是指教师通过实物或直观教具的演示及组织学生实地参观考察等使学生获得知识的方法。它以形象、具体、直观和真实为特征，有利于学生了解事物的真实现象，获得生动的感性认识。它包括演示法、参观法等。

（1）演示法

①概念：演示法是指教师通过展示实物、直观教具，进行示范性实验或采取现代化视听手段等，指导学生获得知识或巩固知识的方法。

②类型：演示的资料可以分为图片、图表、挂图、地图的演示，实物、标本和模型的演示，幻灯片、录音、录像、教学电影的演示，实验演示四种。

③优点：有利于激发学生的兴趣，提高学生的观察力；能够使学生获得直观、感性的认识，帮助学生理解概念、原理等；理论联系实际，让学生明白理论与实际的相互关系。

缺点：所适用的教学内容有限；有一定的设备与条件的要求。

④运用演示法的基本要求有以下几点。

第一，做好演示前的准备。要根据教学需要，选择典型的实物、教具，放大或用色彩显示要认真观察的部分，还要考虑好演示的方法与过程。若是演示实验，教师应先试做一遍。

第二，让学生明确演示的目的、要求。让学生知道看什么、怎样看，主动投入到观察与思考中。

第三，讲究演示的方法。演示要紧密配合教学，及时进行，过早拿出直观教具或演示结束后不及时收好教具都会分散学生注意力；演示过程中，要适当提问、指点，引导学生边看边思考，以获取最佳效果。

（2）参观法

①概念：参观法是教师根据教学目的和要求，组织学生对实物进行实地观察、研究，从而在实际中获得新知识或巩固、验证已学知识的方法。

②类型：参观法根据参观的目的与任务分为以下四类。准备性参观，是在学习某一知识之前，组织学生参观，让学生获得必需的感性认识，为学习新课奠定基础；并行性参观，是指在学习某一课的过程中参观，以便学生理解、丰富知识；验证性参观，是指在某一课结束后参观，以便用事实验证学生已学的知识；总结性参观，是指在某一课结束后参观，以巩固所学的知识。

③优点：能够帮助学生获得直观、真实的认识；有助于学生获取新知识与验证所学知识；加强了学校教学内容与社会生活的联系；有助于学生了解社会，拓宽视野。

缺点：如果当地缺少相应的场馆、设施，就无法进行参观；与参观对应的学习内容比较少，只有某些特定的学科的特定内容，才适合采用参观法；参观的过程难以组织。

④运用参观法的基本要求有以下几点。

第一，做好参观前的准备工作。一方面，参观要依据教学目标，结合教学任务进行；另一方面，参观之前，教师要确定好参观的时间、地点、重点、必要的交通工具等。此外，还要强调参观的纪律，做好参观过程中防止意外的预案。

第二，做好参观过程中的指导。教师要引导学生在参观的过程中进行看、听、问、记、思等；要维持参观过程的纪律；要适当地进行讲解。

第三，做好参观后的总结。参观结束后，教师要引导学生进行总结，整理参观记录、撰写参观报告、交流参观感想等。

3. 以实际训练为主的教学方法

这类教学方法是指通过学生的各种实际活动来实现以形成技能、行为习惯和发展学生能力为主要目的的教学方法。它包括练习法、实验法、实习作业法等。

（1）练习法

①概念：练习法是指学生在教师指导下运用知识去反复完成一定的操作、作业与习题，以加深理解和形成技能、技巧的方法。

②优点：能促进知识、技能的巩固，培养学生的应用能力、实践能力。

缺点：对非智能领域的发展作用有限，若使用不当则会加重学生课业负担。

③运用练习法的基本要求有以下几点。

第一，提高练习的自觉性。只有明确目的，掌握原理、要领、步骤与方法，才能提高练习的自觉性，保证练习的质量。

第二，循序渐进、逐步提高。引导学生按照由易到难的顺序学习，逐步提高其对原理与技能的掌握度与熟练度。

第三，严格要求。无论是口头、书面练习，还是动作练习，都要求学生一丝不苟、精益求精。

（2）实验法

①概念：实验法是学生在教师的指导下，使用一定的仪器设备，在一定条件下引起某些事物和现象产生变化，进而进行观察和分析，以获得知识和技能的方法。

②优点：能按教学需要创造和控制一定的条件，引起事物的发生和变化，使学生看到事物的因果联系，不仅有助于学生理论联系实际，掌握实验操作技能，还能培养学生对科学实验的兴趣和求实的精神。

缺点：对实验场所的要求比较高，如要求提供较大的空间、控制无关因素的干扰等；代价比较高，需要一定的仪器设备及易耗品；实验过程不易管理，容易发生意外。

③运用实验法的基本要求有以下几点。

第一，明确目的，精选内容，制订详细的实验计划，提出具体的操作步骤和实验要求。

第二，重视语言指导，重视教师示范的作用。教师可以在实验前示范，也可以在学生实验后总结性示范。

第三，要求学生独立操作，要求所有学生都亲自操作。

第四，及时检查结果，要求学生按照规定撰写实验报告。

（3）实习作业法

①概念：实习作业法是指学生在教师指导下进行的学科实践活动，以培养学生专业操作能力的方法。如数学的实地测量、地理的地形测绘、生物的植物栽培和动物饲养等，都是有价值的实习作业。

②优点：实习作业法能够使理论与社会生活实际相联系，有利于教育与生产劳动相结合，促进学生深入掌握知识、培养实际工作能力。

③运用实习作业法的基本要求有以下几点。

第一，做好实习作业的准备。教师要制订计划、确定地点、准备仪器、编排好实习作业小组。

第二，做好实习作业的动员。使学生明确实习作业的目的、任务、注意事项，提高自觉性。

第三，做好实习作业过程中的指导。要认真巡视，掌握全面情况，发现问题和积累经验，及时进行辅导与交流，以保证质量。

第四，做好实习作业总结。由个人或小组撰写全面或专题的总结，以巩固收获。

4. 以情感陶冶为主的教学方法

这类教学方法是指教师根据一定的教学要求，有计划地使学生处于一种类似真实的活动情境之中，利用其中的教育因素综合地对学生施加影响的方法。它包括欣赏教学法和情境教学法等。

（1）欣赏教学法

欣赏教学法是指在教学过程中指导学生体验客观事物的真善美的一种教学方法。一般包括对自然的欣赏、对人生的欣赏和对艺术的欣赏等。

（2）情境教学法

情境教学法是指教师有目的地引入或创设具有一定情绪色彩的生动具体场景，以引起学生一定的情感体验，从而帮助学生理解教材，并使学生的心理机能得到发展的教学方法。创设的情境一般包括生活展现的情境、图画再现的情境、实物演示的情境、音乐渲染的情境等。

5. 以探究为主的教学方法

这类教学方法是指在教师的启发引导下，学生借助教材或教师提供的材料，以自己独特的方式认识事物、理解学习材料或探索应得出的结论或规律性知识的方法。它旨在培养学生的思维探究能力。美国教育家布鲁纳倡导的"发现法"就是这类方法。

该类方法至少包括以下三个环节：第一，引起学生兴趣，形成探究动机；第二，分析、比较并提出探究动机；第三，从事操作，验证假设。

运用该类方法的基本要求：第一，教师要设计适当，并为学生提供必要的资料和学习条件；第二，教师对学生的不断提问要在思路上给予引领，并耐心等待；第三，教师要引导学生自己发现结论，使学生体验成功的喜悦。

📘 **真题陈列架**

（2017年上·单选·9）古希腊哲学家苏格拉底创立了"产婆术"，它体现的主要教学方法是（　　）。

　　A. 讲授法　　　　B. 讨论法　　　　C. 谈话法　　　　D. 演示法

【答案】C。

（2016年下·单选·9）在一堂化学课上，张老师运用分子模型和挂图，帮助学生认识乙醇的分子结构。张老师采用的教学方法是（　　）。

　　A. 实验法　　　　B. 练习法　　　　C. 作业法　　　　D. 演示法

【答案】D。

📋 **记忆保温箱**

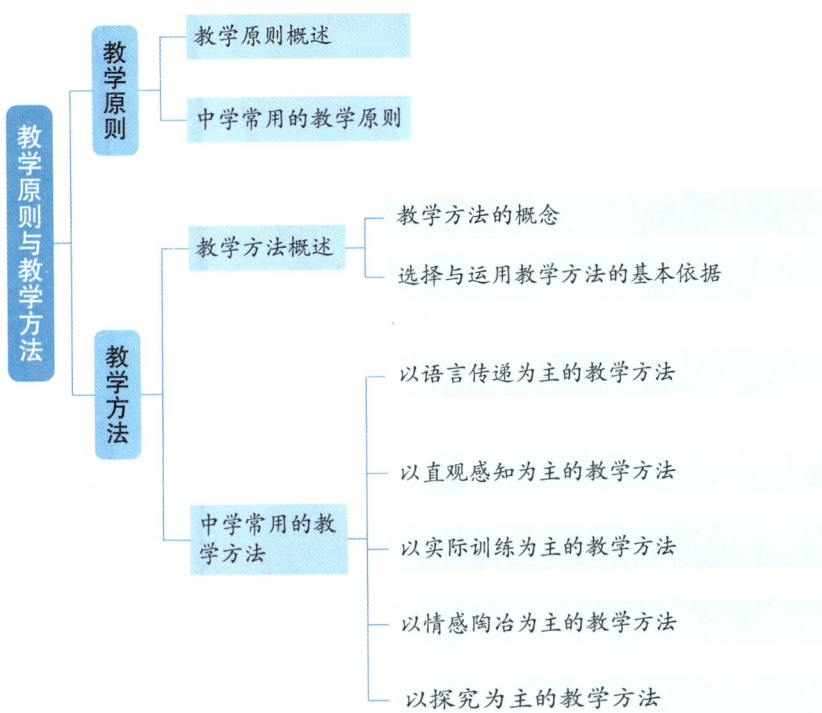

第四节 教学工作的基本环节

考点收纳盒

关键考点	考查力度	常考题型	理解难度
备课	■□□□□	简答	★☆☆☆☆
上课	■□□□□	单选、简答	★☆☆☆☆
学业成绩的检查与评定	■□□□□	单选	★☆☆☆☆

知识储备库

教师进行教学工作的基本环节包括备课、上课、课外作业的布置与批改、课外辅导、学业成绩的检查与评定。

一、备课

（一）备课的意义

备课是上课前的准备工作，是教师教学工作的起始环节，是教好课的前提。

（二）备课的要求

1.做好三方面的工作

（1）钻研教材（备教材）

钻研教材，包括钻研学科课程标准、教科书和阅读有关参考书。

（2）了解学生（备学生）

了解学生，包括熟悉学生身心发展的特点、班级的情况和每个学生的特点等。

（3）设计教法（备教法）

设计教法，就是选择和设计教学的目标、进程、方法、形式、手段等。

2.写好三个计划

（1）学期（或学年）教学进度计划

学期（或学年）教学进度计划应在学期或学年开始前制订出来，是对一个学期（或学年）

的教学工作所做的总的准备和制订的总计划。其内容主要包括学生情况的简要分析，本学期（或学年）教学的总任务和要求，教学总时数，教科书的章节或课题及其教学时数的具体安排，预定复习、考试和考查的时间，所需主要教具，等等。它是课题与课时备课的前提和依据。

（2）课题（或单元）计划

课题（或单元）计划，是指在制订好学期（或学年）教学进度计划的基础上对教学大纲中一个较大的课题或教科书中的一个单元进行全盘考虑而制订的教学计划。课题（或单元）计划应在一个课题（或单元）的教学开始之前制订，内容主要包括课题（或单元）名称、教学目的、课时划分及每个课时的主要问题、课的类型、教学方法、主要教具等。它是撰写课时计划的依据。

（3）课时计划（教案）

课时计划（教案）是在课题（或单元）计划的基础上，对每节课进行缜密的设计而写出的教案。它是备课工作中最为深入、具体的一步，是教师讲课的重要依据。其内容主要包括班级、学科名称、授课时间、教学内容、教学目的、课的类型、主要教学方法、教具、教学过程等。其中教学过程是课时计划（教案）的基本部分。

二、上课

（一）上课的意义

上课是教学工作的中心环节，是教师教和学生学的最直接的体现，是提高教学质量的关键。

（二）课的类型

划分课的类型一般有两种标准。

一是以课内采用的基本教学方法为依据，可以把课分为讲授课、演示课、练习课、实验课等。

二是以一堂课教学任务的多少为依据，可以把课分成单一课和综合课。单一课是指一堂课内主要完成一种教学任务的课，主要用于中学高年级各科的教学，具体可以分为传授知识课（新授课）、巩固知识课（复习课）、培养技能技巧课（技能课）、检查知识课（检查课）等。综合课则是指一堂课内同时完成两种或两种以上主要教学任务的课，在中学低年级的教学中比较常用。

（三）课的结构

课的结构是指课的基本组成部分及各组成部分进行的顺序、时限和相互关系。受学科特点、教材内容、教学方法和教学对象等因素制约，不同类型的课有不同的结构。了解课的结构有助于掌握每种课的性能与操作过程，以便发挥各种课在教学中的作用。

一般来说，综合课的基本组成部分有组织教学、检查复习、讲授新教材、巩固新教材、布置课外作业等。其中，组织教学并不只是在上课开始时进行，而是贯穿在教学过程中的各个环节，一直到下课。

真题陈列架

（2017年上·单选·8）李老师在语文课上，按照组织教学、检查复习、讲授新教材、巩固新教材、布置课外作业的程序进行教学。这体现了哪一类型课的结构？（ ）

A.单一课　　　　　B.综合课　　　　　C.练习课　　　　　D.复习课

【答案】B。

（四）一堂好课的基本要求

一堂好课没有绝对的标准，但有一些基本的要求。一堂好课的基本要求具体如下。

（1）目标明确

一堂好课的教学目标要明确具体，要符合大多数学生的认知水平。一般而言，教师应从知识与技能、过程与方法、情感态度与价值观三个维度确定教学目标。

（2）重点突出

重点突出是指在一节课上教师要把精力主要放在重要内容（基本知识、概念和原理）的教学上，不要对所有的任务平均使用时间和精力。

（3）内容科学

教师讲授的知识必须是科学的、确凿的、符合逻辑的，教师教学技能或行为要符合规范。另外，教学内容要有一定的文化内涵，体现科学性、人文性和社会性的融合。

（4）结构合理

结构合理是指一堂课的组织紧凑、合理，有高度计划性，何时讲、何时练、何时演示、何时提问、何时讨论、何时板书等都安排妥当、过渡顺利。在整个课堂教学过程中，教师要科学地分配和掌握时间，严密地组织教学活动，使教学环节一环紧扣一环，最大限度地发挥每分钟的效用。

（5）方法得当

教师根据教学任务、内容和学生的特点选择合适的方法进行教学。教学有法，但无定法，教师要善于对各种教学方法创造性地加以运用，力求使教学取得较好效果。

（6）语言艺术

教师上课要坚持用普通话，声音要响亮，言语表达的速度要适合学生的可接受程度。教师讲课的语言应当简明、准确、生动、合乎逻辑，具有一定的感染力和说服力。

（7）板书有序

教学板书是师生在课堂上最简易地利用视觉交流信息的渠道。教师板书要做到字迹清楚、规范、美观大方；简洁实用，体现教学思路、知识体系，突出教学重点；形象直观，引起学生浓厚的学习兴趣，激发学生的丰富想象力，活跃学生的思维。

（8）教态自如

教师在课堂教学中要精神饱满、充满信心、自然大方、不矫揉造作，使教学引人入胜、轻松自如，调动起学生的学习积极性，顺利完成课堂教学任务。

（9）学生参与度高

现代课堂教学是学生自主建构知识的过程，通过学生积极主动地参与课堂教学活动，形成独立获取知识、创造性地运用知识解决现实问题的能力及良好的学习习惯和健全人格。在课堂教学中，教师应努力为学生提供主动参与的时间和空间，为学生提供自我表现的机会，还学生学习的主动权。

三、课外作业的布置与批改

（一）课外作业的意义

课外作业是课堂教学的延伸，是学生根据教师的要求，在课外时间独立或合作完成的学习活动。课外作业在教学活动总量中占有一定的比例。

（二）布置和批改课外作业的要求

①作业的内容要符合学科课程标准和教科书的要求，并要有代表性。

②作业分量要适当，难易要适度，可以分层次。

③布置作业要向学生提出明确的要求，并规定完成的时间，对比较复杂的作业，可以适当提示。

④教师应经常检查和批改学生的作业。

⑤作业也要体现学生学习的自主性，如教师对作业不做统一强求，而是提供一些方法给学生参考，让学生自己确定作业方式，这样可以大大提高学习效率。

四、课外辅导

（一）课外辅导的意义

课外辅导是在课堂教学规定时间以外，教师对学生的辅导。课外辅导是上课必要的补充，是适应学生个别差异、贯彻因材施教的重要措施。其形式一般有个别辅导、小组辅导和集体辅导三种。

（二）课外辅导的内容

①给学生解答疑难问题，指导学生做好作业；

②为学习有困难或因事、因病缺课的学生补课；

③给成绩特别优异的学生做个别辅导；

④给予学生学习方法上的辅导；

⑤对学生进行学习目的和学习态度的教育；

⑥为有学科兴趣的学生提供课外研究的帮助；

⑦开展课外辅助教学活动，如参观、观看教学影片或录像；

⑧指导实践性和社会服务性活动。

（三）课外辅导的要求

①要因材施教。教师应深入了解学生，根据不同类型和特点的学生，确定具体的辅导内容和措施，以增强辅导的针对性。

②指导学生独立思考、钻研，以形成科学的学习方法和习惯。

③发挥集体优势，组织学生开展互帮互学活动。

④处理好课堂教学与课外辅导的关系，防止本末倒置，更不能变相进行有偿辅导。

五、学业成绩的检查与评定

（一）学业成绩的检查与评定的概念

学业成绩的检查与评定，俗称测验或考试，是以测验的形式定量地评定学生的个人能力。学校通过对学生学业成绩的测量和评价，可以检查教学的完成情况，从检查中获得的反馈信息，可以用来指导、调节教学过程和学习过程，从而改善教学，提高质量。

（二）测验的质量指标

测验的质量指标主要有信度、效度、难度与区分度。

1. 信度

信度，又称测验的可靠度，是指一个测验经过多次测量所得结果的一致性程度，以及一次测量所得结果的准确性程度。

两次测验间的时间间隔不宜太长。如果教师想通过一次测验就能得到比较可信的评分，那就要在编制测验时注意保持必要的测验的长度。所谓测验的长度，就是测验项目的多少，测验项目越全面、越多，测验的可靠性就越高。另一种提高测验信度的办法是采用难度适中的项目。

2. 效度

效度指测验能够达到测验目的的程度，即是否能测出所要测量的目标。不能离开特定的目标来笼统地判断这个测验是否有效。

3. 难度

难度是指测验包含的试题的难易程度。试题过难或过易都不能准确地测出学生的真实成绩。所以，一份试卷应难易适中，但其中既要有较难的试题，又要有较易的试题。

4. 区分度

区分度是指测验对考生的不同水平能够区分的程度，即具有区分不同水平考生的能力。区分度与难度有关，只有在试卷中包含不同难度的试题，才能提高区分度，拉开考生得分的差距。

📘 **真题陈列架**

（2014年上·单选·8）通过检测来评定学生的学业成绩是中学常用的评价方法。在一次测验中，衡量是否达到测验目的，即是否测出了所要测量的东西的指标是（　　　）。

A. 信度 　　　　B. 效度 　　　　C. 难易度 　　　　D. 区分度

【答案】B。

（三）学业成绩检查的方式

学业成绩的检查主要包括考查和考试两种方式。

1. 考查

考查是指对学生的学习情况和成绩进行的一种经常性的小规模的检查与评定。考查一般分为日常性考查、阶段性考查和总结性考查三种。考查的方式主要有以下三种：①口头提问；②检查书面作业；③书面测验。

2. 考试

考试一般是指对学生学业成绩进行的阶段性或总结性的检查与评定。考试通常有期中考试、学期考试、学年考试、毕业考试等。考试的方式有很多，如口试、笔试和具体实践性考试等，其中笔试是考核、测定学生成绩的基本方法。

（四）学业成绩检查与评定的要求

教师对学生进行学业成绩的检查与评定时，应做到以下几点。

①客观公正，必须严格遵循评定标准。

②方向明确，要向学生指出学习上的优缺点和努力方向，这也是评定学生学业成绩的主要目的。

③鼓励学生创新，在评定中，不仅要看答案，而且要看思路，要重视学生思维的创造性。

记忆保温箱

```
教学工作的基本环节
├─ 备课
│   ├─ 备课的意义
│   └─ 备课的要求
│       ├─ 做好三方面的工作
│       └─ 写好三个计划
│
├─ 上课
│   ├─ 上课的意义
│   ├─ 课的类型
│   ├─ 课的结构
│   └─ 一堂好课的基本要求
│
├─ 课外作业的布置与批改
│   ├─ 课外作业的意义
│   └─ 布置和批改课外作业的要求
│
├─ 课外辅导
│   ├─ 课外辅导的意义
│   ├─ 课外辅导的内容
│   └─ 课外辅导的要求
│
└─ 学业成绩的检查与评定
    ├─ 学业成绩的检查与评定的概念
    ├─ 测验的质量指标
    ├─ 学业成绩检查的方式
    └─ 学业成绩检查与评定的要求
```

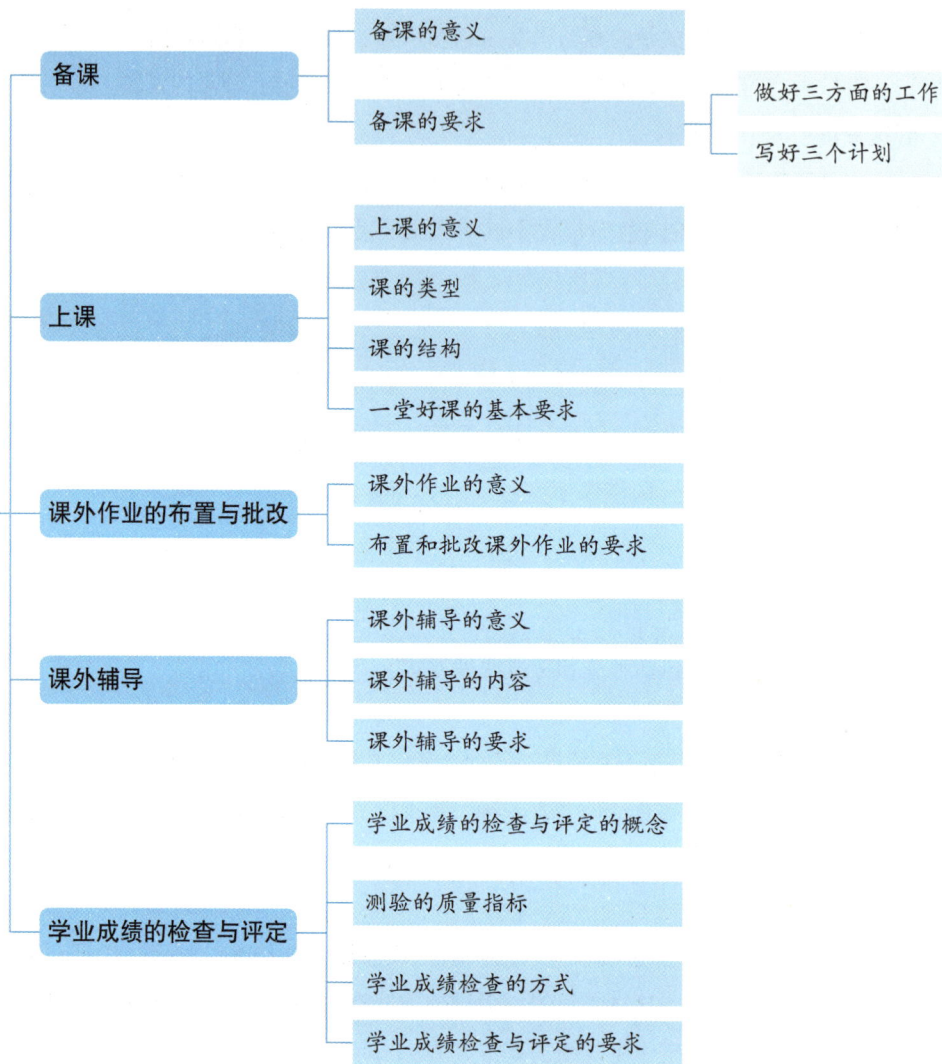

第五节　教学组织形式与教学模式

考点收纳盒

关键考点	考查力度	常考题型	理解难度
教学模式	■□□□	辨析	★★☆☆☆

知识储备库

一、教学组织形式

（一）教学组织形式的概念

教学组织形式是指为完成特定的教学任务，教师和学生按一定要求组合起来进行活动的结构。教学组织形式回答了采取何种形式完成教学任务，从而实现教学目的的问题。

（二）常见的教学组织形式

在教学史上先后出现的影响较大的教学组织形式有个别教学制、班级授课制、分组教学制和道尔顿制等。现代教学的基本组织形式是班级授课制。

1. 个别教学制

（1）个别教学制的概念

古代中国、古埃及和古希腊的学校大都采用个别教学的形式。教师向学生传授知识，布置、检查和批改作业都是个别进行的，即教师对学生一个一个轮流地教；教师在教某个学生时，其余学生均按教师要求进行复习或作业。这种个别教学制与古代发展水平较低的社会生产力相适应。

（2）个别教学制的优缺点

优点：教师能根据学生的特点因材施教，使教学内容、进度适合于每个学生的接受能力。

缺点：一个教师所能教的学生数量是很有限的；不利于学生之间的交流、合作和个人的社会化；不利于教师对学生身心发展规律的深入认识；不利于教学经验的总结及教师自身专业化的发展。

2. 班级授课制

（1）班级授课制的概念

班级授课制是一种集体教学形式，它把一定数量的学生按年龄与知识水平分别编成固定的班级，根据周课表和作息时间表，安排教师有计划地向全班学生集体上课。在班级授课制中，同一个班的每个学生的学习内容与进度必须一致，但开设的各门课程，特别是在高年级，通常由具有不同专业知识的教师分别担任任课老师。

（2）班级授课制的产生与发展

17世纪初，在先进的乌克兰兄弟会学校中兴起了班级授课制的组织形式。1632年，捷克著名教育家夸美纽斯在总结前人和自己实践经验的基础上，出版了《大教学论》。该书最早从理论上对班级授课制做了阐述，为班级授课制奠定了理论基础。此后，班级授课制迅速推广，到19世纪中叶已成为西方学校教学的主要形式。我国最早采用班级授课制的学校是1862年清政府在北京设立的京师同文馆。1902年，清政府颁布《钦定学堂章程》后，班级授课制在全国广泛推行。直至现在，班级授课制仍是我国各级各类学校教学的基本组织形式。

（3）班级授课制的基本特点

①以"班"为单位。把学生按年龄和知识水平分别编成固定的班级，教师同时对整个班级进行同样内容的教学。

②按"课"教学，"课"是教学活动的基本单元。将教学内容和实现教学内容的教学活动，按学科和学年分成许多小的部分，分量不大，大致平衡，彼此连续而又相对完整，每小部分内容和教学活动叫作一课，一课接一课地进行。

③按"时"授课。将每课规定在统一而固定的单位时间里进行，课与课之间有间歇和休息。

（4）班级授课制的优缺点

①优点：第一，有利于大规模培养人才，扩大教学规模，提高教学效率；第二，有利于发挥教师的优势，突出教师的主导作用；第三，有利于发挥班集体的教育作用，促进学生个性的健康发展和学生的社会化进程；第四，有利于科学文化知识的传授，确保学生获得系统的、连贯的知识，保证教学质量；第五，有利于进行教学管理和教学检查。

②缺点：第一，不利于学生主体性的发挥，学生比较多的是接受教师所传授的现成知识；第二，为学生提供的实践性学习、探索性学习的机会较少，不利于学生多方面的发展；第三，不能很好地适应教学内容和教学方法等方面的多样化，形式比较固定化，缺少灵活性；第四，强调统一性，难以适应学生的个别差异，不利于因材施教；第五，每个学生实际上分别地对教师负责，彼此之间缺乏分工与合作，因此学生的互相交流和启发难以保证。

3. 班级授课制的辅助形式——个别辅导与现场教学

（1）个别辅导

个别辅导是教师在课堂教学的基础上针对不同学生的具体情况进行个别辅导的教学组织形式。个别辅导主要是通过个别答疑、对个别学生的课外作业和课外阅读进行指导等方式来进行的。它既可以在课内实施，也可以在课外进行。个别辅导和个别教学不同。个别辅导主要面向特殊学生，如后进生和优秀生；而个别教学是针对每个学生因材施教，使学生的潜能得到最大发挥。

个别辅导根据其内容的不同大体可分为两大类：一是对复习和预习中发现的问题的辅导，目的是让学生打下坚实的基础；二是对学科内容相关学习中的疑难问题的辅导，目的是拓宽学生的视野，发展学生的思维。

（2）现场教学

现场教学是指教师根据一定的教学任务与教学内容，将学生带领到与生产或生活相关的场所进行教学的一种辅助性教学组织形式。现场教学不仅是课堂教学的必要补充，而且是课堂教学的继续和发展，是与课堂教学相联系的一种教学形式。

现场教学有利于学生获得直接经验，深刻理解理论知识，在某种程度上弥补课堂教学的不足；现场教学可以增强教学的趣味性，使教学、生活更为丰富；现场教学不仅让学生在轻松、愉快的环境下掌握知识和技能，而且还能使学生感受自然、社会，丰富学生的情感空间；现场教学还可以提高学生解决实际问题的能力。

4. 班级授课制的特殊组织形式——复式教学

（1）复式教学的概念

复式教学是指把两个或两个以上年级的学生编在一个班里，由一位教师分别用不同程度的教学材料，在同一节课里对不同年级的学生，采取直接教学和自动作业交替的办法进行教学的组织形式。这种教学组织形式可以节约师资力量、教室和教学设备，在人口稀少地区经常使用，对经济和文化教育落后地区的普及教育具有重要的意义。

（2）复式教学的特点

复式教学的主要特点是直接教学和学生自学或做作业交替进行。由于学科种类多、讲课时间少、教学任务重、备课复杂等限制条件，复式教学对教学过程的组织、教学时间的分配和教学秩序的处理等有更多的要求。

5. 其他教学组织形式

（1）分组教学

分组教学是按学生的能力或学习成绩把他们分为水平不同的组进行教学。分组教学也是集体教学的一种形式，一般可分为两类：外部分组和内部分组。

外部分组是指打乱传统的按年龄编班的做法，而按学生的能力或学习成绩编班。外部分组主要有两种形式：学科能力分组和跨学科能力分组。

内部分组是指在传统的按年龄编班的班级内，按学生的能力或学习成绩等编组。内部分组也有两种：一种是不同学习内容和不同学习目标的分组；另一种是学习目标和学习内容相同而教学方法和教学媒体不同的分组，即经过一定时间的学习后，根据不同情况，把学生分成若干小组。

分组教学的优点：它比班级上课更切合学生个人的水平和特点，便于因材施教，有利于人才的培养。

分组教学的缺点：①很难科学地鉴别学生的能力和水平；②学校及社会对快、慢班往往区别对待，与现代社会崇尚教育公平的要求相左，易引发社会的非议；③分组教学的副作用很大，往往容易使快班学生骄傲，使普通班、慢班学生的学习积极性降低，产生自卑感。

（2）贝尔—兰喀斯特制

贝尔—兰喀斯特制，又叫导生制或级长制，是由英国的贝尔和兰喀斯特所开创的一种教学组织形式。

导生制的组织形式：教师上课时先选择一些年龄较大或较优秀的学生进行教学，然后由这些学生做"导生"，每个导生负责把自己刚学的内容教给一组学生。导生不但负责教学，而且还负责检查和考试，完全是教师的助手。有了导生的帮助，教师的教学工作量大大减轻了，因而能够教育更多的学生。但是导生"现学现卖"，很难保证基本的教学质量。

（3）设计教学法

设计教学法是美国教育家克伯屈于1918年创立的一种教学组织形式，克伯屈也因此被誉为"设计教学法之父"。设计教学法主张废除班级授课制和教科书，打破传统的学科界限，在教师指导下，由学生自己决定学习目的和内容，在自己设计、自己负责任的单元活动中获得相关的知识和能力。克伯屈强调"有目的的活动"是设计教学法的核心，儿童自动的、自发的、有目的的学习是设计教学法的本质。

（4）道尔顿制

1920年，美国的柏克赫斯特在马萨诸塞州道尔顿中学创建了一种新的教学组织形式——道尔顿制。这是一种典型的自学辅导式的个别教学组织形式。

依据道尔顿制，教师不再上课向学生系统讲授教材，而只为学生分别指定自学参考书、布置作业，由学生自学和独立作业，有疑难时才请教师辅导；学生完成一定阶段的学习任务后，向教师汇报学习情况和接受考查。道尔顿制的两个重要原则是自由与合作：要使儿童自由学习，允许他们根据自己的需要安排学习；强调师生之间、学生之间的合作，以培养学生的社会意识。

道尔顿制的优点：有利于调动学生学习的主动性，培养他们的学习能力和创造才能；学生可按自己的能力确定学习进度，能够较好地照顾到个别差异。

道尔顿制的缺点：不利于系统知识的掌握，且对教学设施和条件要求较高。

（5）特朗普制

特朗普制，又称"灵活的课程表"，是美国教育学教授劳伊德·特朗普于20世纪50年代提出的一种教学组织形式。

这种教学组织形式试图把大班上课、小班讨论和个人独立研究结合在一起，并采用灵活的时间单位代替固定的上课时间，以大约20分钟为计算课时的单位。在教学活动中，大班课、小班课和个人独立研究穿插在一起，分别所占的教学时间：大班上课40%，小班讨论20%，个人独立研究40%。

这种教学组织形式有利于培养学生思考问题、解决问题及独立研究的能力，并有利于学生获得多种渠道的信息。

> **真题陈列架**
>
> （2020年下·单选·8）20世纪后半叶美国出现了一种教学组织形式，在世界各国产生了重大影响，其特点是把大班上课、小班讨论和个人自学按一定比例结合起来。这种教学组织形式是（　　）。
>
> A. 特朗普制　　　　　　　　B. 道尔顿制
>
> C. 文纳特卡制　　　　　　　D. 贝尔—兰喀斯特制
>
> 【答案】A。

二、教学模式

（一）教学模式的概念

教学模式是指能用于构成课程和课业、选择教材、提示教师在课堂或其他场合教学的一种计划或范型，具有简约化、概括化、理论性和相对稳定的特点。

（二）常见的教学模式

1. 程序教学模式

（1）程序教学的概念

程序教学是基于操作性条件反射和积极强化的原理而设计的教学模式，是个别化教学的典型代表。程序教学的基本做法是把教材内容细分为很多的小单元，并按照这些单元的逻辑关系顺序排列起来，构成由易到难的很多层次或小步子，让学生循序渐进、依次进行学习。

（2）程序教学的原则

程序教学的主要原则有：①积极反应原则；②小步子原则；③即时反馈原则；④自定步调原则；⑤最低错误率原则。

2. 范例教学模式

（1）范例教学模式的概念

范例教学模式由瓦·根舍因等人提出。范例教学主张通过对范例的研究，使学生从个别到一般、从具体到抽象、从认识到实践，理解、掌握带有普遍性的规律、原理。范例教学从范例这一角度建立了以传授知识与发展能力并重为主要目标的教学论体系，是教学理论发展的里程碑。

（2）范例教学模式的原则

在教学内容上，范例教学强调基本性、基础性和范例性三条原则。

（3）范例教学模式的阶段

范例教学的实施步骤包括四个阶段。第一阶段：范例性地阐明"个"的阶段，以典型事实和现象为例。第二阶段：范例性地阐明"类"的阶段，用许多在本质上与"个"案一致的事实和现象来阐明事物的本质特征。第三阶段：范例性地掌握规律和范畴的相互关系的阶段。通过对"个"和"类"的分析、认识，使学生的认识上升为对普遍性规律的认识。第四阶段：范例性地获得关于世界与生活的经验的阶段。该阶段的教学，在很大程度上是一种对学生培养目标的追求。

3. 合作学习教学模式

合作学习教学模式是一种较为新型的教学模式。它以人本主义教学理论和建构主义教学理论为基础，强调教师与学生、学生与学生之间的相互合作、相互尊重的关系。

4. 暗示教学模式

暗示教学模式是由保加利亚的洛扎诺夫提出的，主要用于语言教学。暗示教学模式强调无意识心理活动和情感在学习中的作用，通过各种暗示手段，充分调动学生的无意识心理活动，运用鲜明的形象强化和外围知觉唤起学生的视听感觉，使学生在轻松、舒畅的情况下进行学习，进而不断促进学生的生理及心理潜力的发展。

5. 传递—接受教学模式

传递—接受教学模式是使用最广泛、历史最悠久、影响最大的教学模式。该模式认为教学是学生在教师指导下的一种对客观世界的认识活动，这种认识活动包括掌握系统的基础知识和基本技巧，发展认识能力，形成良好的学习习惯和思想道德品质。

6. 掌握学习教学模式

心理学家布卢姆提出掌握学习教学模式，是指在"所有学生都能学好"的思想指导下，采取班级教学和个别辅导相结合的方式，以班级教学为基础，辅之以经常、及时地反馈和矫正，提供学生所需要的个别化帮助和所需的额外学习时间，从而使绝大多数人达到学业规定要求的教学模式。

7. 非指导性教学模式

非指导性教学模式又称"以学习者为中心"教学模式，是由美国人本主义心理学家罗杰斯提出的。他认为，人具有先天的优良潜能，教育的作用就在于使这种先天潜能得以实现，人的成长是在一个安全的心理气氛中先天潜能不断实现的过程。在该模式中，教师的角色不是权威，而是"助产士"和"催化剂"。

记忆保温箱

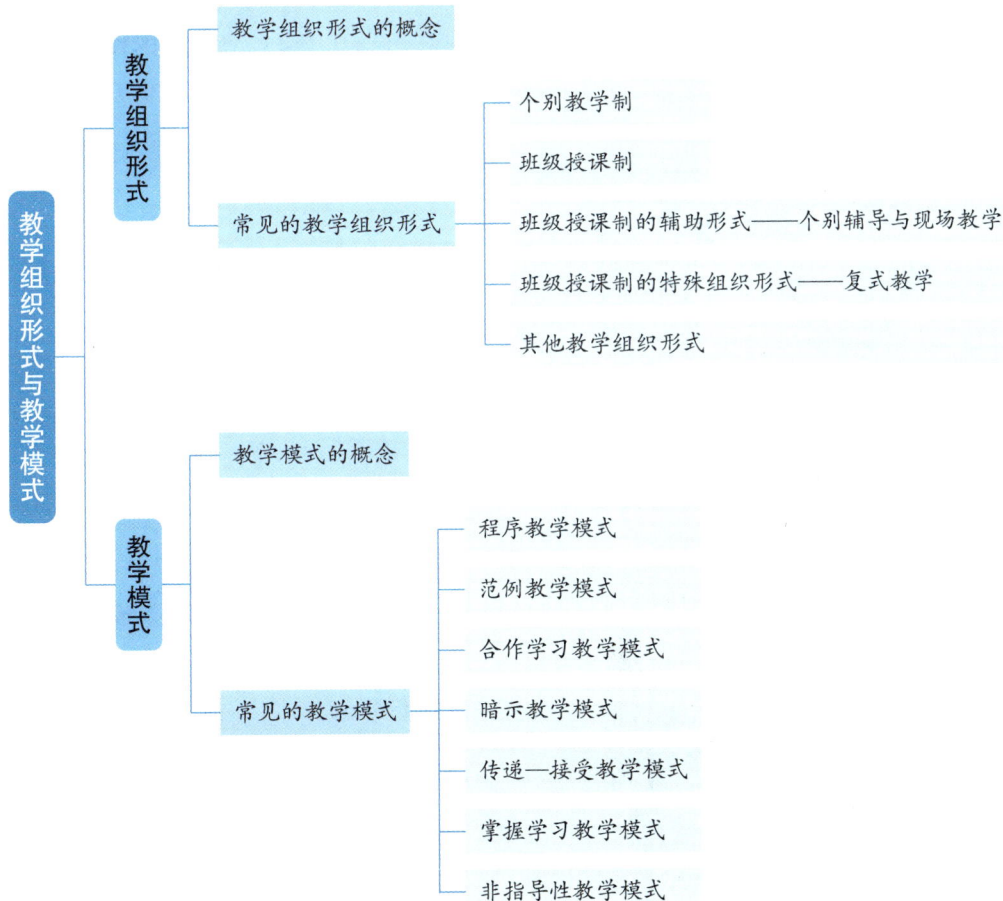

第六节 　教学评价

考点收纳盒

关键考点	考查力度	常考题型	理解难度
教学评价的类型	■■□□□	单选	★★☆☆☆

知识储备库

一、教学评价的概念

教学评价是对教学工作质量所做的测量、分析和评定。它以参与教学活动的教师、学生、教学目标、内容、方法、教学设备、场地和时间等因素的优化组合的过程和效果为评价对象，是对教学活动的整体功能的评价。

二、教学评价的基本内容

教学评价包括学生学业成绩的评价、教师教学质量的评价和课程的评价。

（一）学生学业成绩的评价

学生学业成绩评价的领域主要包括知识领域、智能领域和情感态度领域。知识领域，包括基础知识、基本概念和原理及基本技能；智能领域，包括领会、转换、表述、分析、综合、概括、评价和判断等能力；情感态度领域，包括兴趣、志向、价值观、态度和性格等品质。

（二）教师教学质量的评价

教师教学质量的评价即教师教学活动效果的评价，是对教师的教学行为及其成效所进行的评价，主要包括六个方面的内容：①教学目标是否明确、全面和具体；②教学内容的组织和安排是否合理；③教学方法的运用是否得当；④教学环节或教学程序是否优化；⑤教师的教学基本功是否扎实；⑥教学所取得的实际效果怎样。

（三）课程的评价

课程是学校教学改革的基础。在教学过程中，教师可以开展微观的课程评价，如教学内容是否适当，是否考虑了农村或少数民族地区的特殊性。教师在教学中遇到的问题都可以成为评价的议题。

三、教学评价的类型

（一）诊断性评价、形成性评价和总结性评价

根据评价在教学中的作用不同，教学评价可分为诊断性评价、形成性评价和总结性评价。

1.诊断性评价

诊断性评价是指在学期教学或单元教学开始前，对学生现有的知识水平和能力发展的评价，如各种摸底考试。其目的是为了弄清学生现有知识和能力发展情况、优点与不足之处，以便更好地改进教学，因材施教，因势利导。

2.形成性评价

形成性评价是指在教学进程中，对学生的知识掌握和能力发展所做的比较经常而及时的测评，包括对学生的提问、书面测验、作业批改等。其目的不注重于成绩的评定，而是使教师与学生都能及时获得反馈信息，更好地改进教与学，以促进教师和学生的发展、提高。

3.总结性评价

总结性评价，又称终结性评价，是指在一个大的学习阶段，对学生学习的成果进行制度化的正规考查、考试及其成绩评定。其目的是评定学生在一定阶段内的学习成绩。

> 📌 **真题陈列架**
>
> （2018 年下·单选·9）为了更好地因材施教，新学期伊始，在高一化学课上，李老师对所教班级学生的学习情况进行了摸底考试，初步了解学生已有的知识基础和有关能力。这种考试属于（　　）。
>
> A.形成性评价　　　　　　　　B.诊断性评价
>
> C.总结性评价　　　　　　　　D.相对性评价
>
> 【答案】B。

（二）相对性评价、绝对性评价和个体内差异评价

根据评价所运用的方法和标准不同，教学评价可分为相对性评价、绝对性评价和个体内差异评价。

1.相对性评价

相对性评价，也称常模参照性评价，是指用常模参照性测验对学生成绩进行的评定，依据学生个人的成绩在该班学生成绩序列中或常模中所处的位置来评价和决定他的成绩优劣，而不考虑他是否达到教学目标的要求。小规模（班级）的常模可以通过简单的计算得到。但科学的常模是经过大规模的抽样测试、实验研究才能求得的。相对性评价适用于选拔人才，但不能表明学生在学业上是否达到了特定的标准。

2. 绝对性评价

绝对性评价，也称目标参照性评价，是指用目标参照性测验对学生成绩进行评定，依据教学目标和教材编制试题来测量学生的学业成绩，判断学生是否达到了教学目标的要求，而不以评定学生之间的差别为目的。绝对性评价适用于升级考试、毕业考试、合格考试，不适用于甄选人才。

3. 个体内差异评价

个体内差异评价是指把个体的过去与现在进行比较，或者把个体的有关侧面相互进行比较，从而得到评价结论的教学评价类型。个体内差异评价照顾到了学生的个体差异，不会给学生造成竞争压力。在教学实践中，它常作为改变后进生的措施被使用并收到过好的效果。

（三）教师评价和学生自我评价

根据评价的主体不同，教学评价可分为教师评价和学生自我评价。

1. 教师评价

教师评价主要是指任课教师与班主任对学生的学习状况与成果进行的各种评价。教师评价不仅包括教学中正式的提问、作业、测验、考查、考试及其成绩评定，还包括教师在同学生广泛接触中，特别是在学习与作业的个别辅导、答疑和谈话中，对学生进行的评价。后一种评价有其特点：一是广泛性，不仅评价学生的知识与能力情况，而且还涉及对他们的学习态度、学习方法与习惯、品行的评价；二是针对性，对学生的情况，既有肯定与鼓励，又有否定、规劝与建议；三是互动性，不限于师对生的评价，双方也可以相互交流与磋商。这种评价灵活机动，切合实际，效果较好。但如果使用不当，也会出现偏颇，使师生对立。

2. 学生自我评价

学生自我评价是指在教师的引导下学生对自己的作业、试卷、其他学习成果进行的自我评价。学生学会自我评价具有重要的意义。这意味着他们开始懂得了要有意识地、细心而严格地检验自己的学习成果，分析其正误、优劣，虚心改进。特别是学生有了自我评价的意识和习惯后，就会更加重视教师、同学对自己的评价，更有助于提高自我学习与反思的动力与质量。

（四）定性评价和定量评价

根据评价是否采用数学的方法进行量化处理，教学评价可分为定性评价和定量评价。

1. 定性评价

定性评价是将评价对象做概念、程度上的质的规定，然后进行分析评定，以说明评价对象的性质或程度。这种评价比定量评价更加简便易行，但不如定量评价精确和具体。

2. 定量评价

定量评价是将评价对象进行量化，采用数学的方法对收集的信息和数据进行数量化的分析和计算，从而判断出信息和数据的价值。定量评价有助于使一些概念精确化，加强评价的区分度，降低评价的主观性和模糊性，增加评价的说服力。

四、教学评价的功能

（一）导向功能

一般而言，教学评价总是要依据一定的标准来展开，而这个评价标准通常就是课程目的或教学目标。通过这样的教学评价，不仅教师可以判断自己的教学活动与目的或目标之间的"距离"，而且学生也能够获得自己"达标"的水平与层次，有利于教师的教与学生的学指向或转向课程目的或教学目标。

（二）诊断功能

不论何种类型的教学评价都或多或少地具有诊断的功能。因为通过教学评价，师生不仅可以了解自己的教学和学生学习的变化与进展，还能发现其中事实上存在或可能存在的问题。而这些现实的和潜在的问题就是我们思考和促进教学和学生学习的出发点与依据。

（三）激励功能

激励功能也叫作教学评价的发展功能。一般而言，在教学评价中获得肯定性结果的教师和学生都能在某种程度上获得精神上的满足和成就感，从而就极有可能更加努力。而在其中得到否定性结果的师生也许会产生紧张或焦虑，但适度的紧张和焦虑也具有激励的功能。

（四）教学功能

由于教学前、教学过程中和教学结束后所进行的各种检测，其本身就是教学活动的一个有机组成部分，是教学活动中必不可少的环节和重要的学习经验。因此，教学评价也就具有了教学功能。

（五）管理功能

教育管理部门和教育机构（包括学校）都会把教学评价的结果当作对教师和学生进行有效分流的根据之一，并据此调整学校教育发展的布局、方向和改进教育教学活动。

五、教学评价的原则与方法

（一）教学评价的原则

1.客观性原则

教学评价要客观公正、科学合理，切实反映教师的教学质量和学生的学业水平，不能掺杂个人情感，不能主观臆断，这样才能使人信服。客观性是教学评价能否发挥其功能的基础，违反客观性原则就会丧失评价的意义。

教学评价的客观性，不仅与评价的目标和方法是否科学有关，还与评价者的心理因素密切相关。例如，评价者的兴趣爱好、价值标准、认知倾向、情绪好坏、评定的先后顺序等，都会影响评价的客观性。为了提高评价的客观性，在评定中应注重反复明确标准、适当分工、流水评卷与复查。

2. 发展性原则

教学评价应着眼于学生的学习成绩的进步与能力的发展，其目的在于激励学生的积极性和创造性，而不是压抑和扭曲学生的发展。例如，某生此次考试成绩在全班来说并不高，但跟他过去的成绩相比则有进步，评价时就应予以肯定和表扬。对成绩不及格的学生，也不宜一味指责，使他们心灰意馁、放弃努力。布卢姆主张，在教学过程中，应为那些在测验中未达到标准要求的学生，再次提供时间与帮助，等待他们矫正、掌握后再次测验，并把两次测验成绩综合加以评定，给学生挽回失误的机会，帮助他们赶上去。

3. 指导性原则

教学评价应在指出师生的长处与不足的基础上提出建设性意见，以便他们扬长避短，不断前进。所以，教学评价应重视经常给师生以教学效果的反馈信息，指明方向并激励其前进。否则，就可能使师生陷入盲目性，或夸大自己的优点而骄傲自满；或只看到问题而丧失信心。

4. 计划性原则

教学评价应当全面规划，使每门学科都能依据制度与教学进程的要求，有计划、规范地进行教学评价，以确保其效果和质量。这样，考试与评价才不至于失范、失控，或考评太多，或过于集中，造成学生和教师负担过重、教学秩序混乱和教学质量下降等问题。

（二）教学评价的方法

1. 观察法

观察法是直接认知被评价者行为的最好方法。它适用于在教学中评价那些不易量化的行为表现（如兴趣、爱好、态度、习惯与性格）和技艺性的成绩（如唱歌、绘画、体育运动和手工制成品）。但被观察者若知道他被人观察时，他的行为便会不同于平常，观察的结果就不完全可靠；再者，观察的精确化问题也较难解决。为了提高观察的可靠性与精确度，一方面应使观察经常化，并形成一些学生的行为日志或轶事报告，使评价所依据的资料更全面；另一方面可采用等级量表，力求观察精确。

2. 测验法

测验法主要以笔试的形式进行，是考核、测定学生成绩的基本方法。它适用于对学生学习科学文化知识的成绩进行评定。其优点是能在同一时间，用同一试卷测验众多的对象，不仅简便易行，结果也较可靠，因此经常被用在教学评价中。但测验法难于测定学生的智力、能力和行为技能的水平。

3. 调查法

调查法是收集有关学生成绩评定的资料以探明他们学习的真实情况及原因的方法。对学生的成绩有疑问，则需经过调查；特别是要了解学生的学习态度、方法和习惯更需要调查。

调查一般通过问卷、交谈（亦称访谈）等方式进行。

问卷是通过预先设计好具有选项的调查题，要求学生选择，以获取评价资料的方法。问卷要简明，有吸引力，使人愿意回答；要给答卷人以答题的自由，力求答卷真实，否则毫无价值。问卷所获的资料要经过统计和分析，才能说明问题。

交谈是了解学生学习的兴趣、需求等多方面情况的一种重要方法。其形式可以是访谈、座谈，也可以是不拘形式的个别交谈。但都应有所准备，问什么、达到什么目的，要心中有数。

4. 自我评价法

自我评价十分重要，可以帮助学生明确教学目标，自觉改进学习。自我评价法又可以细分为以下几种方法。

（1）运用标准答案

学生在课堂或课后完成作业时，教师可以给学生作业的答案，由学生自查作业的正误并评定。这有助于养成学生作业时的自我检核和评价的良好习惯。

（2）运用核对表

论文式作业与绘画、手工等技能性作业，无法制定标准答案，一般依据核对表来评定。核对表规定作业的质量标准，可由教师根据不同作业的特点制定。例如，中学作文核对表可含下述标准：作文切题；构思新颖，言之有据；层次分明，条理清楚；文句通顺，标点正确，无错别字；等等。运用校对表引导学生进行自我评价时，先让学生掌握核对表，再用它来分析和评价作业。

（3）运用录音机、录像机

学生进行语言、朗诵、唱歌、舞蹈、体育等练习时，可用录音机、录像机将学生的语言或动作录下，然后由学生自我评析，自我改进与提高。

记忆保温箱

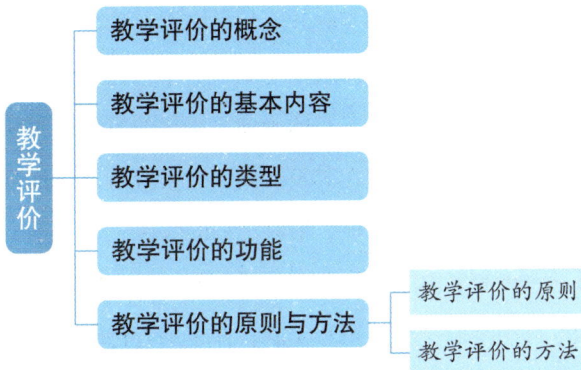

第七节　我国当前的教学改革

考点收纳盒

本节内容在 2014 年以来的国家教师资格考试中从未考过，考生备考时应以了解为主。

知识储备库

一、我国当前教学改革的主要观点

（一）实施素质教育，是我国当前教学改革的主题

实施素质教育是我国经济社会发展对教育的客观要求，也是提高劳动者素质和培养各级各类人才的需要。其作为对我国未来一段时期内教育的发展具有高度指导意义的一种新的教育理念，是和我国教育的历史进程中产生于小农经济和在封建制度基础上衍生出的应试教育具有相互对立性质的一种教育。

为实施素质教育，当前的教学改革做了以下调整：面向结果与面向过程并重；智力因素与非智力因素并重；教师指导与学生学会学习并重；一般能力培养与创新品质形成并重。除了上述四个方面，在科学文化知识获得与品德培养、接受学习与探究学习、理论学习与实践学习、课内学习与课外学习等方面也做了较大调整。

（二）坚持整体教学改革和实验，是我国当前教学改革的基本策略

所谓整体教学改革和实验，是指在一个总的统一而明确的改革目标和实验假说的指导下而进行的对教学系统中各种因素、各门学科的协调统一、相互渗透的调整和变革，以实现对教学系统的综合改观。当然，整体教学改革和实验并不是孤立于单项、单科的教学改革和实验而存在的。事实上，有效的教学改革必须将整体改革与单项、单科的改革相互结合。一方面，任何整体教学改革和实验都必须以一系列扎扎实实的单项、单科的教学改革和实验为基础；另一方面，单项、单科的教学改革和实验又必须在其发展到一定阶段后及时推进到整体的改革和实验中去，以力求达到整体综合的作用大于单项、单科之和的效果。

我国当前的整体教学改革和实验应抓住以下两个主要问题：①运用整体性观点，进行教材、教法、学法、考试、教学环境等的全面改革和实验，并正确看待整体和全面的关系。整体改革

要求全面改革，但全面改革不等于整体改革。②提高整体教学改革和实验的可操作性。

（三）更新课程内容和形式、建立合理的课程结构，是我国当前教学改革的重心

更新课程内容和形式、建立合理的课程结构依然是我国当前教学改革的重心，在实施整体改革和实验的策略中，课程的改革是关键。20 世纪 80 年代以来的课程改革主要是把着眼点放在课程内容的更新上，对课程形式则没有给予太多的关注。而现阶段的课程改革将在继续更新课程内容的同时，把主要精力投向课程形式的调整和丰富上，并形成日趋合理的课程结构。

（四）实施科学的教学评价

实施科学的教学评价主要体现在以下三个方面：①在评价的指导思想上，现代教学评价致力于促进学生个性的全面发展和弘扬学生人格的主动精神，更注重质的分析，把评价范围扩展到与学生发展紧密相连的德、智、体、美等诸多方面。现代教学评价主张让学生成为教学评价的积极参与者，通过学生的自我评价发展学生的评价能力。②在评价类型上，现代教学评价重视形成性评价，力求在评价过程中及时发现问题，从而及时调节教学行为方式。③在评价的技术和方法上力求科学化，现代教学评价把各种定量的方法作为提高教学评价的科学基础，同时，既注重定性评价，也注重采用定性和定量相结合的评价。

二、我国当前教学改革的主要趋势

在各项改革风起云涌的今天，教学改革已成为一个重要的话题。教育工作者必须在总体上把握当前教学改革的主要趋势，把它和已有知识成果结合起来，才能获得对教学的整体性认识。简而言之，当前的教学改革趋势主要表现在以下方面。

（一）教学理论的指导作用日益凸显

当前教育工作者应逐步认识到，教学的改革需要教学理论的指导，这实际上意味着精英主义教育正在向大众教育转型。教育工作者已经认同教学改革必须"理论先行"，教学研究必须贴近学术前沿，与国际接轨；同时，教学研究也必须贴近现代改革的前沿，与实践并轨。

（二）关注教学的组织：统整与衔接

关注课程组织要素，包括课程内容的组织与学习经验的组织两个层面；关注学科间的统整，关注不同学科在整个教学体系中的定位，从而打破学科中心或分科主义的定式；关注学科内的统整，让学科内容更加合理化；关注学科观的转变，以"学校教学"的视野关注本学科的改革。

（三）关注思想道德教育的针对性和实效性

关注思想品德教育，加强德育课程的现实针对性；关注学科内在的教育性，拓展学科教学

标准和相关教材的德育空间；关注综合实践活动，增强道德实践的实效性。

（四）关注教师的专业发展

关注教师角色的转变，让教师由传授者转变为促进者，由管理者转变为引导者，由居高临下者转向"平等中的首席"；关注教学行为转变，强调教师之间的合作交流，不断改善知识结构；关注能力提升，提高课程开发的能力，提升对教学的整合能力；指导学生开展研究性学习，创设丰富的教学情境，注重学生的亲身体验、引导学生将知识转化为能力。

记忆保温箱

第四章

中学生学习心理

本章知识点有一定难度，知识点繁多。
建议备考时以理解记忆为主。

第一节　认知过程

考点收纳盒

关键考点	考查力度	常考题型	理解难度
感觉	■□□□□	单选	★☆☆☆☆
知觉	■□□□□	单选、简答	★☆☆☆☆
注意	■■■□□	单选、辨析、简答	★☆☆☆☆
记忆	■■■■□	单选、辨析、简答、材料分析	★★☆☆☆
思维	■□□□□	单选、简答	★☆☆☆☆

知识储备库

一、感觉

（一）感觉的概念

感觉是人脑对直接作用于感觉器官的客观事物的个别属性的反映。颜色、声音、气味、味道、温度、硬度等都是客观事物的个别属性。这些个别属性通过人的各种感觉器官反映到大脑中，人就产生了相应的感觉。感觉不仅反映事物的外部属性，而且反映肌体的变化和内部器官的状况，如人体的运动、干渴、饥饿、疼痛等内部信息。

感觉是一种最简单、最低级的心理现象，是人和动物都具备的。一切较高级、较复杂的心理现象都是在感觉的基础上产生的。感觉是认知活动的起点。

（二）感觉的分类

根据感觉所接受信息的来源和感受器在个体身上所处的位置不同，感觉可分为两大类。

1. 外部感觉

外部感觉是指接受外部刺激、反映外部事物的个别属性的感觉。外部感觉包括视觉、听觉、味觉、肤觉、嗅觉等。

2. 内部感觉

内部感觉是指接受内部刺激、反映机体内部变化的感觉。内部感觉主要包括机体觉、平衡觉和运动觉。

①机体觉，又被称为内脏觉，是反映人身体内部状况及各器官活动变化状态的感觉。如胃痛。

②平衡觉，又被称为静觉，是人体做加速或减速的直线运动以及旋转运动时引起的感觉。如晕车、坐电梯时会感觉到加速度或者减速度。

③运动觉，是反映身体各部位的位置、运动以及肌肉的紧张程度的感觉。如感觉到肌肉拉伤。

（三）感觉阈限与感受性

1. 感觉阈限

感觉阈限是指能够引起人的感觉的刺激范围。感觉阈限可分为绝对感觉阈限和差别感觉阈限。

绝对感觉阈限是指刚刚能引起感觉的最小刺激量。

差别感觉阈限是指刚刚能引起差别感觉的刺激的最小差异量。

2. 感受性

感受性是指感受器官对适宜刺激的感觉能力。也就是人对刺激的感觉灵敏程度。感受性分为绝对感受性和差别感受性。

绝对感受性是指人的感受器对最小刺激的觉察能力。

差别感受性是指人的感受器对最小差异量刺激的感觉能力。

3. 感觉阈限与感受性的关系

感受性用感觉阈限来度量。感受性与感觉阈限呈反比关系，感觉阈限越大，感受性越差。绝对感受性与绝对感觉阈限呈反比关系；差别感受性与差别感觉阈限呈反比关系。

人的感受性不是一成不变的，有计划地训练可以提高感受性。

✎ 真题陈列架

（2015年上·单选·12）在张老师组织的百人大合唱中，如果增加一至两个人，小红感觉不到音量的变化，如果增加十个人左右时，小红就能明显地感觉到音量的变化。这种刚刚能使小红感觉到的音量变化的最小差异被称为（　　　）。

A. 绝对感觉阈限　　　　　　　　B. 绝对感受性

C. 差别感觉阈限　　　　　　　　D. 差别感受性

【答案】C。

（四）感受性的变化规律

1. 感觉适应

感觉适应是指刺激物持续作用于同一感受器而使感受性发生变化的现象。感觉适应可以引起感受性的提高，也可以引起感受性的降低。

人类对各种感觉都能产生感觉适应，但是痛觉是最难适应的，痛觉具有保护机体免受伤害的作用。

感觉适应中最明显的适应是视觉适应，视觉适应包括明适应和暗适应。

明适应是指照明开始或者由暗处转向明亮处时，开始觉得光线耀眼，但是很快就适应习惯的过程。明适应的过程是感受性降低，感觉阈限升高的过程。例如，我们看完电影，从电影放映厅中出来时，开始觉得光线耀眼，但是很快就可以恢复正常状态。

暗适应是指从照明停止或者由明亮处转向暗处时，开始什么都看不见，之后逐渐看清的过程。暗适应的过程是感受性提高，感觉阈限降低的过程。例如，夜晚从明亮的房间走向室外，开始什么都看不见，经过一段时间，眼睛逐渐可以看清黑暗中的物体。

2. 感觉对比

感觉对比是指不同刺激物作用于同一感受器官，使感受性发生变化的现象。感觉对比分为同时对比和继时对比。

同时对比是指几个刺激物同时作用于同一感受器而产生的对某一种刺激物的感受性变化。例如，把灰色小正方形放在一张白纸上，灰色小正方形会显得较暗；同样把灰色小正方形放在一张黑纸上，灰色小正方形会显得稍亮一些。

继时对比是指几个刺激物相继作用于同一感受器而产生的对某一种刺激物的感受性变化。例如，吃完糖再吃药，会觉得药很苦。

3. 感觉后效

对感受器的刺激作用停止以后，感觉印象并不立即消失，仍能保留短暂的时间。这种在刺激作用停止后暂时保留的感觉现象被称为感觉后效。感觉后效在视觉中表现尤其明显，被称为后像。视觉后像分为正后像和负后像。

正后像是指后像的品质与刺激物相同。例如，注视电灯之后，闭上眼睛，眼前出现一个光亮形象，位于黑色背景之上，这是正后像。

负后像是指后像的品质与刺激物相反。例如，注视电灯之后，闭上眼睛，眼前出现一个黑色形象，位于光亮背景之上，这是负后像。

4. 联觉

联觉是指一个刺激不仅引起一种感觉，同时还引起另一种感觉的现象。例如，红色使人感到温暖，紫色使人感到高贵。

5. 感觉的补偿

感觉的补偿是指当某种感觉系统的机能丧失后可由其他感觉系统的机能来弥补。例如，盲人看不见，但是听觉、嗅觉、触觉却很发达。

> ✔ **真题陈列架**
>
> （2018年上·单选·13）当人们听到一种自己觉得可怕的声音时，往往会感到发冷，起鸡皮疙瘩，这种现象被称为（　　）。
>
> A. 适应　　　　　　B. 对比　　　　　　C. 联觉　　　　　　D. 后像
>
> 【答案】C。

二、知觉

（一）知觉的概念

知觉是人脑对直接作用于感觉器官的客观事物的整体属性的反映。例如，某物体用眼看，有一定大小，呈椭圆状；用手摸，表面光滑，有一定的硬度；用鼻子嗅，有清香的水果气味；用舌头尝，有酸甜味。人脑把这些属性综合起来，便形成对该物体的整体印象，便知道它是"苹果"。这就是对苹果的知觉过程。知觉以感觉为基础，是人脑对感觉信息选择、组织和解释的过程。

（二）知觉的种类

根据人脑反映的客观对象的不同，知觉可以分为物体知觉和社会知觉。除此之外，知觉还有一种特殊形式——错觉。

1. 物体知觉

物体知觉指个体对客观事物的知觉。物体知觉可分为时间知觉、空间知觉和运动知觉。

（1）时间知觉

时间知觉是指人脑对于客观事物或事件的连续性和顺序性的反映。具体表现在对时间的分辨、对时间的确认、对持续时间的估量和对时间的预测。

（2）空间知觉

空间知觉是指人脑对物体的空间关系的反映。它包括形状知觉、大小知觉、深度知觉（距离知觉）、方位知觉等。

（3）运动知觉

运动知觉是指人脑对物体空间位移的知觉。运动知觉分为真动知觉和似动知觉。

①真动知觉。真动知觉是指物体按照特定速度或加速度，从一处向另一处作连续的位移时，人所产生的物体在运动的知觉。

②似动知觉。似动知觉是指在一定的时间和空间条件下，人们在静止的物体间看到了运动，或者在没有连续位移的地方，看到了连续的运动。似动的主要形式见表4-1。

表4-1　似动的主要形式

主要形式	概　念	例　子
动景运动	当两个刺激物按照一定的空间间隔和时间距离相继呈现时，我们会看到一个刺激物向另一个刺激物的连续运动	一闪一闪的霓虹灯、电视的画面
诱发运动	由于一个物体的运动使其相邻的一个静止的物体产生运动的现象	夜空中的月亮是相对静止的，而浮云是运动的。可是，由于浮云的运动，使人们看到月亮在动，而云是静止的
自主运动	人在注视暗室内一个微弱的、静止的光点片刻后感觉到光点在来回移动的现象	在暗室内，如果你点燃一根香烟，并注视这个燃烧的烟头的光点，你会看到这个光点似乎在运动
运动后效	当你注视一个方向运动的物体之后，如果将注视点转向静止的物体，那么会看到静止的物体似乎在向相反的方向运动	当你注视飞流直下的瀑布片刻，然后看向周围静止的麦田，你会觉得田野的一切在上升

2. 社会知觉

社会知觉是指个体在生活实践中，对他人、对群体、对自己的知觉。社会知觉的认知偏差主要有以下几种。

（1）社会刻板印象

社会刻板印象是指对一类人或一群人的特征或动机加以概括，把概括的特征归属于团体中的每个人，认为团体中每个人都具有这种特征，而无视团体成员的个别差异。例如，北方人耿直，南方人精明。

（2）晕轮效应

晕轮效应又被称为光环效应，是指当我们认为某人具有某种特质时，我们会相应地对他的其他特征做出相似的判断。例如，"一白遮百丑""情人眼里出西施"。

（3）首因效应

首因效应是指在总体印象形成上，最初获得的信息比后来获得的信息影响更大的现象。例如，人们在第一次见面时特别注重仪表礼仪。

（4）近因效应

近因效应是指在总体印象形成的过程中，新近获得的信息比原来获得的信息影响更大的现象。例如，多年不见的朋友，在你脑海中印象最深的是临别的情景。

（5）投射效应

投射效应是指人们在日常生活中常常不自觉地把自己的心理特征（如个性、好恶、欲望、观念、情绪等）归属到别人身上，认为别人也具有同样的特征。例如，"以小人之心，度君子之腹"。

3. 错觉

错觉是指人在某种特定条件下，对客观事物必然产生的、具有某种固定倾向、不符合事物本身特征和受到歪曲的知觉。错觉的种类很多，常见的有大小错觉、形状错觉、方向错觉、运动错觉、时间错觉等。

错觉产生的原因是多样的，但是错觉不存在个体差异，错觉也不能通过主观努力克服。

> **真题陈列架**
>
> （2014 年下·单选·20）丁老师在工作中常以自己的想法代替学生的想法，以自己的思维方式推测学生的思维方式。丁老师的行为体现了哪种效应？（　　　）
>
> A. 首因效应　　　　B. 晕轮效应　　　　C. 刻板效应　　　　D. 投射效应
>
> 【答案】D。

（三）知觉的基本特征

1. 选择性

知觉的选择性是指人在知觉客观世界时，总是有选择地把少数事物当成知觉的对象，而把其他事物当成知觉的背景，以便更清晰地感知一定的事物与对象的过程。例如，上课时，教师讲课的声音就是学生知觉的对象，周围的声音便成了知觉的背景。知觉的对象与背景是相对的，可以相互转化，图 4-1（双歧图形）中的图像既可被知觉为黑色背景上的白色花瓶，又可被知觉为白色背景上的两个黑色侧面人。

图 4-1　双歧图形

2. 整体性

知觉的整体性是指人依据自己的知识经验把直接作用于感官的客观事物的个别属性、个别部分整合为整体的过程。

3. 理解性

知觉的理解性是指人们在知觉的过程中，总是根据已有的知识经验来解释当前的知觉的对象，使它具有一定的意义。例如，一张新产品的设计图纸，专业人员既能知觉到图纸上的每个细节，又能理解整张图纸的内容和意义；而没有这方面专业知识的人员只能说出图纸中的构成部分，不能理解图纸的内容和意义。

4. 恒常性

知觉的恒常性是指人们在知觉的过程中，当知觉的客观条件在一定范围内改变时，人的知觉映像在相当程度上保持着它的稳定性。

在视觉范围内，知觉恒常性的种类包括形状恒常性、大小恒常性、明度恒常性、颜色恒常性和声音恒常性。

真题陈列架

（2015 年下•单选•12）成人与幼儿对一幅画的知觉有明显差异，幼儿只会看到这幅画的主要构成，而成人看到的是画面意义。这反映的知觉特性是（　　）。

A. 理解性　　　　　B. 选择性　　　　　C. 恒常性　　　　　D. 整体性

【答案】A。

（四）观察

1. 观察的含义

观察是人的一种有目的、有计划、持久的知觉活动，是知觉的高级形式。观察在开始前需要提出目的，拟定计划，在观察过程中自始至终伴随着思维和语言的活动，观察后还要对观察的结果进行归纳、整理，所以观察又被称为"思维的知觉"。

2. 观察的品质

（1）观察的目的性

观察的目的性是指善于组织知觉活动使其指向预想的观察结果的能力。观察的目的性使观察活动具有明确的方向与选择性。

（2）观察的客观性

观察的客观性是指能正确地、如实地反映客观事物，防止主观猜测、臆断的消极作用的能力。观察是对客观事物的有意知觉。尊重客观事实，科学地反映事物的本来面目，是观察的基本特性。

（3）观察的全面性

观察的全面性要求通过观察反映事物的全貌以及事物的组成部分及其相互联系。

（4）观察的精细性

观察的精细性是指善于从笼统的事物特征中分出细微而重要的特征的能力。精细地知觉事物，才能发现事物有价值的特征，才能提高观察的效应。

（5）观察的敏锐性

观察的敏锐性是指善于从司空见惯的现象中抓住事物的本质特征的能力。一个具备观察敏锐性的人，善于在平凡的事物中发现重要特征。观察的敏锐性与精细性是从事科学研究不可缺少的重要智力品质。

3. 观察力的培养

①要有明确的观察目的和任务；②要有必要的知识准备；③要有周密的计划；④要教给学生观察的方法；⑤做好观察记录，分析整理观察资料，巩固观察的结果。

三、注意

（一）注意的概念

注意是指心理活动或意识对一定对象的指向与集中，是一切心理活动的共同特征。

（二）注意的特点

1. 指向性

注意的指向性是指人在每个瞬间，其心理活动或意识选择了某一对象，而忽略了另一些对象。例如，一个人在电影院里看电影，他的心理活动或意识选择了荧幕上的剧情，而忽略了电影院里的观众。

2. 集中性

注意的集中性是指当心理活动或者意识指向某一对象的时候，他们会在这个对象上集中起来，即全神贯注起来。例如，"两耳不闻窗外事，一心只读圣贤书"。

（三）注意的功能

1. 选择功能

选择功能是注意最基本的功能。通过注意，人们总是选择那些有意义的、有关联的符合当前活动的事物或者活动，同时抑制或者排除那些无意义的、无关联的不符合当前活动的事物或者活动。

2. 保持功能

保持功能是指使注意对象的映像或者内容保持在注意的意识中，从而得到清晰、准确的反映。

3. 调节和监督功能

调节和监督功能是指有效监控自己的动作和行为，从而达到预定目的，避免失误，顺利完成相应的工作任务。

（四）注意的分类

根据注意过程中有无预定目的、是否需要意志努力的参与，注意可以分为无意注意、有意注意、有意后注意。

1. 无意注意

（1）无意注意的概念

无意注意，又被称为不随意注意，是指事先没有预定目的，也不需要意志努力的注意。无意注意是注意的初级形式，不仅人类有，动物也有。例如，上课时间，教室中突然飞进一只小鸟，学生们的注意力瞬时被吸引。

（2）引起无意注意的原因

①客观条件，即刺激物本身的特点。客观条件包括刺激物的新异性、强度、运动变化等。所谓新异性是指刺激物的异乎寻常的特性。例如，没有见过雪的人，在第一次见到漫天飞舞的大雪时，很容易引起他们的无意注意。环境中出现的强烈刺激也很容易引起无意注意。例如一声巨响、一道强光、一种浓烈的气味和一下猛烈的碰撞，都会引起我们的注意。对于无意注意起决定作用的不是刺激的绝对强度，而是刺激的相对强度。例如，在夜深人静的时候，室内钟表的滴答声会引起我们的注意。另外，运动的物体比静止的物体更容易引起人们的无意注意。

②主观条件，也就是人本身的状态。无意注意不仅由外界刺激物被动地引起，而且和人自身的状态、需要、兴趣、过去经验等有密切的关系。

2. 有意注意

（1）有意注意的概念

有意注意，又被称为随意注意，是指有预定目的、需要一定意志努力的注意。例如，上课时需要我们认真听课。

（2）引起有意注意的原因

①对注意目的与任务的依从性。有意注意是一种有预定目的的注意。目的越明确、越具体，越容易引起和维持有意注意。例如，一般有经验的老师常常要求学生上课前进行预习，事先了解这节课的主要内容，带着不懂的问题去听课，这样做就是为了引起学生的有意注意。

②对兴趣的依从性。有兴趣的事物容易引起有意注意。在有意注意的过程中，间接兴趣有很重要的作用。例如，不少人感觉学习英语困难，背单词、背课文很枯燥，但是他们认识到掌握外语的重要意义，仍然刻苦攻读。这种对于活动结果的兴趣，即间接兴趣，能够维持人们稳定而集中的注意。

③对活动组织的依从性。有意注意的引起和维持还与活动能否正确组织有关。有些人养成了良好的工作习惯和生活习惯，起居饮食很有规律，这样，在规定的工作时间，他就能全神贯注地工作。把智力活动与某些外部活动结合起来，也有利于注意的维持。

④对知识经验的依从性。知识经验对有意注意有很大影响。一方面，人们对于自己所熟悉的事物或活动，可以自动地进行操作，无须特别集中的注意。另一方面，人们想要在活动中维持自己的注意，又和他们的知识经验有一定的关系。

⑤对人格的依从性。一个具有顽强、坚毅性格特点的人，容易使自己的注意服从于当前的目的与任务；相反，一个意志薄弱、害怕困难的人，不可能具有良好的有意注意。

3. 有意后注意

有意后注意，又被称为随意后注意，是指事前有预定的目的，不需要意志努力的注意。随意后注意既服从于当前的活动目的与任务，又能节省意志的努力，因而对完成长期、持续的任务特别有利。例如，熟练地骑自行车。

📝 **真题陈列架**

（2019 年下·单选·12）课堂上，同学们的注意被突然飞进教室的一只小鸟所吸引。这种注意属于（   ）。

A. 无意注意　　　　B. 无意后注意　　　　C. 有意注意　　　　D. 有意后注意

【答案】A。

（五）注意的品质及影响因素

1. 注意的广度

（1）注意的广度的概念

注意的广度，又被称为注意的范围，是指同一时间内能清楚地把握对象的数量。例如，一目十行。

（2）影响注意的广度的主要因素

①知觉对象的特点。在知觉任务相同的情况下，知觉对象的特点不同，注意的范围会有一定的变化。研究表明，知觉的对象越集中，排列越有规律，越能成为相互联系的整体，注意的范围也就越大。

②个体知觉活动的任务。个体知觉活动的任务多，注意范围就小；个体知觉活动的任务少，注意范围就大。

③个体知觉的知识经验。个体的知识经验越丰富，注意范围就越大；个体的知识经验越贫乏，注意范围就越小。

2. 注意的稳定性

（1）注意的稳定性的概念

注意的稳定性是指在同一对象或同一活动上注意所能持续的时间。这是注意在时间上的特征。注意稳定性的标志是活动在某一段时间内的高效率。

（2）注意的起伏与注意的分散

注意的起伏是指注意在短时间内周期性地增强或减弱。

注意的分散就是注意离开了当前应当指向和集中的对象，而转向其他的对象。注意的分散是由无关刺激的干扰或由单调刺激的长时间作用引起的。

（3）影响注意的稳定性的因素

①人的主体状态。人对所从事的活动的意义理解得越深刻，对活动越有浓厚的兴趣，越抱着积极的态度，以及身体健康、精力充沛、心情愉快时，注意越容易保持稳定。

②注意对象的特点。在主体积极性相等的条件下，刺激的强度和持续时间对注意的稳定性有显著影响。在一定范围内提高刺激的强度和延长刺激的作用时间有助于保持注意的稳定性。

③人的注意稳定性还存在着个体差异和年龄差异。注意稳定性的个体差异和个体的神经过程强度有关。神经过程强的人，注意不容易分散；神经过程弱的人，注意容易分散。

3. 注意的分配

（1）注意的分配的概念

注意的分配是指在同一时间内把注意指向两种或两种以上的对象。

（2）构成注意分配的条件

首先，同时进行的两种或两种以上的活动中必须有一种是熟练的。

其次，同时进行的几种活动之间的关系也很重要。

4. 注意的转移

（1）注意的转移的概念

注意的转移是指注意的中心根据新的任务，主动地从一个对象或一种活动转移到另一个对象或另一种活动上去。

（2）影响注意的转移的因素

①原来注意的紧张程度；②新活动任务的性质；③个体神经过程的灵活性。

> **真题陈列架**
>
> （2016年上·单选·12）小明看书时可以"一目十行"，而小华则"一目一行"。这反映了他们在哪种注意品质上存在差异？（　　）
>
> A. 注意广度　　　　B. 注意分配　　　　C. 注意稳定　　　　D. 注意转移
>
> 【答案】A。

（六）注意规律在教学中的运用

1. 运用无意注意的规律组织教学

无意注意既可以成为顺利进行教学的积极因素，又可造成学生学习上的分心。因此，教师在教学过程中，应尽量防止和排除那些分散学生注意的不利因素，充分利用教学的积极因素。

（1）创造良好的教学环境

为了使学生在学习过程中不受外部无关刺激的干扰，教师应该创造一个安静、整洁的教学环境。首先，教师应该注意教室外的环境对课堂的干扰。其次，教师应注意教室内的环境，例如，地面要干净，桌椅要排列整齐，教室的布置和装饰应当简洁朴素而富有教育意义等。最后，教师的服饰、发型不宜过于耀眼。

（2）注重讲演、板书技巧和教具的使用

首先，在讲课过程中，教师应该做到音量适中，语音、语调抑扬顿挫，遇到重点、难点加强语气，并伴以适当的手势和表情。其次，板书应该做到运用有度、重点突出、清晰醒目，必要时还要用彩色粉笔和图、表格加以强调。

（3）注重教学内容的组织和教学形式的多样化

个体的知识经验是影响无意注意产生的因素，学生更愿意关注与自己知识经验有联系的事物。这就需要教师找出教学内容与学生原有知识结构的结合点，提供具体的实例，引起学生的直接兴趣，维持学生的注意。教师应该运用多种教学方法和灵活、多样的教学手段，调动学生的情绪状态和学习积极性。

2. 运用有意注意的规律组织教学

学生要搞好学习，必须学习那些没有兴趣，但又必须学习的知识，这就得靠有意注意来维持学生的学习过程。因此，教师在教学中要遵循有意注意的规律去组织教学。

（1）明确学习的目的和任务

帮助学生确立明确的学习目的，有一个正确的学习态度，是保证学生持之以恒的学习活动的前提。在教学中，首先，教师应使学生有明确的学习目的，明确所要解决的问题，提高学习的自觉性。其次，对学生的要求要宽严适度，培养学生克服困难的意志力。最后，教师应不断地向学生提出他们力所能及的，又要付出一定意志努力才能完成的新任务、新要求。要求太难会使学生丧失信心，要求太易则会使学生不重视，不能集中注意。

（2）培养间接兴趣

间接兴趣是引起和维持学生有意注意的重要条件之一。为了引发学生学习的间接兴趣，教师在一门课开始时应对学生阐明本学科知识学习的意义和重要性，在知识教学中渗透思想教育。特别是在一些内容相对枯燥、难度较大的科目学习中，使学生了解掌握知识后的功用和社会价值，引起他们对学习结果的间接兴趣，从而调动学生的积极性，唤起学生的有意注意。

（3）合理组织课堂教学，防止学生分心

人的注意力很难长久地集中，因此教师的教学过程应避免任务安排过满，节奏过于紧张，应该张弛有度，给学生适当放松休整的时间。有时，教师适当放慢速度，穿插一些有趣的谈话，可以更好地促进学生的学习。另外，教师可以运用多种电化教学手段，采取生动活泼的形式进行教学，来调整学生的注意状态。

3. 注意运用无意注意和有意注意相互转换的规律

高度集中注意要消耗相当的体力和脑力。长时间地集中注意，必定使人疲惫不堪。为使学生在学习活动中始终保持旺盛的精力，积极地注意而又不疲劳，教师要适当地运用无意注意和有意注意相互转换的规律，把有意注意和无意注意交融在每个认识活动中。如一节课中教学内容的安排应有难有易，教学方式应稳中有变，使学生的注意有张有弛。

真题陈列架

（2017 年下•单选•15）下列教师课堂行为中，体现教师正确运用无意注意规律的是（　　）。

A. 对教学重点在语音、语调上予以强调

B. 发现个别学生上课走神时，立即点名批评

C. 讲课前公布学生成绩

D. 用彩色粉笔把黑板边缘装饰得格外醒目

【答案】A。

（七）中学生注意力的培养

①培养学生善于与注意的分散作斗争的能力；②培养学生广泛而稳定的兴趣；③培养学生的自制力、自控力；④培养学生良好的学习习惯；⑤使学生善于分析自己注意方面的优缺点，根据自身的条件，发扬优点，克服缺点。

四、记忆

（一）记忆的概念

记忆是在头脑中积累和保存个体经验的心理过程。用信息加工的术语来讲，就是人脑对外界输入的信息进行编码、存储和提取的过程。

（二）记忆的分类

1. 形象记忆、逻辑记忆、情绪记忆和动作记忆

根据记忆的内容，记忆可分为形象记忆、逻辑记忆、情绪记忆、动作记忆。

形象记忆，是指以感知过的事物形象为内容的记忆。

逻辑记忆，是指以概念、公式和规律等的逻辑思维过程为内容的记忆。

情绪记忆，是指以体验过的某种情绪或情感为内容的记忆。

动作记忆，是指对身体的运动状态和动作技能的记忆。

2. 感觉记忆、短时记忆和长时记忆

根据信息保持时间的长短，记忆可分为感觉记忆、短时记忆和长时记忆。

（1）感觉记忆

感觉记忆，又被称为感觉登记、瞬时记忆，是指当感觉刺激停止之后所保持的瞬间映象。它是记忆信息加工的第一个阶段。

感觉记忆的特点主要有以下几点：①信息存储量大。②信息保持时间短。视觉信息约在 1 秒内衰退，听觉信息约在 4 秒内衰退。③信息原始，容易衰退。④形象鲜明。感觉记忆中的信息是未经任何加工的，是按刺激的物理特征原样直接加以编码和储存的。

感觉记忆的编码以图像记忆和音像记忆为主。

（2）短时记忆

短时记忆，又被称为工作记忆，是指记忆信息保持的时间在一分钟以内的记忆。

短时记忆的特点主要有以下几点：①时间短，保持时间大约为 5 秒至 1 分钟。②容量有限，容量大约为 7 ± 2 个组块。③意识清晰。短时记忆是服从当前任务需要，主体正在操作、使用的记忆，主体有清晰的意识。④操作性强。⑤易受干扰。信息在短时记忆中的主要加工方式是复述。复述可以使信息保持在短时记忆中，以防止被其他信息排挤掉，一旦停止复述，信息将在短时记忆中迅速消失。复述还可以使信息从短时记忆进入长时记忆。

短时记忆的编码方式分为听觉编码和视觉编码，以听觉编码为主。

（3）长时记忆

长时记忆是指记忆信息的保持从一分钟以上直到许多年甚至保持终身的记忆。

长时记忆的特点主要有以下几点：①记忆容量大；②保持时间长，从 1 分钟以上到许多年甚至是终身；③信息的来源大部分是对短时记忆内容的加工。

长时记忆的编码方式以意义编码方式为主，意义编码包括表象编码和语义编码两种独立的编码系统，它们又被称为信息的双重编码。

3. 语义记忆和情景记忆

根据长时记忆中储存的信息内容不同，记忆可分为语义记忆和情景记忆。

语义记忆是人对一般知识和规律的记忆。例如，对词的概念、语法规则、化学公式、物理定律、公式符号以及哥伦布发现新大陆和四季更替的气候知识等。

情景记忆是指对人在一定时间和地点亲身经历的事件或情景的记忆。例如，想起在某处参加过的活动或曾经去过的某个地方。

4. 陈述性记忆和程序性记忆

根据信息加工和储存方式的不同，记忆可分为陈述性记忆和程序性记忆。

陈述性记忆是指对有关事件和事实性知识的记忆，包括有关认知的对象、事物具体特征以及人名、地名、名词解释、定理、定律等静态信息。

程序性记忆是指对具有先后顺序活动的记忆，是一种对具体事物操作的记忆，主要包括知觉技能、运动技能、认知技能等操作如何进行的过程性信息。程序性记忆涉及的是"如何做"的知识。

5. 内隐记忆和外显记忆

根据记忆过程中意识的参与程度，记忆可分为内隐记忆和外显记忆。

内隐记忆，也被称为自动记忆，是指在无意识状态下，个体已有的经验对当前任务能自动产生影响的记忆。

外显记忆指人在意识的控制下，主动地收集某些知识经验来完成当前作业任务时表现出来的记忆。

📖 **真题陈列架**

（2017年上·单选·12）学习游泳前，小兰通过阅读书籍记住了一些与游泳相关的知识。小兰对游泳知识的记忆是（　　）。

A. 陈述性记忆 　　　B. 程序性记忆 　　　C. 瞬时记忆 　　　D. 短时记忆

【答案】A。

（2016年下·单选·18）在一次心理学知识测试中，关于短时记忆的容量单位，学生们的答案涉及下列四种，其中正确的是（　　）。

A. 比特 　　　B. 组块 　　　C. 字节 　　　D. 词组

【答案】B。

（三）记忆的过程

记忆过程包括识记、保持、回忆或再认三个基本环节，也是记忆过程三个连续的信息加工阶段。它们之间相互影响、相互依存、联系紧密，构成完整的记忆过程。

1. 识记

识记是记忆过程的开始阶段，也是保持、回忆或再认的前提。

识记的具体分类：

①根据识记时有无目的性，识记分为无意识记和有意识记。

无意识记，又被称为不随意识记，是指事先没有自觉的识记目的，不使用任何识记方法，也不需要意志努力的识记。

有意识记，又被称为随意识记，是指事先有明确的目的和任务，运用一些有效方法并需要一定意志努力的识记。

②根据识记的材料的性质和识记的方法，识记分为机械识记和意义识记。

机械识记是指人缺乏对材料的理解，采用多次重复的机械办法进行识记。

意义识记是指在理解材料的基础上，依据事物的内在联系，并借助自己已有的知识经验进行的识记。

2. 保持

保持是记忆过程的重要环节，是对已获得的知识经验储存和巩固的过程。保持以识记为前提。

3. 回忆或再认

回忆或再认是记忆过程的第三个基本环节。

回忆，又被称为再现，是指当过去的事物或识记过的材料不在眼前时，仍能从记忆系统中提取出来的过程。

再认是指过去的事物或识记过的材料出现在眼前时，仍能确认或辨认出的过程。

（四）遗忘

1. 遗忘的概念

遗忘是指对已识记事物内容不能再认或回忆，或者是错误的再认或回忆。

2. 遗忘的原因

（1）痕迹衰退说

代表人物：桑代克、亚里士多德。

主张：痕迹衰退说，又被称为消退理论、痕迹理论，认为遗忘是记忆痕迹得不到强化，而逐渐减弱、衰退以至消失。

（2）干扰说

代表人物：詹金斯和达伦巴西。

主张：干扰说认为学习与回忆之间受到其他信息的干扰。造成干扰的类型有前摄抑制和倒摄抑制。

前摄抑制是指先前学习的材料对后来学习的材料的识记或再认产生的干扰。

倒摄抑制是指后来学习的材料对先前学习的材料的识记和再认产生的干扰。

（3）动机压抑说

代表人物：弗洛伊德。

主张：动机压抑说，又被称为动机抑制理论，认为遗忘是因为某种动机的驱使或压抑引起的主动性的遗忘。如果消除造成压抑的原因，记忆也就能很快恢复。

（4）提取失败说

代表人：图尔文。

主张：提取失败说，又被称为舌尖效应。在信息提取时，由于缺乏恰当的提取线索而产生了遗忘，但是我们所识记的信息始终存在，一旦有了正确的线索，经过搜寻，所要的信息就能被提取出来。

（5）同化说

代表人物：奥苏贝尔。

主张：遗忘实际上是知识的组织和认知结构简化的过程，即用高级的概念与规律代替低级的观念，使低级的观念发生遗忘，从而简化了认识并减轻了记忆负担。

3.遗忘的规律

德国心理学家艾宾浩斯最早对记忆保持量的变化（遗忘）进行研究。艾宾浩斯以自己为被试，以无意义音节为记忆材料，采用重学法并以此为依据测量出遗忘进程，绘制出"遗忘曲线"，即艾宾浩斯遗忘曲线。艾宾浩斯遗忘曲线如图 4-2 所示。

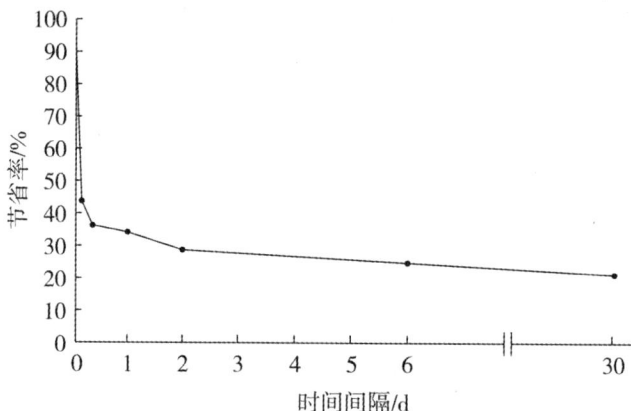

图4-2 艾宾浩斯遗忘曲线

艾宾浩斯遗忘曲线表明：遗忘是学习之后立即发生的，而且遗忘的进程是不均匀的，呈现先快后慢的特点。

4.影响遗忘进程的因素

①识记材料的意义和作用。最先遗忘的是对识记者来说没有重要意义的、不感兴趣的，以及在学习中不占主导地位的材料。

②识记材料的性质。识记的材料越容易，越难以忘记。

③识记材料的数量。识记材料的数量越多，越容易忘记。

④学习程度。学习程度是指在学习过程中正确反应所能达到的程度。一般而言，学习程度越高，保持越牢固，遗忘越少，过度学习为 150% 时，保持的效果最好。

⑤识记材料的系列位置。研究表明，最后呈现的材料遗忘最少，最容易回忆，这种现象被称为近因效应。最先呈现的材料遗忘也较少，并比较容易回忆，这种现象被称为首因效应。中间部分的材料最容易遗忘。

⑥时间因素。

⑦情绪和动机。

（五）记忆规律在教学中的运用

1. 依据识记的规律，合理安排和组织教学

①向学生提出明确的记忆目的，增强其学习主动性；②采用合理的教学方法，帮助学生理解材料的意义，减少机械识记；③指导学生采用多重编码的方式，提高信息加工处理的质量；④引导学生对材料进行精加工，促进学生深度理解材料；⑤指导学生运用组块化学习策略，合理组织材料。

2. 依据遗忘规律，有效地组织复习

①及时复习；②合理分配时间；③反复阅读和试图回忆相结合；④采用多样化的复习方法，动员多种感官参加复习；⑤做到分散复习与集中复习相结合；⑥间隔学习。

五、思维

（一）思维的概念

思维是人脑对客观现实间接和概括的反映，是揭示事物本质特征及内部规律的理性认识过程。

（二）思维的特征

1. 概括性

思维的概括性是指把同一类事物的共同特征和本质特征抽取出来加以概括，反映客观事物的本质特征和内部联系。

2. 间接性

思维的间接性是指人们借助于一定的媒介和一定的知识经验对客观事物进行间接的认识。

（三）思维的种类

1. 直观动作思维、具体形象思维和抽象逻辑思维

根据思维任务的性质、内容和解决问题的方法，思维可分为直观动作思维、具体形象思维和抽象逻辑思维。

直观动作思维，又被称为实践思维，是指在解决问题时，通过实际操作解决直观、具体问题的思维形式。

具体形象思维是指在思维的过程中借助具体的形象或表象解决问题的思维形式。

抽象逻辑思维是指以抽象的概念、判断、推理的形式来反映客观事物的本质特征和内在联系的思维。

2. 直觉思维和分析思维

根据思维过程的清晰程度不同，思维可分为直觉思维和分析思维。

直觉思维是指没有经过严密的逻辑分析，能迅速理解并做出判断的思维活动。直觉是一种直接的、领悟性的思维过程。

分析思维是指遵循严密的逻辑规律，逐步推导，最后得出合乎逻辑的正确答案或做出合理的结论。

3. 聚合思维和发散思维

根据思维过程中的指向性不同，思维可分为聚合思维和发散思维。

聚合思维，又被称为辐合思维、集中思维、求同思维，是指人们在解决问题时，从已有的信息出发，根据自己熟悉的知识经验，遵循逻辑规则获得问题最佳的单一答案的思维形式。

发散思维，又被称为辐射思维、分散思维、求异思维，是指人们在解决问题的过程中，从已有的信息出发，沿着不同的方向进行思考，对问题中所提供的信息和记忆系统中储存的信息进行重新组织，从而产生多种答案的思维活动过程。

发散思维是创造性思维的核心，其基本特征主要体现在以下三个方面。

①流畅性。流畅性是指个人面对问题情境时，在规定的时间内产生不同观念的数量的多少。对同一问题所想到的可能答案越多者，其思维的流畅性越高。

②变通性（灵活性）。变通性是指个人面对问题情境时，不墨守成规，不钻牛角尖，能随机应变，触类旁通。对同一问题所想到的不同类型答案越多者，其思维的变通性越高。

③独创性（独特性）。独创性是指个人面对问题情境时，能独具慧眼，想出不同寻常的、超越自己也超越前辈的意见，具有新奇性。对同一问题所提意见越新奇独特者，其思维的独创性越高。

4. 常规思维和创造思维

根据思维的创新性程度不同，思维可分为常规思维和创造思维。

常规思维，又被称为再造性思维，是指人们运用已获得的知识经验，按现成的方案和程序，用惯常的方法、固定的模式来解决问题的思维形式。

创造思维是指以新颖、独特的方式来解决问题的思维形式。许多心理学家认为创造思维是多种思维的综合表现。在从事文艺创作、科学发展、技术发明等创造性活动时，创造思维表现得特别重要。

📌 **真题陈列架**

（2018 年下·单选·14）杨老师在教学中对所讲的例题尽可能给出多种解法，同时鼓励学生"一题多解"。杨老师的教学方式主要用来促进学生哪种思维的发展？（   ）

A. 动作思维　　　　B. 直觉思维　　　　C. 辐合思维　　　　D. 发散思维

【答案】D。

（四）思维的基本形式

思维的基本形式包括概念、判断和推理。

1.概念

概念是人脑对客观事物的共同或本质属性的反映的思维形式。概念是思维的基本形式。例如，"笔"这个概念，反映"笔"的共同的、本质的特征，即"书写工具"，而并不在乎它是钢笔、铅笔还是圆珠笔，也不管其构成材料是什么。

2.判断

判断是用概念去肯定或否定事物具有某种属性的思维形式。它是事物之间的联系和关系在人脑中的反映。

3.推理

推理是指从已知的判断推出新的判断的思维形式。推理分为归纳推理和演绎推理。归纳推理是由具体事物归纳出一般规律的推理过程，即从特殊到一般的推理过程。演绎推理是从一般到特殊或具体的推理过程。

六、想象

（一）表象与想象的概念

表象是指事物不在面前时，人们在头脑中出现的关于事物的形象。想象是人脑对已储存的表象进行加工改造，形成新形象的心理过程。

（二）想象的种类

根据想象活动是否具有目的性，想象可分为无意想象和有意想象。

1.无意想象

无意想象，又被称为不随意想象，是指没有预定目的、在一定刺激条件作用下，不由自主地产生的想象。例如，看见天上飘着的云，自然而然地将其想象成奇峰。

2.有意想象

有意想象，又被称为随意想象，是指有预定目的、自觉的，需要一定意志努力参与的想象。

根据想象的创造性程度的不同，有意想象又可分为再造想象、创造想象。

①再造想象是指根据言语的描述或图形符号的示意，在人脑中形成相应事物的新形象的过程。

②创造想象是指根据一定的目的和任务，通过对自己已有知识经验的选择、加工、改组，而在人脑中独立地创造出新形象的心理过程。

③幻想是指向未来并与个人愿望相联系的想象。幻想是创造想象的一种特殊形式。幻想可以分为理想和空想。

理想是符合客观规律，经过个人努力可以实现的想象。

空想是不符合客观规律，毫无实现可能的想象。

真题陈列架

（2013年上·单选·12）学生学习《望庐山瀑布》这首古诗时，头脑中呈现出诗句所描绘的相关景象。这种心理活动属于（　　）。

A. 无意记忆　　　　B. 有意记忆　　　　C. 再造想象　　　　D. 创造想象

【答案】C。

（三）培养学生想象力的方法

①引导学生学会观察，丰富学生的表象储备；②引导学生积极思考，打开想象力的大门；③引导学生努力学习科学文化知识，扩大学生的知识经验以发展学生的空间想象能力；④结合学科教学，有目的地训练学生的想象力；⑤引导学生进行积极的幻想；⑥引导学生学会利用联想。

记忆保温箱

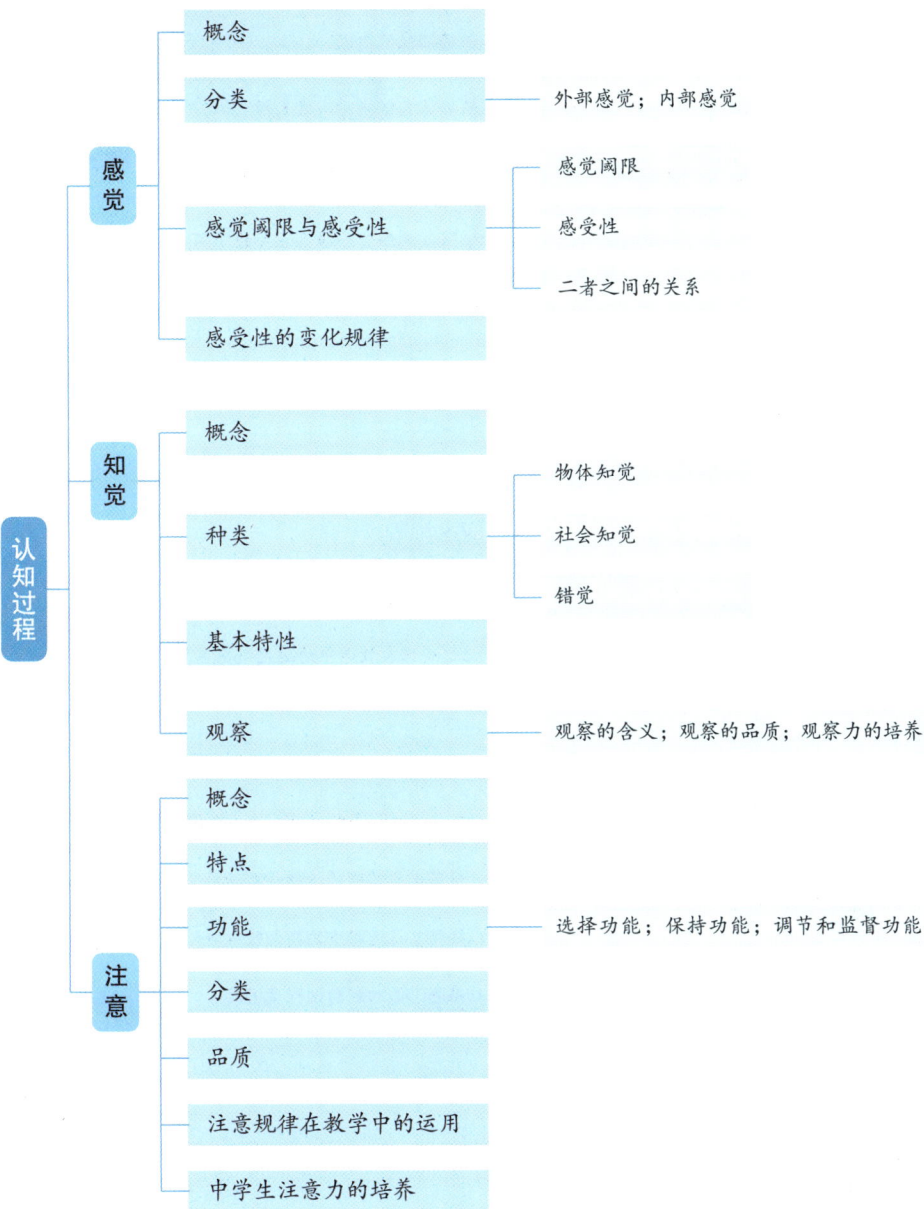

感觉
- 概念
- 分类 —— 外部感觉；内部感觉
- 感觉阈限与感受性
  - 感觉阈限
  - 感受性
  - 二者之间的关系
- 感受性的变化规律

知觉
- 概念
- 种类
  - 物体知觉
  - 社会知觉
  - 错觉
- 基本特性
- 观察 —— 观察的含义；观察的品质；观察力的培养

注意
- 概念
- 特点
- 功能 —— 选择功能；保持功能；调节和监督功能
- 分类
- 品质
- 注意规律在教学中的运用
- 中学生注意力的培养

认知过程

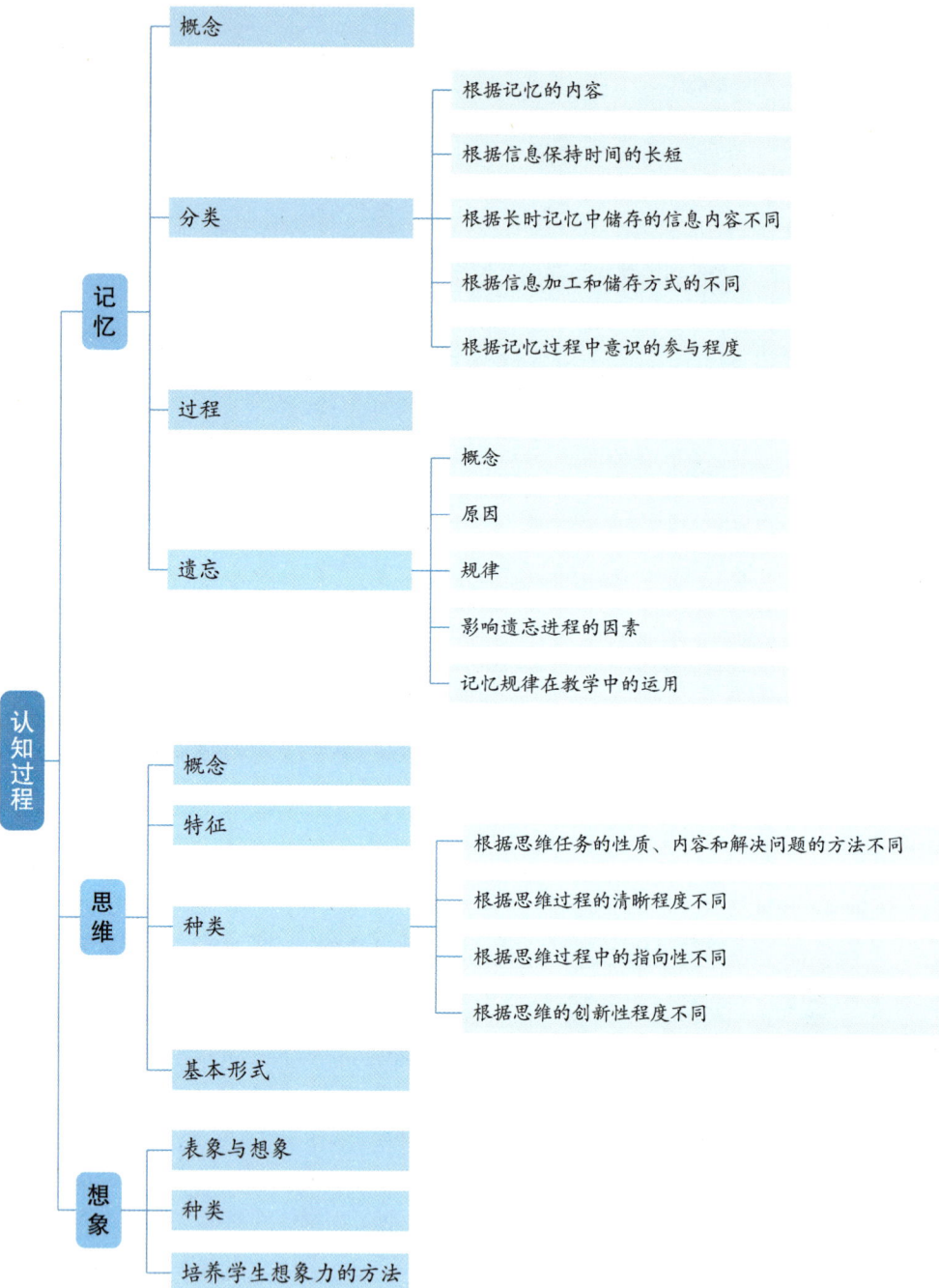

```
                        ┌─ 概念
                        │
                        │           ┌─ 根据记忆的内容
                        │           │
                        │           ├─ 根据信息保持时间的长短
                        │           │
                        ├─ 分类 ────┼─ 根据长时记忆中储存的信息内容不同
                        │           │
                        │           ├─ 根据信息加工和储存方式的不同
                  ┌─ 记 │           │
                  │  忆 │           └─ 根据记忆过程中意识的参与程度
                  │     │
                  │     ├─ 过程
                  │     │
                  │     │           ┌─ 概念
                  │     │           │
                  │     │           ├─ 原因
                  │     │           │
                  │     └─ 遗忘 ────┼─ 规律
                  │                 │
                  │                 ├─ 影响遗忘进程的因素
                  │                 │
                  │                 └─ 记忆规律在教学中的运用
                  │
   认              │     ┌─ 概念
   知 ─────────────┤     │
   过              │     ├─ 特征
   程              │     │
                  │     │           ┌─ 根据思维任务的性质、内容和解决问题的方法不同
                  │     │           │
                  ├─ 思 ├─ 种类 ────┼─ 根据思维过程的清晰程度不同
                  │  维 │           │
                  │     │           ├─ 根据思维过程中的指向性不同
                  │     │           │
                  │     │           └─ 根据思维的创新性程度不同
                  │     │
                  │     └─ 基本形式
                  │
                  │     ┌─ 表象与想象
                  └─ 想 │
                     象 ├─ 种类
                        │
                        └─ 培养学生想象力的方法
```

第二节　学习与学习理论

考点收纳盒

关键考点	考查力度	常考题型	理解难度
学习概述	▪▪▫▫	辨析、简答	★★☆☆☆
行为主义学习理论	▪▪▪▫	单选、辨析	★★☆☆☆
认知学习理论	▪▫▫▫	单选	★☆☆☆☆
人本主义学习理论	▪▫▫▫	单选	★☆☆☆☆
建构主义学习理论	▪▫▫▫	简答	★★☆☆☆

知识储备库

一、学习概述

（一）学习的定义和实质

1.学习的定义

学习是个体在特定的情境下由于练习或反复经验而产生的行为或行为潜能的比较持久的变化。

2.学习的实质

①学习不仅指学习后所表现的结果，还包括行为变化的过程。

②这里所说的"行为"，既包括能直接观察的外显行为，也包括不能直接观察的内潜行为。

③学习的行为变化是由反复经验引起的。这里所说的"经验"是个体在后天活动中获得的，那些由遗传、成熟或机体损伤等导致的行为变化，比如吞咽、身体发育、残疾行为等，不能被称为学习。

④学习的行为变化是比较持久的。因适应、疲劳、药物等引起的行为变化，如运动员服用兴奋剂，其成绩暂时提高，但这样的行为变化也是比较短暂的，不能被称为学习。

⑤这里所说的"行为变化"，既包括由坏向好的变化，也包括由好向坏的变化，养成好习

惯与养成坏习惯，同样都是学习。

3. 学生学习的特点

①学生的学习是以掌握间接知识经验为主的；②学生的学习是在教师有目的、有计划、有组织地指导下进行的；③学生学习的主要任务是掌握系统的科学知识、技能，形成科学的世界观和良好的道德品质；④学生的学习是在学校班集体中进行的；⑤学生的学习具有一定程度的被动性。

（二）学习的分类

1. 加涅的学习水平分类

1970 年，加涅根据学习的繁简水平不同，提出了八类学习。

①信号学习：即经典性条件作用，学习对某种信号做出某种反应，其过程是刺激—强化—反应。

②刺激—反应学习：即操作性条件作用，与经典性条件作用不同，其过程是情境—反应—强化。即先有情境，然后做出反应动作，最后得到强化。

③连锁学习：一系列刺激—反应的联合。

④言语联想学习：即一系列刺激—反应的联合，但它是由言语单位所产生的联结。

⑤辨别学习：学会识别多种刺激的异同并对之做出不同的反应。

⑥概念学习：对刺激进行分类时，学会对一类刺激做出同样的反应，也就是对事物的抽象特征的反应。

⑦规则学习：规则指两个或两个以上概念的联合。规则学习即了解两个或两个以上概念之间的关系。

⑧解决问题的学习：即在各种情况下，使用所学规则去解决问题。

加涅的这一分类是由简单到复杂，由低级到高级。前三类学习都是简单反应，许多动物也能完成。1971 年，加涅对这种分类做了修正，把前四类学习合并为一类，把概念学习扩展为具体概念和定义概念两类；概念学习又可分为连锁学习；辨别学习；具体概念学习；定义概念学习；规则学习；解决问题的学习。

2. 加涅的学习结果分类

加涅根据学习所得的结果或形成的能力不同，提出了五种学习结果的划分，并把它们看作五种学习类型的划分，即言语信息、智慧技能、认知策略、动作技能、态度。这五种学习结果又分为三个领域：前三种学习结果属于认知领域（包括知识、技能和策略）；第四种学习结果属于动作技能领域；第五种学习结果属于情感领域。加涅的学习结果分类见表 4-2。

表4-2　加涅的学习结果分类

学习结果	解　释	举　例	所属领域
言语信息	有关事物的名称、时间、地点、定义以及特征等方面的事实性信息	北京是中国的首都	认知领域
智慧技能（智力技能）	运用符号与环境相互作用的能力	把分数转换为小数	
认知策略	调节控制自己的注意、学习、记忆、思维等内部心理过程的技能	画出组织结构图	
动作技能	通过身体动作的质量（如敏捷和连贯等）不断改善而形成的整体动作模式	"8"字形溜冰	动作技能领域
态度	影响个体对人、对物或对某些事件的选择倾向	做出听古典音乐的行为选择	情感领域

3. 奥苏贝尔的两维学习分类

从学习性质与形式来说，奥苏贝尔根据以下两个维度对认知领域的学习进行了分类。一个维度是按照学习进行的方式，将学习分为接受学习和发现学习；另一个维度是按照学习材料与学习者原有知识的关系，将学习分为机械学习和有意义学习。这两个维度互不依赖，彼此独立。

4. 冯忠良的学习内容分类

中国教育心理学家冯忠良根据所传递经验的内容不同，将学生的学习分为知识学习、技能学习和社会规范学习三类。知识学习，即知识的掌握，解决的是知与不知、知之深浅的问题。技能学习，是通过学习或练习形成合乎法则的活动方式的过程，解决的是会不会做的问题。社会规范学习，是把外在的行为要求转化为主体内在的行为需要的内化过程。

5. 学习的意识水平分类

根据学习的意识水平不同，学习可分为内隐学习和外显学习。"内隐学习"这一概念最早是由美国心理学家雷伯提出的，指有机体在与环境接触的过程中不知不觉地获得了一些经验，并因此改变其事后某些行为的学习。例如，人们能够辨别哪些语句符合语法，却不一定能够说出这些语法规则是什么。外显学习，是受意识支配的、需要付出心理努力并按照规则做出反应的学习。例如，学习物理中的牛顿运动定律。

真题陈列架

（2018年上·简答·29）加涅把学生的学习结果划分为哪几类？

【参考答案】加涅根据学习所得的结果或形成的能力不同，提出了五种学习结果的划分：①言语信息；②智慧技能；③认知策略；④动作技能；⑤态度。

（三）影响学习的因素

学生的学习效果受多方面因素的影响，概括起来主要包括智力因素、非智力因素、环境因素和教师的指导四个方面。以下主要介绍智力因素和非智力因素对学生学习的影响。

1. 智力因素

智力因素，又被称为认知因素，它是保证人们有效进行认识活动的稳定心理特点的有机结合。心理学家研究表明，智力水平与学业成绩呈现中等程度相关，智力是影响学习的一个重要因素。也就是说，儿童的智力水平越高，一般学习成绩越好，将来接受教育的水平也越高。但智力水平并不是影响学习的唯一因素，知识结构、认知发展水平以及学习动机和集体、教师等因素，都对儿童的学习成绩有重大影响。

2. 非智力因素

非智力因素，又被称为非认知因素，是指那些不直接参与认识过程，但对认识过程起直接制约作用的心理因素。大多数心理学家把人的兴趣与爱好、愉快的情绪、对事业的热情、对挫折的忍受性与意志力、活泼的性格、宽阔的胸怀、焦虑、自信心与好强心、远大的理想与目标、高抱负等统称为非智力因素。以下主要介绍焦虑与学习的关系。

焦虑是指个体对某种预期会对他的自尊心构成潜在威胁的情境所产生的不安、忧虑、紧张甚至恐惧的情绪状态。研究表明，焦虑水平与学习效果之间呈倒 U 形关系。中等水平的焦虑有利于学习效率的提高，而过低或过高的焦虑水平对学习都会产生不利的影响。此外，就学习情境压力与焦虑的关系来看，一般是低焦虑者在压力大的学习情境下学习效果较好，而高焦虑者则适合压力低的学习情境。从学习难度与焦虑水平的关系来看，难度大的学习，焦虑水平低比较好；难度小的学习，焦虑水平高比较好。

真题陈列架

（2016年上·辨析·25）智力水平越高，学习成绩越好。

【参考答案】错误。学生学习成绩的高低，除受智力水平影响以外，非智力因素诸如学习动机、学习方法、人格特点、家庭背景、社会文化环境等也起着不容忽视的作用。因此，并不是智力水平越高，学习成绩越好。因此本题说法错误。

二、行为主义学习理论

行为主义者认为，学习是刺激与反应之间的联结。由于行为主义强调刺激—反应的联结，故而属于联结派学习理论。

（一）桑代克的联结—试误说

1. 桑代克的联结—试误说的基本观点

桑代克是美国著名心理学家，联结主义学习理论的创始人。

桑代克认为学习是刺激与反应之间建立的联结。桑代克的联结主义学习理论是根据其对动物的实验结果提出的，其中最著名的是"饿猫迷笼"的实验。

桑代克认为联结的形成不需要观念或思维的参与。这种刺激—反应联结主要是通过盲目尝试，逐渐减少错误反应，逐渐增加正确反应而形成的。因此，桑代克认为，学习即联结，学习即试误。

2. 桑代克的学习律

桑代克还提出，学习要遵循三条重要的学习原则，即准备律、练习律、效果律。

①准备律，指学习者在学习开始时的准备状态。学习者有准备而且给以活动就感到满意，有准备而不活动就会感到烦恼，学习者无准备而强制活动也会感到烦恼。

②练习律，指对于学习者已经形成的某种联结，如果经常练习和运用则联结的力量就会逐渐增大，如果不练习和运用则联结的力量就会逐渐减少，直至消退。

③效果律，指在试误学习的过程中，如果其他条件相同，在学习者对刺激情境做出特定的反应之后，如果得到满意的结果则其联结就会增强，如果得到烦恼的结果则其联结就会削弱。效果率是最重要的学习定律。

✏️ **真题陈列架**

（2019年上·单选·20）"学习过程就是尝试错误的过程"，这一观点属于哪种学习理论？（　　　）

A. 行为主义　　　　B. 认知主义　　　　C. 人本主义　　　　D. 建构主义

【答案】A。

（二）巴甫洛夫的经典性条件作用理论

1. 巴甫洛夫的经典实验

巴甫洛夫是最早提出经典性条件作用的人。在研究狗的进食行为时发现，狗吃到食物时会分泌唾液，这是自然的生理反应，不需要学习，这种反应叫无条件反射。引起这种反应的刺激物是食物，被称为无条件刺激。铃声和食物在时间上多次结合，原来是中性刺激的铃声就成了条件刺激，当狗听到摇铃声就分泌唾液，则被称为条件反射。

2. 经典性条件作用的基本规律

（1）获得与消退

条件反射的获得是指条件刺激（如铃声）反复与无条件刺激（如食物）相匹配，使条件刺激获得信号意义的过程，即条件反射建立的过程。

条件反射的消退是指在条件反射形成后，如果条件刺激重复出现多次而没有无条件刺激相伴随，则条件反应会变得越来越弱，并最终消失。

（2）刺激泛化与刺激分化

刺激泛化指的是人和动物一旦学会对某一特定的条件刺激做出条件反应以后，其他与该条件刺激相类似的刺激也能诱发条件反应。例如，"一朝被蛇咬，十年怕井绳"。

刺激分化指的是通过选择性强化和消退，使有机体学会对条件刺激和与条件刺激相类似的刺激做出不同的反应。例如，为了使狗能够区分圆形光圈和椭圆形光圈，研究者只在圆形光圈出现时才给予食物强化，而在出现椭圆形光圈时不给予强化，那么狗便可以学会只对圆形光圈做出反应而不理会椭圆形光圈。

3. 第一信号系统和第二信号系统

客观环境中的刺激可以分为两种性质不同的信号刺激物，与此相应存在着两种信号系统，即第一信号系统和第二信号系统。

第一信号系统：凡是能够引起条件反应的物理性的条件刺激。

第二信号系统：凡是能够引起条件反应的以语言为中介的条件刺激。

真题陈列架

（2018年上·单选·16）在心理学实验中，为了使小狗能区分开圆形光圈和椭圆形光圈，研究者只在圆形光圈出现时才给予食物强化，而在椭圆形光圈出现时不给予强化，那么小狗便可以学会只对圆形光圈做出反应而不理会椭圆形光圈。该过程被称为（　　　）。

　A. 刺激分化　　　　B. 刺激泛化　　　　C. 刺激获得　　　　D. 刺激消退

【答案】A。

（三）斯金纳的操作性条件作用理论

1. 操作性条件作用理论的主要观点

桑代克为操作性条件作用理论奠定了基础，斯金纳则系统地发展了这一理论，并使之对教育实践产生了巨大作用。其理论是根据斯金纳发明的一种学习装置"斯金纳箱"做的经典实验提出来的。

"斯金纳箱"内装有一个操纵杆，操纵杆与另一提供食丸的装置连接。实验时把饥饿的白鼠置于箱内，白鼠在箱内自由活动，偶然踏上操纵杆，供丸装置就会自动落下一粒食丸，经过几次尝试，它会不断按压杠杆，直到吃饱为止。由此，斯金纳发现有机体做出的反应与随后出现的结果对行为起着控制作用，它能影响今后该反应发生的概率。在一定的条件刺激中，其反应结果能满足其某种需要，以后在相同的情境中其反应发生概率就会提高。

2. 操作性条件作用的基本规律

斯金纳认为人和动物的行为有两类：应答性行为和操作性行为。应答性行为是由特定刺激引起的，是经典性条件作用的研究对象；而操作性行为则不与任何特定刺激相联系，是有机体自发做出的随意反应，是操作性条件作用的研究对象。在日常生活中，人的行为大部分都是操作性行为，操作性行为主要受强化规律的制约。

（1）强化

强化是采用适当的强化物改变有机体反应发生概率的过程。而强化物则是指能增加反应概率的刺激物或事件，它们的呈现或撤销能够增加反应发生的概率。强化有正强化与负强化之分。

①正强化与负强化。正强化是指个体在做出某种反应之后，给予一个愉快刺激，从而增加其类似行为出现的概率。负强化是指个体在做出某种反应之后，通过消除或中止厌恶、不愉快刺激，从而增加其类似行为出现的概率。

②普雷马克原则，又被称为祖母法则，指用高频行为（喜欢的行为）作为低频行为（不喜欢的行为）的有效强化物。使用普雷马克原则时要注意以下几点：必须是先有行为，后有强化；必须使孩子在主观上认识到强化与他的学习行为之间的依随关系；必须用学生喜欢的活动去强化相对不喜欢的活动。例如，学生必须写完作业才能看动画片。

（2）逃避条件作用与回避条件作用

逃避条件作用与回避条件作用都是负强化的条件作用类型。

①逃避条件作用。当厌恶刺激出现时，有机体做出某种反应，从而逃避了厌恶刺激或不愉快情境，则该反应在以后的类似情境中发生的概率便增加。例如，见到垃圾绕道走开。

②回避条件作用。当预示厌恶刺激即将出现的刺激信号呈现时，有机体自发地做出某种反应，从而避免了厌恶刺激或不愉快情境的出现，则该反应在以后的类似情境中发生的概率也会增加。例如，违章骑车看到警察时赶快下车。

（3）惩罚

当有机体做出某种反应以后，呈现一个厌恶刺激或撤销一个愉快的刺激，以消除或抑制此类反应的过程，被称作惩罚。惩罚也有正负之分。正惩罚也被称为呈现性惩罚，是通过呈现厌恶刺激来降低反应频率的，例如，言语斥责、批评、罚款等；负惩罚也被称为移去性惩罚，是通过撤销愉快刺激来降低反应频率的，例如，减少儿童的零花钱和取消儿童周末看电影的权利等。

（4）消退

有机体做出以前曾被强化过的反应，如果在这一反应之后不再有强化物相伴，那么此类反应在将来发生的概率便降低，被称为消退。消退是减少不良行为、消除坏习惯的有效方法。例如，学生上课故意捣乱想引起同学和老师的注意，但是同学和老师不予理睬，久而久之，学生便不会再出现捣乱行为。强化、惩罚与消退的区别见表4-3。

表4-3　强化、惩罚与消退的区别

规　　律		刺激物	行为发生概率
强化	正强化	给予愉快刺激（例如，表扬）	增加
	负强化	摆脱厌恶刺激（例如，免除家务）	增加
惩罚	正惩罚	呈现厌恶刺激（例如，关禁闭）	减少
	负惩罚	撤销愉快刺激（例如，禁吃KFC）	减少
消退		无任何强化物（例如，不理睬）	减少

📖 真题陈列架

（2017年上·单选·14）小马上课时总害怕回答问题，他发现自己坐在教室后排时可减少被老师提问的次数，于是他总坐在教室后排。下列哪种强化方式导致了小马总坐在教室的后排？（　　　）

A.正强化　　　　　B.负强化　　　　　C.延迟强化　　　　　D.替代强化

【答案】B。

（四）班杜拉的社会学习理论

1.学习的实质——观察学习

班杜拉以儿童的社会行为的习得为研究对象，进行了一系列重要的实验研究，系统地形成了其关于学习的基本思路，即观察学习是人的学习的最重要的形式。社会认知学习理论把学习分为参与性学习和替代性学习。参与性学习是通过实践并体验行动后果而进行的学习，实际上就是在做中学；替代性学习是通过观察别人而进行的学习，即观察学习。

班杜拉认为，观察学习要经历四个过程。

①注意过程。观察者注意并知觉榜样情境的各个方面。

②保持过程。观察者记住他们从榜样情境所了解到的行为，以表象和言语形式将它们在记忆中进行表征、编码及存储。

③复制过程。学习者重现从榜样情境中所观察到的行为。

④动机过程。学习者因表现出所观察到的行为而受到激励。

2.强化的分类

班杜拉认为强化有三种形式：直接强化、替代强化和自我强化。

直接强化是指观察者因表现出观察行为而受到强化。

替代强化是指观察者因看到榜样的行为受强化而受到的强化。

自我强化是指社会向个体传递某一行为标准，当个体的行为表现符合甚至超过这一标准时，他就对自己的行为进行自我奖励。

> **✏ 真题陈列架**
>
> （2018年下·单选·12）陈冬看到自己最好的朋友因为学习成绩优异受到校长的亲自嘉奖后，也开始加倍努力学习，力争取得优异成绩。这种强化属于（　　　）。
>
> A.直接强化　　　　B.替代强化　　　　C.自我强化　　　　D.内部强化
>
> 【答案】B。

三、认知学习理论

认知学习理论与行为主义学习理论相对立。认知学习理论认为，学习过程不是简单地在强化条件下形成刺激与反应的联结，而是有机体主动地在头脑内部构造完形，形成新的认知结构。这一学习理论的主要代表有苛勒、布鲁纳、奥苏贝尔、加涅等。

（一）苛勒的完形—顿悟学习理论

20世纪初，格式塔心理学产生于德国。格式塔心理学家认为，学习不是一个刺激和反应之间逐步形成联结的过程，而是一个顿悟的过程。格式塔心理学家苛勒曾在1913年至1917年期间，对黑猩猩的问题解决行为进行了一系列的实验研究，从而提出了与当时盛行的桑代克的联结—试误说相对立的完形—顿悟说。

1.学习是通过顿悟过程实现的

格式塔心理学家认为，学习是个体利用自身的智慧与理解力对情境及情境与自身关系的顿悟，而不是动作的累积或盲目的尝试。顿悟虽然常常出现在若干尝试与错误的学习之后，但不是桑代克所说的那种盲目的、胡乱的冲撞，而是在做出外显反应之前，在头脑中要进行一番类似于"验证假说"的思索。

2.学习的实质是在主体内部构造完形

完形是一种心理结构，是对事物关系的认知。苛勒认为，学习过程中问题的解决，都是由于对情境中事物关系的理解而构成一种"完形"来实现的。学习在于发生一种完形的组织，并非各部分间的联结。学习的过程就是一个不断地构建完形的过程。

（二）托尔曼的符号学习理论

美国心理学家托尔曼是一位受格式塔学派影响的行为主义者，他提出的认知学习理论和内部强化理论对现代认知学习理论的发展有一定的贡献。他以位置学习实验和潜伏学习实验证明了其理论，主要观点有以下几点。

1. 学习是有目的的，是期望的获得

托尔曼认为，"指向一定的目的"是行为的首要特征，有机体的行为总是设法获得某些事物和避免某些事物。对行为最重要的描述在于说明有机体正在做什么、目的是什么和指向何处。例如，猫正在企图从迷笼中逃出来和木工正在建造一座房屋……托尔曼认为动物和人的学习不是盲目的，而是有目的的。尽管需要有刺激的存在才能使个体的行为指向目的，但是只有目的才能使行为达到完整和获得意义。期望是托尔曼的符号学习理论的核心概念，它指个体依据已有经验建立的一种内部的准备状态，是通过学习而形成的关于目标的认知观念。

2. 学习是对完形的认知，是形成认知地图的过程

个体在学习时，并非学习一连串的刺激与反应，而是在头脑中形成一幅"认知地图"，即"目标—对象—手段"三者联系在一起的认知结构。在外部刺激（S）和行为反应（R）之间存在中介变量（O）。托尔曼主张将行为主义 S-R 公式改为 S-O-R 公式，O 代表机体的内部变化。中介变量是在有机体内正在进行的东西，包括需求变量和认知变量。需求变量本质上就是动机，认知变量包括对客体的知觉、对探究过的地点的再认，如动作、技能等。中介变量是不能被直接观察到的，但它同可以观察到的周围事件和行为表现相关联，并从这些事件和表现中推断出来。

托尔曼的符号学习理论把认知主义的观点引进行为主义的学习联结理论，改变了学习联结理论把学习看成是盲目的、机械的错误观点。他重视学习的中介过程，即认知过程的研究，强调学习的认知性和目的性，这些思想对现代认知学习理论的产生和发展产生了深远的影响。

（三）布鲁纳的认知—发现学习理论

布鲁纳是美国著名的认知教育心理学家，他主张学习的目的在于以发现学习的方式，使学科的基本结构转变为学生头脑中的认知结构。因此，他的理论常被称为认知—结构论或认知—发现说。

1. 学习观

（1）学习的实质是主动地形成认知结构

布鲁纳认为，学习的本质不是被动地形成刺激—反应的联结，而是主动地形成认知结构。学习者不是被动地接受知识，而是主动地获取知识，并通过把新获得的知识和已有的认知结构联系起来，积极地建构其知识体系。

（2）学习包括获得、转化和评价三个过程

①获得。布鲁纳认为，学习活动首先是新知识的获得。新知识可能是以前知识的精炼，也可能与原有知识相违背。

②转化。知识的转化就是超越给定的信息，运用各种方法将它们变成另外的形式，以适合新任务，并获得更多的知识。

③评价。评价是对知识转化的一种检查，通过评价可以核对我们处理知识的方法是否适合新的任务，或者运用得是否正确。因此，评价通常包含对知识的合理性进行判断。

2. 教学观

（1）教学的目的在于理解学科的基本结构

由于布鲁纳强调学习的主动性和认知结构的重要性，所以他主张教学的最终目标是促进学生对学科的基本结构的一般理解。所谓学科的基本结构，是指学科的基本概念、基本原理及其基本态度和方法。学科的基本结构是学习者形成良好认知结构的基础。因此，布鲁纳提倡将学科的基本结构放在编写教材和设计课程的中心地位。

（2）掌握学科的基本结构的教学原则

①动机原则。所有学生都有内在的学习愿望，内在动机是维持学习的基本动力。学生具有三种最基本的内在动机，分别是好奇内驱力（即求知欲）、胜任内驱力（即成功的欲望）和互惠内驱力（即人与人之间和睦共处的需要）。

②结构原则。任何知识结构都可以用动作、图像和符号三种表象形式来呈现。动作表征是凭借动作进行学习的，无须语言的帮助；图像表征是借助表象进行学习的，以感知材料为基础；符号表征是借助语言进行学习的，经验一旦转化为语言，逻辑推导便能进行。

③程序原则。教材的编写顺序应该以"螺旋式上升"的形式呈现学科的基本结构，符合学生身心发展的规律特征。同时教学应根据学生的经验水平、年龄特点和材料性质，选取灵活的教学程序和结构方式来组织实际的教学活动过程。

④强化原则。为了提高学习效率，教师应该提供有助于学生矫正和提高的反馈信息，并引导学生进行自我反馈，以提高学生学习的自觉性和能动性。

（3）发现法教学模式

布鲁纳认为发现是教育儿童的主要手段，学生掌握学科的基本结构的最好方法是发现法。所谓发现，当然不只限于发现人类尚未知晓的事物的行动，而且还包括用自己头脑亲自获得知识的一切形式。发现法教学模式，是指教师要为学生提供一定的材料，通过创设问题情境，引导学生独立地发现解决问题的方法，从中发现事物之间的联系和规律，获得相应的知识，形成或改造认知结构的过程。

布鲁纳指出发现学习有以下四点作用：①提高智力的潜力；②使外部奖赏向内部动机转移；

③学会将来做出发现的最优方法和策略；④帮助信息的保持和检索。

（四）奥苏贝尔的有意义接受学习理论

1. 奥苏贝尔的学习分类

奥苏贝尔曾根据学习进行的方式把学习分为接受学习与发现学习，又根据学习材料与学习者原有知识结构的关系把学习分为机械学习与有意义学习，并认为学生的学习主要是有意义的接受学习。

2. 有意义学习

（1）有意义学习的实质

所谓有意义学习，奥苏贝尔认为就是将符号所代表的新知识与学习者认知结构中已有的适当观念建立起实质性（非字面的）和非人为性（内在的）的联系。

（2）有意义学习的条件

有意义学习的产生既受学习材料本身性质（外部条件）的影响，也受学习者自身因素（内部条件）的影响。

有意义学习的外部条件是有意义学习的材料本身，必须合乎这种实质性和非人为性的标准，也就是说，学习材料必须具有逻辑意义。

有意义学习的内部条件包括：①学习者必须具有有意义学习的心向；②学习者认知结构中必须具有适当的知识，以便与新知识进行联系；③学习者必须积极主动地使这种具有潜在意义的新知识与其认知结构中有关的旧知识发生相互作用。

（3）有意义学习的类型

有意义学习可分为三种类型：表征学习（符号学习）、概念学习和命题学习。

3. 接受学习

奥苏贝尔关于学习的观点恰好与布鲁纳的发现法相反，他认为学习应该通过接受而发生，而不是通过发现。事实上，接受学习是学习者掌握人类文化遗产及先进的科学技术知识的主要途径。在教师的合理指导下，学习者可以尽快在较短时间内掌握大量的间接知识，所获得的知识是系统的、完整的、精确的，而且便于存储和巩固。

4. 先行组织者

奥苏贝尔认为，影响接受学习的关键因素是认知结构中适当的起固定作用的观念的可利用性。为此，他提出了"先行组织者"的教学策略。所谓"先行组织者"，是先于学习任务本身呈现的一种引导性材料，它要比学习任务本身具有更高的抽象、概括和综合水平，并且能清晰地与认知结构中原有的概念和新的学习任务关联。通过呈现"组织者"，给学习者已知的东西与需要知道的东西之间架设一道知识之桥，使他更有效地学习新材料。

真题陈列架

（2016 年下·单选·16）如果学生要学习的知识内容比较复杂、结构化程度很高，又必须在较短的时间内加以掌握，他们最宜采用的学习方式是（　　）。

A. 发现学习　　　　B. 接受学习　　　　C. 合作学习　　　　D. 互动学习

【答案】B。

（五）加涅的信息加工学习理论

1974 年，加涅根据现代信息加工理论提出了学习过程的基本模式，这一模式展示了学习过程中的信息流程。加涅的信息加工学习过程模式如图 4-3 所示。

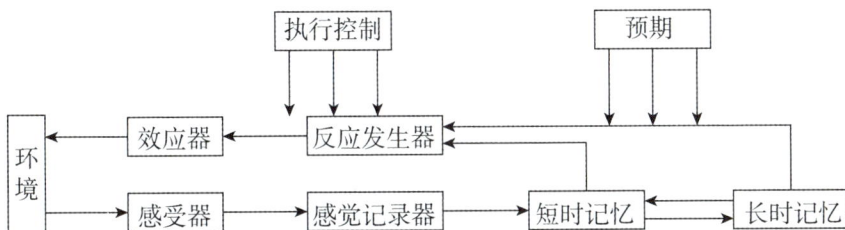

图 4-3　加涅的信息加工学习过程模式

在这个信息加工过程中，一组很重要的结构就是图中的"执行控制"和"预期"。"执行控制"即已有的经验对现在学习过程的影响，"预期"即动机系统对学习过程的影响。整个学习过程都是在这两个结构的作用下进行的。学习过程是从不知到知的单个活动过程，加涅根据学习信息加工的模式，对学习活动做进一步的分析，把它分成八个阶段，即动机阶段、了解阶段、获得阶段、保持阶段、回忆阶段、概括阶段、操作阶段和反馈阶段。

四、人本主义学习理论

人本主义心理学的主要代表人物是马斯洛和罗杰斯。人本主义心理学的学习理论从全人教育的视角阐释了学习者整个人的成长历程，以发展人性；注重启发学习者的经验和创造潜能，引导其结合认知与经验，肯定自我，进而自我实现。

（一）马斯洛的学习理论

美国心理学家马斯洛被公认为人本主义心理学的领导人物之一，他以性善论、潜能论和动机论为理论基础，创建了理论化、系统化的自我实现心理学。

1. 自我实现的人格观

人本主义心理学家认为人的成长源于个体自我实现的需要，自我实现的需要是人格形成发展、扩充成熟的驱力。所谓自我实现的需要，马斯洛认为就是"人对于自我发挥和完善的欲望，也就是一种使他的潜力得以实现的倾向"。

正是由于人有自我实现的需要，才使得有机体的潜能得以实现、保持和增强。人格的形成就是源于人性的这种自我的压力，人格发展的关键就在于形成和发展正确的自我概念。而自我的正常发展必须具备两个基本条件：无条件的尊重和自尊。

2. 内在学习论

马斯洛认为，外在学习是单纯依赖强化和条件作用的学习。其着眼点在于灌输而不在于理解，属于一种被动的、机械的、传统教育的模式。

马斯洛批判传统的学习是一种外在学习，学习活动不是由学生决定的，而是由教师强制的。马斯洛认为，理想学校应反对外在学习，倡导内在学习。

（二）罗杰斯的学习理论

1. 知情统一的教学目标观

罗杰斯的教育理想就是要培养既用情感的方式也用认知的方式行事的知情合一的人。他称这种知情融为一体的人为"全人"或"功能完善者"。要实现这一教育理想，应该有一个现实的教学目标，就是"促进变化和学习，培养能够适应变化和知道如何学习的人"。

2. 有意义的自由学习观

罗杰斯认为，学生学习主要有两种类型：认知学习和经验学习，学习方式也主要有无意义学习和有意义学习两种。有意义学习关注的是学习内容和个人之间的关系，而且是学习者所做出的一种自发的、主动的学习，能够在相当大的范围内自行选择学习材料，自行安排适合自己的学习情境。罗杰斯所倡导的学习观的核心就是让学生自由学习。

3. 学生中心的教学观

罗杰斯主张废除"教师"这一角色，代之以"学习的促进者"。学生自身具有学习的潜能，促进者只需为他们设置良好的学习环境，提供各种学习资源，使他们知道如何学习，他们就能学到所需要的一切。学生中心模式又被称为非指导模式，教师的角色是"助产士"或"催化剂"。

罗杰斯认为促进学生学习的关键不在于教师的教学技巧、专业知识、课程计划等，而在于特定的心理氛围因素。罗杰斯认为，促进学习的心理氛围因素包括以下几点：①真诚一致；②无条件积极关注（尊重、关注和接纳）；③同理心（共情）。

增进师生沟通的心理学原则包括以下几点。

①同理心。同理心包括三个条件：第一，站在对方的立场去理解对方；第二，了解导致这种情形的因素；第三，让对方了解自己对对方设身处地的理解。

②真诚。教师要自由地表达真正的自己，表现出开放和诚实，表现出自己是一个表里一致、真实可靠的人。教师对学生真情流露的关爱和基于尊重、信任的坦诚，往往可以使对方逐渐摘下面具，勇敢地学习以真实的自我与他人相处，也可以学习面对真实的自我。

③尊重与接纳。尊重与接纳学生是教师对学生爱的表现，也是教师对学生爱的能力的体现。

但是，教师对学生的尊重与接纳不是对学生无理性的溺爱和迁就。

> ✎ **真题陈列架**
>
> （2018年上•单选•9）美国学者罗杰斯认为，人皆具有先天的优良潜能，教育的作用在于使之实现。由此，他提出了"以学生为中心""让学生自发学习"的教学模式。该模式被称为（   ）。
>
> A.指导性教学　　　 B.情境教学　　　 C.非指导性教学　　　 D.程序教学
>
> 【答案】C。

五、建构主义学习理论

建构主义认为客观知识不是独立于人存在的，个体的知识是由人建构起来的，对事物的理解不是简单由事物本身决定的，人以原有的知识经验为基础来建构自己对现实世界的解释和理解。学习是积极主动的意义建构和社会互动过程。教学并不是把知识经验从外部装到学生的头脑中，而是要引导学生从原有的经验出发，建构起新的经验，而这一认知建构过程常常是通过参与共同体的社会互动而完成的。该理论的代表人物有皮亚杰、维果斯基等。

（一）建构主义知识观

建构主义在一定程度上对知识的客观性和确定性提出了质疑，强调知识的动态性。

①知识并不是对现实的准确表征，也不是最终答案，它只是一种解释、一种假设。

②知识并不能精确地概括世界的法则，在具体的问题中，并不是拿来使用，一用就灵的，而是需要针对具体情境进行再创造。

③知识不可能以实体的形式存在于个体之外，尽管通过语言赋予了知识一定的外在形式，并且获得了较为普遍的认同，但这并不意味着学习者对这种知识有同样的理解。因为真正的理解只能由学生基于自己的经验背景而建构起来，取决于特定情境下的学习历程。

（二）建构主义学生观

在学生观上，建构主义强调学生经验世界的丰富性和差异性。

①学习者并不是空着脑袋进入学习情境中的。在日常生活和以往各种形式的学习中，他们已经形成了有关的知识经验，他们对任何事情都有自己的看法。

②教学不能无视学习者已有的知识经验，简单、强硬地从外部对学习者实施知识的"填灌"，而是应当把学习者原有的知识经验作为新知识的生长点，引导学习者从原有的知识经验中，"生长"出新的知识经验。

③由于经验背景的差异，学生对问题的理解常常各异，在学生的共同体之中，这些差异本身便构成了一种宝贵的学习资源。教学要增进学生之间的合作，使他看到那些与他不同的观点，

从而促进学习的进行。

（三）建构主义学习观

建构主义强调学习的<u>主动建构性、社会互动性和情境性</u>。

①学习的主动建构性。建构主义认为，学习不是由教师把知识简单地传递给学生的过程，而是学生自己建构知识的过程，学生不是被动的信息吸收者，而是信息意义的主动建构者，这种建构不可能由其他人代替。

②学习的社会互动性。学习是通过对某种社会文化的参与而内化相关的知识和技能、掌握有关的工具的过程，这一过程常常要通过一个学习共同体的合作互动来完成。

③学习的情境性。建构主义者提出，知识是生存在具体的、情境性的、可感知的活动之中的，它不是一套独立于情境的知识符号（如名词术语等），不可能脱离活动情境而抽象地存在。它只有通过实际情境中的应用活动才能真正地被人理解。学习应该与情境化的社会实践活动结合起来。

（四）建构主义教学观

由于知识的动态性和相对性以及学习的建构过程，教学不再是传递客观而确定的现成知识，而是激发出学生原有的相关知识经验，促进知识经验的"生长"，促进学生的知识建构活动，最终促成知识经验的重新组织、转换和改造。

（五）建构主义学习理论在教学中的应用

1. 探究学习

探究学习是指通过有意义的问题情境，让学生通过不断地发现问题和解决问题，来学习与所探究的问题有关的知识，形成解决问题的技能以及自主学习的能力。

2. 支架式教学

支架式教学是指教师为学生的学习提供外部支持，帮助他们完成自己无法独立完成的任务，然后逐步撤去支架，让学生独立探索学习。

3. 情境教学

情境教学是指建立在有感染力的真实事件或真实问题基础上的教学。知识、学习是与情境化的活动联系在一起的。学生应该在真实任务情境中，尝试发现问题、分析问题、解决问题。

4. 合作学习

合作学习主要是以互动合作（师生之间、学生之间）为教学活动取向的，以学习小组为基本组织形式，来共同达成教学目标。

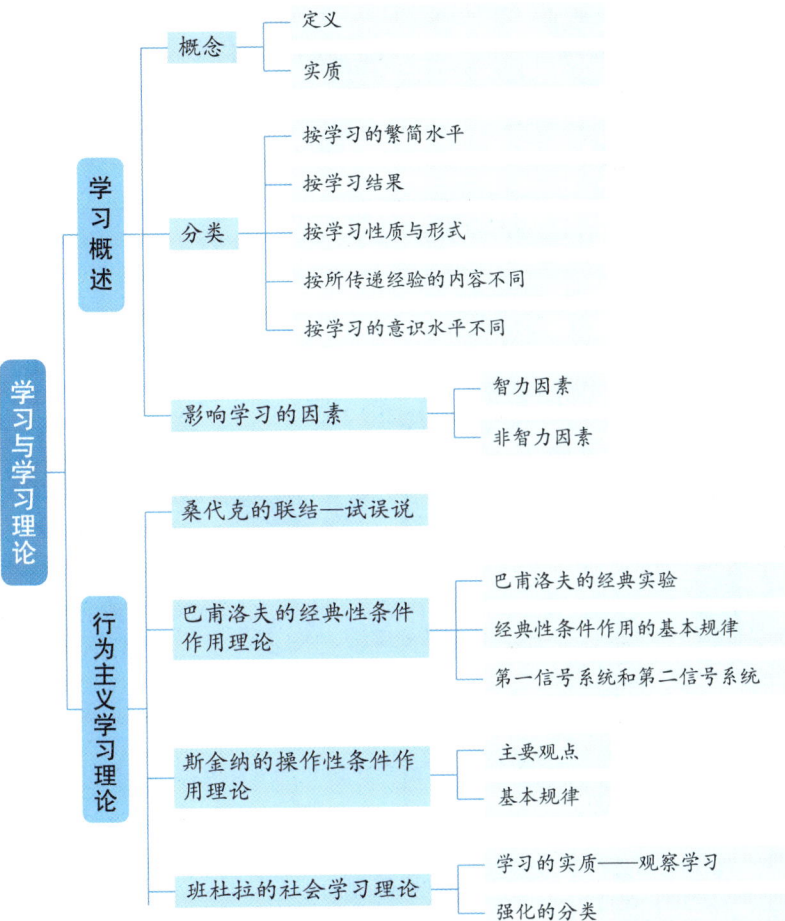

记忆保温箱

- 学习与学习理论
  - 学习概述
    - 概念
      - 定义
      - 实质
    - 分类
      - 按学习的繁简水平
      - 按学习结果
      - 按学习性质与形式
      - 按所传递经验的内容不同
      - 按学习的意识水平不同
    - 影响学习的因素
      - 智力因素
      - 非智力因素
  - 行为主义学习理论
    - 桑代克的联结—试误说
    - 巴甫洛夫的经典性条件作用理论
      - 巴甫洛夫的经典实验
      - 经典性条件作用的基本规律
      - 第一信号系统和第二信号系统
    - 斯金纳的操作性条件作用理论
      - 主要观点
      - 基本规律
    - 班杜拉的社会学习理论
      - 学习的实质——观察学习
      - 强化的分类

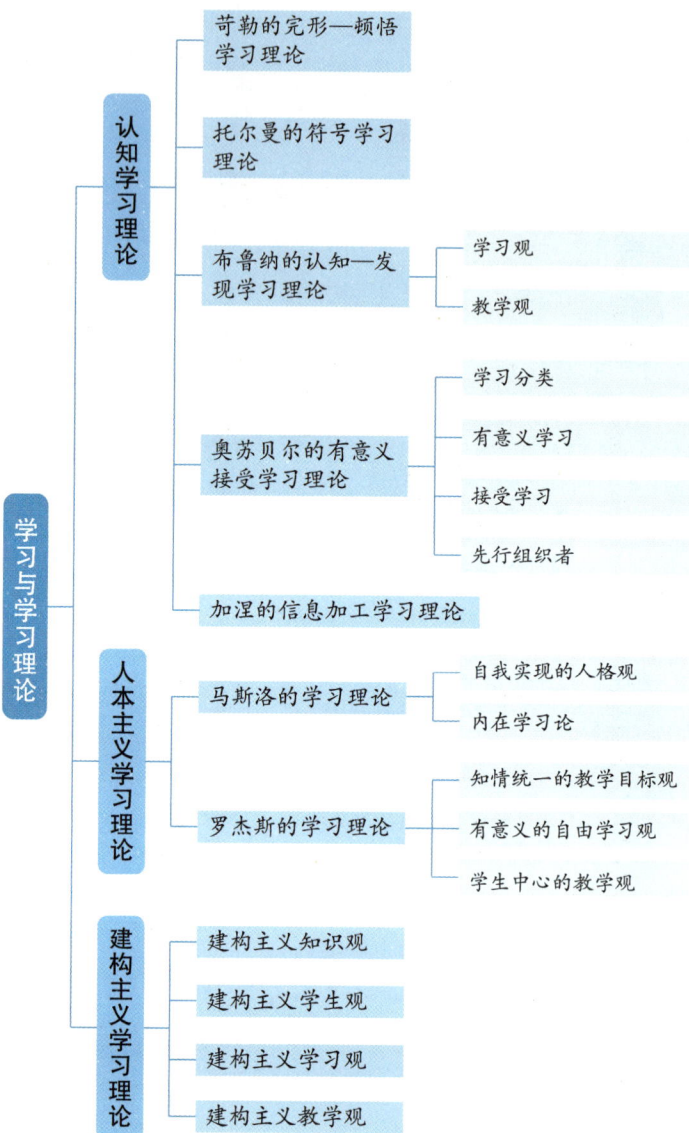

第三节　学习动机

考点收纳盒

关键考点	考查力度	常考题型	理解难度
学习动机概述	■□□□□	单选、简答	★☆☆☆☆
学习动机的理论	■■□□□	单选、简答	★★★☆☆
学习动机与学习效率的关系	■■■□□	单选、辨析、材料分析	★☆☆☆☆
学习动机的激发与培养	■□□□□	简答	★☆☆☆☆

知识储备库

一、学习动机概述

（一）学习动机的概念

学习动机是指激发和维持个体的学习活动，并将学习活动引向一定学习目标的内部动力。

（二）学习动机的构成

学习动机的两个基本成分是学习需要和学习期待。

1.学习需要与内驱力

学习需要是指个体在学习活动中感到有某些欠缺而力求获得满足的心理状态。学习需要是个体从事学习活动的最根本动力，它包括学习的兴趣、爱好和信念等。内驱力是引起动机的内部因素，它是动态的。从需要的作用看，学习需要即学习的内驱力，所以，学习需要又被称为学习内驱力。

2.学习期待与诱因

学习期待是个体对学习活动要达到的目标的主观估计。学习期待与学习目标密切相关，但两者不能等同。诱因是指能够激起有机体的定向行为，并能满足某种需要的外部条件或刺激物。学习期待是静态的，诱因是动态的。学习期待就其作用来说，就是学习的诱因。

（三）学习动机的功能

1. 激发功能

当学生对某些知识或技能产生迫切的学习需要时，就会引发学生学习的内驱力，唤起其内部的激动状态，产生焦急、渴求等心理体验，并最终激起一定的学习行为。

2. 定向功能

学习动机以学习需要和学习期待为出发点，使学生的学习行为指向一定的学习目标，并推动学生为达到这一目标而努力学习。有的学生可能面临多种学习目标或诱因，这就需要在其中做出选择。这种目标选择既取决于学生对不同目标或诱因的期望强度，又取决于学生已有的知识和经验。

3. 维持功能

当动机激发并指引个体从事某种活动后，活动能否坚持下去同样要受到动机的调节和支配。学习动机水平高的学生能在长时间的学习活动中保持认真的态度和坚持完成任务的毅力，而学习动机水平低的学生则缺乏学习行为的稳定性和持久性。

4. 调节功能

学习行为的强度、时间和方向受学习动机的调节。如果行为活动未达到既定目标，动机还将驱使学生转换行为活动方向以达到既定目标。

（四）学习动机的分类

1. 内部学习动机与外部学习动机

根据学习动机的动力来源，可将学习动机分为内部学习动机和外部学习动机。

内部学习动机又被称为内部动机作用，是指由个体内在的需要所引起的动机。

外部学习动机又被称为外部动机作用，是指个体由外部诱因所引起的动机。

2. 近景的直接性学习动机与远景的间接性学习动机

根据学习动机的作用与学习活动的关系，可将学习动机分为近景的直接性学习动机和远景的间接性学习动机。

近景的直接性学习动机是与学习活动直接相连的，来源于对学习内容或学习结果的兴趣。例如，对学科感兴趣。

远景的间接性学习动机是与学习的社会意义和个人的前途相连的。例如，大学生意识到自己的历史使命，为不辜负父母的期望，为争取自己在班集体中的地位和荣誉等都属于远景的间接性学习动机。

3. 高尚的学习动机与低级的学习动机

根据学习动机内容的社会意义，可将学习动机分为高尚的学习动机和低级的学习动机。

高尚的学习动机的核心是利他主义，学生把当前的学习同国家和社会的利益联系在一起。例如，大学生努力学习各门功课，是因为他们意识到自己在不久的将来是国家建设的中坚力量，肩负着祖国繁荣昌盛的重任，所以现在要打好基础，掌握科学知识。

低级的学习动机的核心是利己主义，学习动机只来源于自己眼前的利益。例如，学生把学习看成猎取个人名利的手段。

4.认知内驱力、自我提高内驱力和附属内驱力

根据学校情境中的学业成就动机，奥苏贝尔等人将学习动机分为认知内驱力、自我提高内驱力和附属内驱力。

认知内驱力是指学生要求了解和理解的需要，要求掌握知识的需要，以及系统地阐述问题并解决问题的需要。这种内驱力，一般说来，多半是从好奇的倾向中派生出来的。在有意义的学习中，认知内驱力可能是一种最重要和最稳定的动机了。

自我提高内驱力是个体因自己的胜任能力或工作能力而赢得相应地位的需要。自我提高内驱力与认知内驱力不一样，它并非直接指向学习任务本身。自我提高内驱力把成就看作赢得地位与自尊心的根源，它显然是一种外部动机。

附属内驱力是一个人为了保持长者们（如家长、教师等）的赞许或认可而表现出来的把工作做好的一种需要。在儿童早期，附属内驱力最为突出。

> **✎ 真题陈列架**
>
> （2018年上·单选·17）初一学生许明努力学习就是想获得亲朋好友的赞扬。根据奥苏贝尔的相关理论，驱动许明行为的是（　　）。
>
> A.认知内驱力　　　　　　　　B.附属内驱力
>
> C.自我提高内驱力　　　　　　D.成就内驱力
>
> 【答案】B。

二、学习动机的理论

（一）强化理论

强化理论是行为主义学派的观点。他们认为学生是否具有学习行为倾向完全取决于先前这种行为和刺激因强化而建立的牢固联系，强化可以使人在学习过程中增强某种反应发生的可能性。如果学生的学习行为得到强化，就可以产生学习动机；如果学习行为得不到强化，就会缺乏学习动机；如果学习行为受到惩罚，学生就会逃避甚至厌恶学习。在学习中如果能合理地运用强化，减少惩罚，将有助于提高学生的学习动机水平，改善他们的学习行为及其结果。

（二）需要层次理论

美国人本主义心理学家马斯洛提出了需要层次理论。他认为，任何人的行为动机都是在需要发生的基础上被激发起来的。

1. 需要层次理论的具体内容

马斯洛的需要层次理论认为，人类的多种需要，可按其性质由低到高分为七个层次。

①生理的需要，指维持生存及延续种族的需要。比如吃、喝、睡眠、性欲等。

②安全的需要，指希求受保护与免遭威胁从而获得安全感的需要。比如有困难时求人帮助、有危险时求人保护、有病痛时希望得到医治等。

③归属与爱的需要，指被人或群体接纳、爱护、关注、鼓励及支持的需要。

④尊重的需要，指寻求被人认可、赞许、关心爱护等的需要。

⑤求知的需要，指个体希望了解自己、他人以及各种事物变化的需要。比如探索、摆弄、试验、阅读、询问等。

⑥审美的需要，指对美好事物欣赏的需要。比如希望事物有秩序、有结构、顺自然、循真理等。

⑦自我实现的需要，指个人渴望自己的所有理想全部实现的需要。

2. 需要层次之间的关系

按马斯洛的解释，各层需要之间不但有高低之分，而且有前后顺序之别。同时，这七个层次的需要又可以分为两大类：较低的前四层被称为基本需要，较高的后三层被称为成长需要。人的绝大部分时间和精力都用于实现较为基本的需要上，当这些需要或多或少得以实现后，人才越来越注意到更高层次的需要，并最终达到人生价值的自我实现。

马斯洛指出，基本需要虽然有层次之分，但这种层次并不是固定的顺序，而只是一种一般的模式，在实际生活中，有些富有理想和崇高价值观念的人"会为了某种理想和价值而牺牲一切"。并且，所谓需要的满足不是指绝对的满足，而是从相对意义上来说的。一般来说，低级需要只要有部分满足，较高的需要就有可能出现，人的动机就有可能受新的需要支配。

（三）成败归因理论

归因是指在人们做完一项工作之后，往往喜欢寻找自己或他人之所以取得成功或遭受失败的原因。美国心理学家韦纳根据实证研究的结果，发现一般人通常把自己经历过的事情的成败原因归结为以下六个，即能力、努力程度、任务难度、运气（机遇）、身体状况和外界环境。同时，韦纳认为这六个因素可归为三个维度，即内部归因和外部归因、稳定性归因和不稳定性归因、可控归因和不可控归因。将三维度和六因素结合起来就组成了归因模式。韦纳的三维度六因素归因见表4-4。

表4-4 韦纳的三维度六因素归因

因 素	成败归因维度					
	控制源		稳定性		可控性	
	内部	外部	稳定	不稳定	可控	不可控
能力	+		+			+
努力程度	+			+	+	
任务难度		+	+			+
运气（机遇）		+		+		+
身心状况	+			+		+
外界环境		+		+		+

韦纳认为，将失败归因于内部、稳定、不可控时是最大的问题，会产生习得性无助感。习得性无助即认为无论自己怎样努力，也不可能取得成功，因此便采取逃避努力、放弃学习的无助行为。

韦纳通过一系列的研究，得出一些关于归因的最基本的结论：

①个人将成功归因于能力和努力等内部因素时，他会感到骄傲、满意、信心十足，而将成功归因于任务容易和运气好等外部原因时，产生的满意感则较少。相反，如果一个人将失败归因于缺少能力或努力不够，则会产生羞愧和内疚，而将失败归因于任务太难或运气不好时，则不容易产生羞愧和内疚。而归因于努力相对归因于能力，无论成功或失败都会产生更强烈的情绪体验。努力而成功，体验到愉快；不努力而失败，体验到羞愧；努力而失败，也应受到鼓励。

②在付出同样努力时，能力低的应得到更多的奖励。能力低而努力的人受到最高评价，而能力高却不努力的人则受到最低评价。因此，韦纳总是强调内部的、稳定的和可控的维度。

真题陈列架

（2019年下·单选·13）晓斌认为自己学习成绩好全是刻苦努力的结果。根据韦纳的相关归因理论，晓斌的归因属于（　　）。

A.稳定的内部归因　　　　B.稳定的外部归因

C.可控的内部归因　　　　D.可控的外部归因

【答案】C。

（四）成就动机理论

所谓成就动机是指人们在完成任务中力求获得成功的内部动因，即个体对自己认为重要的、有价值的事情乐意去做，并努力达到完美地步的一种内部推动力量。最早集中研究成就动机的心理学家有默里、麦克里兰、阿特金森等人。

阿特金森认为，成就动机由两种相反倾向的部分组成，一种被称为力求成功，即追求成功和由成功所带来的积极情感的倾向性；另一种被称为避免失败，即人们避免失败所带来的消极情感体验。阿特金森根据两种动机在个体的动机系统中所占的强度，可以将个体分为力求成功者和避免失败者。

力求成功者的目的是获取成就，所以他们会选择有所成就的任务，而成功概率为50%的任务是他们最有可能选择的，因为这种任务能给他们提供最大的现实挑战。当他们面对完全不可能成功或稳操胜券的任务时，动机水平反而会下降。相反，避免失败者则倾向于选择非常容易或非常困难的任务，如果成功的概率大约是50%，他们会回避这项任务。因为选择非常容易的任务可以保证成功，使自己免遭失败；而选择非常困难的任务，即使失败，也可以找到适当的借口，得到自己和他人的原谅，从而减少失败感。

（五）自我效能感理论

自我效能感理论是社会学习理论的创始人班杜拉提出的，班杜拉运用自我效能来解释人类行为的启动和改变。自我效能感是指人们对自己是否能够成功地进行某一行为的主观判断。同时，班杜拉指出，人的行为受行为的结果因素与先行因素的影响。而行为的结果因素就是通常所说的强化。强化能激发和维持行为的动机以控制和调节人的行为，但是，行为的出现不是由于随后的强化，而是由于人认识了行为与强化之间的依赖关系后，形成了对下一步强化的期望。

期待就是班杜拉所说的先行因素，他认为，期待包括结果期待与效能期待。结果期待指的是个体对自己的某种行为会导致某一结果的推测。如果个体预测到某一特定行为会导致某一特定的结果，那么这一行为就可能被激活和被选择。效能期待则指个体对自己能否实施某种成就行为的能力的判断，它意味着个体是否确信自己能够成功地进行带来某一结果的行为。当个体确信自己有能力进行某一活动时，他就会产生高度的自我效能感，并会实际去实施那一活动。

班杜拉通过大量的研究指出，个体自我效能感的形成有四个来源。

①个体自身行为的成败经验。一般来说，成功经验会增强自我效能感，反复的失败会降低自我效能感。

②替代性经验。人类许多的效能期望来自观察他人所获得的替代性经验，能否成功获得这种经验，一个关键因素是观察者能否与榜样一致。

③言语劝说。用语言说服学生相信自己具有完成给定任务的能力，会使学生在遇到困难时付出更大的努力。

④情绪唤醒。通过调整学生的情绪状态，减轻紧张和负面的情绪倾向，可以起到改变自我效能感的作用。

自我效能感形成后，对人的行为将产生极为深刻的影响，主要表现在以下四个方面。

①决定人们对活动的选择及对该活动的坚持性。自我效能感水平高者倾向于选择富有挑战性的任务，在困难面前能坚持自己的行为；自我效能感水平低者则相反。

②影响人们在困难面前的态度。自我效能感水平高者敢于面对困难，富有自信心，相信通过坚持不懈的努力可以克服困难；自我效能感水平低者则相反。

③影响新行为的获得和习得行为的表现。

④影响活动时的情绪。自我效能感高者活动时信心十足，情绪饱满；自我效能感低者则充满恐惧和焦虑。

（六）成就目标理论

德韦克认为，人们对能力持两种不同的内隐观点。一种为能力实体观，另一种为能力增长观。能力实体观认为能力是稳定的，不可改变的特质。能力增长观认为能力是不稳定的，是可以控制的，是可以随着知识的学习、技能的培养而增强的。

持有能力实体观的学生倾向建立表现目标，从而避免被别人看不起。他们选择适宜的工作，比如不需花费太多精力且成功可能性很大的工作，以最好的成绩表现他们聪明的一面，因为拼命工作换取的成功还不足以说明自己天资聪颖。相反，持有能力增长观的学生，他们更多设置掌握目标，并寻求那些能真正锻炼自己的能力、提高自己的技能的任务。

后来，艾略特、平崔克等人进一步把成就目标分为四种：掌握—趋近目标、掌握—回避目标、成绩—趋近目标和成绩—回避目标，并提出了这些目标的特征，四种目标特征见表4-5。

表4-5 四种目标特征

	趋近状态	回避状态
掌握目标	个体关注的是掌握任务，学习和理解；根据自己的进步和对任务的理解深度来评价自身的表现	个体关注的是如何避免不理解和没有掌握任务的情况；判断成功的标准是在自我比较的基础上准确无误地完成任务
成绩目标	个体关注的是如何超越别人，显得自己最聪明、最棒；根据常模标准来评价自身的表现，例如，在班上考得最好	个人关注的是如何不让自己显得低能，显得比别人笨；根据常模标准来评价自身的表现，例如，成绩不是班里最差的

（2016年上·单选·17）小黄在学习时关注的是知识的内容和价值，而不是为了获得分数和奖励。根据成就目标理论，小黄的目标导向属于（　　　）。

A.成绩趋近　　　　B.成绩回避　　　　C.掌握趋近　　　　D.掌握回避

【答案】C。

（七）自我价值理论

自我价值理论是美国教育心理学家科温顿提出的。自我价值理论的基本假设是当自己的自我价值受到威胁时，人类将竭力维护。自我价值理论认为人类将自我接受作为最优先的追求。这种保护和防御以建立一个正面自我形象的倾向就是自我价值的动机。自我价值理论将学生分为四类：高驱低避型、低驱高避型、高驱高避型和低驱低避型。

①高驱低避型。这类学生拥有无穷的好奇心，对学习有极高的自我卷入水平。他们通过不断的刻苦努力发展自我。他们几乎在所有时间里都处于孜孜不倦的学习中。他们自信、机智，又被称作"成功定向者"，或者"掌握定向者"。

②低驱高避型。这类学生又被称为"逃避失败者"，这类学生更看重逃避失败而非期望成功。他们不喜欢学习，虽然他们不一定存在学习问题或学习困难，他们只是对课程提不起兴趣。

③高驱高避型。这类学生同时受到成功的诱惑和失败的恐惧。对任务又爱又恨，既追求又排斥让他们常常处于一种冲突状态。他们兼具了成功定向者和逃避失败者的特点。这类学生被称作"过度努力者"。为了成功同时又要掩饰自己的努力，他们中就出现了一种"隐讳努力"的现象。他们在同学中尽量表现得贪玩、不在乎考试，但私下里却偷偷努力，拼命学习。这样，成功时，他们的成绩更有价值，更能说明他们的能力过人；即使失败，也可以为自己的失利找到很好的理由，不会被认为无能。

④低驱低避型。这类学生又被称作"失败接受者"，他们不奢望成功，对失败也不感到丝毫恐惧或者羞愧。

三、学习动机与学习效率的关系

心理学的研究表明，动机强度与工作效率之间并不是一种线性关系，而是倒U形曲线关系。中等强度的动机最有利于任务的完成，即动机强度处于中等水平时，工作效率最高。

耶克斯—多德森定律表明，各种活动都存在一个最佳的动机水平，中等程度的动机水平最有利于学习效率的提高。同时，他们还发现，最佳的动机水平与任务难度密切相关：在比较容易的任务中，学习效率有随着学习动机的提高而上升的趋势。动机水平处于中等偏高时，学习效率最高；在比较困难的任务中，学习效率反而会由于学习动机强度的增加而下降，动机水平处于中等偏低时，学习效率最高；在中等难度的任务中，动机水平处于中等时，学习效率最高。随着任务难度的不断增大，动机的最佳水平有随之下降的趋势，这便是有名的耶克斯—多德森定律（简称倒 U 形曲线），耶克斯—多德森定律如图 4-4 所示。

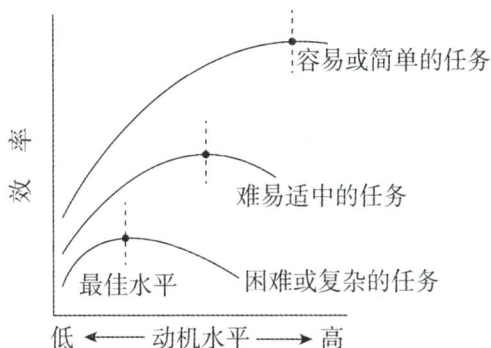

图 4-4　耶克斯—多德森定律

> 📎 **真题陈列架**
>
> （2019 年下·单选·14）根据耶克斯—多德森定律，学生解决困难和复杂的任务时，哪种动机水平最有利？（　　　）
>
> A. 中等偏下水平　　　　　　　　　　B. 中等水平
>
> C. 中等偏上水平　　　　　　　　　　D. 高水平
>
> 【答案】A。

四、学习动机的激发与培养

（一）学习动机的激发

1. 创设问题情境，激发学生的好奇心和求知欲

兴趣和好奇心是内部动机最为核心的成分，它们是培养和激发学生内部学习动机的基础。创设问题情境能够有效地激发学生的好奇心和求知欲，从而达到激发学生内部学习动机的目的。创设问题情境，是指教师在教学中提供给学生的学习材料、条件和实践均能使学生产生疑问，进而使其渴望进行探究、发现以满足认知需要。

2. 训练学生对学习成败进行正确归因

改变学生不正确的归因、提高学习动机可以从两方面入手：一是"努力归因"，无论成功或失败都归因于努力与否的结果。因为学生将自己的成败归因于努力与否会提高学生学习的积极性。二是"现实归因"，针对一些具体问题引导学生进行现实归因，并尽力指出解决这些问题的方法，以增强学生克服困难的勇气，增强自信心。

3. 设置合适的目标定向，提高成就动机

当目标是由个体自己设定，而不是由他人设定时，个体通常会付出更多的努力。在设定一个目标时，教师可以与学生讨论过去设定的目标实现的情况，然后再为下一个阶段设定一个新的目标。在讨论中，教师要帮助学生设定一个既具有挑战性，又具有现实性的目标，并表扬学生对目标的设定及其实现。这种目标确立策略能够提高学生的学习成绩和成就动机。

4. 根据作业难度，恰当控制动机水平

教师在教学时，要根据学习任务的不同难度，恰当控制学生学习动机的激发程度。在学习较容易、较简单的课题时，应尽量引导学生集中注意力，使学生尽量紧张一点；而在学习较复杂、较困难的课题时，则应尽量创造轻松自由的课堂气氛；在学生遇到困难或出现问题时，要尽量心平气和地慢慢引导，以免学生过度紧张和焦虑。

5. 充分利用反馈信息，妥善进行奖惩

学习者对自己学习结果的及时了解，对学习积极性有强化作用，有助于提高学习效率。教师应充分利用学习结果的反馈作用来激发学生的学习动机，教师应该做到如下三点：①反馈要及时；②反馈要具体；③反馈要经常。

心理学研究表明，来自学习结果的种种反馈信息，对学习效果有明显影响。如果在提供反馈信息的基础上加以定性评价，其效果会更加明显。

一般而言，适当表扬的效果好于批评，而批评的效果比没有评价好。正确及时的评价、恰当的表扬与鼓励是肯定学生学习态度、学业成绩的一种强化方式。它可以激发学生的上进心、自尊心、集体主义精神等。适度的批评和惩罚对学习也有一定的促进效果。

6. 合理设置课堂环境，妥善处理竞争和合作

学生的学习大多是在课堂中进行的，所以课堂中的合作与竞争无疑是影响学习动机的一个重要因素。

（二）学习动机的培养

1. 了解和满足学生的需要，促使学习动机的产生

学生的学习动机产生于需要，需要是学生学习积极性的源泉。教师应该通过多种方法了解学生的学习需要，通过采取一些强化和训练手段使学习的要求内化为学生自己的学习需要。

2. 重视立志教育，对学生进行成就动机训练

通过立志教育可以增强学生的责任感与使命感，启发学生自觉、勤奋地学习。

3. 帮助学生确立正确的自我概念，获得自我效能感

自我效能感是一种主观判断，它与个体的自我概念有密切的关系。要培养学生的自我效能感应从培养正确的自我概念入手，方法包括以下两种：①创造条件使学生获得成功的体验；

②为学生树立成功的榜样。

4. 培养学生努力换来成功的归因观

相信成功与努力之间有必然的联系，人就不容易表现出消极行为，不容易产生无力感，这样有助于培养学生的学习动机。教师训练学生的步骤如下：①了解学生的归因倾向；②让学生进行某种活动，并取得成功体验；③让学生对自己的成败进行归因；④引导学生进行积极归因。

📖 **真题陈列架**

（2015 年下·材料分析·31）材料：

小美很喜欢唱歌，从小就希望自己在音乐方面有所成就。在还没有确定是否报考音乐学院前，她在众人面前就能很好地展示自己的歌声。确定报考音乐学院后，她学习更加勤奋努力，希望实现自己的目标。但是在音乐学院的专业课面试过程中，由于她极度渴望有完美的表现，结果事与愿违，没有发挥出应有的水平，导致面试失利。这个结果让大家很诧异，她自己也无法接受。

问题：（1）请运用学习动机的相关知识解释小美专业课面试失利的原因。

（2）假设你是班主任，你如何帮助小美在下次面试中发挥正常水平？

【**参考答案**】（1）小美专业课面试失败的原因。耶克斯—多德森定律指出，学习动机强度与学习效果呈倒 U 形曲线关系，即动机处于适宜强度时，学习效果最佳；动机强度过低时，缺乏参与活动的积极性，学习效果不可能提高；动机强度过高时，过强的动机会使个体处于过度焦虑和紧张的状态，干扰记忆、思维等心理过程的正常活动，进而导致学习效果的不断下降。材料中，小美在专业课面试过程中，由于"极度渴望有完美的表现"，过强的动机使其处于过度紧张焦虑的状态，干扰了她的发挥，最终导致面试失利。

（2）作为班主任应通过以下方式帮助小美。首先，指导小美对此次面试失败进行合理归因，使其认识到面试失败是由于自己紧张焦虑导致的，以帮助小美保持成功的期望和积极乐观的心态。其次，帮助小美针对此次失败的原因有计划地调整自己的认知，降低对面试的期望，以平常心面对考试，将动机调整到适宜的强度。

记忆保温箱

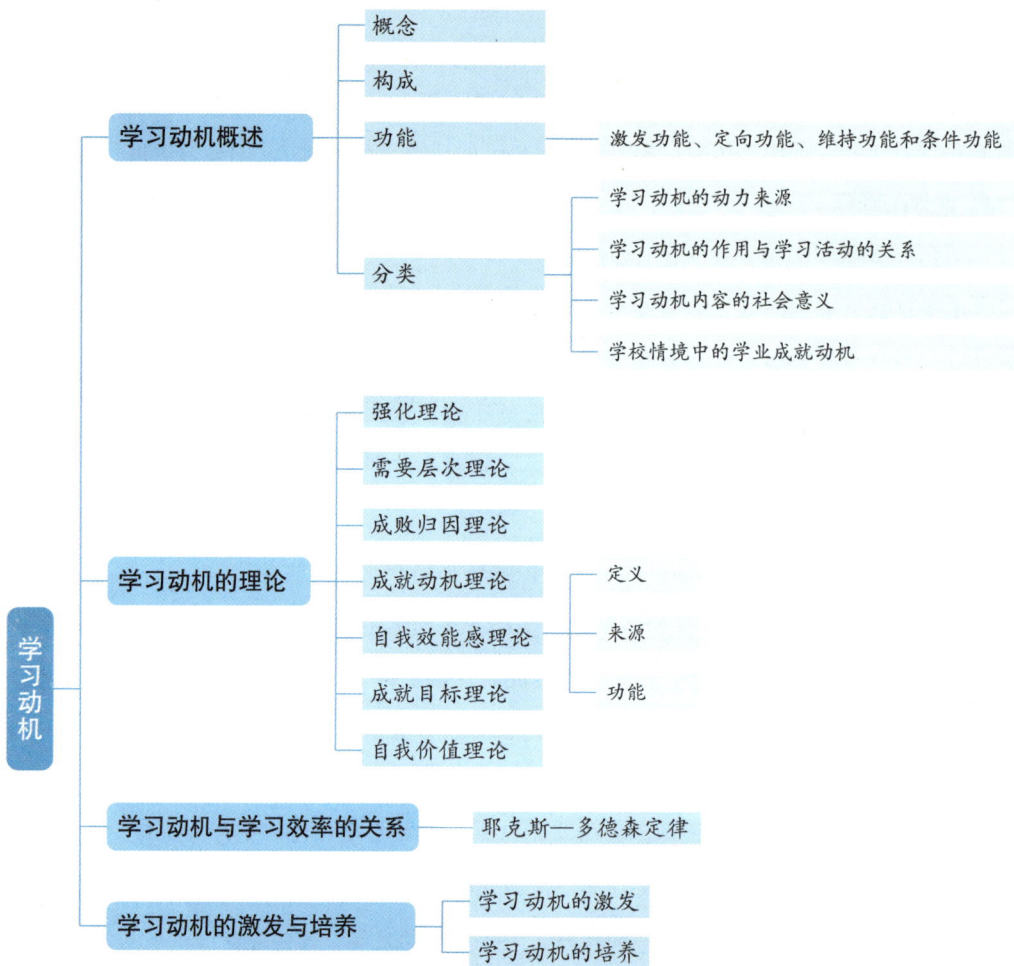

学习动机
├─ 学习动机概述
│   ├─ 概念
│   ├─ 构成
│   ├─ 功能 ── 激发功能、定向功能、维持功能和条件功能
│   └─ 分类
│   ├─ 学习动机的动力来源
│   ├─ 学习动机的作用与学习活动的关系
│   ├─ 学习动机内容的社会意义
│   └─ 学校情境中的学业成就动机
├─ 学习动机的理论
│   ├─ 强化理论
│   ├─ 需要层次理论
│   ├─ 成败归因理论
│   ├─ 成就动机理论 ── 定义
│   ├─ 自我效能感理论 ── 来源
│   ├─ 成就目标理论 ── 功能
│   └─ 自我价值理论
├─ 学习动机与学习效率的关系 ── 耶克斯─多德森定律
└─ 学习动机的激发与培养
    ├─ 学习动机的激发
    └─ 学习动机的培养

第四节 学习迁移

考点收纳盒

关键考点	考查力度	常考题型	理解难度
学习迁移概述	▪▪▫▫	单选、辨析	★☆☆☆☆
学习迁移的理论	▪▫▫▫	材料分析	★★★☆☆
影响学习迁移的因素	▪▫▫▫	辨析	★☆☆☆☆

知识储备库

一、学习迁移概述

（一）学习迁移的概念

学习迁移，又被称为训练迁移，指一种学习对另一种学习的影响，或习得的经验对完成其他活动的影响。迁移广泛存在于各种知识、技能、行为规范与态度的学习中。平时所说的举一反三、触类旁通、闻一知十等即是典型的迁移形式。

（二）学习迁移的分类

1.正迁移、负迁移和零迁移

根据迁移的性质和结果的不同，学习迁移可分为正迁移、负迁移和零迁移。

正迁移是指一种学习对另一种学习产生积极的促进作用。例如，学会了驾驶一种型号的汽车，有助于学习驾驶其他型号的汽车。

负迁移是指一种学习对另一种学习产生消极的阻碍作用。例如，学会汉语拼音字母的发音会阻碍对英语字母发音的掌握。

零迁移是迁移的一种特殊形式，是指两种学习之间不存在直接的相互影响。

2.顺向迁移和逆向迁移

根据迁移发生的方向不同，学习迁移可分为顺向迁移和逆向迁移。

顺向迁移是指先前学习对后继学习产生的影响。例如，学习初等数学是为学习高等数学打好基础。

逆向迁移是指后继学习对先前学习产生的影响。例如，学习高等数学有利于进一步加深对初等数学的理解。

3. 一般迁移和具体迁移

根据迁移内容的不同，学习迁移可分为一般迁移和具体迁移。

一般迁移，又被称为普遍迁移、非特殊迁移，是将一种学习中习得的一般原理、方法、策略和态度等迁移到另一种学习中去。例如，学完语文阅读技巧便将其运用到英语阅读中。

具体迁移，又被称为特殊迁移，是将一种学习中习得的具体的、特殊的经验直接迁移到另一种学习中去，或经过某种要素的重新组合迁移到新情境中去。例如，先学"日""月"再学"明"。

4. 水平迁移和垂直迁移

根据迁移内容的抽象和概括水平的不同，学习迁移可分为水平迁移和垂直迁移。

水平迁移，又被称为横向迁移、侧向迁移，是指处于同一概括水平的经验之间的相互影响。学习内容之间的逻辑关系是并列的。例如直角、钝角、锐角、平角等概念之间的关系是并列的，都处于同一抽象和概括层次，这些概念的学习之间的相互影响即水平迁移。

垂直迁移，又被称为纵向迁移，是指处于不同抽象、概括水平的经验之间的相互影响。垂直迁移表现在两个方面。一是自下而上的迁移，即下位的、较低层次的经验影响上位的、较高层次的经验的学习。例如，先学"香蕉""苹果"再学"水果"。二是自上而下的迁移，即上位的、较高层次的经验影响下位的、较低层次的经验的学习。例如，先学"蔬菜"再学"白菜""萝卜"。

5. 同化性迁移、顺应性迁移和重组性迁移

根据迁移过程中所需的内在心理机制的不同，学习迁移可分为同化性迁移、顺应性迁移和重组性迁移。

同化性迁移是指不改变原有的认知结构，直接将原有的认知经验应用到本质特征相同的一类事物中。原有认知结构在迁移过程中不发生实质性的改变，只是得到某种充实。平时我们所说的"举一反三""闻一知十"都属于同化性迁移。

顺应性迁移是指将原有认知经验应用于新情境中时，需调整原有的经验或对新旧经验加以概括，形成一种能包容新旧经验的更高一级的认知结构，以适应外界的变化。例如，我们在日常生活中形成了报纸、书刊、广播、电视等概念，当这些前概念不能解释"计算机网络"这个概念时，就要在我们原有的经验系统中建立一个概括性更高的科学概念"媒体"来标志这一事物。

重组性迁移是指重新组合原有认知系统中某些构成要素或成分，调整各成分间的关系或建立新的联系，从而应用于新情境中。在重组过程中，基本经验成分不变，但各成分间的结合关系发生了变化，即进行了调整或重新组合。例如，将已掌握的字母进行重新组合，形成新的单词。

> ✅ **真题陈列架**
>
> （2020年下·辨析·24）顺向迁移就是正迁移。
>
> **【参考答案】**错误。正迁移与顺向迁移是两个不同的概念。正迁移是指一种学习对另一种学习产生积极的促进作用。顺向迁移是指先前学习对后继学习产生的影响。由此可知，正迁移侧重迁移的性质作用；顺向迁移侧重迁移的时间方向，顺向迁移可能会有促进作用，也可能存在阻碍作用。因此本题说法错误。

二、学习迁移的理论

（一）早期的学习迁移理论

1. 形式训练说

形式训练说是最早对迁移现象做出解释的理论，代表人物是德国的沃尔夫，其心理学基础是官能心理学。形式训练说认为，官能即注意、知觉、记忆、思维、想象等；训练和改进各种心理官能是教学的重要目标，教育的任务就是要改善学生的各种官能，而改善以后的官能就能够自动地迁移到其他学习中去，一种官能的改进也能增强其他的官能；一旦心理官能通过学科学习得到训练，就可以迁移到其他学习中去，使学生终生受用；学习的项目越困难，官能得到的训练越多，一种作业越深奥，其学习就越有效。形式训练说认为，迁移是无条件的、自动发生的。

2. 相同要素说

相同要素说由桑代克提出。桑代克认为，从一种学习情境到另一种学习情境的迁移，只是由于这两种情境中存在着相同的要素，即"只有当两个心理机能之间有相同要素时，一种心理机能的改善才能引起另一种心理机能的改善"。两种情境中的刺激相似而且反应也相似时，迁移才会发生；一种情境与另一种情境中相同的要素越多，迁移的量也就越大。其后伍德沃斯把相同要素说修改为共同成分说，即两种情境中有共同成分时可以产生迁移。

3. 经验类化说

经验类化说，又被称为概括化理论，是由美国心理学家贾德提出的。贾德在1908年所做的"水下打靶"实验，是概括化理论的经典实验。贾德认为，先期学习获得的东西，之所以能迁移到后期的学习中，是因为在先期学习中获得了一般原理，这种原理可以部分或全部地运用于两种学习之中。根据这一理论，两个学习活动之间存在的共同要素，只是产生迁移的必要前提条件，而迁移产生的关键是学习者在两种活动中概括出它们之间的共同原理。只要一个人对他的经验进行了概括，就可以完成从一种情境到另一种情境的迁移。对原理了解、概括得越好，在新情境中学习的迁移也就越好。

贾德的概括化理论表明，学生一旦掌握有关的原理并将其概括化，就能产生广泛的迁移。因此，教师要重视对具有普遍性和概括性的基础知识，即基本概念和原理的教学。学生掌握的基础知识越多，越容易产生迁移。教师要在教学方法上注意引导学生概括，并引导学生把这种概括化的原理与实践相联系，对学生理论联系实际方面也给予指导，促进迁移的产生。同时在教学的过程中注意引导学生在学习情境中对共同原理进行概括。教师还应该根据学生的能力差异帮助其进行原理概括。教师要采取多种教学措施，帮助学生理解所学的基本知识，使学生学会概括的方法，提高概括的水平，并在此基础上进行复习和练习，以达到熟练记忆和运用的目的。

4. 关系转换说

关系转换说，又被称为关系理论或转换理论，由格式塔心理学家提出。苛勒的"小鸡觅食"实验是该理论的经典实验。格式塔心理学家从理解事物关系的角度，对经验类化的迁移理论进行了重新解释，并通过实验证明迁移产生的实质是个体对事物间关系的理解。关系转换说强调主体的理解或顿悟在迁移中的作用，认为迁移不是由于两个学习情境具有共同成分、原理或规则而自动产生的，而是由于学习者突然发现两种学习经验之间存在关系的结果。

（二）现代的学习迁移理论

1. 认知结构迁移理论

认知结构迁移理论是奥苏贝尔在他的同化论基础上所提出的关于学习迁移的理论。认知结构迁移理论认为，一切有意义的学习都是在原有认知结构的基础上产生的，不受原有认知结构影响的有意义学习是不存在的。

奥苏贝尔认为，学生的认知结构是影响迁移的关键因素，认知结构的加强能促进新知识的学习与保持，教学的目标就是使学生形成良好的认知结构。

奥苏贝尔提出了影响迁移的三个主要的认知结构变量，即可利用性、可辨别性、稳定性。学生学习新知识时，认知结构可利用性越高、可辨别性越大、稳定性越强，就能促进对新知识学习的迁移。

2. 产生式迁移理论

产生式迁移理论的代表人物是安德森。所谓产生式就是有关条件和行动的规则。产生式迁移理论的基本思想：前后两项学习任务产生迁移的原因是两项任务之间产生式的重叠，重叠越多，迁移量越大。两项任务之间的迁移，是随其共有的产生式的多少而变化的。安德森认为，产生式迁移理论是桑代克相同要素说的现代化。二者都强调迁移中的共同要素，但产生式迁移理论所强调的共同要素更侧重于认知成分。

三、影响学习迁移的因素

（一）相似性

1. 学习材料之间的相似性

学习材料作为学生学习的对象和知识的主要来源，对学习迁移有着重要的影响。在学习中，学习材料之间的相似性越高，越容易产生迁移。学生原有认知结构的知识经验与新的学习材料的联系性越高，越容易产生迁移。这里需要注意的是，学习材料的难度与迁移的产生并没有直接关系。

2. 学习目标与学习过程的相似性

除了客观的相似性，即学习材料影响迁移外，个体加工学习材料的过程是否相似也影响迁移的产生，加工过程的相似性可视为主观相似性。由于加工过程往往受到活动目标的制约，因此，目标要求是否一致、相似，将在一定程度上决定了加工过程是否相似，进而决定了能否产生迁移。

3. 学习情境的相似性

学习情境是学习时的场所、环境布置、教学或测验人员等，这些方面越相似，学生就越能利用有关线索，提高学习或问题解决中正迁移出现的概率。

（二）原有认知结构

原有认知结构的特征直接决定了迁移的可能性及迁移的程度。原有认知结构对迁移的影响主要表现在三个方面。

①学习者是否拥有相应的背景知识，这是迁移产生的基本前提条件。已有的背景知识越丰富，越有利于新的学习，即迁移越容易产生。

②原有的认知结构的概括水平对迁移起到至关重要的作用。一般而言，经验的概括水平越高，迁移的可能性越大，效果越好；经验的概括水平越低，迁移的可能性越小，效果也越差。

③学习者是否具有相应的认知技能或策略及对认知活动进行调节、控制的元认知策略，这也影响着迁移的产生。掌握必要的认知策略和元认知策略，是提高迁移发生可能性的有效途径。

（三）学习的定式

定式，又被称为心向，通常指先于一定的活动而又指向该活动的一种动力准备状态。定式的形成往往是由于先前的反复经验，它发生于连续的活动中，前面的活动经验为后面的活动形成一种准备状态。定式对迁移的影响表现为两种：促进和阻碍。陆钦斯的"量杯"实验是定式影响迁移的一个典型例证。

除前面所涉及的影响迁移的一些基本因素外，诸如年龄、智力、学习者的态度、教学指导、外界的提示与帮助等都在不同程度上都影响着迁移的产生。

📋 **真题陈列架**

（2018年下·辨析·25）学习材料的难度越大，越难以产生学习迁移。

【参考答案】错误。学习迁移，也被称为训练迁移，是指一种学习对另一种学习的影响，或习得的经验对完成其他活动的影响。影响学习迁移的因素主要有学习任务的相似性、学习者原有认知结构、学习的定式等。学习迁移能否产生与学习材料本身的难度是没有直接关系的。因此本题说法错误。

四、有效促进学习迁移的措施

（一）精选教材

在教学中，要想使学生在有限的时间内掌握大量的、有用的经验，教学内容就必须精选。教师应选择那些具有广泛迁移价值的科学成果作为教材的基本内容，而每门学科中的基本知识、基本技能和行为规范具有广泛的适应性，其迁移价值较大。

（二）合理编排教学内容

精选的教材只有通过合理的编排才能充分发挥其迁移的效能。从迁移的角度来看，合理编排的标准就是使教材达到结构化、一体化、网络化。

（三）合理安排教学程序

合理编排的教学内容是通过合理的教学程序得以体现、实施的，教学程序是使有效的教材发挥功效的最直接的环节。在宏观上，教学中应将基本的知识、技能和态度作为教学的主干结构，并依此进行教学。在微观上，应注重学习目标与学习过程的相似性，或有意识地沟通具有相似性的学习。

（四）教授学习策略，提高迁移意识

学习策略和元认知策略具有广泛的迁移性，同时它们又能够提高学习者迁移的意识性。结合实际学科的教学来教授有关的学习策略和元认知策略，这不仅可以促进学生对所学内容的掌

握，而且可以改善学生的学习能力，使学生学会学习，提高了迁移的意识性，从根本上促进迁移的产生。

记忆保温箱

学习迁移
- 学习迁移概述
  - 概念
  - 分类
    - 迁移的性质和结果的不同
    - 迁移发生的方向不同
    - 迁移内容的不同
    - 迁移内容的抽象和概括水平的不同
    - 迁移过程中所需的内在心理机制的不同
- 学习迁移的理论
  - 形式训练说：代表人物、观点
  - 相同要素说：代表人物、观点
  - 经验类化说：代表人物、观点
  - 关系转换说：代表人物、观点
  - 认知结构迁移理论：代表人物、观点
  - 产生式迁移理论：代表人物、观点
- 影响学习迁移的因素
- 有效促进学习迁移的措施

第五节 学习策略

考点收纳盒

关键考点	考查力度	常考题型	理解难度
认知策略	■□□□□	单选	★☆☆☆☆
元认知策略	■□□□□	简答	★☆☆☆☆

知识储备库

一、学习策略概述

（一）学习策略的概念

学习策略是指学习者为了提高学习的效果和效率，有目的、有意识地制定有关学习过程的复杂方案。

（二）学习策略的分类

许多学者对学习策略的成分和层次提出了自己的看法，并据此对学习策略做出不同的分类。

1.丹瑟洛的分类

丹瑟洛及其同事将学习策略分为基本策略和辅助性策略。基本策略包括获得和存储信息的策略及提取和使用这些存储信息的策略。辅助性策略是指被用来维持合适的进行学习的心理状态。辅助性策略又包括三种策略，即计划和时间安排、专心管理、监控与诊断。

2.迈克卡的分类

迈克卡等人根据学习策略所包含的成分不同，将学习策略分为认知策略、元认知策略和资源管理策略。迈克卡对学习策略的分类如图4-5所示。

$$
学习策略
\begin{cases}
认知策略 \begin{cases} 复述策略 \\ 精细加工策略 \\ 组织策略 \end{cases} \\
元认知策略 \begin{cases} 计划策略 \\ 监控策略 \\ 调节策略 \end{cases} \\
资源管理策略 \begin{cases} 时间管理策略 \\ 环境管理策略 \\ 努力管理策略 \\ 资源利用策略 \end{cases}
\end{cases}
$$

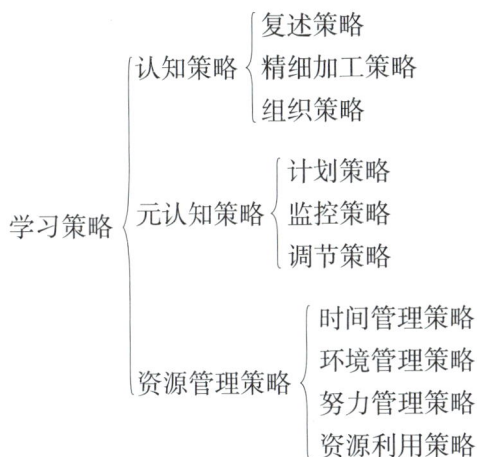

图4-5　迈克卡对学习策略的分类

二、认知策略

认知策略是个体加工信息的一些方法和技术。这些方法和技术能使信息较为有效地从记忆中被提取。认知策略可以分为复述策略、精细加工策略和组织策略。

（一）复述策略

复述策略是指在工作记忆中为了保持信息，运用内部语言在大脑中重现学习材料或刺激，以便将注意力维持在学习材料上的方法。常用的复述策略有以下几种。

1. 有效利用无意识记和有意识记

无意识记是没有预定目的、不需要意志努力的识记，有意识记是有目的、有意识的识记。在识记时要有效利用无意识记和有意识记。

2. 排除相互干扰

一般来说，前后所学习的信息之间存在相互干扰，即前摄抑制与倒摄抑制。干扰会阻碍人们在大脑中复述刚才所学的信息，因此，我们一定要考虑短时记忆的有限容量，在进行进一步的学习之前，要在头脑中进行复述，避免干扰。

3. 整体识记和分段识记

对于篇幅短小或者内在联系密切的材料，适合采用整体识记，即整篇阅读，直到记牢为止。对于篇幅较长或者较难或者内在联系不密切的材料，适合采用分段识记。

4. 多种感官参与

在复述的时候，要学会运用眼、口、耳、手等多种感官，有利于增强识记的效果。

5.复习形式多样化

采用多种形式进行复习，例如，将所学的知识再用实验证明、写成报告、做出总结、与人讨论以及向别人讲解等，这比单调重复更有利于理解和记忆。在实践中，应用所学知识是对知识的最好复习。

6.画线或圈点标注

画线是阅读时常用的一种复述策略，能够使学生将文中已有的结构联系起来。另外，圈点标注的方法可以与画线策略一起使用。

（二）精细加工策略

精细加工策略是一种将新学材料与头脑中已有知识联系起来，从而增加新信息的意义的深层加工策略。精细加工策略是一种理解性的记忆策略。下面是一些常用的精细加工策略。

1.记忆术

记忆术是一种有用的精细加工技术，它能在新材料和视觉想象或语义知识之间建立联系。比较流行的记忆术有以下几种。

（1）位置记忆法

位置记忆法是一种传统的记忆术。位置记忆法，就是学习者在头脑中创建一幅熟悉的场景，在场景中确定一条明确的路线，在这条路线上确定一些特定的点。然后将所要记的项目全都视觉化，并按顺序将这条路线上的各个点联系起来。回忆时，按这条路线上的各个点提取所记的项目。

（2）缩减和编歌诀法

缩减是将识记材料中的每条提炼出关键字或字母，然后形成一个缩写词或者一个句子，变成自己熟悉的事物，从而将材料与过去的经验联系起来。也可以将材料缩简成歌诀，在缩简材料编成歌诀时，最好靠自己动脑筋，因为自己创造的东西印象更深刻。歌诀力求精练准确，富有韵律。

（3）谐音联想法

学习一种新材料时运用联想，假借意义，对记忆很有帮助。这种方法被称为谐音联想法。在记忆历史年代和常数时，这种方法行之有效。例如，把圆周率"3.1415926535……"编成顺口溜"山巅一寺一壶酒，尔乐苦煞吾……"。

（4）关键词法

关键词法就是将新词或概念与相似的声音线索词，通过视觉表象联系起来。例如，英文单词"tiger"可以联想成"泰山上一只虎"。

（5）视觉联想法

视觉联想就是要通过心理想象来帮助人们记忆信息。例如，前述位置记忆法实际上就是一种视觉联想法，利用了心理表象。而且想象越奇特、合理，加工就越深入、越细致，记忆就越牢固。例如，可以将"飞机—箱子"想象为"飞机穿过箱子"等。

（6）语义联想法

语义联想法就是通过联想，将新材料与头脑中的旧知识联系在一起，赋予新材料更多的意义。因此要设法找出新旧材料之间的内在逻辑联系。

2. 做笔记

做笔记包括摘抄、评注、加标题、写段落概括语等。研究表明，学生可以借助笔记来控制自己的注意和信息加工过程，发现新旧知识的内在联系，在新旧知识之间建立联系。同时为了方便学生做笔记，教师在讲课时要注意：讲课速度适当、重复复杂的主题材料、把重要的材料写在黑板上、为学生做笔记提供结构上的帮助。

3. 提问

如果在学生阅读时教他们提一些"谁""什么""哪儿""如何"的问题，他们能领会得更好。

4. 生成性学习

生成性学习就是要训练学生对他们所阅读的东西产生一个类比或表象，例如图形、图像、表格和图解等，以加强其深层理解。

5. 利用背景知识，联系实际

精细加工强调在新学信息和已有知识之间建立联系，背景知识的多少在学习中是非常重要的。教师一定要把新的学习和学生已有的背景知识联系起来，并要能联系实际生活，不仅要帮助学生理解这些信息的意义，而且要帮助学生感觉到所学知识的重要性。

> **真题陈列架**
>
> （2017 年下·单选·16）地理老师教学生记忆"乞力马扎罗山"时，为方便学生记忆，将之戏称为"骑着马打着锣"。这种学习策略属于（　　　）。
>
> A. 复述策略　　　　B. 精细加工策略　　　C. 组织策略　　　　D. 元认知策略
>
> 【答案】B。

（三）组织策略

组织策略是整合所学新知识之间、新旧知识之间的内在联系，形成新的知识结构的学习策略。下面是一些常用的组织策略。

1. 列提纲

列提纲时，先对材料进行系统的分析、归纳和总结，然后，用简要的语词，按材料中的逻辑关系，写下主要和次要观点。所列出的提纲要具有概括性和条理性，但其效果取决于学习者是如何使用它的。

2. 利用图形

（1）系统结构图

学完一科知识后，对学习材料进行归类整理，将主要信息归成不同水平或不同部分，然后形成一个系统结构图。复杂的信息一旦被整理成一个金字塔式的层次结构，就容易理解和记忆多了。在金字塔结构里，较具体的概念要放在较抽象的概念之下。

（2）流程图

流程图可用来表现步骤、事件和阶段的顺序。流程图一般从左向右展开，用箭头连接各步骤。

（3）模式或模型图

模式图就是利用图解的方式来说明在某个过程中各要素之间是如何相互联系的。模型图是用简图表示事物的位置（静态关系），以及各部分的操作过程（动态关系）。

（4）网络关系图

网络关系图是由节点（观点）和连线（观点之间的关系）组成。节点的排列分层，似金字塔（如前所述），而连线具有不同的性质，来表达不同性质的关系。在网络关系图中，主要观点图位于正中，支持性的观点位于主要观点图的周围。

3. 利用表格

（1）一览表

首先对材料进行全面的综合分析，然后抽取主要信息，并从某一角度出发，将这些信息全部陈列出来，力求反映材料的整体面貌。例如，学习中国历史时，可以以时间为轴，将朝代、主要历史人物、历史事件全部展现出来，制成中国历史发展一览表。

（2）双向表

双向表是从纵横两个维度罗列材料中的主要信息。层次结构图和流程图都可以衍变成双向表。

4. 归类策略

归类是把材料分成小单元，再把这些小单元归到适当的类别里。例如，要外出购买的东西有很多，包括盐、葡萄、蒜、苹果、胡萝卜、橘子、胡椒、豌豆、辣椒粉、姜，可以将它们分别归在"水果""蔬菜""佐料"等概念下，再分门别类地记忆。

> ✏️ **真题陈列架**
>
> （2016 年下·单选·17）在老师的指导下，学生采用画示意图的方式对知识进行归纳整理，以促进自己对所学知识的掌握。学生采用的这种学习策略是（　　）。
>
> A.复述策略　　　　　　　　　B.精细加工策略
>
> C.监控策略　　　　　　　　　D.组织策略
>
> 【答案】D。

三、元认知策略

"元认知"这一概念是美国心理学家弗拉维尔首先提出的，指人对自己的认知过程的认知。学习者可以通过元认知来了解、检验、评估和调整自己的认知活动。一般认为，元认知由元认知知识、元认知体验和元认知监控三部分组成。元认知策略是学生对自己认知过程的认知策略，包括对自己认知过程的了解和控制策略。元认知策略主要分为以下三种。

（一）计划策略

计划策略是根据认知活动的特定目标，在认知活动之前，进一步明确完成目标及所涉及的各种活动、预计结果、选择策略、设计解决问题的方法，并预估其有效性等。计划策略包括设置学习目标、浏览阅读材料、产生待回答的问题以及分析如何完成学习任务。

（二）监控策略

监控策略是在认知活动进行的实际过程中，根据认知目标及时评价、反馈认知活动的结果与不足，正确估计自己达到认知目标的程度、水平，并根据有效性标准评价各种认知行动、策略的效果。监控策略包括阅读时对注意加以跟踪、对材料进行自我提问、考试时监视自己的速度和时间。

（三）调节策略

调节策略是根据对认知活动结果的检查，例如，发现问题，则采取相应的补救措施，根据对认知策略的效果的检查，及时修正、调整认知策略。调节策略与监控策略有关。例如，当学习者意识到他不理解课文的某一部分时，他们就会退回去读困难的段落、在阅读困难或不熟的材料时放慢速度、复习他们不懂的课程材料；测验时跳过某个难题，先做简单的题目等。调节策略能帮助学生矫正他们的学习行为，使他们补救理解上的不足。

四、资源管理策略

资源管理策略是辅助学生管理可用环境和资源的策略，有助于学生适应环境并调节环境以适应自己的需要，具体包括时间管理策略、环境管理策略、努力管理策略和资源利用策略。

（一）时间管理策略

1. 统筹安排学习时间

每个人都应当根据自己的总体目标，对时间做出总体安排，并通过阶段性的时间表来落实。

2. 高效利用最佳时间

在不同的时间里，人的体力、情绪和智力状态是不一样的。要根据自己的工作曲线安排学习活动。随着学习的进行，人的精神状态和注意力会发生变化。一般来说存在三种变化模式，即先高后低、中间高两头低和先低后高。每个人要根据自己的模式，安排学习内容，确保在状态最佳时学习最重要的内容。

3. 灵活利用零碎时间

首先，可以利用零碎时间处理学习上的杂事。其次，读短篇或看报纸杂志，拓宽自己的知识面，或者背诵诗词和外文单词。最后，可以进行讨论和通信，与他人进行交流，在轻松的气氛里与人交流，有助于启发创造性思维。

（二）环境管理策略

首先，要注意调节自然条件，例如，流通的空气、适宜的温度、明亮的光线以及和谐的色彩等。其次，要设计好学习的空间，例如，空间范围、室内布置、用具摆放等因素。

（三）努力管理策略

为了使学生维持自己的意志努力，需要不断地鼓励学生进行自我激励。努力管理策略包括激发内在动机；树立为了掌握而学习的信念；选择有挑战性的任务；调节成败的标准；正确认识成败的原因；自我奖励等。

（四）资源利用策略

资源利用策略，又被称为寻求支持策略、学业求助策略，主要包括两个方面：一是学习工具的利用，例如，善于利用参考资料、工具书、图书馆、广播电视以及电脑与网络等；二是社会人力资源的利用，例如，善于利用老师的帮助以及通过同学间的合作与讨论来加深对教学内容的理解。

记忆保温箱

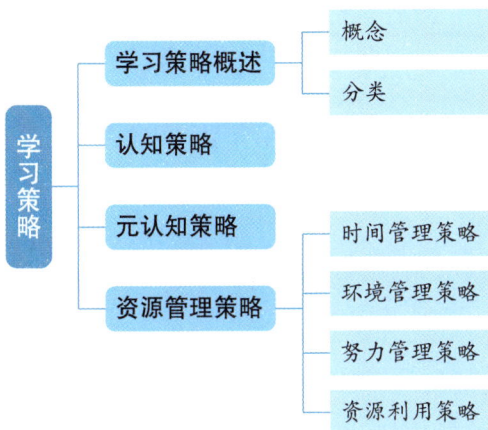

第六节　知识的学习与技能的形成

考点收纳盒

关键考点	考查力度	常考题型	理解难度
知识的学习	■□□□□	单选、简答	★☆☆☆☆
技能的形成	■□□□□	简答	★☆☆☆☆

知识储备库

一、知识的学习

（一）知识的概念

知识是指个体通过与环境相互作用后获得的信息及其组织。知识的实质是人脑对客观事物的特征与联系的反映，是客观事物的主观表征。

（二）知识的类型

1. 感性知识与理性知识

根据知识反映深度的不同，知识可分为感性知识和理性知识。

感性知识是通过人们的感觉器官直接获得的，是对事物的外表特征和外部联系的反映，可分为感知和表象两种水平。

理性知识是通过思维活动间接获得的，是事物的本质特征与内在联系的反映，包括概念和命题两种形式。

2. 陈述性知识、程序性知识与策略性知识

根据知识的不同表征方式和作用，知识可分为陈述性知识、程序性知识和策略性知识。

陈述性知识，又被称为描述性知识，是关于事物及其关系的知识，主要用于区分和辨别事物。它是个人有意识地提取线索，因而能直接陈述的知识。这类知识主要用来回答事物"是什么""为什么""怎么样"的问题。例如，长江是中国最长的河流。

程序性知识，又被称为操作性知识，是一种经过学习自动化了的关于行为步骤的知识，表

现为在信息转换活动中进行的具体操作。它是个人没有有意识地提取线索，只能借助于某种作业形式间接推测其存在的知识。这类知识主要用来解决"做什么"和"怎么做"的问题。例如，如何在图书馆中查找鲁迅的杂文集《朝花夕拾》。

策略性知识是关于如何学习和如何思维的知识，即个体运用陈述性知识和程序性知识去学习、记忆、解决问题的一般方法和技巧。例如，知道如何写好作文。

3. 显性知识与隐性知识

英国哲学家波兰尼提出了"显性知识"（明确知识）和"隐性知识"（缄默知识）的知识形态。

显性知识是指用"书面文字、图表和数学表述的知识"，通常是用言语等人为方式，通过表述来实现的，所以又被称为"言明的知识"。

隐性知识是指尚未被言语或其他形式表述的知识，是"尚未言明的"或者"难以言传的"知识。波兰尼的著名命题"我们知晓的比我们能说出的多"说的就是隐性知识。

4. 结构良好领域的知识和结构不良领域的知识

根据知识应用的复杂多变程度的不同，知识可以分为结构良好领域的知识和结构不良领域的知识。

结构良好领域的知识是指有固定答案的知识。例如，需要背诵的课文中的语言知识。

结构不良领域的知识是指生活中比较复杂的知识。例如，听完一场学习经验交流会后，你很受启发，可是当你想把他人的学习方法运用到自己的学习中时，就要处理大量带有结构不良特征的情境和知识。

📘 **真题陈列架**

（2016年下·单选·15题）小刚利用改变物体接触面大小或光滑程度的方法，来增强或减弱滑板的摩擦力。这主要说明小刚能够运用（　　　）。

A. 元认知知识　　　　　　　　　　B. 描绘性知识

C. 情境性知识　　　　　　　　　　D. 程序性知识

【答案】D。

（三）知识学习的种类

1. 符号学习、概念学习和命题学习

根据知识本身的存在形式和复杂程度，奥苏贝尔将知识学习分为符号学习、概念学习和命题学习。

（1）符号学习

符号学习，又被称为表征学习，指学习单个符号或一组符号的意义，或者说学习符号本身

代表什么。符号学习的主要内容是词汇学习，即学习单个语言符号的意义。但符号不限于语言符号，也包括非语言符号（如实物、图像、图表、图形等）。符号学习还包括事实性知识的学习，例如，历史课中关于历史事件和历史人物的学习。

（2）概念学习

概念学习指掌握概念的一般意义，实质上是掌握同类事物的共同关键特征和本质属性。例如，"鸟"有"前肢为翼"和"无齿有喙"这样两个共同的关键特征。如果掌握了这两个关键特征，就掌握了这个概念的一般意义。概念学习比符号学习更为复杂，但需以符号学习为前提。

（3）命题学习

命题学习指学习由若干概念组成的句子的复合意义，即学习若干概念之间的关系。命题学习必须以符号学习和概念学习为基础，它旨在反映事物之间的联系和关系，是一种更加复杂的学习。

2. 下位学习、上位学习和并列结合学习

根据新知识与原有认知结构的关系，奥苏贝尔将知识学习分为下位学习、上位学习和并列结合学习。

（1）下位学习

下位学习，又被称为类属学习，即通过类属过程获得意义的学习。类属过程是一种把新的观念归属于认知结构中原有观念的某一部位，并使之相互联系的过程。

下位学习主要有两种：①派生类属学习，即新知识是学习者认知结构中原有观念的特例；②相关类属学习，即新知识的纳入使原有的观念得到扩展、深化、精制或限制。

（2）上位学习

上位学习，又被称为总括学习，即通过综合归纳获得意义的学习。当认知结构中已经形成某些概括程度较低的观念，在这些原有观念的基础上学习一个概括和包容程度更高的概念或命题时，便产生上位学习。例如，儿童往往是在熟悉了"萝卜""芹菜""菠菜"这类下位概念之后，再学习"蔬菜"这一上位概念的。

（3）并列结合学习

当新知识与学生认知结构中的原有观念是并列或类比关系时，便产生了并列结合学习。例如，学习质量与能量、热与体积、遗传结构与变异、需求与价格之间的关系。

真题陈列架

（2017年下·单选·17）英语老师先教学生蔬菜、水果、肉的英文单词，再教羊肉、猪肉、牛肉、胡萝卜、辣椒、西红柿、杧果、木瓜、香蕉等英文单词，并要求学生把后者纳入前者的类别中。这种知识学习属于（　　　）。

    A. 下位学习　　　　　B. 上位学习　　　　　C. 组合学习　　　　　D. 并列学习

【答案】 A。

（四）知识学习的过程

知识学习主要是学生对知识的内在加工过程。这一过程包括知识的获得、知识的保持和知识的提取三个阶段。这里主要介绍知识的获得与保持的相关内容。

1. 知识直观与知识概括

知识的获得是通过直观和概括两个环节来实现的。

（1）知识直观

直观是指主体通过对直接感知到的教学材料的表层意义、表面特征进行加工，从而形成对有关事物的具体的、特殊的、感性的认识的加工过程。在实际教学中，直观方式主要有实物直观、模象直观和语言直观。

如何提高知识直观的效果。第一，灵活选用实物直观和模象直观；第二，加强词与形象的配合；第三，运用感知规律，突出直观对象的特点；第四，培养学生的观察能力；第五，让学生充分参与直观过程。

（2）知识概括

概括是指主体通过对感性材料的分析、综合、比较、抽象等深度加工改造，从而获得对一类事物的本质特征与内在联系的抽象的、一般的、理性的认识的活动过程。在实际的教学过程中，学生对于知识的概括存在着抽象程度不同的两种类型，即感性概括和理性概括。

有效地进行知识概括有以下几个方法。第一，配合运用正例和反例。正例，又被称为肯定例证，指包含着概念或规则的本质特征和内在联系的例证；反例，又被称为否定例证，指不包含或只包含了一小部分概念或规则的主要属性和关键特征的例证。一般而言，概念或规则的正例传递了最有利于概括的信息，反例则传递了最有利于辨别的信息。

第二，正确运用变式。所谓变式，就是用不同形式的直观材料或事例说明事物的本质属性，即变换同类事物的非本质特征，以便突出本质特征。例如，在讲果实的概念时，不要只选可食用的果实（如苹果、西红柿、花生等），还要选择一些不可食用的果实（如橡树子、棉籽等），这样才有利于学生看到一切果实都具有"种子"这一关键属性，而舍弃其"可食用性"等无关特征。

第三，科学地进行比较。比较主要有两种方式，即同类比较和异类比较。通过同类比较，便于找出一类事物所共有的本质特征。通过异类比较，不仅能使相比客体的本质更清楚，而且有利于确切了解彼此间的联系与区别，有助于知识的系统化。

第四，启发学生进行自觉概括。为了促进知识的获得，在实际的教学情境中，教师应该启发学生去进行自觉的概括，鼓励学生自己去总结原理、原则，尽量避免一开始就要求学生记忆或背诵。

2. 促进知识获得和保持的方法

①明确知识学习的目的，增强学习主动性；②理解学习材料的意义；③对材料进行精细加工，促进对知识的理解；④运用组块化学习策略，合理组织学习材料；⑤运用多重信息编码方式，提高信息加工处理的质量；⑥重视复习方法，防止知识遗忘。

二、技能的形成

（一）技能的概念与分类

1. 技能的概念

技能是指经过练习而获得的合乎法则的认知活动或身体活动的动作方式。这一界定反映了技能的下列特点：①技能是通过大量练习形成的；②技能是一种动作系统，不是单一的动作；③合乎法则是技能的标志。

2. 技能的分类

根据技能的性质和表现形式的不同，可将技能分为操作技能与心智技能。

（1）操作技能

操作技能，又被称为动作技能、运动技能，是通过学习而形成的合乎法则的程序化、自动化和完善化的操作活动方式。例如，日常生活中的写字、打字、绘画，音乐方面的吹、拉、弹、唱。

操作技能的特点：①动作对象具有客观性；②动作执行具有外显性；③动作结构具有展开性。

（2）心智技能

心智技能，又被称为智力技能、认知技能，是一种借助内部力量调节、控制心智活动的经验，是通过学习而形成的合乎法则的心智活动方式。例如，阅读技能、写作技能、运算技能、解题技能。

心智技能的特点：①动作对象具有观念性；②动作执行具有内潜性；③动作结构具有简缩性。

（二）操作技能的形成阶段理论

1. 菲茨与波斯纳的三阶段模型

菲茨和波斯纳把操作技能的学习过程分为认知阶段、联结阶段和自动化阶段。

（1）认知阶段

学生尝试理解操作技能的任务及这一任务提出的要求，了解需要做哪些动作，各动作的顺序怎样，从何处可以得到反馈等。此时，学生要选出原来已经掌握的部分技能，并按规定的程序将它们组合起来。这一阶段的主要结果是获得程序性知识。

（2）联结阶段

在这一阶段，操作技能主要发生两类变化：一是先前流畅性和节奏感较差的部分技能逐渐变得富有节奏和流畅；二是一些个别的子技能被整合为互相协调一致的、稳定的总技能。此时的练习策略也有两种变化：当总技能中各部分技能相对独立时，部分技能的练习可先于总技能的练习；当总技能需要对各部分技能加以协调才能获得时，总技能的练习可先于部分技能的练习。

（3）自动化阶段

此时，技能的执行变得日趋自动化，操作极其流畅、准确和稳定。

2. 冯忠良的四阶段模型

中国心理学家冯忠良认为，操作技能的形成可以分为操作定向、操作模仿、操作整合与操作熟练四个阶段。

（1）操作定向

操作定向作为操作技能最基础的一个阶段，是极为重要的。操作定向也被称为操作的认知阶段，即了解操作活动的结构与要求，在头脑中建立起操作活动的定向映象的过程。

（2）操作模仿

操作模仿是指学习者通过观察实际再现特定的示范动作或行为模式。操作模仿的实质是将头脑中形成的定向映象以外显的实际动作表现出来，因此，模仿是在定向映象的基础上进行的，需要以认知为基础。

操作模仿阶段的动作特点有以下几点。

①动作品质。动作的稳定性、准确性、灵活性较差。

②动作结构。各个动作要素之间的协调性较差，互相干扰，常有多余动作产生。

③动作控制。主要靠视觉控制。

④动作效能。完成一个动作往往比标准速度要慢，个体经常感到疲劳、紧张。

（3）操作整合

操作整合是把操作模仿阶段习得的动作依据其内在联系联结、固定下来，并使各动作成分相互结合，成为定型的、一体化的动作。

操作整合阶段的动作特点有以下几点。

①动作品质。动作可以表现出一定的稳定性、精确性和灵活性。

②动作结构。动作的各个成分趋于分化、精确，各动作成分间的相互干扰减少，多余动作也有所减少。

③动作控制。视觉控制逐渐让位于动觉控制。

④动作效能。疲劳感、紧张感降低，心理能量的不必要的消耗减少，但没有完全消除。

（4）操作熟练

操作熟练是操作技能掌握的高级阶段，这个阶段形成的动作方式对各种变化的条件具有高度的适应性，动作的执行达到高度的程序化、自动化和完善化。

操作熟练阶段的动作特点有以下几点。

①动作品质。动作具有高度的灵活性、稳定性和准确性。

②动作结构。各个动作之间的干扰消失，衔接连贯、流畅、高度协调，多余动作消失。

③动作控制。动觉控制增强，视觉注意范围扩大。

④动作效能。心理消耗和体力消耗降至最低，表现为紧张感、疲劳感减少，动作具有轻快感。

（三）操作技能的培养

1. 准确地示范与讲解

示范、讲解是技能训练的第一步。准确地示范与讲解有利于学习者在头脑中形成准确的定向映象，进而在实际操作活动中调节动作的执行。

2. 必要而适当地练习

练习是形成各种操作技能所不可缺少的关键环节，是操作技能形成的基本条件和途径，对技能进步有促进作用。

练习过程中技能的进步情况可以用练习曲线来表示。练习曲线是指在连续多次的练习过程中所发生的动作效率变化的图解。虽然不同学习者的练习曲线存在差异，但也具有共同点，表现在以下方面。

①练习成绩逐步提高。学生的动作技能的练习成绩逐步提高主要表现在动作速度加快和准确性提高上。

②练习中的高原现象。在学生动作技能的形成中，练习到一定阶段往往出现进步暂时停顿的现象，被称为高原现象。它表现为练习曲线保持在一定的水平而不再上升，或者甚至有所下降。但是，在高原期之后，练习曲线又会上升，即表示练习成绩又可以有所进步。

③练习成绩的起伏现象。在动作技能的练习曲线中，可以看到练习成绩时而提高，时而下降，时而停顿的现象，这就是练习成绩的起伏现象。

3. 充分而有效地反馈

反馈是指学习者了解知道自己的学习结果后，据此对学习方法、计划和目标做出相应的调整。反馈对技能的顺利掌握有重要的意义。

4. 建立稳定清晰的动觉

动觉是复杂的内部运动知觉，它反映的主要是身体运动时的各种肌肉活动的特性，例如，紧张、放松等，而不是外界事物的特性。因此，有必要进行专门的动觉训练，以提高其稳定性和清晰性，充分发挥动觉在技能学习中的作用。

✓ 真题陈列架

（2016 年上·简答·29）简述动作技能培养的途径。

【参考答案】动作技能培养的途径有以下几种：①准确地示范与讲解；②必要而适当地练习；③充分而有效地反馈；④建立稳定清晰的动觉。

（四）心智技能的形成阶段理论

1. 加里培林的五阶段模式

对心智技能最早进行系统研究的是苏联心理学家加里培林，他提出了心智动作阶段形成理论。加里培林将心智动作的形成分成五个阶段：①活动定向阶段；②物质活动或物质化活动阶段；③有声的言语活动阶段；④无声的外部言语活动阶段；⑤内部言语活动阶段。

2. 冯忠良的三阶段模型

（1）原型定向

原型定向就是了解心智活动的实践模式，了解"外化"或"物质化"了的心智活动方式或操作活动程序，了解原型的活动结构（动作构成要素、动作执行次序和动作的执行要求），从而使个体知道该做哪些动作和怎样去完成这些动作，明确活动的方向。原型定向阶段也就是使个体掌握操作性知识（即程序性知识）的阶段。

（2）原型操作

原型操作是依据心智技能的实践模式，把个体在头脑中建立起来的活动程序计划，以外显的操作方式实施，以获得完备的动觉映象的过程。

（3）原型内化

原型内化是指心智活动的实践模式（实践方式）向头脑内部转化，由物质的、外显的、展开的形式变成观念的、内潜的、简缩的形式的过程。原型内化阶段是心智技能形成的高级阶段。

（五）心智技能的培养

1. 激发学习的积极性与主动性

在培养工作中，教师应采取适当措施，以激发学生的学习动机，调动学生学习的积极性。

2. 注意原型的完备性、独立性与概括性

心智技能的培养，开始于个体所建立起来的原型定向映象。在原型建立阶段，一切教学措施都要考虑到有利于建立完备、独立而具有概括性的定向映象。

3. 适应培养的阶段特征，正确使用言语

心智技能是借助于内部言语而实现的，因此言语在心智技能形成中具有十分重要的作用。

4. 注意学生的个体差异

教师在集体教学中应注意学生的个体差异，并针对学生存在的具体问题采取相应的教学辅助措施，以便更好地培养学生的心智技能。

记忆保温箱

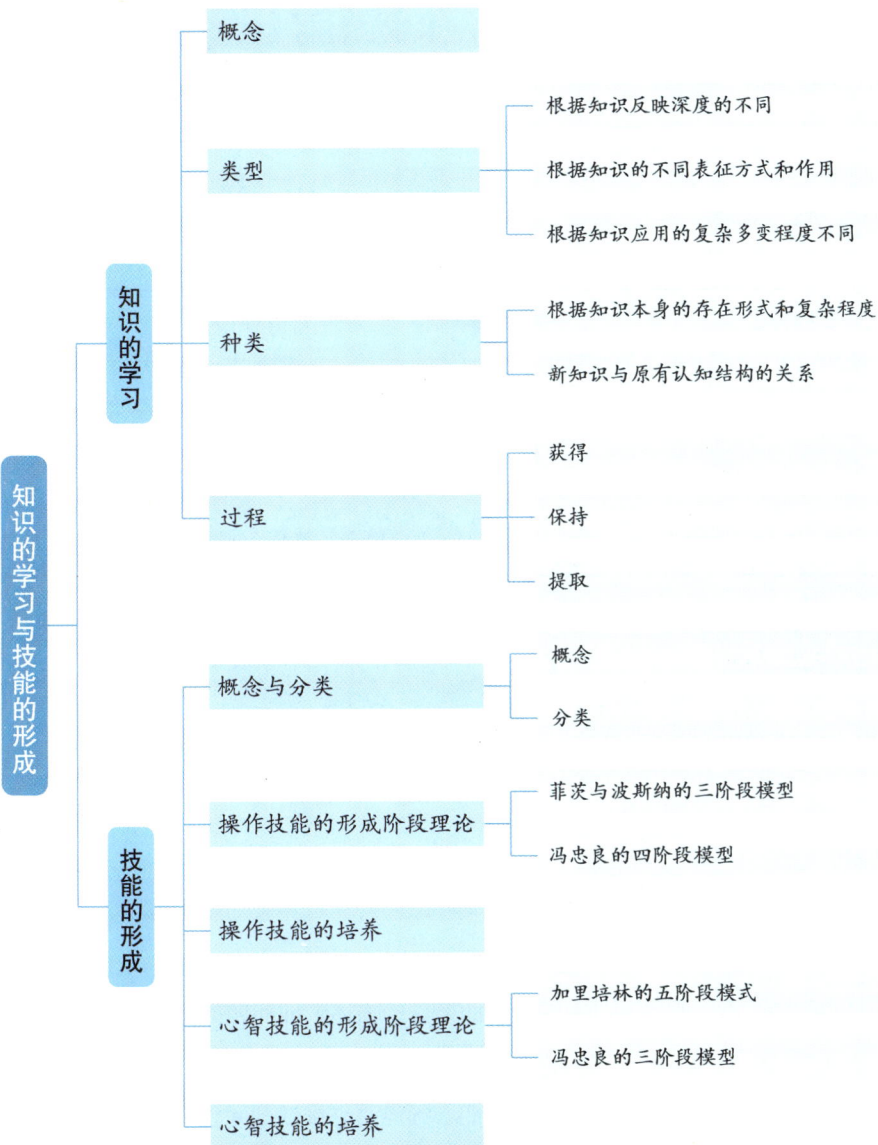

第七节　问题解决

考点收纳盒

关键考点	考查力度	常考题型	理解难度
问题解决的过程	■□□□□	单选	★☆☆☆☆
问题解决的策略	■□□□□	单选	★☆☆☆☆
影响问题解决的主要因素	■□□□□	单选、辨析、材料分析	★☆☆☆☆

知识储备库

一、问题与问题解决概述

（一）问题的概念及类型

1.问题的概念

问题是指给定信息和要达到目标之间的某些障碍需要被克服的刺激情境。

任何问题都必然包含三个基本成分。

①给定的条件，指一组已知的关于问题的条件的描述，即问题的初始状态。

②要达到的目标，即问题要求的答案或目标状态。

③存在的限制或障碍，指给定和目标之间必须经过思维活动才能消除的障碍，这些障碍通常是问题解决过程的中介步骤，也被称为算子。

2.问题的类型

按照问题的组织程度，问题可分为有结构的问题和无结构的问题。

①有结构的问题，又被称为结构良好的问题或界定清晰的问题，是指已知条件与要达到的目标都非常明确，个体按一定的思维方式即可获得答案的问题。例如，一般的数学应用题。

②无结构的问题，又被称为结构不良的问题或界定含糊的问题，是指已知条件与要达到的目标都比较含糊，问题情境不明确、各种影响因素不确定，不易找出解答线索的问题。例如，怎样激发学生学习动机。

（二）问题解决的概念、基本特点及类型

1.问题解决的概念

问题解决是指为了从问题的初始状态到达目标状态，而采取一系列具有目标指向性的认知操作过程。

2.问题解决的基本特点

问题解决具有以下几个基本特点。

①目的性。问题解决总是要达到某个特定的目标状态，因而具有明确的目的性。没有明确目的指向的心理活动，例如，漫无目的的幻想等，不能被称为问题解决。

②认知性。问题解决活动是通过内在的心理加工实现的，整个活动的过程依赖于一系列认知操作的进行。自动化的操作，例如，走路等基本上没有重要的认知成分参与，因而不属于问题解决。

③序列性。问题解决包含一系列的心理活动，例如，分析、联想、比较、推论等，仅有一个心理操作不能被称为问题解决。而且这些心理操作是有一定序列的，序列出错，问题也无法解决。

3.问题解决的类型

问题解决与问题的两种类型相对应。

①常规性问题解决，即使用常规方法来解决有结构的、有固定答案的问题。

②创造性问题解决，即综合应用各种方法或新方法、新程序等来解决无结构的、无固定答案的问题。

二、问题解决的过程

问题解决的一般过程：发现问题—理解问题—提出假设—检验假设。

1.发现问题

从完整的问题解决过程来看，发现问题是其首要环节。能否发现问题，取决于主体活动的积极性、主体的求知欲望和主体的知识经验。

2.理解问题

理解问题，又被称为明确问题或分析问题，就是把握问题的性质和关键信息，摒弃无关因素，并在头脑中形成有关问题的初步印象，即形成问题的表征。表征既是个体在头脑中对所面临的事件或情境的表现和记载，也是个体解决问题时加工的对象。

3.提出假设

提出假设就是提出解决问题的可能途径和方案，选择恰当的问题解决操作步骤。提出假设

是问题解决的关键阶段。

4.检验假设

检验假设就是通过一定的方法来确定假设是否合乎实际、是否符合科学原理。检验假设的方法有两种：一种是直接检验，即通过实践来检验，通过问题解决的结果来检验；另一种是间接检验，即通过推论来淘汰错误的假设，保留并选择合理的、最佳的假设。

真题陈列架

（2014年下·单选·13）初三学生小岩晚上在家复习功课，忽然灯灭了，他根据物理课上所学的知识，推测可能是保险丝断了，然后检查了闸盒里的保险丝。这是问题解决过程中的哪个阶段？（　　）

A. 发现问题阶段　　　　　　　　B. 理解问题阶段

C. 提出假设阶段　　　　　　　　D. 检验假设阶段

【答案】D。

三、问题解决的策略

（一）算法式策略

算法式策略即把解决问题的所有可能的方案都列举出来，逐一尝试。此种方式虽然可以保证解决问题，但效率不高。

真题陈列架

（2016年上·单选·15）小亮在解决物理习题时，能够把各种解法逐一列出并加以尝试，最终找到一个最佳解法。小亮的这种解题方法属于（　　）。

A.启发式　　　　　B.推理式　　　　　C.算法式　　　　　D.归纳式

【答案】C。

（二）启发式策略

启发式策略是人借助一定的经验，只根据目标的指引，试图不断地将问题状态转换成与目标状态相近的状态，从而只试探那些对成功趋向目标状态有价值的算子。常见的启发式策略主要有以下四种。

1. 手段—目的分析法

手段—目的分析法是指把所达到的问题的目标状态分解为若干子目标，通过一个个解决子目标的过程最终解决问题的总目标。因此，手段—目的分析法是在不断地减少当前状态与目标状态之间的差别，在解决复杂问题时往往要借用这种方法。

2. 逆向搜索法

逆向搜索法就是从问题的目标状态开始搜索，直至找到通往初始状态的通路或方法。逆向搜索法更适合于解决那些从初始状态到目标状态只有少数通路的问题。

3. 爬山法

爬山法的基本思想是设立一个目标，然后选取与起始点邻近的未被访问的任一节点，向目标方向运动，逐步逼近目标。这就像爬山一样，如果在山脚下，要想爬到山顶，就得一点一点地往上走，一直走到最高点。有时先得爬上矮山顶，然后再下来，重新爬上最高的山顶。因此，爬山法只能保证爬到眼前山上的最高点，而不一定是真正的最高点。

4. 类比思维法

类比思维法是解决陌生问题的一种常用策略。它让我们充分开拓自己的思路，运用已有的知识、经验将陌生的、不熟悉的问题与已经解决了的熟悉的问题或其他相似事物进行类比，从而创造性地解决问题。

四、影响问题解决的主要因素

（一）问题情境

问题情境就是指问题呈现的知觉方式。问题呈现出来的各种特点及它们之间的关系将影响着问题解决者对问题的明确与表征。问题情境中所包含的信息太多或太少，都不利于问题的解决。

（二）已有的知识经验

已有知识经验的质与量都影响着问题解决。拥有某一领域丰富的知识经验是有效解决问题的基础，与问题解决有关的经验越多，解决该问题的可能性也就越大。

（三）思维定式与功能固着

思维定式又被称为心理定式，是人的心理活动的一种准备状态。它是个体按照某种比较固定的方式去解决问题的一种心理倾向。思维定式的影响有消极的也有积极的。当解决相同或相似问题时，定式有助于人们对问题的适应而提高反应的速度。但对变化了的情境或问题，定式常有消极作用，会阻碍人们产生更合理、更有效的思路，影响解决问题的速度和效率。

功能固着即从物体的正常功能的角度来考虑问题的定式。也就是说，当一个人熟悉了某种物体常用的或典型的功能时，就很难看出该物体所具有的其他潜在的功能。而且最初看到的功能越重要，就越难看出其他的功能。

真题陈列架

（2020年下·辨析·25）思维定式对问题解决的影响可能是积极的，也可能是消极的。

【参考答案】正确。思维定式又被称为心理定式，是人的心理活动的一种准备状态。它是个体按照某种比较固定的方式去解决问题的一种心理倾向。思维定式的影响有积极的也有消极的。当解决相同或相似问题时，定式有助于人们对问题的适应而提高反应的速度。但对变化了的情境或问题，定式常有消极作用，会阻碍人们产生更合理、更有效的思路，影响解决问题的速度和效率。

（四）原型启发

在问题解决过程中，原型启发具有很大作用。所谓启发，是指从其他事物上发现解决问题的途径和方法。对解决问题产生启发作用的事物叫原型。

（五）酝酿效应

酝酿效应是指当一个人长期致力于某一问题的解决而又百思不得其解的时候，如果他暂时停下对这个问题的思考而去做别的事情，几个小时、几天或几周之后，他可能会忽然想到解决的办法。

（六）情绪与动机

情绪对问题的解决有一定的影响，肯定、积极的情绪状态有利于问题的解决，而否定、消极的情绪状态则会阻碍问题的解决。人们对活动的态度、责任感等可以成为发现问题的动机，影响问题解决的效果。动机的强度不同，影响的大小也不一样。

除了上述因素外，个体的智力水平、性格特征、认知风格和世界观等个性心理特征也制约着问题解决的方向和效果。

五、问题解决能力的培养

（一）提高学生知识储备的数量与质量

1. 帮助学生牢固地记忆知识

知识记忆得越牢固、越准确，提取得也就越快、越准确，成功地解决问题的可能性也就越大。

2. 提供多种变式，促进知识的概括

只有深刻领会和理解的知识才能牢固地记忆和有效地应用，因此，教师要重视概括、抽象、归纳和总结。

3. 重视知识间的联系，建立网络化结构

问题解决经常是综合运用各种知识的过程，知识之间的有机联系是保证正确地解决问题的基础。为此，教师要有意识地综合使用课内外、不同学科、不同知识点之间的联系，使学生所获得的知识不只是一个孤立的点，而是能够融会贯通、有机配合的网络化、一体化的知识结构。

（二）教授与训练解决问题的方法与策略

1. 结合具体学科，教授思维方法

有效的思维方法或心智技能可以引导学生正确地解决问题，教师既可以结合具体的学科内容，教授相应的心智技能，如审题技能、构思技能等，也可以根据已有的研究成果，开设专门的思维训练课。

2. 外化思路，进行显性教学

教师在教授思维方法时，应遵循由内而外的方式，即把教师头脑中的思维方法或思路提炼出来，明确地、有意识地外化出来，给学生示范，并要求学生模仿、概括和总结，这在一定程度上可以避免学生不必要的盲目摸索。

（三）提供多种练习的机会

教师应避免低水平、简单的提问或重复的机械联系，防止学生埋没于题海之中，应该考虑练习的质量，根据不同的教学目标、教学内容、教学时段来精选、设计例题与习题，充分考虑到练什么、什么时候练、练到什么程度、以什么方式练、如何检验练的效果。

（四）培养思考问题的习惯

1. 鼓励学生主动发现问题

鼓励学生对平常事物多观察，不要被动地等待教师指定作业后，才去套用公式或定理去解决问题。

2. 鼓励学生多角度提出假设

在明确问题的基础上，教师可以鼓励学生从不同的角度，尽可能多地提出各种假设，而不要对这些想法进行过多地评判，以免过早地将学生局限于某一解决问题的方案中。这时，重要的是数量，而不是质量。

3. 鼓励自我评价与反思

要求学生自己反复推敲、分析各种假设、各种方法的优劣，对解决问题的整个过程进行监控与评价。也就是说，应注重培养学生的元认知能力，以有效地调控问题解决的过程。

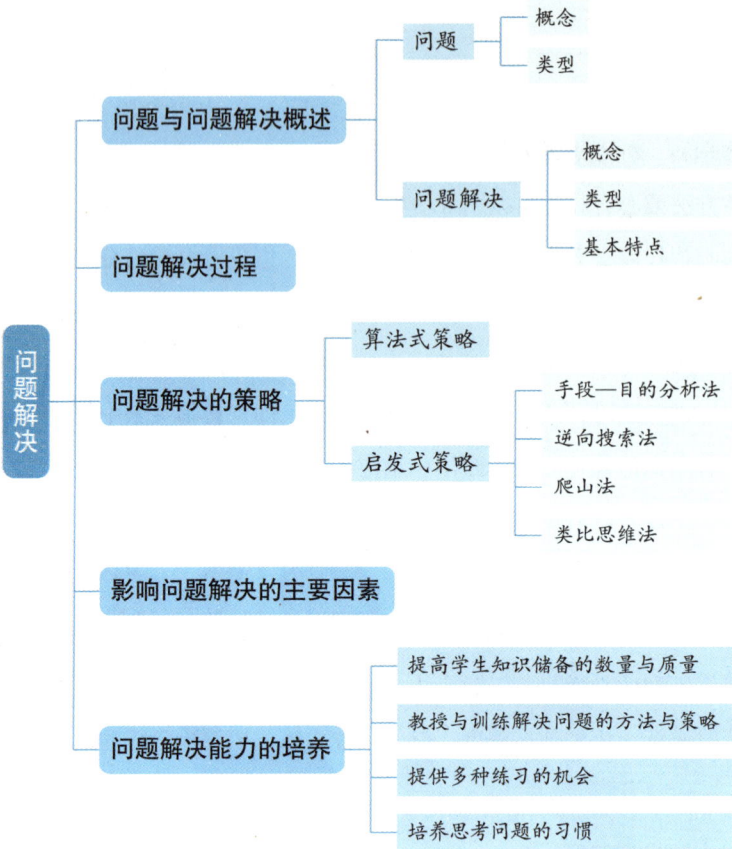

第五章

中学生发展心理

本章知识点有一定难度，考查点集中。
建议备考时应以识记和理解为主。

第一节　中学生认知发展

考点收纳盒

关键考点	考查力度	常考题型	理解难度
皮亚杰的认知发展理论	■□□□□	单选、辨析、简答	★★☆☆☆
维果斯基的心理发展理论	■□□□□	单选、简答	★★☆☆☆
中学生认知发展的特点与规律	■□□□□	材料分析	★☆☆☆☆

知识储备库

一、认知发展理论

（一）皮亚杰的认知发展理论

1.认知发展的实质

皮亚杰认为，认知发展是一种建构的过程，是在个体与环境不断的相互作用中实现的。认知（或智力）的本质就是适应，即儿童的认知是在已有图式的基础上，通过同化、顺应和平衡等机制，不断从低级向高级发展。

（1）图式

图式是指人在认识周围世界的过程中形成自己独特的认知结构。图式是个体对世界的知觉、理解和思考的方式，即心理活动的结构和组织。人最初的图式来源于先天的遗传，表现为一些简单的反射，如抓握反射、吸吮反射等。

（2）同化和顺应

皮亚杰认为认知机能可进一步区分为组织和适应，组织代表认知机能的内部方面，适应代表认知机能的外部方面。而皮亚杰所说的适应又包括同化和顺应两个过程。

同化是把新的刺激物纳入已有图式中的认知过程。同化是图式发生量变的过程，它不能引起图式的质变，但影响图式的生长。顺应是通过改变已有图式（或形成新的图式）来适应新刺激的认知过程。当人们遇到自己不能同化的刺激时，就面临着两种选择：一种是创造一个能够把新刺激纳入其中的新图式；另一种是修改原来的图式，使其能把新刺激纳入其中。这两种情况都是顺应的表现。顺应是图式发生质变的过程，使人的认知能力达到一个新的水平。

（3）平衡

同化是图式的量的变化，表现为认知发展的一种暂时的平衡。顺应则是质的变化，是图式的重建与调整，表现为认知发展的一种新的平衡。图式的形成和变化的过程就是心理发展的过程，通过同化和顺应而导致的不断发展着的平衡状态，实际上就是心理的发展。

2. 皮亚杰的认知发展阶段论

皮亚杰经过长期研究，将儿童的认知发展分为如下四个阶段：感知运动阶段（0～2岁）、前运算阶段（2～7岁）、具体运算阶段（7～11岁）和形式运算阶段（11岁以上）。它们彼此衔接，依次发生，不能超越，也不能逆转，各阶段发生的时间大致对应于上述的年龄阶段，但也存在较大的个体差异。

（1）感知运动阶段（0～2岁）

在这一阶段，儿童主要通过感知与动作来探索外部环境，手的抓取和嘴的吸吮是他们探索周围世界的主要手段。

在这个阶段，儿童在认知发展上的显著标志是大约在9～12个月时获得了客体永恒性。客体永恒性即当某一客体从儿童视野中消失时，儿童知道该客体并非不存在了。而在此之前，儿童往往认为不在眼前的事物就不存在了，并且不再去寻找。客体永恒性是后来认知活动的基础。

（2）前运算阶段（2～7岁）

运算是指内部的智力或操作。在这一阶段，儿童思维发展具有以下几个特点。

①符号功能。儿童在感知运动阶段获得的感觉运动行为模式已经内化为表象或形象模式，具有了符号功能。儿童开始运用语言或较为抽象的符号来代表他们经历过的事物，如用一根竹竿代表骏马从事象征性游戏。

②泛灵论（万物有灵论）。儿童还不能很好地把自己与外部世界区分开来，认为外界的一切事物都是有生命的，有感知、有情感、有人性，如儿童说"你踩在小草身上，它会疼得哭"。

③自我中心性。儿童认为别人眼中的世界和他所看到的一样，认为世界是为他而存在的，一切都围绕着他转。如"我一走路，月亮就跟我走""花儿开了，因为它想看看我"。

④不可逆性。儿童用表征形式认知客体的能力发展仍然在一定程度上受到单一方向思维的限制，只能前推，不能后退，思维具有不可逆性。

⑤刻板性。儿童在注意事物的某一方面时往往忽略其他的方面，思维具有刻板性。

⑥集中化。儿童在做出判断时倾向于运用一种标准或维度，如长得多、高得多，还不能同时运用两个维度，思维存在集中化的特征。

（3）具体运算阶段（7～11岁）

处于这一阶段的儿童正在小学阶段读书，其思维发展具有以下几个特点。

①守恒性。儿童已经获得了长度、体积、重量和面积等的守恒。所谓守恒是指儿童已认识到无论客体的外形发生什么变化，但其特有的属性不变。具有守恒概念是这一阶段的主要标志。

②具体逻辑思维。儿童的认知结构中已有抽象概念，掌握了群集运算、空间关系、分类和排序等逻辑运算能力，但思维仍需要具体事物的支持，还不能进行抽象思维。如当成人说，要对某些想法"泼泼凉水"时，儿童可能会立即问为什么要弄湿它。

③可逆性。儿童的认知结构已发生了重组和改善，思维具有一定的弹性，可以逆转。

④去自我中心性。儿童逐渐学会从他人的观点看问题，逐渐认识到他人持有和自己不同的观点与想法，进而能接受他人的主张或者修正自己的想法。

⑤去集中化（多维思维）。儿童逐渐学会从多角度思考问题，能够学会处理部分与整体的关系，进行一些逆向或互换的逻辑推理。去集中化是这一阶段儿童思维成熟的最大特征。

⑥理解原则和规则。儿童已经能理解原则和规则，但在实际生活中只能刻板地遵守规则，不敢改变。

（4）形式运算阶段（11岁以上）

这一阶段的儿童思维已超越了对具体的可感知的事物的依赖，使形式从内容中解脱出来，进入形式运算阶段。这一阶段儿童或青少年已完全具备进行以下思维的能力。

①命题之间关系。儿童的思维是以命题形式进行的，并能发现命题之间的关系。

②假设—演绎推理。能够进行假设性思维，采用逻辑推理、归纳或演绎的方式来解决问题。

③抽象逻辑思维。儿童能理解符号的意义、隐喻和直喻，能做一定的概括，其思维发展水平已接近成人的水平。

④可逆与补偿。儿童不仅具备了逆向性的可逆思维，而且具备了补偿性的可逆思维。

⑤思维的灵活性。儿童不再刻板地遵守规则，反而常常由于规则与事实的不符而违反规则。

皮亚杰认为，所有儿童的认知发展都会依次经历这四个阶段。认知结构的发展是一个连续建构的过程，每个阶段都有独特的结构，前一阶段是后一阶段的基础。虽然不同的儿童会以不同的发展速度经历这几个阶段，但是都不可能跳跃某一个发展阶段。在阶段的转折时期，同一个体可能同时进行不同阶段的活动。

真题陈列架

（2015年下·单选·14）中学生晓波通过物理实验发现，钟表的摆动幅度不取决于钟摆的材料或重量，而是取决于钟摆的长度。根据皮亚杰的认知发展阶段理论，晓波的认知发展水平已达到（　　）。

A. 感知运动阶段　　　　　　　　B. 前运算阶段

C. 具体运算阶段　　　　　　　　D. 形式运算阶段

【答案】D。

（二）维果斯基的心理发展理论

1. 文化历史发展理论

维果斯基提出，应该从微观发生发展层面、个体发生发展层面、系统发生发展层面、社会历史发展层面来评价人类的发展。他首次提出了文化历史发展理论，这是其心理发展理论的核心内容。

（1）两种心理机能

维果斯基区分了两种心理机能：一种是靠动物进化而获得的低级心理机能，它是个体早期以直接的方式与外界相互作用时表现出来的特征。另一种则是由历史发展而获得的高级心理机能，即以心理工具为中介的心理机能。高级心理机能使人类心理在本质上区别于动物。维果斯基认为，心理发展就是指个体心理在环境和教育的影响下，在低级心理机能的基础上，逐渐向高级心理机能转化的过程。

（2）两种工具说

维果斯基还提出了著名的"两种工具"说，即物质生产的工具和精神生产的工具——语言符号系统。物质生产工具指向外部，引起客体的变化；语言符号系统则指向内部，影响人的心理结构和行为。在人的工具生产中凝结着人类的间接经验，即社会文化知识和经验，这就使人类的心理发展规律不再受生物进化规律所制约，而是受社会历史发展规律的制约。

2. 心理发展观

在维果斯基看来，心理发展是个体的心理自出生到成年，在环境与教育的影响下，在低级心理机能的基础上，逐渐向高级心理机能转化的过程。由低级心理机能向高级心理机能的发展有四个主要的表现：①随意机能的不断发展；②抽象—概括机能的提高；③各种心理机能之间的关系不断变化、重组，形成间接的、以符号为中介的心理结构；④心理活动的个性化。

3.内化学说

内化是指个体将从社会环境中吸收的知识转化到心理结构中的过程。维果斯基认为，心理发展源于在社会交互作用中对文化工具的使用，源于将这种交互作用内化和进行心理转换的过程。维果斯基的内化学说的基础是他的工具理论。所有人所特有的心理过程（即所谓高级心理过程）都是由语言、标志和符号这样的心理工具充当中介的。

4.教学和发展的关系——最近发展区

关于教学和发展的关系，维果斯基提出了最近发展区的概念。他认为，教学要想取得效果，必须考虑儿童已有的水平，并要走在儿童发展的前面。所以，教师在教学时，必须考虑儿童的两种发展水平：一种是儿童现有的发展水平；另一种是在他人尤其是成人指导的情况下可以达到的较高的解决问题的水平。这两者之间的差距就叫作最近发展区。

维果斯基的最近发展区理论告诉我们，教学不能只适应学生的现有发展水平，走在学生发展的后面，而应适应学生可能的发展水平，走在学生发展的前面，从而使学生达到新的发展水平。因此，教师的教学要求，既不能迁就，也不要拔苗助长，而要让学生"跳一跳，摘得到"。

教育的作用表现在两个方面，一方面是教育可以决定儿童发展的内容、水平和速度等，另一方面是教育可以创造最近发展区。因为儿童两种水平之间的差距是动态的，它取决于教学如何帮助儿童掌握知识并促进其内化。教学就是要不断地把学生的潜在发展水平变成实际的发展水平，同时不断地创造新的发展区，提出更高的要求，从而促进儿童的心理发展。

✐ 真题陈列架

（2019年上·单选·17）张老师在设置教学目标时，既考虑学生的现有知识水平，也考虑他们在老师指导下可以达到的水平。维果斯基将这两种水平之间的差距称为（　　　）。

A. 教学支架　　　　　　　　　B. 最近发展区

C. 先行组织者　　　　　　　　D. 自我差异性

【答案】B。

二、中学生认知发展的特点与规律

（一）中学生感觉和知觉发展的特点

1.中学生感觉发展的特点

中学生的各种感觉都得到迅速发展。如视觉感受性、听觉感受性不断提高。其他感觉，如运动觉、平衡觉等均已高度发展。

2.中学生知觉发展的特点

中学生知觉发展主要呈现出以下特点：①有意性和目的性进一步提高；②精确性、概括性不断提高；③逻辑性知觉开始出现；④空间知觉和时间知觉逐步完善；⑤观察能力充分发展。

（二）中学生注意发展的特点

中学生的有意注意取代无意注意并占据了注意的主导地位，并且无论是有意注意还是无意注意，都在不断地深化；注意的各项品质也在不断提高，具体表现在以下几方面：①注意的稳定性大大增强。②注意的广度已经接近于成年人水平，但注意的分配和注意的转移能力在青少年期的发展并不显著。

（三）中学生记忆发展的特点

中学生的记忆发展主要呈现出以下特点：①记忆的容量日益增大。②记忆效果增加。青少年时期的记忆是记忆发展的"全盛"时期或"黄金"时期。③记忆的有意性明显增强。从记忆的目的来说，中学生有意记忆占主导，无意记忆的效果也在增强。④意义识记的能力进一步发展并随着年级升高，意义识记的成分越来越多，效果也越来越好；而机械识记运用得越来越少。⑤抽象记忆的能力明显提高。

（四）中学生思维发展的特点

中学生思维发展非常迅速，主要体现在以下几个方面。

①抽象逻辑思维日益占主导地位，思维中的具体形象成分仍起重要作用。

小学生的思维水平从具体形象向抽象逻辑水平过渡，具体形象思维仍占优势。到了初中阶段，学生的逻辑思维虽然得到发展，但还是一种经验型的抽象思维，思维活动还需要具体、直观、感性经验的支持。高中阶段，学生的思维才从经验型向理论型水平急剧转化。

②思维活动的组织性、创造性、独立性和批判性有了显著发展。

幼儿和小学生比较依赖教师和成人，相信甚至迷信"权威"，思维活动多被动性，少独创性。进入中学后，学生就迈进了一个喜欢怀疑、争论、探索、辩驳的时期。他们已经不再轻信教师、家长或书本上的权威性意见，常常主动地、独立地、批判地对待和探讨一切。到青年期这种独立性和批判性的思维品质已逐渐向较成熟的方向发展。

③青少年的思维品质还未完全成熟，还容易产生一些急躁性、片面性、表面性的毛病。

少年期，学生思维活动的独立性和批判性还较盲目。他们看问题易孤立欠全面；讨论问题易武断、偏激，缺乏冷静态度；否定问题易简单怀疑，缺乏论据或论据不足；讨论问题易与人争辩，而又缺乏谨慎的精神。青年期，学生的思维活动易受情绪左右，仍带偏激和片面的毛病。

（五）中学生想象发展的特点

中学生想象发展的特点主要表现在以下几个方面：①具有较强的有意性；②想象的现实性有所增强；③创造性想象的水平明显提高。

记忆保温箱

中学生认知发展
├─ 认知发展理论
│   ├─ 皮亚杰的认知发展理论
│   │   ├─ 认知发展的实质
│   │   └─ 认知发展阶段论（年龄、特征）
│   └─ 维果斯基的心理发展理论
│   ├─ 文化历史发展理论
│   ├─ 心理发展观
│   ├─ 内化学说
│   └─ 最近发展区
└─ 中学生认知发展的特点与规律
    ├─ 中学生感知觉发展的特点
    ├─ 中学生注意发展的特点
    ├─ 中学生记忆发展的特点
    ├─ 中学生思维发展的特点
    └─ 中学生想象发展的特点

第二节 中学生情绪情感的发展

考点收纳盒

关键考点	考查力度	常考题型	理解难度
情绪和情感的类型	■□□□□	单选	★☆☆☆☆
情绪理论	■□□□□	单选、简答	★★★★☆
中学生情绪和情感的发展特点	■■■□□	单选、材料分析	★☆☆☆☆
中学生常见的情绪问题及良好情绪的培养	■□□□□	材料分析	★☆☆☆☆

知识储备库

一、情绪和情感概述

（一）情绪和情感的概念与关系

1. 情绪和情感的概念

情绪是一种复杂的心理现象，它包含情绪体验、情绪行为、情绪唤醒等复杂成分。需要是情绪产生的重要基础。情感就是情的感受方面，即情绪过程的主观体验。情绪和情感是两个既有联系又有区别的概念。这两个概念在心理学上通常都定义为"人对客观事物是否符合自身需要而产生的态度体验"。但严格说来，二者是有一定区别的。

2. 情绪和情感的关系

（1）情绪和情感的区别

首先，从需要角度来看，情绪是和有机体生理需要相联系的体验。如人对食物、新鲜空气等的需要是否满足而产生喜悦、厌恶等情绪体验。而情感是同人的社会性需要相联系的体验。如和人的社会交际、友谊需要相联系的同情心、友谊感就属于情感范围。

其次，从发生角度来看，情绪发生较早，是人和动物共有的。如狗见主人摇头摆尾说明了动物情绪的存在。与情绪相比，情感发生较晚，是人类特有的心理现象。情感是与人的社会需要相联系，在实践中逐渐发展起来的。

再次，从稳定性角度来看，情绪具有情境性、不稳定性和易变性的特点，会随着情境的改变或需要的满足而减弱或消失。而情感则带有很大的稳定性、深刻性，不会因情境的改变而改变。如孩子的哭闹会引起母亲愤怒的情绪，但母亲对孩子爱的情感不会因为孩子的一次哭闹而消失。

最后，从表现方式来看，情绪具有冲动性和明显的外部表现。如人在高兴时会手舞足蹈，愤怒时会暴跳如雷。情感则比较内隐、含蓄，常以内心体验的方式存在，不轻易流露出来。

（2）情绪和情感的联系

一方面，情感是在多次情绪体验的基础上形成的，并通过情绪表现出来；另一方面，情感又影响着情绪的表现，情绪的表现受情感的制约。因此，情绪是情感的表现形式，情感是情绪的本质内容。

（二）情绪和情感的成分

情绪和情感是由独特的主观体验、外部表现和生理唤醒三种成分组成的。

1. 主观体验

主观体验是个体对不同情绪和情感状态的自我感受。每种情绪有不同的主观体验，它们代表了人们不同的感受，构成了情绪和情感的心理内容。

2. 外部表现

外部表现通常被称为表情，它是在情绪和情感状态发生时身体各部分的动作量化形式，包括面部表情、姿态表情和语调表情，其中面部表情是鉴别情绪的主要标志。

3. 生理唤醒

生理唤醒是指情绪和情感活动所产生的生理反应。不同情绪、情感的生理反应模式是不一样的。

（三）情绪的特点

情绪的主要特点包括主观性、社会性和两极性。

1. 主观性

主观性是指因为每个人的主观需要与对事物的认识不同，即便面对同一事物，也会有不同的情绪反应。

2. 社会性

社会性是指在不同的社会条件下，虽面对同样的刺激，但人们所产生的情绪反应是不同的。

3. 两极性

情绪的两极性是指情绪维度各个特征的变化幅度具有两种对立的状态。情绪的动力性、激动性、强度和紧张度等特征的变化幅度具有两极性，即存在两种对立的状态。

（四）情绪和情感的功能

1. 适应功能

情绪和情感是个体适应环境、求得生存与发展的重要形式。从人类远古祖先的进化角度分析，情绪和情感是随着适应环境和脑的发育完善紧密相连的，它们既具有社会性成分，也有助于人类适应社会环境。

2. 组织功能

情绪和情感对心理过程进行监督，是心理活动的组织者。积极的情绪和情感具有调节和组织作用，消极的情绪和情感则具有干扰和破坏作用。研究表明，中等强度的积极情绪和情感，可以为认知活动提供最佳的心理状态。

3. 信号功能

情绪和情感是个人与他人相互影响的重要方式之一，通过表情来传递信息、交流思想并实现其信号功能。

4. 动机功能

情绪和情感作为个体需要是否得到满足的主观体验，激励人去从事某些活动和行为，以提高活动效率。积极的情绪和情感状态会成为个体行为的积极推动力，而消极的情绪和情感则会成为行动的阻力。研究发现，适度的紧张和焦虑能促使个体积极地思考并产生行动去成功地解决问题。

二、情绪和情感的类型

（一）情绪的类型

1. 情绪的基本类型

一般认为情绪的基本类型有四种，即快乐、愤怒、悲哀和恐惧。

2. 情绪状态的类型

情绪状态是指个体在某种事件或情境的影响下，在一定的时间内所产生的情绪体验。根据情绪状态的强度和持续时间的长短，情绪可分为心境、激情和应激三种状态。

（1）心境

心境是一种比较持久的、微弱的、影响人的整个精神活动的情绪状态。心境具有弥漫性，它不是关于某一事物的特定体验，而是以同样的态度体验对待一切事物。如人逢喜事精神爽。

（2）激情

激情是一种强烈的、爆发性的、为时短促的情绪状态。其具有爆发性和冲动性，通常由对个人有重大意义的事件引起。如重大成功之后的狂喜、惨遭失败后的绝望、突如其来的危险所带来的异常恐惧等。激情状态常伴有明显的生理和身体方面的变化。例如：盛怒时，拍案大叫、暴跳如雷；狂喜时，捧腹大笑、手舞足蹈；绝望时，心灰意冷、麻木不仁。

（3）应激

应激是指在意料之外的紧急情况下产生的极度紧张的情绪。如汽车司机在驾驶过程中突然出现危险情境。

📝 **真题陈列架**

（2018年下·单选·18）高中生曲鸣喜欢写诗。前几天，他的诗首次在报纸上发表，他也因此得到了平生第一次稿费，因此近期做什么事都很愉快。曲鸣表现出的情绪状态属于（　　）。

A.心境　　　　B.激情　　　　C.应激　　　　D.热情

【答案】A。

（二）情感的类型

人的高级情感包括多种，主要有道德感、理智感和美感。

1. 道德感

道德感是个体根据一定的社会道德规范和标准，评价自己和他人的思想、观念及行为时产生的内心体验。如果自己或他人的言论和行为符合社会道德规范和标准，就会产生肯定性情感体验，如自豪、幸福、敬佩、欣慰、热爱等；否则就会产生否定性情感体验，如不安、羞愧、内疚、憎恨等。道德感按表现形式可分为以下三种。

（1）直觉的道德感体验

直觉的道德感体验，是由对某种情境的直觉感知引起的迅速而突然的情绪体验，对道德行为具有迅速定向的作用。例如，突如其来的自尊感激起某人的果断行为；突然产生的不安和内疚感阻止了某人不符合道德的行为；等等。直觉的道德感体验往往对道德行为准则的意识不明显，缺乏自觉性，主要是与个体过去的经验有关。

（2）形象的道德感体验

形象的道德感体验，是通过想象某种具有道德意义的人或事物而产生的情感体验。这种现象是作为社会道德标准的化身而产生的，可以使人更好地认识道德要求及其深刻的社会意义，扩大个人的道德经验。同时，这种形象生动、具体，经常给人以强烈的感染，成为产生道德行为的强大动力。青少年期的情感更容易与具体形象相联系，容易被英雄人物的优秀品质和事迹所感染和激励，从而产生道德感。

（3）伦理的道德感体验

伦理的道德感体验，是以清楚地意识到道德观念、道德伦理为中介的情感体验。它具有较强的自觉性、概括性及一定的道德理论水平。例如，按照理想产生符合道德标准的行为而产生的自豪感和自尊心等。但它仍然是以直觉的道德感体验和形象的道德感体验为基础。

2. 理智感

理智感是在人的智力活动过程中产生的情感体验，是和人的认识活动、求知欲、认识兴趣的满足、对真理的探求相联系的。它对人的智慧活动起着重要的指导作用。例如，探求事物的好奇心、渴望理解的求知欲、取得成就时的自豪感等都属于理智感。

3. 美感

美感是对事物的美的体验，是根据美的需要，按照个人所掌握的美的标准，对客观事物（包括内容和形式）进行评价时所产生的情绪体验。美感是在欣赏艺术作品、社会上的某些和谐现象和自然景物时产生的情绪体验。

> **✒ 真题陈列架**
>
> （2017 年下·单选·18）当解出一道困惑自己许久的难题时，小明感到无比兴奋、激动。心理学将小明此时的情感体验称为（　　）。
>
> A. 道德感　　　　B. 理智感　　　　C. 美感　　　　D. 幸福感
>
> 【答案】B。

三、情绪理论

（一）情绪的早期理论

1. 詹姆斯—兰格理论

美国心理学家詹姆斯和丹麦生理学家兰格先后提出了内容相同的一种情绪理论，后人称他们的理论为情绪的外周理论，即詹姆斯—兰格理论。

詹姆斯—兰格理论认为，情绪是对身体变化的知觉，即情绪是因身体器官对特殊的兴奋刺激反射性变化而产生的。情绪经验的产生过程是，先有引起个体反应的刺激，刺激会引起个体的生理或身体的反应，如身体器官、内脏和肌肉的反射性变化，正是这些身体上的生理反应，导致了个体的情绪经验，产生情绪。例如，幼儿手指受伤流血（刺激），引起哭泣（反应），继而感到悲伤（情绪）。

詹姆斯—兰格理论看到了情绪与机体变化的直接关系，强调了植物性神经系统在情绪产生中的作用，有其合理的一面。但是，他们片面强调植物性神经系统的作用，忽视了中枢神经系统的调节、控制作用，因而引起了很多的争议。

2. 坎农—巴德学说

美国生理学家坎农认为，情绪产生的中心不在外周神经系统，而在中枢神经系统的丘脑。

这一神经系统活动的过程如下：由外界刺激引起感觉器官的神经冲动，通过内导神经，传至丘脑；再由丘脑同时向上向下发出神经冲动，向上传至大脑，产生情绪的主观体验，向下传至交感神经，引起机体的生理变化，如血压增高、心跳加速、瞳孔放大、内分泌增多和肌肉紧张等。因此，情绪体验和生理变化是同时发生的，它们都受丘脑的控制。

坎农的情绪学说得到巴德的支持和发展，故后人称坎农的情绪学说为"坎农—巴德学说"。这一学说提出了情绪的特定中枢，引起了研究者对情绪反应中丘脑作用的重视，但忽略了外周生理变化对情绪作用的意义，以及大脑皮层对情绪产生的调节和控制作用，因此也受到了质疑。

（二）情绪的认知理论

1. 阿诺德的"评定—兴奋"学说

美国心理学家阿诺德提出了情绪的"评定—兴奋"学说。该学说的主要观点如下。

①刺激情景并不直接决定情绪的性质，从刺激出现到情绪的产生，要经过对刺激的估量和评价。情绪产生的基本过程是刺激情景—评估—情绪。同一刺激情景，由于对它的评估不同，会产生不同的情绪反应。

②情绪的产生是大脑皮层和皮下组织协同活动的结果，大脑皮层的兴奋是情绪行为产生的最重要的条件。

③情绪产生的理论模式：作为引起情绪的外界刺激作用于感受器，产生神经冲动，通过内导神经上送至丘脑，在更换神经元后，再送到大脑皮层，在大脑皮层上刺激情景得到评估，形成一种特殊的态度（如恐惧及逃避、愤怒及攻击等）。这种态度通过外导神经将皮层的冲动传至丘脑的交感神经，将兴奋发放到血管或内脏，所产生的变化使其获得感觉。这种从外周来的反馈信息，在大脑皮层中被估价，使纯粹的认识经验转化为被感受到的情绪。

2. 沙赫特—辛格的情绪理论

20世纪60年代，美国心理学家沙赫特提出，对于特定的情绪来说，有两个因素必不可少：一是个体必须体验到高度的生理唤醒；二是个体必须对生理状态的变化进行认知性的唤醒。事实上，情绪状态是通过认知过程、生理状态和环境因素在大脑皮层整合作用的结果。环境中的刺激因素，通过感受器向大脑皮层输入生理状态变化的信息；认知过程是对过去经验的回忆和当前情景的评估，来自这三个方面的信息经过大脑皮层的整合作用，才产生了某种情绪经验。将上述理论转化为一个工作系统，成为情绪唤醒理论。这个情绪唤醒模型的核心部分是认知。

3. 拉扎勒斯的认知—评价理论

拉扎勒斯是情绪的认知—评价理论的代表人物。他认为情绪是人与环境相互作用的产物。在情绪活动中，人不仅接受环境中的刺激事件对自己的影响，同时会调节自己对刺激的反应。

按照拉扎勒斯的观点，情绪是个体对环境事件知觉到有害或有益的反应。因此，在情绪活动中，人们需要不断地评价刺激事件与自身的关系。具体来讲，有三个层次的评价：初评价、次评价和再评价。

初评价是指人确认刺激事件与自己是否有利害关系及这种关系的程度。次评价是指人对自己的反应行为的调节和控制，包括能否控制刺激事件、控制的程度等。再评价是指人对自己的情绪和行为反应的有效性和适宜性的评价，实际上是一种反馈性行为。

> 📘 真题陈列架
>
> （2018年上·单选·18）沙赫特—辛格的情绪理论认为，对情绪产生起决定作用的因素是（ ）。
>
> A. 环境　　　　B. 生理　　　　C. 刺激　　　　D. 认知
>
> 【答案】D。

（三）情绪的动机—分化理论

伊扎德是情绪的动机—分化理论的代表人物，该理论的主要观点如下。

1. 情绪是分化的

伊扎德认为，情绪是分化的，存在着具有不同体验的独立情绪，这些独立的情绪都具有动机特征。每种基本情绪在组织上、动机上和体验上都有其独特性。不同的情绪具有不同的内部体验，这种内部体验对认知与行为会产生不同的影响。情绪过程与有机体的内部动态平衡、驱力系统、知觉与认知是相互影响的。

2. 情绪在人格系统中的地位和作用

伊扎德认为，人格系统由体内平衡系统、内驱力系统、情绪系统、知觉系统、认知系统和动作系统六个子系统组成。其中情绪是人格系统的组成部分，也是人格系统的核心动力。情绪的主观成分——体验，是起动机作用的心理机制，是驱动有机体采取行动的力量。人格系统的发展是这些子系统的自身发展与系统差异之间的联结不断形成和发展的过程。

3. 情绪系统的功能

伊扎德从进化的观点出发，提出大脑新皮层体积的增长同功能的分化、面部骨骼肌肉系统的分化以及情绪的分化是平行的、同步的。情绪的分化是进化过程的产物，具有灵活多样的适应功能，因此情绪在有机体的适应和生存上起着核心作用。每种具体的情绪都有其发生的渊源和特定的适应功能。

四、中学生情绪和情感的发展特点

青春期是人生的"第二次断乳期"。在这个时期，青少年的情绪体验跌宕起伏、剧烈波动，情感活动广泛且丰富多彩，表现出很明显的心理年龄特征，具体表现为以下特点。

（一）爆发性和冲动性

中学生对各种事物比较敏感，自我意识迅速发展，心理行为自控能力较弱。一旦激起某种性质的情感，中学生的情绪就容易猛烈爆发出来，表现出强烈的激情特征。他们的情绪和情感冲破理智的意识控制，淋漓尽致地显露出对外界事物的爱、恨、不满或恐惧、绝望等情绪。

（二）不稳定性和两极性

中学生情绪和情感的一个显著特征就是起伏波动较大，情绪体验不够稳定，常从一种情绪转为另一种情绪，两极性明显。他们会因为一件事情的成功而欣喜若狂、激动不已，也会因为一点挫折而沮丧懊恼、垂头丧气，情绪在两端间有明显的跌宕。因此，中学生看起来会莫名其妙地产生情绪波动，他们在心境上也常常出现明显的变化。

真题陈列架

（2019年下·单选·19）谢晶在全校大会上受到表扬，兴奋不已；会议结束后，当听到几个同学议论"她有什么了不起，你看她长得那个样"时，她又很快陷入极度苦恼之中。谢晶的表现典型地反映了中学生情绪的哪种特点？（　　　）

A. 两极性　　　　B. 不平衡性　　　　C. 阶段性　　　　D. 爆发性

【答案】A。

（三）外露性和内隐性

外露性是指中学生表现出强烈的情绪和情感反应，对外界事物的喜、怒、哀、乐均形于色，他们淋漓尽致地抒发自己的内心感受。

内隐性也被称为掩饰性，是指中学生逐渐学会用理智控制自己的情感表现和行为反应。青少年在情绪表现上已逐渐失去了那种毫无掩饰的单纯和率真，在某些场合，他们可将喜、怒、哀、乐等各种情绪隐藏于心中而不予表现，逐渐掩饰、压抑自己的情绪，使情绪的表露出现内隐性的特点。

（四）心境化和持久性

一方面，中学生会因为成功或收获而使快乐的情绪体验延长为积极良好的心境；另一方面，中学生会因失败或挫折而使不愉快的消极情绪延长为不良的心境。中学生的许多不良情绪（如焦虑、抑郁、自卑、烦躁、失望等）往往具有情绪心境化色彩。

（五）逆反性

逆反心理是指个体彼此之间为了维护自尊，对对方的要求采取相反的态度和言行的一种心理状态。在现实生活中，有的中学生"不受教""不听话"，甚至经常与老师、家长对着干，这些都是逆反心理的表现。

五、中学生常见的情绪问题及良好情绪的培养

（一）中学生常见的情绪问题

1. 焦虑

焦虑是预感到某种可怕的、可能会给自己带来威胁的事物或情境即将来临，而又感到无法预防和制止时，所产生的紧张、不安、忧虑等情绪体验。适度的焦虑是必要的，但过度的焦虑就会引起身心的不适。

2. 抑郁

抑郁是中学生常见的情绪困扰，是一种感到无力应对外界压力而产生的心境持久低落的情绪状态。常伴有悲观、痛苦、羞愧、自卑等消极情绪体验，以及躯体不适和睡眠障碍等外部症状，严重者会有自杀念头。

3. 恐惧

中学生常见的恐惧情绪有社交恐惧和学校恐惧。患有社交恐惧的学生怕与人打交道，遇生人特别是异性时面红耳赤、神经紧张，严重时拒绝与任何人接触，把自己封闭起来。这对日常生活、学习产生很大的影响。患有学校恐惧的学生表现为对环境不适应，紧张、焦虑，害怕去学校。

4. 孤独

从青春期开始的"心理上的断乳"，给中学生带来了很大的不安，尽管他们在主观上有独立的要求和愿望，但实际上很难在短时间内适应独立生活。他们的内心冲突及在现实中所遇到的挫折都较多，对许多问题还不能依靠自己的力量和能力去解决，又不愿求助父母或其他人，担心有损独立人格。因此，就产生一种孤独的心境。

5. 愤怒

愤怒是由于主体愿望的实现受客观事物的阻碍时所产生的激烈的情绪反应，其程度可以从不满、生气、恼怒、愤怒到暴怒。愤怒不仅有损自己的身心健康，而且容易引发不理智的冲动行为和攻击行为。中学生情绪发展还不太稳定，遇事很容易激动，愤怒是一种经常出现的负面情绪。

（二）中学生良好情绪的培养

1. 中学生良好情绪的标准

中学生良好情绪有如下几条标准。

①拥有良好情绪的中学生能正确反映一定环境的影响，善于准确表达自己的感受。

②拥有良好情绪的中学生能对引起情绪的刺激做出适当强度的反应。

③拥有良好情绪的中学生具备情绪反应的转移能力。

④良好的情绪应符合学生的年龄特点。

2. 中学生良好情绪的培养方法

中学生良好情绪的培养可以从以下几个方面进行。

（1）敏锐觉察情绪

敏锐觉察情绪就是能够自我觉察、了解自己当时的主要情绪，并且大概知道各种感受的前因后果。

（2）平和接纳情绪状态

生命中一切的情绪都有它该有的意义，要以平和的心态接纳发生在生命中的一切。坦然接受自己的情绪，不苛求自己、不过于追求完美，以平常心来面对自己情绪上的波动。

（3）正确调节情绪

善于及时调整自己的不良心态。善于利用多种方式对自己的情绪进行合理宣泄，给予自己生活积极的自我暗示，使自己的情感升华。有效调节情绪的方法主要包括以下几种。

①合理宣泄法，是指当人受到不良刺激而产生消极情绪时，采用恰当的方式、方法让不良情绪得以充分宣泄，通过合理的宣泄来减轻心理负担，恢复心理平静。

②注意转移法，是指当人受到刺激产生不良情绪时，应尽可能离开受到不良刺激的环境，或主观把注意力转移到新环境和新事物上去，以避免不良情绪的蔓延和加重。

③意志调节法，也被称为升华作用。升华是一种最积极的、富有建设性的防御机制。因为它可以把社会所不能接受的无意识冲动转向更高级的、社会所能接受的目标或渠道，从而进行各种创造性的活动。

④幽默法，是指个体遇到挫折、处境困难或尴尬时，用一种机智、双关、讽喻、诙谐、自嘲等的语言、动作的良性刺激来化解困难或尴尬，以摆脱内心的失衡状态。

⑤补偿法，是指个体所追求的目标、理想受到挫折，或由于本身的某种缺陷而达不到既定目标时，采用另一种目标来代替或通过另一种活动来弥补，从而减轻心理上的不适感。

（4）有效表达情绪

学会正确表达、合理宣泄情绪。在恰当的时候，以恰当的方式表达自己的情绪体验。有效表达情绪应注意以下两点：①选择恰当的方式；②进行完整客观的情绪表达。

（5）保持和创造快乐的情绪

可以通过陶冶性情的艺术类兴趣爱好、身体锻炼、创造愉快的生活环境等来保持和创造积极快乐的情绪。

📋 记忆保温箱

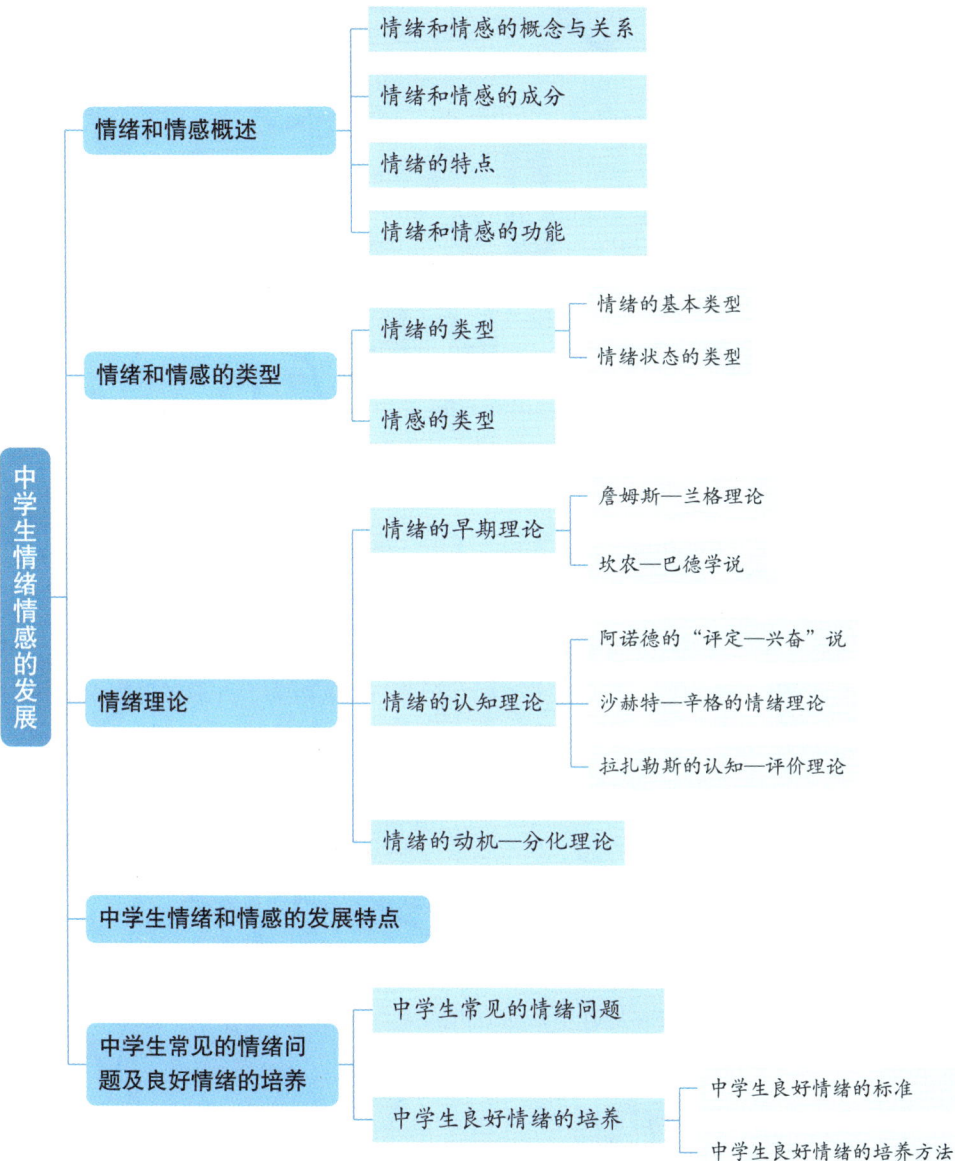

第三节　中学生意志的发展

考点收纳盒

关键考点	考查力度	常考题型	理解难度
意志行动的基本阶段	■□□□	单选、材料分析	★☆☆☆☆

知识储备库

一、意志与意志行动

（一）意志与意志行动的含义

意志是指人自觉地确立目的，根据目的支配和调节自己的行为，并通过克服困难和挫折，实现预定目的的心理过程。

意志通过行动表现出来，受意志支配的行为被称为意志行为或意志行动。意志行动是复杂的自觉行动。意志与意志行动相互作用、紧密联系。人的意志是人的主观活动，它体现在人的意志行动之中，没有意志就不会有意志行动，意志行动是意志的外在表现。

（二）意志行动的特征

意志行动是人类特有的行为，但并不是所有的人类行为都是意志行动。意志行动具有以下三个基本特征。

1. 自觉的目的性是意志行动的前提

意志行动的目的性是人与动物的本质区别。人的活动和行为始终是在个体自觉目的的意志支配下进行的，确立的目的水平高低与人的意志行动的效应大小直接有关。

2. 随意运动是意志行动的基础

随意运动是指在人的意识调节和控制下，具有一定目的要求和目的指向性的运动，如长跑、写字等。随意运动是意志行动的基础，若没有随意运动，意志行动就不可能产生。

3. 克服困难是意志行动的核心

意志行动作为有自觉目的的行动，在目的确立和实现的过程中会遇到各种各样的内部困难和外部困难。一个人只有在克服各种困难障碍的过程中才能表现出意志力水平，因此克服内部和外部困难是意志行动的核心，是意志行动最重要的特征。

二、意志行动的基本阶段

（一）采取决定阶段

意志行动的开始阶段是采取决定阶段。人在行动之前，先要在头脑里考虑为什么要行动、怎样行动，它决定意志行动的方向。这个阶段包括动机斗争、确定行动目的、选择行动方式和制订行动计划等环节。

意志行动是由一定的动机引起的，但由动机过渡到行动的过程可能是不同的。动机冲突，又被称为动机斗争，是个体在确定目的时对自己的各种动机进行价值权衡并做出选择的过程。动机冲突的形式主要有以下四种。

1. 双趋冲突

双趋冲突，又被称为双趋式冲突或接近—接近型冲突，是指个体必须对同时出现的两个具有同等吸引力的目标进行选择时产生的难以取舍的心理冲突，即"鱼，我所欲也；熊掌，亦我所欲也"但两者不可兼得时的内心冲突。如周末下午既想去看电影，又想去踢足球。

2. 双避冲突

双避冲突，又被称为双避式冲突或回避—回避型冲突，是指个体必须对同时出现的两个具有同样强度的负面目标进行选择时产生的心理冲突，这实际上是一种"左右为难""进退维谷"式的因选择困难而使人困扰不安的心理冲突。如有的学生不喜欢读书，但又怕父母责备和老师批评，读书和受责备、批评都想回避。

3. 趋避冲突

趋避冲突，又被称为趋避式冲突或接近—回避型冲突，是指个体对同一目标既想接近又想回避的两种相互矛盾的动机而引起的心理冲突。简而言之，即人对同一个目标同时产生两种对立的动机。如喜欢吃甜食，却又怕吃多了会胖。

4. 多重趋避冲突

多重趋避冲突，又被称为多重趋避式冲突或多重接近—回避型冲突，是指由于面对两个以上或多个既对个体具有吸引力又遭个体排斥的目标或情境而引起的心理冲突。如人在找工作时，面对几个工作机会权衡利弊得失时产生的心理冲突。

真题陈列架

（2018 年下·单选·13）李哲爱好广泛，恰逢本周六晚上既有足球赛，又有演唱会，他都想去看。由于二者时间冲突，他很矛盾。他面临的冲突是（　　）。

A.双趋式冲突　　　　　　　B.双避式冲突

C.趋避式冲突　　　　　　　D.多重趋避式冲突

【答案】A。

（二）执行决定阶段

执行决定，就是将准备阶段做出的决定付诸实施，是意志行动的关键环节和完成阶段。

三、意志的品质

（一）自觉性

自觉性是指个体在行动中具有明确的目的，并充分认识到行动的社会意义，能够主动调节和支配自己的行动以服从社会要求的品质。

与自觉性相反的品质是受暗示性和独断性。受暗示性表现为盲从，没有主见，很容易受他人的影响。独断性的人则盲目自信，拒绝他人的合理意见和劝告，一意孤行，固执己见。

（二）果断性

果断性是一种明辨是非，迅速而合理地采取决定，并实现所做决定的品质。具有果断性的人能全面而又深刻地考虑行动的目的及其方法，懂得所做决定的重要性，清醒地了解可能产生的结果。

与果断性相反的品质是优柔寡断和草率决定。优柔寡断的人遇事犹豫不决，容易患得患失，忧虑重重。优柔寡断是缺乏勇气、缺乏主见、意志薄弱的表现。草率决定的人则相反，在没有辨别是非之前，仅凭一时冲动，不考虑主客观条件和行动的后果。

（三）坚韧性

坚韧性是指个体在执行决定时能坚持到底，在行动中能长期保持充沛的精力和坚韧的毅力，能勇往直前，顽强地克服达到目的过程中的重重困难等方面的品质。

与坚韧性相反的品质是动摇与顽固、执拗。顽固、执拗的人只承认自己的意见和论据，一意孤行，缺乏纠正错误的勇气。具有动摇性的人容易见异思迁，尽管有行动目的，但是往往虎头蛇尾，遇到困难就动摇、妥协而放弃对预定目的的追求。

（四）自制力

自制力是指能够自觉、灵活地控制自己的情绪，约束自己的动作和言语方面的品质。自制力反映着意志的抑制职能。有自制力的人，能克制住自己的恐惧、懒惰和害羞等消极的情绪和冲动的行为，不论胜利还是失败都能激励自己前进。

与自制力相反的品质是**任性和怯懦**。前者不能约束自己的行动，后者在行动时畏缩不前、惊慌失措。这都是意志薄弱的表现。

四、良好意志品质的培养

（一）加强学生行为的目的性教育，减少其行动的盲目性

人的意志是在他的一系列有目的的行动中表现并发展起来的。为了实现自己已确立的目的，人才会去克服行动中所遇到的各种困难和干扰，从而锻炼和发展自己的意志。

（二）培养学生良好的行为习惯，从生活入手培养意志品质，并组织实践活动，加强意志锻炼

坚强的意志是在克服困难的实践活动中形成和发展起来的，所以必须重视引导学生在克服困难的实践活动中来锻炼自己的意志品质。

（三）充分发挥班集体和榜样的教育作用

班集体是一种巨大的教育力量。在良好的班集体里，同学们团结互助，愿意完成集体委派的任务，并努力为集体争光。这有助于形成学生的自制、刚毅、勇敢等意志品质。

榜样是一种无声的力量。青少年学生喜欢模仿榜样人物，榜样对他们可以产生巨大的推动力，促使他们努力提高自己的意志水平。

（四）启发学生加强自我锻炼，培养自我控制、自我调节的能力

学生的意志品质既是在教师一贯严格要求和监督下养成的，也是在日常平凡的事情中，不断严格要求自己，经常进行自我锻炼的结果。

（五）针对学生意志的个别差异，采取不同的培养措施

学生中的意志类型存在着个别差异，要根据意志的不同特点，采取不同的措施进行培养。因材施教更有利于学生意志品质的形成和发展。

> ✔ **真题陈列架**
>
> （2016年上·材料分析·31）材料：
>
> 中学生晓雯是一个品学兼优的学生，老师与同学都很喜欢她。但她需要进行选择与决策时，总是拿不定主意，处于矛盾中。例如，有同学建议晓雯竞选班长，她也有此想法，但又担心班级事务繁多而影响自己的学习；学校举行数学竞赛，她渴望参加，却又担心无法完成老师交给她的创建班级环境规划的任务。日常生活中，晓雯也常常为参加集体活动还是温习功课拿不定主意；在专业选择问题上，她既想成为一名音乐家，又想成为一名心理学家。
>
> 问题：（1）请运用动机冲突的相关知识分析晓雯的问题。

（2）假如你是晓雯的班主任教师，你如何帮助她？

【参考答案】（1）晓雯的问题体现了双趋冲突和趋避冲突两种动机冲突。

①双趋冲突指个体必须对同时出现的两个具有同等吸引力的目标进行选择时产生的难以取舍的心理冲突。材料中，晓雯既想成为音乐家又想成为心理学家就是双趋冲突的表现。

②趋避冲突指个体对同一目标既想接近又想回避的两种矛盾的动机而引起的心理冲突。材料中，晓雯既想竞选班长，又担心班级事务繁多而影响自己的学习；既想参加数学竞赛，又担心无法完成老师交给她的任务，都是趋避冲突的表现。

（2）动机冲突的过程就是对众多目标的利弊、优劣及实现的可能性进行权衡，进而决定取舍的过程，所以目标确立是动机冲突的结果。如果我是晓雯的班主任，首先，我会帮助晓雯先确定问题，对现状和目标进行具体分析；其次，我会帮助她寻找各种可供选择的方法，并对这些方法从远近、主次等各个方面进行评价，然后帮助她根据这些评价，在各种方案中选出一个；最后，我会帮助并监督她执行选出的方案。

记忆保温箱

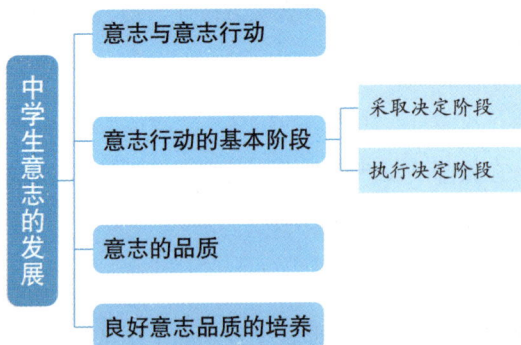

第四节　中学生人格的发展

考点收纳盒

关键考点	考查力度	常考题型	理解难度
人格的特征	■□□□□	单选	★☆☆☆☆
人格的结构	■■■□□	单选、材料分析	★☆☆☆☆
人格发展理论	■■□□□	单选、辨析、简答	★★★☆☆

知识储备库

一、人格概述

（一）人格的概念

人格是构成一个人思想、情感及行为的特有模式，是一个人区别于他人的稳定而统一的心理品质。人格决定个体的外显行为和内隐行为。个体的人格包括内部的心理特征和外部的行为方式。

（二）人格的特征

1. 独特性

人格的独特性是指人与人之间的心理与行为是各不相同的。人格结构组合的多样性，使每个人的人格都有自己的特点。一个人的人格是在遗传、环境、教育等先后天因素的交互作用下形成的。不同的遗传、生存及教育环境，形成了各自独特的心理特点。如人心不同，各如其面。

2. 稳定性

人格的稳定性指人格不随时间或情境的变化而显著变化。在行为中偶然发生的、一时性的心理特性，不能称其为人格。如江山易改，本性难移。强调人格的稳定性并不意味着人格在人的一生中是一成不变的，随着生理的成熟和环境的改变，人格也可能产生或多或少的变化。

3.整体性

人格的整体性是指人格虽有多种成分和特质，但在真实的人身上它们并不是孤立存在的，而是密切联系并整合成一个有机组织的。人的行为不仅是某个特定部分运作的结果，而且是与其他部分紧密联系、协调一致进行活动的结果。

4.功能性

人格在一定程度上会影响一个人的生活方式，甚至会决定某些人的命运，因而是人生成败的根源之一。当面对挫折与失败时，坚强者能发奋拼搏，懦弱者会一蹶不振。这就是人格功能性的表现。

5.社会性

人格的社会性是指社会化把人这样的动物变成社会的成员，人格是社会的人所特有的。所谓社会化，是个体在与他人交往中掌握社会经验和行为规范、获得自我的过程。

> **真题陈列架**
>
> （2014年上·单选·13）小琼十分内向，不爱说话，无论是在陌生的环境里还是在家里，都少言寡语，这表明人格具有（　　　　）。
>
> A.整体性　　　　B.稳定性　　　　C.独特性　　　　D.功能性
>
> 【答案】B。

二、人格的结构

人格是一个复杂的结构系统，它包括许多成分，其中最主要的有气质、性格、自我意识、认知风格等方面。

（一）气质

1.气质的概念

气质是表现在心理活动的强度、速度、灵活性与指向性等方面的一种稳定的心理特征，即我们平时所说的脾气、秉性。气质是天生的，无好坏之分。

2.气质的类型

现代的气质学说将气质分为多血质、胆汁质、黏液质、抑郁质四种典型的类型。巴甫洛夫用高级神经活动类型说解释气质的生理基础。他依据神经过程的基本特性，即兴奋过程和抑制过程的强度、平衡性和灵活性将气质划分了四种基本类型：强而不平衡的类型（兴奋型）；强、平衡而灵活的类型（活泼型）；强、平衡而不灵活的类型（安静型）；弱型（抑制型）。巴甫洛夫认为，兴奋型相当于胆汁质，活泼型相当于多血质，安静型相当于黏液质，抑制型相当于抑郁质。高级神经活动的类型与气质的类型见表5-1。

表5-1　高级神经活动的类型与气质的类型

高级神经活动的类型	神经过程的基本特征			气质的类型	特征
	强度	平衡性	灵活性		
兴奋型	强	不平衡	—	胆汁质	急躁、直率、热情、情绪兴奋性高；容易冲动、心境变化剧烈、具有外向性
活泼型	强	平衡	灵活	多血质	活泼、好动、反应迅速、喜欢与人交往；注意力容易转移、兴趣容易变换、具有外向性
安静型	强	平衡	不灵活	黏液质	稳重、安静、反应缓慢、沉默寡言、情绪不易外露；注意稳定但不易转移、善于忍耐、具有内向性
抑制型	弱	—	—	抑郁质	行动迟缓而不强烈、孤僻、情绪体验深刻、感受性很高、善于觉察别人不易觉察的细节、具有内向性

3. 气质类型与教育

在教育教学中，根据学生的不同气质类型，教师可以从以下几方面做好教育工作。

（1）对待学生应克服气质偏见

气质是天生的，无所谓好坏；同时，每种气质类型都有其积极的方面，也都有其消极的方面，无法比较好坏。

（2）针对学生的气质差异因材施教

对胆汁质的学生，教师应采取直截了当的教育方式，但不宜轻易激怒他们，对他们进行批评时要有说服力，应培养其自制力、坚持到底的精神和豪放、勇于进取的个性品质，克服其鲁莽的特点。

对多血质的学生，教师可以采取多种教育方式，但要定期提醒他们，同时要严厉批评他们的缺点。教师应鼓励他们勇于克服困难，培养他们扎实专一的精神，防止其见异思迁；创造条件，多给他们活动的机会，培养他们朝气蓬勃、足智多谋的个性品质。

对黏液质的学生，教师要采取耐心教育的方式，给他们足够的时间进行考虑和做出反应，培养其生气勃勃的精神、热情开朗的性格和以诚待人、工作踏实、顽强的个性品质。

对抑郁质的学生，教师应采取委婉暗示的方式教育他们，多关心、爱护他们，不宜在公开场合指责他们，不宜过于严厉地批评他们。同时要注意培养他们亲切、友好、善于交往、富有自信的精神及敏感、机智、认真、细致、高自尊的优点。

（3）帮助学生进行气质的自我分析、自我教育，培养良好的气质品质

教师应帮助学生对自己的气质特点进行分析，让他们主动用自己坚强的意志力去克服其气

质的消极面，或以气质的积极面去掩盖气质的消极面。

（4）特别重视对胆汁质和抑郁质这两种极端气质类型学生的教育

胆汁质的学生容易兴奋，容易冲动和暴躁，而抑郁质的学生又容易多愁善感、不善交际，所以要特别注意这两种类型学生的心理健康问题。因此，在教育中，教师应对这两种极端气质类型的学生给予特殊照顾，注意采取一些特殊的措施，尽量避免给予其强烈的刺激，引起其大起大落的情绪变化。

（5）组建学生干部队伍时，应考虑学生的气质类型

在任命学生干部时，教师应考虑学生的气质类型，使学生干部的气质类型与其职务的工作要求相符合，充分发挥学生干部的潜力和优势。

📘 **真题陈列架**

（2019 年上·单选·16）方华情绪兴奋快而强，容易冲动，常常是爆发式的，并伴随有明显外部表现。她的气质类型属于（　　　）。

A. 胆汁质　　　　B. 多血质　　　　C. 黏液质　　　　D. 抑郁质

【答案】A。

（二）性格

1. 性格的概念

性格是人对现实的稳定态度和在习惯化了的行为方式中所表现出来的人格心理特征。性格是在后天社会环境中逐渐形成的，具有独特性，是人最核心的人格差异。性格有好、坏之分，能最直接地反映出一个人的道德风貌。

2. 性格与气质、能力的关系

（1）性格与气质的关系

气质与性格不同。首先，气质是先天的，主要体现为神经类型的自然表现；性格是后天的，是人在活动中与社会环境相互作用的产物，反映了人的社会性。其次，气质的变化较慢，可塑性较小；性格的可塑性较大，环境对性格的塑造作用是明显的。最后，气质无好坏、善恶之分，不具有道德评价的意义；性格有好坏、善恶之分，具有道德评价的意义。

气质和性格又是密切联系、相互制约的。首先，气质影响性格的动态，使性格特征"涂上"一种独特的色彩。如具有勤劳性格特征的人、多血质的人表现为精神饱满、精力充沛；黏液质的人则表现为操作精细、踏实肯干。其次，气质还影响性格形成和发展的速度和动态。如黏液质和抑郁质的人比多血质和胆汁质的人更容易形成自制力这种性格特征。最后，性格可以在一定程度上掩盖或改造气质，使之符合社会实践的要求。如从事精细操作的外科医生应该具有冷静沉着的性格特征，这种要求在职业训练过程中有可能掩盖或改造容易冲动和不可遏止的胆汁

质的气质特征。

（2）性格与能力的关系

能力与性格不同。能力是决定心理活动效率的基本因素，人的活动能不能顺利进行，这与能力有关；性格则表现为人的活动指向什么，采取什么态度，怎样进行。一个人的记忆力比较差，这反映了这个人的能力特点，但是如果这个人不论识记什么材料都粗枝大叶、马马虎虎，就反映了这个人的性格特点。

能力与性格也是相互联系、相互影响的。一方面，能力影响着性格特征的形成与发展。如良好的观察力对果断、勇敢等性格特征的形成与发展起着重要作用。因此，在能力的发展过程中，相应的性格特征也会发展起来。另一方面，性格也制约着能力的形成与发展。性格影响着能力的发展水平。研究表明，在智力水平相当的学生中，勤奋、自信心强、富于创新精神的学生，能力发展较快；相反，懒惰、墨守成规的学生，能力难以达到较高水平。另外，优良的性格特征往往也能够补偿能力的某种缺陷。所谓"勤能补拙"，正说明勤奋这种性格特征对某些能力缺陷的补偿作用。

3. 性格的结构特征

（1）性格的态度特征

性格的态度特征是人在对现实环境的稳定态度方面表现出来的个别差异。性格的态度特征在性格结构诸成分中具有核心意义，它是性格结构的"灵魂"。性格的态度特征具体由以下三个方面的内容构成。

①对社会、集体、他人的态度特征。例如：爱祖国、爱集体、富有同情心、诚实、有礼貌、正直等；个人主义、圆滑、狡诈或虚伪、冷酷无情等。

②对工作和学习的态度特征。例如：勤奋刻苦、认真负责、敢于创新、勤俭节约、严守纪律等；懒惰、粗心、墨守成规、挥霍浪费等。

③对自己的态度特征。例如：谦虚、谨慎、自尊、自信等；骄傲、自贱、自卑、拘谨、腼腆等。

（2）性格的意志特征

性格的意志特征是人在自觉调节自己行为的方式与控制水平、目标的明确程度及在处理紧急问题方面表现出来的性格差异。例如，目的性或盲目性，主动性或被动性，恒心、坚韧性或见异思迁、虎头蛇尾，勇敢或怯懦等。

（3）性格的情绪特征

性格的情绪特征是人在情绪情感活动中经常表现出来的强度、稳定性、持久性及主导心境等方面的特征。例如，有人经常是愉快的，有人经常是忧伤的；有人不论在成功或失败时情绪都比较平静，而有人成功时易冲昏头脑，失败时则垂头丧气。

（4）性格的理智特征

性格的理智特征是人在感知、记忆和思维等认知活动过程中表现出来的性格特征，又被称为性格的认知特征。如主动感知或被动感知，习惯于看到细节还是看到轮廓。

4. 良好性格的培养

良好性格的培养需要做好以下几方面的工作：①及时强化学生的积极行为；②充分利用榜样人物的示范作用；③利用集体的教育力量；④提供实际锻炼的机会；⑤及时进行个别指导；⑥提高学生的自我教育能力；⑦加强人生观、世界观和价值观教育。

> **真题陈列架**
>
> （2019年下·单选·17）韩老师常常说方琼勤奋努力，孙彤细致严谨，李冰诚实可信。韩老师描述的这些心理特征属于（　　　）。
>
> A. 能力　　　　　B. 性格　　　　　C. 气质　　　　　D. 情绪
>
> 【答案】B。
>
> （2015年下·单选·15）小丽是一名热爱班级、团结同学、乐于助人和诚实正直的学生。这主要反映了小丽的哪种性格结构特征？（　　　）
>
> A. 态度特征　　　B. 情绪特征　　　C. 理智特征　　　D. 意志特征
>
> 【答案】A。

（三）自我意识

1. 自我意识的概念

自我意识是指个体对自己的心理、思维及行为活动的内容、过程及结果的自我体验、自我认识、自我评价。

2. 自我意识的结构

自我意识的结构是从自我意识的知、情、意三方面分析的，包括自我认识、自我体验和自我调节。

（1）自我认识

自我认识是自我意识的认知成分。它是自我意识的首要成分，也是自我调节控制的心理基础，它又包括自我感觉、自我观察、自我分析和自我评价。在认知发展过程中，个体不断调节自己对自身的认识和评价，个体的需要、动机等也伴随其中。

（2）自我体验

自我体验是自我意识在情感方面的表现。自尊心、自信心是自我体验的具体内容。自尊心是指个体在社会比较过程中所获得的有关自我价值的积极的评价与体验。自信心是对自己的能力是否适合所承担的任务而产生的自我体验。

（3）自我调节

自我调节是自我意识的意志成分，主要表现为个人对自己的行为、活动和态度的调控，包括自我检查、自我监督、自我控制等。自我调节是自我意识中直接作用于个体行为的环节，自我调节的实现是自我意识的能动性的表现。

3. 自我意识的发展阶段

（1）生理自我

生理自我是自我意识最原始的形态。儿童在 1 周岁末时，开始将自己的动作和动作的对象区分开来，把自己和自己的动作区分开来。随着与成人的交往，儿童能按照自己的姓名、身体特征、行动和活动能力来认识自己、评价自己。生理自我在 3 岁左右基本成熟。这是自我意识发展的第一个飞跃期。

（2）社会自我

儿童在 3 岁以后，自我意识进入社会自我阶段，至少年期基本成熟。他们从轻信成人的评价逐渐过渡到自我独立评价，自我评价的独立性、原则性、批判性正在迅速发展，对道德行为的判断能力，也逐渐达到了前所未有的水平，从对具体行为的评价发展到有一定概括程度的评价。

（3）心理自我

心理自我是在青春期开始发展和形成的。这个时期，青年开始形成自觉地按照一定的行动目标和社会准则来评价自己的心理品质和能力。他们的自我评价越来越客观、公正和全面，具有社会道德性，并在此基础上形成自我理想，追求一些有意义、有价值的目标。青春期是自我意识发展的第二个飞跃期。

📝 **真题陈列架**

（2020 年下·单选·16）晓军上中学后，自尊心越来越强，自我评价越来越客观、全面，自我控制能力明显提高。这反映的是晓军自我意识哪一方面的发展？（　　）。

A. 生理自我　　　　　　　　　B. 心理自我

C. 社会自我　　　　　　　　　D. 物质自我

【答案】B。

（四）认知风格

1. 认知风格的概念

认知风格是指个体感知、记忆、思维、问题解决、决策及信息加工的典型方式。认知风格只是表现为学生对信息加工方式的某种偏爱，主要影响学生的学习方式，并没有优劣和好坏之分。

2. 认知风格的类型

（1）场独立型和场依存型

代表人物：美国心理学家赫尔曼·威特金。

分类依据：认知加工中对客观环境（"场"）提供线索的依赖程度。

特点：场依存型属于"外部定向者"，对事物的判断基本上倾向于依赖外在的参照（身外的客观事物），容易受到周围人特别是权威人士的影响和干扰，善于察言观色。

场独立型属于"内部定向者"，基本上倾向于依赖内在的参照（主体感觉），不易受外来因素的影响和干扰，独立对事物做出判断。场独立型的人善于分析和组织。

场独立型和场依存型的具体区别见表5-2。

表5-2　场独立型和场依存型的具体区别

	场依存型	场独立型
学科兴趣	社会科学和人文科学	自然科学和数学
学科成绩	自然科学成绩差，社会科学成绩好	自然科学成绩好，社会科学成绩差
学科策略	注重学习环境的社会性，容易受到暗示，学习不够主动，容易受到外在动机支配	喜欢自觉独立地学习，容易受内在动机支配
教学偏好	结构严密的教学	结构不严密的教学

（2）沉思型和冲动型

代表人物：杰罗姆·卡根。

分类依据：个体解决问题时速度与精确度的偏好。

特点：沉思型的学生在回答问题之前倾向于深思熟虑，采用充足的时间考虑、理性分析问题、权衡利弊，然后从中选择一个满足多种条件的最佳方案，因而错误较少。

冲动型的学生在回答问题之前倾向于很快地检验假设，根据问题的部分信息或未对问题做透彻的分析就迅速做出决定，反应速度较快，但错误较多。

（3）整体型和系列型

代表人物：戈登·帕斯克。

分类依据：使用假设类型及建立分类系统的方式。

特点：整体型的学生倾向于使用复杂的假设，每个假设同时设计若干属性，从全盘上考虑如何解决问题。

系列型的学生把精力集中在一步一步的策略上，提出的假设一般比较简单，每个假设只包括一个属性，也就是说从一个假设到下一个假设是呈直线的方式进展的。

（4）同时型和继时型

代表人物：达斯。

分类依据：脑功能。

特点：同时型的学生在解决问题时，采取宽视野的方式，同时考虑多种假设，并兼顾到解决问题的多种可能性。

继时型的学生在解决问题时，能一步一步地分析问题，每个步骤只考虑一种假设或一种属性，提出的假设在时间上有明显的前后顺序，第一个假设成立后再检验第二个假设，解决问题的过程像链条一样，一环扣一环，直到找到问题的答案。

3. 针对认知风格差异的教育

（1）教师必须帮助学生认识自己的认知风格

不同的认知风格具有不同的学习特点，教师应帮助学生分析和认识自己的认知风格。只有当学生充分了解和认识自己认知风格的优劣时，学生才会针对不同的学习任务，以主动、积极的方式采用不同的学习方法、学习策略来调整自己的学习。这样，学生才真正学会了学习。

（2）教师要明确适应认知风格的两类教学策略

不同的认知风格有不同的优势和劣势，教育的目的就是要充分发挥学生在认知风格上的优势，弥补认知风格的劣势对学习的不良影响。因此，适应认知风格的教学策略可以分成两类：一类是采取与学习者认知风格一致的教学策略，又叫匹配策略；另一类是采取对学习者缺乏的认知风格进行弥补的教学策略，又叫失配策略。前者对知识的获得非常有利，它能使学生学得更快、更多，但无法弥补学习方式上的欠缺；后者在开始阶段会影响学习者对知识的获得，但是，它能够弥补学习者在学习方式和学习机能上的缺陷，使学生获得更全面的发展。

（3）教师要调整自己的教学风格，提供多模式教学

学生认知风格的多样性要求教师必须改变单一的教学风格，采用各种教学方法，组织多样化的教学活动来满足和弥补不同学习者不同层次的需要。

真题陈列架

（2018年上·单选·14）隐蔽图形测验时，要求被试者在较复杂的图形（如图5-1的右图）中把隐蔽在其中的简单图形（如图5-1的左图）分离出来，有的被试者能排除背景因素的干扰，从复杂图形中迅速、容易地分离出指定的简单图形。这些被试者的认知方式为（　　）。

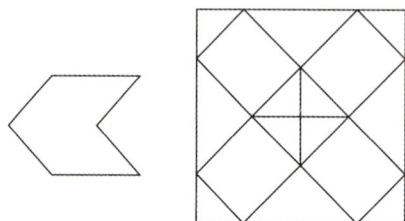

图5-1　隐蔽图形测验

A.整体型　　　　　B.序列型　　　　　C.场独立型　　　　　D.场依存型

【答案】C。

三、人格发展理论

（一）弗洛伊德的人格发展理论

1.人格结构

弗洛伊德认为人格结构由本我、自我和超我三部分组成。

①本我：遵循"快乐原则"。本我是原始的、本能的，是人格中最难接近的，同时又是强有力的。它包括人类本能的性的内驱力和被压抑的习惯倾向。

②自我：遵循"现实原则"。自我协调本我的非理性需要与现实之间的关系。

③超我：遵循"道德原则"。它的特点是追求完美。超我具有三个作用：一是抑制本我的冲动，二是对自我进行监控，三是追求完美的境界。

2.人格发展阶段理论

弗洛伊德将儿童的心理发展（人格发展）划分为五个阶段。

①口唇期（0～1岁），其快乐来源于唇、口、手。婴儿欲望的满足是从嘴开始的，吮吸本能也能产生快感。长牙以后，快乐来源于咬牙。

②肛门期（1～3岁），其快乐来源于忍受和排便，肌肉紧张。这时父母要求孩子定时大小便，另一方面本能又要求及时排泄以获得快感。如果父母的管制过严，导致人格发展的固着，就会形成肛门性格，表现为过于守秩序、爱清洁、吝啬、固执、报复心强等。

③性器期（3～6岁），其快乐来源于生殖部位的刺激和幻想，这一阶段的儿童通过把玩

生殖器来获得快感。这时的儿童会对异性父母产生爱恋，并对同性父母产生嫉恨。这种感情，在男孩身上表现为恋母情结，在女孩身上则表现为恋父情结。这种情结的健康解决取决于儿童对于同性别父母的角色认同。

④潜伏期（6岁至青春期），这一时期的儿童，注意力从自己的身体和对父母的感情转向周围的事物和智力活动中，此时原始的欲望仿佛处于潜伏状态。两性儿童之间的关系比较疏远。

⑤生殖期（青春期以后），在这一时期，个体产生两性意识，心理上逐渐有了与性别相关的职业计划、婚姻理想等。

（二）埃里克森的人格发展阶段理论

埃里克森提出的人格发展阶段理论也称心理社会性发展理论。埃里克森认为，儿童人格的发展是一个逐渐形成的过程，每个阶段都有一个由生物学的成熟与社会文化环境、社会期望之间的冲突和矛盾所决定的发展矛盾与危机，每个矛盾与危机都涉及一个积极的选择与一个潜在的消极选择之间的冲突。埃里克森的人格发展阶段理论的八个阶段见表5-3。

表5-3　埃里克森的人格发展阶段理论的八个阶段

阶　段	年龄范围	主要矛盾	发展任务
婴儿期	0～1.5岁	基本的信任感对基本的不信任感	获得基本的信任感，克服基本的不信任感，体验着希望的实现
儿童早期	1.5～3岁	自主感对羞怯和疑虑感	获得自主感，克服羞怯和疑虑感，体验着意志的实现
学前期	3～6、7岁	主动感对内疚感	获得主动感和克服内疚感，体验着目的的实现
学龄期	6、7～12岁	勤奋感对自卑感	获得勤奋感和克服自卑感，体验着能力的实现
青年期	12～18岁	角色同一性对角色的混乱	获得角色同一性和克服角色的混乱，体验着忠诚的实现
成年早期	18～24岁	亲密感对孤独感	获得亲密感以避免孤独感，体验着爱情的实现
成年中期	24～50岁	繁殖感对停滞感	获得繁殖感而避免停滞感，体验着关怀的实现
老年期	50岁以后	完善感对失望、厌倦感	获得完善感，避免失望、厌倦感，体验着智慧的实现

（三）奥尔波特的人格特质理论

奥尔波特于1937年首次提出了人格特质理论。奥尔波特把人格特质分为两类，即共同特质和个人特质。

1. 共同特质

共同特质是指在某一社会文化形态下，大多数人或一个群体所共有的、相同的特质。比如南方人精明，北方人豪爽，就是从共同特质的角度进行的比较。

2. 个人特质

个人特质是指个体身上所独具的特质。个人特质依其在生活中的作用又可分为以下三种。

①首要特质。这是一个人最典型、最有概括性的特质，它影响一个人各方面的行为。如多愁善感可以说是林黛玉的首要特质，狡猾奸诈可以说是曹操的首要特质。

②中心特质。这是构成个体独特性的几个重要的特质，每个人身上有5～10个中心特质。如林黛玉的清高、率直、聪慧、孤僻、内向、抑郁、敏感等。

③次要特质。这是个体的一些不太重要的特质，往往只在特殊的情况下才会表现出来。这些次要特质除了亲近他的人外，其他人很少知道。如一个人在外面很粗鲁，而在自己的母亲面前很顺从。这里的"顺从"就是他的次要特质。

（四）卡特尔的人格特质理论

卡特尔用因素分析的方法对人格特质进行了分析，提出了人格特质的结构网络模型。卡特尔将人格特质理论模型分成四层，即个别特质和共同特质，表面特质和根源特质，体质特质和环境特质，动力特质、能力特质和气质特质。

1. 表面特质和根源特质

表面特质是指从外部行为能直接观察到的特质。根源特质是指那些相互联系并以相同原因为基础的行为特质。表面特质和根源特质是人格特质理论模型层次中最重要的一层。

2. 体质特质和环境特质

根源特质又分为体质特质和环境特质两类。体质特质由先天的生物因素决定，如兴奋性、情绪稳定性等。环境特质由后天的环境因素决定，如焦虑、有恒性等。

3. 动力特质、能力特质和气质特质

动力特质是指具有动力特征的特质，它使人趋向某一目标，包括生理驱力、态度和情操。能力特质是表现在知觉和运动等方面的差异特质，包括晶体智力和流体智力。晶体智力是以习得的经验为基础的认知能力；流体智力是以生理为基础的认知能力。气质特质是决定一个人情绪反应的速度与强度的特质。

（五）A—B 型人格类型理论

美国学者福利曼和罗斯曼给出了 A—B 型人格类型理论。

A 型人格的主要特点：性情急躁，缺乏耐性。他们的成就欲高、上进心强、有苦干精神、工作投入、做事认真负责、时间紧迫感强、富有竞争意识、外向、动作敏捷、说话快、生活常处于紧张状态，但办事匆忙、社会适应性差，属不安定型人格。

B 型人格的主要特点：性情不温不火，举止稳当，对工作和生活的满足感强，喜欢慢步调的生活节奏。

📘 **真题陈列架**

（2017 年上·单选·16）中学生晓楠极端争强好胜、性格急躁，有竞争意识，外向，常常处于紧张状态，很难使自己放松。晓楠的人格特征属于（　　　）。

A. A 型人格　　　　B. B 型人格　　　　C. C 型人格　　　　D. D 型人格

【答案】A。

四、影响人格发展的因素

（一）生物遗传因素

遗传是人格发展不可缺少的影响因素。生物遗传因素对人格发展的作用程度因人格特质的不同而异。人格发展过程是遗传与环境交互作用的结果。

（二）社会文化因素

社会文化塑造了社会成员的人格特质，使其成员的人格结构朝着相似的方向发展。这种相似性具有维系社会稳定的功能，又使得每个人能稳固地"嵌入"在整个文化形态里。社会文化对人格的影响力因文化而异，这要看社会对顺应的要求是否严格。社会文化对人格具有塑造功能，这表现在不同文化的民族有其固有的民族性格。

（三）家庭环境因素

家庭环境因素对人格发展的影响主要表现为家庭对子女的教育作用。根据家庭的差异和不

同的教养方式对人格发展和人格差异的影响，研究者一般把家庭的教养方式分成三类：第一类是权威型教养方式，第二类是放纵型教养方式，第三类是民主型教养方式。

（四）早期童年经验因素

人格发展会受到早期童年经验的影响，幸福的童年有利于儿童发展健康的人格，不幸的童年可能会使儿童形成不良的人格。但二者并不存在一一对应的关系，溺爱可能使儿童形成不良的人格，逆境可能磨炼出儿童坚强的性格。早期童年经验不能单独对人格起决定作用，它与其他因素共同决定着人格的形成与发展。

（五）学校教育因素

学校是一种有目的、有计划地向学生施加影响的教育场所，因而直接影响着人格发展的方向和基本质量。其中，教师对学生人格的发展具有指导定向的作用。

（六）自然物理因素

生态环境、气候条件、空间拥挤程度等自然物理因素都会影响人格的形成和发展。

（七）自我调控因素

人格培养的外因是通过内因起作用的。人格的自我调控系统就是人格发展的内部因素。具有良好自我调控能力的人，能够客观地分析自己，不会把遗传或生理方面的局限视为阻碍个人发展的因素，而会有效地利用个人资源，发挥个人长处，努力改善自己和完善自我。

记忆保温箱

中学生人格的发展
- 人格概述
  - 概念
  - 特征
- 人格的结构
  - 气质
    - 概念
    - 类型
    - 气质类型与教育
  - 性格
    - 概念
    - 结构特征
    - 良好性格的培养
  - 自我意识
    - 概念
    - 结构
    - 发展阶段
  - 认知风格
    - 概念
    - 类型
    - 针对认知风格差异的教育
- 人格发展理论
  - 弗洛伊德的人格发展理论
    - 人格结构
    - 人格发展阶段理论
  - 埃里克森的人格发展阶段理论
    - 婴儿期；儿童早期；学前期；学龄期；青年期；成年早期；成年中期；老年期
  - 奥尔波特的人格特质理论
    - 共同特质
    - 个人特质
  - 卡特尔的人格特质理论
  - A—B型人格类型理论 — A型人格的特征；B型人格的特征
- 影响人格发展的因素

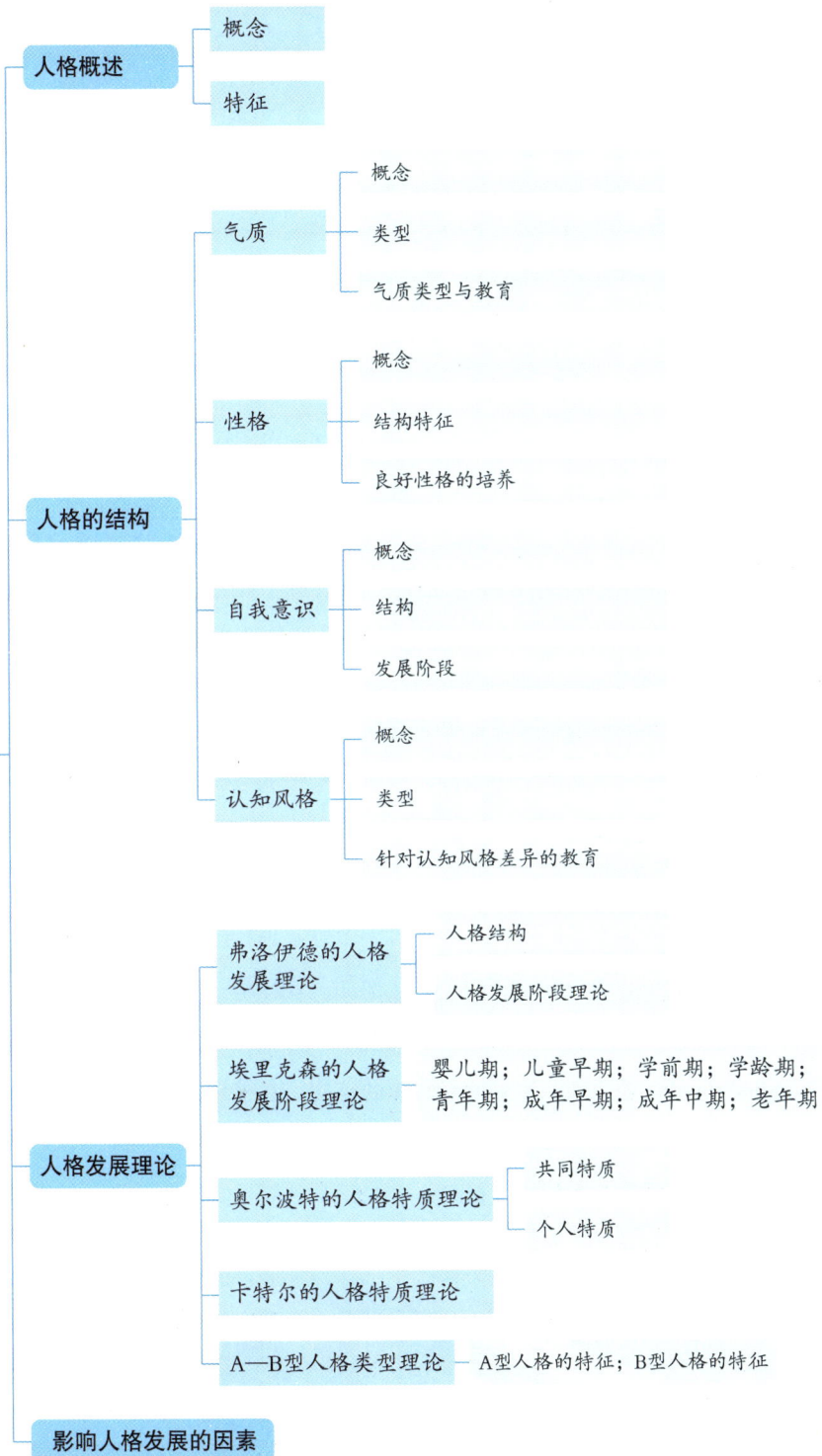

第五节 中学生能力的发展

考点收纳盒

关键考点	考查力度	常考题型	理解难度
能力概述	■□□□	辨析	★☆☆☆☆

知识储备库

一、能力概述

（一）能力的概念

1.能力的含义

能力是一个人能够顺利完成某种活动并直接影响活动效率所必须具备的心理特征。能力是保证一个人顺利地完成某种活动的必要条件，但不是唯一的条件。

2.能力与知识、技能的关系

（1）能力与知识、技能的区别

①能力与知识、技能属于不同范畴。能力属于个性心理特征的范畴；知识属于人的心理活动过程的范畴；技能属于心理活动方式的范畴。例如，要理解一个数字公式，那些与数字任务有关的感知、记忆、想象和思维方式可归为认知技能的范围；而推导这一公式的步骤、推导过程中需要运用的其他公式或原理，这都属于知识的范围；在推导过程中的思维分析及概括等，则属于能力范围。

②能力、知识和技能具有不同的概括水平。知识和技能虽具有概括性，但对某些知识或某种具体技能来说，仍比较具体；而能力是对人的心理活动过程、活动方式和知识获得的概括，相对来说比较抽象。

③能力、知识和技能的发展水平不同步。相对来说，知识的获得要快些；技能需要有个练习过程；能力的形成与发展比知识获得和技能掌握要晚些。知识可随年龄增长而不断积累，但能力却会随年龄增长具有发展、停滞和衰退的过程。在不同人身上可能具备相同水平的知识、技能，但能力却不一定相同。

（2）能力与知识、技能的联系

①能力的形成与发展依赖于知识、技能的获得。随着人的知识、技能的积累，人的能力也会不断提高。

②能力的高低又会影响到掌握知识、技能的水平。一个能力强的人往往付出较小的努力就能获得知识和技能；而一个能力较弱的人可能要付出较大的努力才能掌握同样的知识和技能。所以，从一个人掌握知识、技能的速度与质量上，可以看出其能力的高低。

（二）能力的分类

1. 一般能力与特殊能力

根据能力的构造，能力可分为一般能力与特殊能力。

一般能力，又被称为智力，是从事一切活动所必备的能力的综合，主要包括观察力、记忆力、抽象概括力、想象力、创造力等。其中，抽象概括力是一般能力的核心，创造力是能力的高级表现。

特殊能力，又被称为专门能力，是指为完成某项专门活动所必须具备的能力。特殊能力在特殊活动领域内起作用，是完成某些活动必不可少的能力。

2. 认知能力、操作能力和社交能力

根据能力表现形态的不同，能力可分为认知能力、操作能力和社交能力。

认知能力是指个体处理信息的能力，它是成功地完成某种活动最重要的心理条件。知觉、记忆、注意、想象和思维的能力都是认知能力。

操作能力是指操纵、制作和运动的能力。劳动能力、艺术表现能力、体育运动能力、实验操作能力都是操作能力。

社交能力是指人们在社会交往活动中表现出来的能力。组织管理能力、言语感染能力等均被认为是社交能力。

3. 模仿能力和创造能力

根据活动中能力参与活动性质的不同，能力可分为模仿能力和创造能力。

模仿能力，又被称为再造能力，是指通过观察别人的行为和活动来仿效他人的言行举止，然后以相同方式做出反应的能力。

创造能力是指个体不受成规的束缚而能够灵活运用知识经验，产生新思想或发现和创造新事物的能力。

二、能力结构理论

（一）斯皮尔曼的智力二因素论

英国心理学和统计学家斯皮尔曼根据人们完成智力任务时成绩的相关程度，提出能力由两

种因素组成：一种是一般能力或一般因素，简称 G 因素，代表人的基本心理潜能，是决定一个人能力高低的主要因素；另一种是特殊能力或特殊因素，简称 S 因素，它是人们完成某些特定的任务或活动所必需的能力。

（二）吉尔福特的智力三维结构论

美国心理学家吉尔福特认为智力可以分为三个维度，即内容、操作和产品。

智力活动的内容是指智力活动的对象或材料，包括听觉、视觉、符号、语义、行为。

智力活动的操作是指智力活动的过程，包括认知、记忆、发散思维、聚合思维、评价。

智力活动的产品是指运用上述智力操作所得到的结果。这些结果可以按单元计算，可以分类处理，也可以表现为关系、转换、系统和应用。

（三）加德纳的多元智力理论

多元智力理论由美国心理学家加德纳提出。加德纳认为，智力的内涵是多元的，它由八种相对独立的智力成分构成。每种智力依据某一社会对它的需要、奖赏及它对社会的作用，其价值也不同。

①言语智力：阅读、写文章或小说，以及用于日常会话的能力。

②逻辑—数学智力：包括数学运算与逻辑思考的能力。

③空间智力：认识环境、辨别方向的能力。

④音乐智力：对声音的辨别与韵律表达的能力。

⑤身体运动智力：支配肢体完成精密作业的能力

⑥人际智力：与人交往且能和睦相处的能力。

⑦自知智力：认识自己并选择自己生活方向的能力。

⑧自然智力：认识、感知自然界事物的各种能力。

加德纳的多元智力理论为我国"新课程"改革"建立促进学生全面发展的评价体系"提供了有力的理论依据与支持，让更多的人认识到学生与学生之间的差异主要不是体现在智力的高低上，而是体现在智力强项与潜在优势的不同类型上。

（四）卡特尔的智力形态论

美国心理学家卡特尔在因素分析中发现普遍智力因素不是一种，而是两种，即液态智力和晶态智力。

液态智力，也被称为液体智力、流体智力，是指在新的情境中能够随机应变、解决目前无固定答案问题的能力，主要基于先天禀赋和大脑的神经解剖机能，较少受后天文化教育的影响。液态智力还与个体基本心理能力有关，它几乎参与到个体的一切活动之中，如知觉、记忆、运算速度、推理能力等。液态智力将随个体生理机能的衰退而减低，随生理成长而发生变化。

晶态智力，也被称为晶体智力，是指解决存在有固定答案问题的能力，即可以依靠对资料信息的记忆、辨认和理解来解决问题的能力，主要依赖后天文化教育的影响，是个体知识和经验的结晶。晶态智力是过去对液态智力运用的结果，大部分是学校中而形成的，例如，词汇理解和计算方面的能力都是晶态智力。晶态智力在人的一生中一直在发展。

> **真题陈列架**
>
> （2015 年上·辨析·24）液体智力属于人类的基本能力，它受文化教育的影响较大。
>
> **【参考答案】**错误。美国心理学家卡特尔把智力分为液体智力和晶体智力。其中，液体智力是指在新的情境中能够随机应变、解决目前无固定答案问题的能力，主要基于先天禀赋和大脑的神经解剖机能，较少受后天文化教育的影响，如知觉、记忆、运算速度、推理能力等。液体智力将随个体生理机能的衰退而减低，随生理成长而发生变化。晶体智力是指解决存在有固定答案问题的能力，即可以依靠对资料信息的记忆、辨认和理解来解决问题的能力，主要依赖后天文化教育的影响，是个体知识经验的结晶。如词汇理解和计算方面的能力。晶体能力在人的一生中一直在发展。

三、影响能力发展的因素

（一）先天素质

先天素质是人们与生俱来的解剖生理特点，是能力形成和发展的自然前提和物质基础。

（二）早期经验

研究表明，早期阶段所获得的经验越多，能力发展就越迅速，不少人把学龄前称为智力发展的一个关键期。5 岁前视为智力发展最迅速的时期。

（三）教育与教学

能力不是天生的，教育与教学对能力的发展起着主导作用。教育和教学不但使儿童获得前人的知识与经验，而且促进儿童心理能力的发展。

（四）社会实践

社会实践不仅是学习知识的重要途径，也是智力发展的重要途径。

（五）主观因素

一个人要想发展能力，除必须积极地投入到实践中去，还要充分发挥自身的主观能动性——积极的个性心理特征，即理想、兴趣及勤奋和不怕困难的意志力。

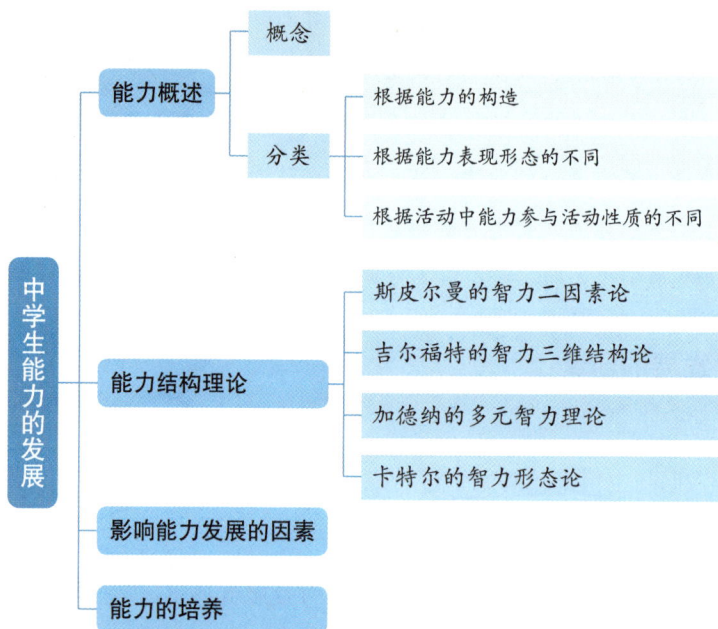

四、能力的培养

①转变教师的教学方法，注意采用启发式培养；②转变学生的学习方式，引导学生主动参与学习，建立自主探究的学习模式；③培养学生的创新精神和实践能力；④帮助学生建立完善的知识结构，促进学生知识能力的发展；⑤注意培养学生的非智力因素。

记忆保温箱

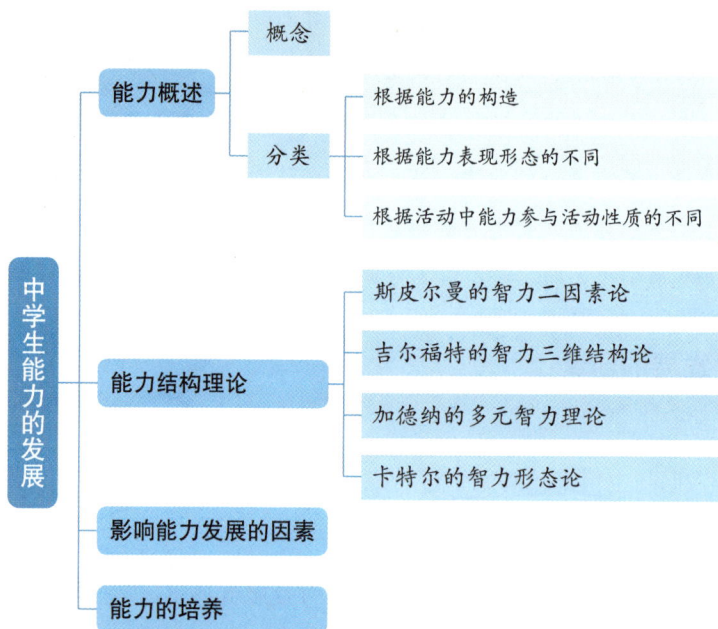

中学生能力的发展

- 能力概述
  - 概念
  - 分类
    - 根据能力的构造
    - 根据能力表现形态的不同
    - 根据活动中能力参与活动性质的不同
- 能力结构理论
  - 斯皮尔曼的智力二因素论
  - 吉尔福特的智力三维结构论
  - 加德纳的多元智力理论
  - 卡特尔的智力形态论
- 影响能力发展的因素
- 能力的培养

第六节　中学生身心发展

考点收纳盒

关键考点	考查力度	常考题型	理解难度
中学生身心发展的特点	■□□□□	单选、简答	★☆☆☆☆
中学生异性交往的指导	■□□□□	材料分析	★☆☆☆☆

知识储备库

一、中学生身心发展的特点

（一）中学生心理发展的基本特征

1. 连续性与阶段性

连续性特征是指在心理发展过程中，后一阶段的发展是以前一阶段的发展为基础，而且又在此基础上萌发出下一阶段的新特征，表现出心理发展的连续性。

阶段性特征是指在心理发展过程中，当某些代表新特征的量积累到一定程度时就会取代旧特征，从而处于优势的主导地位，表现为阶段性的间断现象。

2. 定向性与顺序性

在正常条件下，心理的发展总是具有一定的方向性和先后顺序。尽管发展的速度可以有个别差异，会加速或延缓，但发展是不可逆的，阶段与阶段之间也不可逾越。

3. 不平衡性

心理的发展可以因进行的速度、到达的时间和最终达到的高度而表现出多样化的发展模式。一方面表现出个体不同系统在发展的速度上、发展的起讫时间与到达成熟时期上的不同进程；另一方面也表现出同一机能特性在发展的不同时期有不同的发展速率。

4. 差异性

任何一个正常学生的心理发展总要经历一些共同的基本阶段，但在发展的速度、最终达到的水平及发展的优势领域又往往是千差万别的。

真题陈列架

（2014年下·简答·28）简述学生心理发展的基本特征。

【参考答案】①连续性与阶段性；②定向性与顺序性；③不平衡性；④差异性。

（二）中学生心理发展的一般特点

1. 过渡性

过渡性是指中学生处于从儿童期向青年初期发展过渡的阶段。在这一个阶段，中学生的心理发展主要体现在两个方面：第一，中学生在此阶段仍具有儿童时期的心理特征，同时又具有青年初期所具有的特点，处于半幼稚半成熟的状态；第二，在过渡阶段，青少年的心理特征逐渐接近成人，如由发育迅速趋向发展平稳，由人格差异的不稳定性到形成比较稳定的人格，特别明显地表现出从对成人的依赖到逐渐独立的状态。

2. 闭锁性

闭锁性是指人的心理活动具有某种含蓄、内隐的特点，它是相对于人的外部行为表现与内部心理活动之间的一致性而言的。中学生的心理逐渐显示出闭锁性的特征，即他们的内心世界逐渐复杂，不愿再轻易表露自己的心声。

3. 社会性

社会化是指个体掌握知识和积极再现社会经验、社会联系和社会必需的品质、价值、信念及社会所赞许的行为方式的过程，社会化过程的基础是接受教育。由于社会地位的变化，中学生活动的社会性增强，他们越来越关注社会生活，同时由于他们与社会环境接触得越来越多，所以中学生的心理发展及其特点，在很大程度上还受社会和政治环境的影响。

4. 动荡性

由于受到经验、见识等条件的限制，中学生的心理发展处于动荡、不平衡的状态。学生的思维片面，易偏激；自尊心强，对他人的评价十分敏感；情绪激烈，具有两极性，容易波动。中学阶段是心理健康教育的关键时期。

5. 独立性

随着中学生生理发展的急剧变化，中学生开始渴望他人可以把自己当作成人来尊重和理解，由此增强了中学生的独立意识和独立性。他们渴望亲身体验这个世界，用自己的标准来衡量是非曲直。他们不再愿意接受父母和老师过多的照顾和干预，也不愿意听从父母的意见，开始有强烈表达自己意愿的冲动。

（2016 年上·单选·14）中学生随着身心的迅速发展，开始积极尝试脱离父母的保护和管理，渴望自己的行为像成人，不愿意被当作孩子看待。这说明中学生心理发展具有（　　）。

A.平衡性　　　　B.独立性　　　　C.闭锁性　　　　D.动荡性

【答案】B。

二、中学生性心理的特点

性心理是指有关性的心理活动，主要包括性意识、性情感、性观念、性需求及对性的自我调节等。处于青春期的中学生性心理最主要的特征就是性意识的逐渐觉醒和对性的敏感。其性意识的发展大体经过疏远期、爱慕期和恋爱期三个阶段。这一发展过程主要表现出异性交往的一些典型特点。

（一）疏远期

疏远期一般发生在性生理发育初期，持续时间约为半年至一年。疏远期的产生是直接由性生理发育导致第一性征的变化和第二性征的出现而引起的。小学四五年级，儿童开始关注异性，但表现为男女之间的对抗、排斥，与异性关系密切者会受到同伴的嘲讽。这时并没有萌生真正的性意识。进入青春期，少男少女的性意识开始觉醒，他们对两性差别特别敏感，开始产生性不安与羞涩心理。

（二）爱慕期

爱慕期发生于性生理发育成熟的中、后时期，持续时间为四至五年。这是性意识表现和发展的一个重要阶段，也是青少年在整个中学时代性意识表现和发展时间最长的一个阶段。这一阶段的孩子在性生理成熟的同时，伴随着性心理和行为上的显著变化，最突出的表现是对异性产生一种难以消除的兴趣，一种爱恋、思慕、亲近的情感，有时还会出现性欲冲动。爱慕期的性意识的特点主要表现在以下几个方面。

①相互显示。喜欢在异性面前表现自己，以引起对方的注意并对自己表示肯定。女性会着意打扮自己，总觉得异性盯着自己，因而言谈举止显得紧张、羞涩、腼腆；男性会有意在异性面前显示自己的风度和能力，以引起异性对自己的好感。

②感情隐秘。在与异性接触时的感情交流是隐晦的、含蓄的，常常以试探的形式进行。因而很少能真正达到感情上的交流。正是由于这个缘故，青少年常常会把异性对自己的好感当作对自己的倾心，把自己对异性的爱慕感情当作"爱情"，从而造成不必要的精神苦恼。

③对象广泛。一般来说，周围的同龄异性，只要有某种契机拨动了自己的感情，都有可能

成为亲近的对象，因而爱慕对象并不是特定的异性，带有不确定性。

严格地讲，爱慕期表现出来的对异性的倾慕心理和行为，只是一种正常的异性吸引，是性意识成熟过程中对异性感情的自然流露和释放，并不带有严格意义上的爱情内涵。

（三）恋爱期

恋爱期一般始于性生理发育成熟后期，这是性意识表现和发展相对成熟的阶段。青少年恋爱期的性意识特点主要表现在以下几个方面：首先，异性之间开始按照各自心中的偶像寻找自己的"意中人"；其次，爱情带有浪漫性；再次，开始摆脱爱慕期的隐晦态度，彼此之间出现了交流内心感情的强烈倾向；最后，产生了占有欲，并在此基础上出现毫不掩饰的嫉妒心理。

三、中学生异性交往的指导

（一）正确认识青少年学生的异性交往

对异性交往的认识和态度是帮助青少年学生建立正常异性关系的前提，青少年学生心理萌发的异性吸引是性心理和性生理走向成熟的必然结果，是一种正常的表现。对中学生而言，异性同学之间的正常交往不仅有利于学习的进步，而且有利于个性的全面发展。

（二）把握青少年学生异性交往的原则

教师在指导中学生进行正常异性交往时，要告诫和建议学生把握好"自然"与"适度"两个原则。

自然原则是指在与异性交往过程中，言语、表情、行为举止、情感流露及所思所想要做到自然、顺畅，既不过分夸张，也不闪烁其词；既不盲目冲动，也不矫揉造作。

适度原则是指异性交往的程度和异性交往的方式要恰到好处，应为大多数人所接受，既不为异性交往过早地萌动情爱，也不因回避或拒绝异性而对交往双方造成心灵伤害；既不过多地参与异性之间的"单独活动"，也不在异性面前如临大敌，拒不接纳异性的热情帮助。

（三）了解青少年学生异性交往的方法

青少年学生异性交往的主要方法包括以下几个方面。

1. 克服羞怯

与异性交往时要感情自然，仪态大方、不失常态。

2. 真实坦诚

在交往过程中要做到坦荡无私、以诚相待。相互信任是建立和发展良好异性关系的前提和基础。也就是说，与异性交往，要像结交同性朋友那样结交真朋友，切忌以"友谊"或"友情"的幌子招摇撞骗，贪图个人私欲，或者心术不正地骗取异性的感情。

3. 留有余地

虽然是结交知心朋友，但是所言所行要留有余地，不能毫无顾忌。比如谈话中涉及两性之间的一些敏感话题时要尽量予以回避。交往中的身体接触要把握好分寸，不能过于轻浮，也不要过分拘谨。在异性的长期交往中，要注意把握好双边关系的程度，不要走得"太深""太远"，以免超越正常异性交往的界线。

（四）引导青少年学生区分友谊与爱情

由于青春期的学生过于敏感，富于想象，不少学生在异性交往过程中，把握不好友谊与爱情的界限，常将友谊误以为是爱情，造成心理的困扰。

在对青少年进行异性关系的教育中，教师要帮助学生认识到友谊与爱情的界限，并使学生认识到早恋对自我发展的不利影响，从而端正学生的思想，树立正确的异性交往观念。教师在进行教育时，需要注意调节自己的情绪，尽量以理解、宽容的态度来与学生交流。同时教师要设身处地地体谅学生的情感，并从学生的利益出发，引导和帮助学生正确处理异性交往中的烦恼和挫折。

记忆保温箱

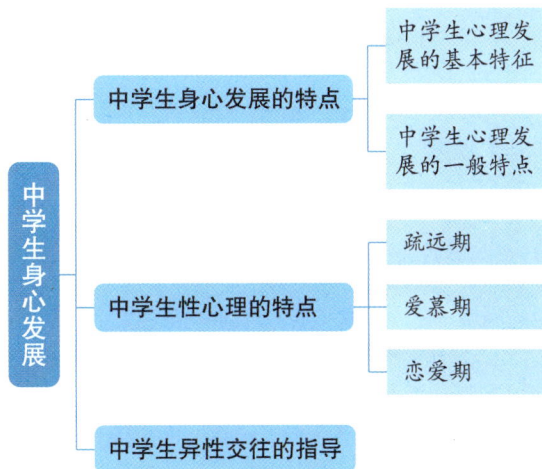

第六章

中学生心理辅导

本章内容的难度不大，考查点较集中。
建议备考时应以理解为主。

第一节　中学生心理健康

考点收纳盒

关键考点	考查力度	常考题型	理解难度
心理健康概述	■□□□□	辨析	★★★★☆
中学生常见的心理健康问题	■■■□□	单选、材料分析	★☆☆☆☆
挫折与压力	■□□□□	单选、简答	★☆☆☆☆

知识储备库

一、心理健康概述

（一）心理健康的概念

心理健康是一种良好的、持续的心理状态与过程，表现为个人具有生命的活力、积极的内心体验、良好的社会适应能力、能够有效地发挥个人的身心潜力及作为社会一员的积极的社会功能。

心理健康至少应包括两层含义：一是无心理疾病；二是有积极发展的心理状态。

（二）心理健康的标准

1. 中学生心理健康的标准

对于心理健康的标准，不同的学者提出的标准有所不同。年龄段不同的群体，由于其身心发展的特点不同，心理健康的标准也有所不同。中学生心理健康的标准通常可以归纳为以下几点：①智力正常；②情绪适中；③意志品质健全；④人格稳定协调；⑤自我意识正确；⑥人际关系和谐；⑦社会适应良好；⑧心理特点符合年龄特征。

2. 正确理解心理健康的标准

心理健康的标准不是绝对的，而是相对的，这种相对性可从以下几个方面加以说明。

①心理健康与心理不健康不是泾渭分明的对立面，而是一种连续状态，是一个序列的两极，因为从良好的心理健康状态到严重心理疾病之间有一个广阔的过渡带。在一般情况下，异常心

理与正常心理、变态心理与常态心理之间没有绝对的分界线，只存在程度和水平的差异。每个心理健康的人都是从整体上讲的，但不能完全否认他们有异常或古怪的心理现象。同样，一个心理不健康的人也会有许多正常的心理和行为。

②心理不健康与有不健康的心理和行为表现不能画等号。心理不健康是指一种持续的不良心理状态，偶尔出现一些不健康的心理和行为并不等于心理不健康，更不等于患了心理疾病。因此，不能仅从一时一事而简单地给自己或他人下心理不健康的结论。只有当异常的心理和行为屡屡出现，持久而不间断时，才能认为其心理不健康。

③心理健康的状态不是固定不变的，而是一个动态变化的过程。引起这一变化的因素既包括主体本身和主观认识方面的因素，也包括现实生活、环境、教育和人际关系等客观方面的因素。随着人年龄的增长、经验的积累、榜样的影响、环境的改变，人的心理健康水平也会有所改变。

④心理健康的标准是一种衡量人的心理健康水平的尺度，它不仅可以用来评价他人或自己当前的心理健康水平，而且可以为人们指出心理健康所要达到的目标。只要一个人能在自己原有心理健康水平上不断发掘自身的心理潜能，就可以达到心理健康水平的更高层次。

⑤能够正常而有效地进行生活、学习和工作，是心理健康最基本的标准。如果一个人的心理和行为已经偏离了正常的生活、学习和工作，就应该及时调整和矫正，以提高心理健康的水平。

⑥从统计学的角度看，心理健康与不健康的人数呈正态分布，心理健康的标准是以全部人群中大多数人的心理特点为依据而确定的。这里的"大多数人"，就是正态分布曲线居中间的所有人，他们是相对于居于两端的少数人而言的。

⑦从社会文化的角度看，心理健康也具有相对性。每个人都是社会群体中的一个分子，心理健康与否是以能否适应其所处的社会生活环境作为基准的，如果一个人的行为不能适应他所处的社会生活环境，就被视为不健康。此外，一个人如果跟一般人的生活习惯或方式相差甚远，也会被视为不健康。

二、中学生常见的心理健康问题

（一）焦虑症

1. 含义

焦虑症是以与客观威胁不相适合的焦虑反应为特征的神经症。焦虑是由紧张、不安、焦急、忧虑、恐惧交织而成的一种情绪状态。

2. 表现

焦虑症主要表现为紧张不安，忧心忡忡，集中注意困难，极端敏感，对轻微刺激反应过度，难以做决定。在躯体症状方面，焦虑症患者容易出现心跳加快、过度出汗、肌肉持续性紧张、尿频尿急、睡眠障碍等不适反应。

中学生常见的焦虑反应是考试焦虑。其表现：①随着考试临近，心情极度紧张；②考试时不能集中注意，知觉范围变窄，思维刻板，出现慌乱，无法发挥正常水平；③考试后又持久地不能松弛下来。其产生原因主要有升学持久的、过度的压力，家长对子女过高的期望，学生个人过分地争强好胜，学业上多次失败的体验等，以及容易诱发焦虑反应的人格基础。

3. 治疗方法

采用肌肉放松、系统脱敏方法进行治疗，还可以运用自助性认知矫正程序，指导学生在考试中使用正向的自我对话，如"我能应付这个考试""成绩并不重要，学会才是重要的""无论考试的结果如何，都将不会是最后一次"等。这些方法对缓解学生的考试焦虑都有较好的效果。

📙 **真题陈列架**

（2014年下·单选·18）小燕近期非常苦闷，一提到学习就心烦意乱、焦躁不安，对老师有抵触情绪，成绩也明显下降。小燕存在的心理问题是（　　）。

A. 焦虑症　　　　B. 神经衰弱症　　　　C. 强迫症　　　　D. 抑郁症

【答案】A。

（二）抑郁症

1. 含义

抑郁症是以持久性的心境低落为特征的神经症。过度的抑郁反应，通常伴随有严重的焦虑感。焦虑是个人对紧张情境的最先反应。如果一个人确信这种情境不能改变或控制时，抑郁就取代焦虑成为主要症状。

2. 表现

①情绪消极、悲伤、颓废、淡漠，失去满足感和生活的乐趣；②消极的认识倾向，低自尊、无能感，从消极方面看事物，好责难自己，对未来不抱多大希望；③动机缺失、被动、缺少热情；④躯体上疲劳、失眠、食欲不振等。

3. 治疗方法

要注意给患抑郁症的学生以情感支持和鼓励，以坚定而温和的态度激励学生做一些力所能及的事情，积极行动起来，从活动中体验成功与人际交往的乐趣。也可采用认知行为疗法，改变学生已习惯的自贬性思维方式和不适当的成败归因模式，发展对自己、对未来更为积极的看法。对抑郁症严重的学生，还可以使其服用抗抑郁药物以缓解症状。

（2018年下·单选·17）张博近期经常失眠，食欲不振；不愿与同学和老师交往，对什么事情都不感兴趣，消极悲观；认为自己一无是处，未来不抱有希望。他存在的心理问题是（　　）。

　　A. 强迫症　　　　　B. 焦虑症　　　　　C. 抑郁症　　　　　D. 恐怖症

【答案】C。

（三）强迫症

1. 含义

强迫症是一组以强迫症状（主要包括强迫观念和强迫行为）为主要临床表现的神经症。

2. 表现

强迫观念是指当事人身不由己地思考他不想考虑的事情。强迫行为是指当事人反复去做他不希望执行的动作，如果不这样想、不这样做，他就会感到极端焦虑。

3. 治疗方法

①森田疗法。森田疗法强调，当事人力图控制强迫症状的努力，以及这种努力所导致的对症状出现的专注和预期，只会对强迫症状起维持和增强作用。因此，为了矫正强迫症状，应放弃对强迫观念做无用控制的意图，而采取"忍受痛苦，顺其自然"的态度治疗强迫行为。

②暴露与阻止反应。例如，让有强迫性洗涤行为的人接触他们害怕的"脏"东西，同时坚决阻止他们想要洗涤的冲动，不允许洗涤。

③支持性心理矫治。认真、耐心地倾听患者诉述，以确定强迫症状的具体表现和严重程度，然后耐心解释。

④药物治疗。

（2019年下·单选·18）刚进入高一，赵峰就总想"我考不上大学该怎么办"。他明知离高考还远着呢，这么早想这个事根本没必要，但就是控制不住，以至于影响了正常学习。他的主要心理问题是（　　）。

　　A. 强迫观念　　　　B. 强迫行为　　　　C. 恐惧观念　　　　D. 恐惧行为

【答案】A。

（四）恐怖症

1. 含义

恐怖症是对特定的无实在危害的事物与场景的非理性惧怕。

2. 表现

单纯恐怖症：对一件具体的东西、动作或情境的恐惧。

广场恐怖症：害怕大片的水域、空荡荡的街道等。

社交恐怖症：害怕在社交场合讲话（如在会场上讲演、在公共场合进餐时交谈），担心自己会因双手发抖、脸红、声音发颤、口吃而暴露自己的焦虑，觉得自己说话不自然，因而不敢抬头，不敢正视对方眼睛。

3. 治疗方法

系统脱敏法是治疗恐怖症的常用方法，使用这一方法最好及时进行。一方面，要有恒心和耐心；另一方面，要改善班级中的人际关系，营造宽松、自由的学习氛围。

（五）网络成瘾

1. 含义

网络成瘾是指学生上网者由于过度或不当地使用网络而产生的一种难以抗拒再度使用网络的着迷状态，并影响到其正常的学习与生活。

2. 表现

无节制地花费大量时间上网，必须通过增加上网时间才能获得满足感；不能上网时感到空虚、失落，不愿与人交流，学业失败，现实人际关系恶化，社会活动减少，还常伴有躯体症状，如头晕、胸闷憋气、心烦、紧张性兴奋、懒散等。

3. 治疗方法

网络成瘾常用的心理干预方法有以下几种。

①强化干预法。在网络成瘾的干预中，奖励的使用条件是一旦发现网络成瘾学生有了减少上网的行为，就给予奖励、表扬或肯定性评价。

②厌恶干预法。厌恶干预法是指采用惩罚性的厌恶刺激来减少或消除一些不良行为的方法。常用方法有橡皮圈拉弹法、社会不赞成厌恶干预法、内隐致敏干预法等。

橡皮圈拉弹法是由网络成瘾学生预先在自己手腕上套上一根橡皮圈，当他坐到电脑前准备上网时，自己用力拉弹手腕上的橡皮圈，使手腕有强烈的疼痛感，从而提醒自己停止上网。也可借助外力，如借助闹钟发出尖利的噪声，来促使自己停止上网。

社会不赞成厌恶干预法主要是运用图片、影视、舆论等手段，使学生在上网的同时感到来自社会的压力，并在其心理上造成威慑，使其产生畏惧心理，从而戒除网瘾。

内隐致敏干预法，又被称为想象性厌恶干预法，是指网络成瘾学生通过想象上网的过程和结果，使自己对上网感到厌恶，从而逐步减少上网时间直至戒除网瘾的干预方法。

③转移注意法。转移注意法是指学校或班级通过组织各类有意义的文体活动，让网络成瘾学生参与其中，从而转移他的注意力和降低他对网络的迷恋程度的干预方法。

④替代、延迟满足法。一方面，帮助网络成瘾学生培养替代活动（其感兴趣的课外活动）吸引其注意力，并弄清他的上网习惯，然后使其在原来上网的时间里做其他事情；另一方面，了解网络成瘾学生的上网时间，将其上网总时间列表，纳入周计划，在可以控制的前提下，逐步减少学生上网的时间，最终实现戒除学生网瘾的目标。

⑤团体辅导法。团体辅导法是指将网络成瘾的学生组成一个团体，由富有经验的老师作为指导者，以团体动力理论为理论基础，综合运用团体咨询的原则和各种方法，达到使参加团队的成员整体戒除网瘾的目标。

> **✐ 真题陈列架**
>
> （2018年上·单选·19）在对学生李刚网络成瘾的干预中，老师要求其在手腕上套一根橡皮圈，一旦感觉自己想上网就用力拉橡皮圈弹自己。这位老师所要求的方法称为（ ）。
>
> A. 强化干预法   B. 厌恶干预法
>
> C. 转移注意法   D. 延迟满足法
>
> 【答案】B。

三、挫折与压力

（一）挫折

1. 挫折的概念

挫折是个体的动机、愿望、需要和行为受到内部和外部因素阻碍的情境和相应的情感态度。

2. 挫折的应对方式

常见的挫折的应对方式主要有压抑、升华、退行、合理宣泄、认同、文饰、投射、认知重组等。

①压抑，又被称为潜抑，是指个人将不为社会所接受的本能冲动、欲望、情感、过失、痛苦经验等不知不觉地从意识中予以排除，或抑制到潜意识中去，使之不侵犯自我或使自我避免痛苦。

②升华，是把被压抑的无意识冲动，通过某种途径或方式转变为人们可接受的或为社会所赞许的活动。

③退行，是指在遭受外部压力或内心冲突不能处理时，个体用幼稚的或愚笨的方式来应对挫折或困难，以免除焦虑。

④合理宣泄，是指通过创设一种情境，使受挫者能自由抒发受压抑的情绪。

⑤认同，是指无意识中取他人之长归为己有，作为自己行为的一部分去表达，借以排解焦虑与适应的一种防御手段。

⑥文饰，也被称为合理化、理由化，是指个人无意识地用似乎合理的解释来为难以接受的情感、行为、动机辩护，使其可以接受。文饰作用分为两种：第一种是酸葡萄文饰作用，即当自己希望达到的某种目的的未能达到时，就否认这个目的具有的价值和意义；第二种是甜柠檬文饰作用，即因未达到预定的目的，便抬高自己现状的价值和意义。

⑦投射，是通过以己度人的方法来达到心理防御的目的。通过投射，个体可以依据自己的需要或情绪的主观指向，将自己的特征转移到他人身上；也可以将自我内心不被允许的冲动、欲望或情感转移到他人或其他事物上。如"以小人之心，度君子之腹"；学生在考场作弊被抓，会认为其他人也作弊只是没有被抓到。

⑧认知重组，是指个体对挫折情境的认知评价如何，会直接影响挫折感的产生。比如高考落榜是考生产生挫折的情境，如果考生改变对高考落榜严重性的认识，看到上大学并非唯一的成才之路，或者产生通过自修下一年再考也不迟的想法，就可以减轻挫折感。这种对挫折情境的重新认识与评价，称为认知重组。

> **真题陈列架**
>
> （2015年下·单选·17）中学生晓华喜欢帮助有困难的人，他认为其他同学与他一样也喜欢帮助有困难的人。这种现象属于（　　　）。
>
> A. 退行　　　　　B. 投射　　　　　C. 升华　　　　　D. 文饰
>
> 【答案】B。

（二）压力

1. 压力的概念

压力是指由内外刺激令个体产生心理紧张、心理威胁或心理恐惧而使个体所产生的心理压迫感。

2. 压力产生的来源

压力产生的来源即压力源，是指具有威胁性或伤害性并因此带来压力感受的事件或环境。心理学家在研究中通过分析造成压力的各种生活事件，提出了以下四种类型的压力源。

①社会性压力源，主要指造成个人生活方式上的变化，并要求人们对其做出调整和适应的情境与事件。社会性压力源包括个人生活中的变化，也包括社会生活中的重要事件。

②心理性压力源，指来自人们头脑中的紧张性信息。例如：心理冲突与挫折、不切实际的期望、不祥预感及与工作责任有关的压力和紧张等。

③躯体性压力源，指通过对人的躯体直接发生刺激作用而造成身心紧张状态的刺激物，包括物理的、化学的、生物的刺激物等。

④文化性压力源，指要求人们适应和应对的文化问题。文化性压力源中最常见的是文化迁移，即从一种语言环境或文化背景进入到另一种语言环境或文化背景中，人面临全新的生活环境、陌生的风俗习惯和不同的生活方式，从而产生压力。

3.压力的应对方法

掌握应对压力的方法，对维护和增进个体的身心健康极为重要。应对压力的主要方法如下。

①增强抗压能力。树立正确的人生观和世界观，培养坚韧的人格特质，提高分析问题和解决问题的能力，学会解决问题的方法及养成良好的生活、学习和工作习惯等，能够增强个体的抗压能力。

②确立适当的期望水准，调整好学习、生活的节奏，也能提高个体的抗压能力。

③正当的、适度的休闲与运动是积极调整身心状态的方法，有利于个体以饱满的热情和精神面对困难。

④当个体所遭遇的压力自我无法应对时，应找专业人员接受心理辅导和心理治疗。

⑤积极面对人生，自信豁达，知足常乐。改变不合理的观念适应各种情况。

✏️ **真题陈列架**

（2015年下·简答·28）简述压力产生的来源。

【参考答案】①社会性压力源；②心理性压力源；③躯体性压力源；④文化性压力源。

📑 记忆保温箱

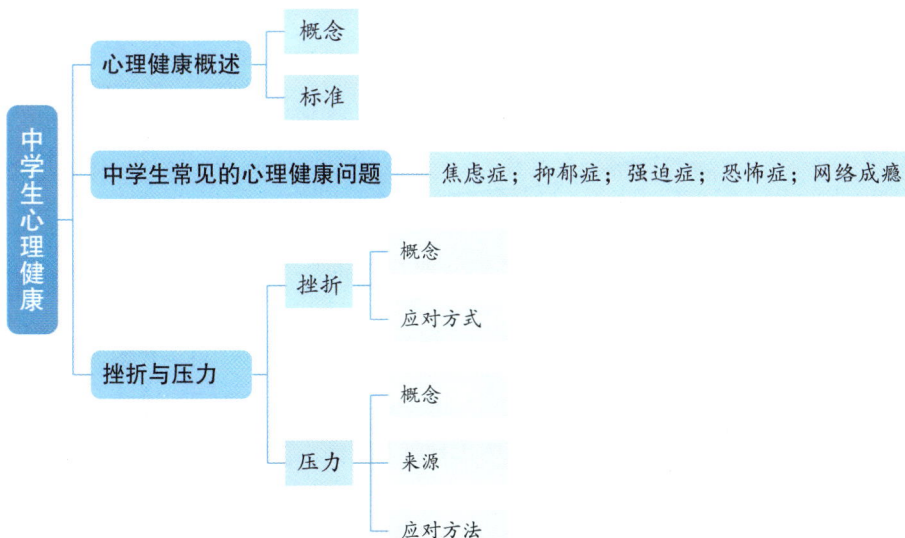

第二节 学校心理辅导

考点收纳盒

关键考点	考查力度	常考题型	理解难度
学校心理辅导的一般目标	■□□□□	单选	★☆☆☆
学校心理辅导的原则	■□□□□	简答	★☆☆☆☆
学校心理辅导的主要方法	■■□□□	单选	★☆☆☆☆

知识储备库

一、学校心理辅导的概念

学校心理辅导是指学校辅导教师根据学生生理、心理的发展特点，运用心理学的知识和技能，通过形式多样的辅导活动，帮助学生了解自己、认识环境，克服学习、生活与人际关系中的问题及情感困扰，增强其社会适应性，充分发挥个人潜能，促进学生身心全面和谐地发展。

对于学校心理辅导，要特别注意以下几点：①学校心理辅导强调面向全体学生；②学校心理辅导以正常学生为主要对象，以发展辅导为主要内容；③学校心理辅导是一种专业活动，是专业知识和技能的运用。

二、学校心理辅导的一般目标

学校心理辅导的一般目标可以归纳为两个方面：一是学会调适，二是寻求发展。在这两个目标中，学会调适是基础目标，以此为主要目标的心理辅导可称为调适性辅导；寻求发展是高级目标，以此为主要目标的心理辅导可称为发展性辅导。简言之，这两个目标就是要引导学生达到基础层次的心理健康和高层次的心理健康。

真题陈列架

（2018年上·单选·20）在一次心理健康培训班教学测验中，关于心理辅导的一般目标，学员们的答案不一，共有四种。其中，正确的是（　　）。

A. 学会调适和寻求发展　　　　　　B. 学会调节和学会适应

C. 学会调适和寻求健康　　　　　　D. 适应学习和适应社会

【答案】A。

三、学校心理辅导的原则

（一）面向全体学生原则

心理辅导是面向全体学生、为全体学生服务的，能促进学生整体素质的提高和个性的和谐发展。

（二）预防和发展相结合原则

心理辅导既有预防功能，又有发展功能。预防功能是初级功能，发展功能则是高级功能，而两者的有机结合才能更好地达到心理辅导的目的。

（三）尊重与理解学生原则

尊重与理解学生是心理辅导最基本的条件。尊重与理解学生就是要尊重学生的人格与尊严，尊重与理解学生的权利和选择。

（四）学生主体性原则

学生主体性原则要求教师在心理辅导中以学生为主体，充分发挥学生作为辅导活动主体的作用。

（五）个别化对待原则

不同学生存在着较大的差异，因此，心理辅导要根据学生的心理特点，采取因材施教的方法，个别化对待学生，使每个学生的独特性、创造性得到充分地发展。

（六）整体性发展原则

心理辅导应该以发展的眼光看待学生的心理状况，教育活动必须立足于促进学生的心理发展，而不仅仅限于心理健康的一般问题。

真题陈列架

（2017年上·简答·29）简述学校心理辅导的原则。

【参考答案】学校心理辅导的原则包括：①面向全体学生原则；②预防与发展相结合原则；③尊重与理解学生原则；④学生主体性原则；⑤个别化对待原则；⑥整体性发展原则。

四、学校心理辅导的主要方法

（一）强化法

强化法，又被称为"操作条件疗法"，是应用操作性条件反射原理，强调行为的改变是依据行为后果而定的，其目的在于矫正不良行为，训练与建立良好行为。

具体操作方法：每当学生出现所期望的心理与目标行为时，或者在一种符合要求的良好行为出现之后，采取奖励办法立刻强化，以增强此种行为出现的频率。

（二）代币强化法

代币是一种象征性强化物。筹码、小红星、盖章的卡片、特制的塑料币等都可作为代币。当学生做出所期待的良好行为后，教师发给数量相当的代币作为强化物。学生用代币可以兑换有实际价值的奖励物或活动。代币奖励的优点：可使奖励的数量与学生良好行为的数量、质量相适应，代币不会像原始强化物那样产生"饱和"现象而使强化失效。

（三）惩罚法

惩罚的作用是消除不良行为。惩罚有两种：一是在不良行为出现后，呈现一个厌恶刺激（如否定评价、给予处分）；二是在不良行为出现后，撤销一个愉快刺激。

（四）消退法

消退法是通过停止对某种不良行为的强化，从而使该行为逐渐消失的一种行为治疗方法。该方法包括两个特征：一是行为之后停止维持该行为强化物的供给；二是该行为出现的频率要下降。

（五）系统脱敏法

当某些人对某事物、某环境产生敏感反应（害怕、焦虑、不安）时，可以在当事人身上发展起一种不相容的反应，使其对本来可引起敏感反应的事物，不再发生敏感反应。

系统脱敏法包括三个程序：①建立恐怖或焦虑的等级层次（从最轻微的恐怖或焦虑到最强烈的恐怖或焦虑）；②训练来访者松弛肌肉；③让来访者在肌肉松弛的情况下，从最低层次开始想象产生焦虑的情景，采用分级脱敏练习方法。

（六）来访者中心疗法

来访者中心疗法是由美国心理学家罗杰斯创立的，他是人本主义的主要代表。罗杰斯认为，心理治疗的目的在于帮助来访者创造一种有关他自己的更好的概念，使他能自由地实现他的自我，即实现他自己的潜能，成为功能完善者。

来访者中心疗法重点集中在创造一种良好的关系氛围，使来访者产生能够自由地探索内心的感觉。罗杰斯认为，要形成理想的咨询氛围，咨询师在人格和态度上需要满足以下三个条件：真诚一致、无条件积极关注和共情。

真诚一致是要求在治疗关系的范围内，咨询师的情感和行为没有任何的虚假和做作，是一个表里如一、真诚完整的人。

无条件积极关注并不是有条件地接纳或只接纳来访者的（符合咨询师自己态度的）一部分，而是把来访者作为一个完整的个人来接纳，并通过言语声调和非言语行动传达对他的接纳、理解、尊重和珍视。

共情是指咨询师体验来访者的内部世界的态度和能力。咨询师设身处地地用来访者的眼光去看待他们的问题，深入了解并体会来访者的内心世界，站在他们的立场上去体会他们的痛苦和不幸，也就是我们常说的"换位思考"。

（七）合理情绪疗法

合理情绪疗法是由心理学家艾利斯提出的。他认为人的情绪是由人的思想决定的，合理的观念导致健康的情绪，不合理的观念导致负向的、不稳定的情绪，即人的行为的 ABC 理论。

A：个体遇到的主要事实、行为及事件等诱发性事件。

B：个体在遇到 A 后产生的信念及观点，即对诱发事件的评价和解释。

C：事件造成的情绪结果。

该理论认为，诱发事件 A 只是引起情绪及行为反应的间接原因，真正的直接引起事件的原因是被人们所忽略的在遇见 A 后产生的信念与观点，也就是 B。B 如果是一个非理性的观念，就会造成负向的情绪。因此用积极、现实的合理信念代替绝对化的非合理信念是调节不良情绪和行为的关键。

非合理信念的特征有以下几点：

①绝对化的要求，即从自己的意愿出发，认为某事一定会发生或一定不会发生的信念。因此，当某些事物的发生与其对事物的绝对化要求相悖时，个体就会感到难以接受和适应，从而容易陷入困境中。该信念常与"必须"和"应该"这类词联系在一起。

②过分概括化，是一种以偏概全的思维方式，是思维的专制主义。它是个体对自己或他人不合理的评价，其典型特征是以某一件或某几件事来评价自身或他人的整体价值。人们在对自己的绝对化要求中常常会走极端，认为自己在某一件事情上办得不好、未获得成功，自己就一无是处，容易自责自罪，产生焦虑和抑郁情绪。

③糟糕至极，是一种把事物的可能后果，想象、推论到非常可怕、非常糟糕，甚至是灾难结果的非理性信念。当人们坚持这样的信念，遇到了他认为糟糕至极的事情时，就会陷入极度的负面情绪之中。如这次考试失利，我的人生就完了。

在合理情绪疗法中采用以下过程来改变其情绪：第一，确认产生烦恼的事件；第二，回顾事件发生时自己的每个念头，看看它们是怎样影响自己的，并从中找出不合理的信念；第三，用积极、现实的陈述抵抗不合理、消极的信念。

真题陈列架

（2015 年上·单选·17）高三学生小辉因一次模拟考试失败，就认定自己考不上理想中的大学，感觉前途无望。根据合理情绪疗法的原理，小辉的这种不合理信念属于（　　）。

A. 主观要求　　　　B. 相对化　　　　C. 糟糕至极　　　　D. 片面化

【答案】C。

（八）精神分析疗法

精神分析疗法又被称为心理分析疗法，精神分析就是要探索潜意识，通过自由联想、释梦或对移情的分析等方法使来访者潜意识的心理过程转变为有意识的，以破除压抑的作用，使来访者领悟到产生症状的真正原因，从而达到治愈心理疾病的目的。

移情是精神分析疗法的一个重要概念。移情是指来访者把对父母或过去生活中某个重要人物的情感、态度和属性转移到了咨询师身上，并相应地对咨询师做出反应。反移情是与移情类似的一种情感或情绪反应。反移情是咨询师把对生活中某个重要人物的情感、态度和属性转移到来访者身上。

记忆保温箱

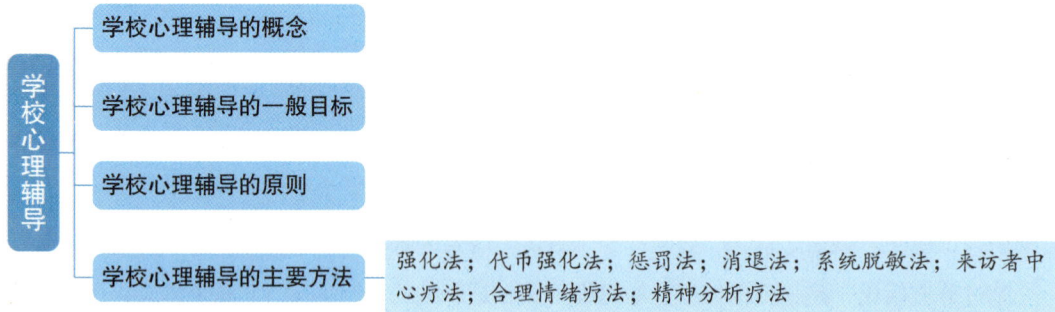

第七章

中学德育

本章知识点的考查频率高，客观题相对简单，应重点关注主观题的备考。

备考时，应结合实际生活中的案例，注重材料分析能力的训练。

德育过程、德育原则、德育方法和德育途径需要给予重点关注。

第一节　中学生态度和品德的发展

考点收纳盒

关键考点	考查力度	常考题型	理解难度
品德的心理结构	▪▪▪▫▯	单选、辨析、简答	★★☆☆☆
皮亚杰的道德发展阶段论	▪▪▪▯▯	单选	★★★★☆
科尔伯格的道德发展阶段论	▪▪▪▪▯	单选、辨析	★★★★★
态度与品德形成的一般过程	▪▯▯▯▯	简答	★★☆☆☆
促进中学生形成良好品德的方法	▪▯▯▯▯	单选	★☆☆☆☆

知识储备库

一、态度与品德概述

（一）态度的定义与结构

1.态度的定义

态度是通过学习而形成的、影响个人行为选择的内部准备状态或反应的倾向性。

对于该定义，可以从以下几个方面来理解。

①态度是一种内部准备状态，而不是实际反应本身，并不决定特定的行为。

②态度与能力不同，虽然二者都是内部倾向，但是能力决定个体能否顺利完成某些任务，而态度则决定个体是否愿意完成某些任务，即态度决定行为的选择。

③态度是通过学习而形成的，不是天生的。

④态度具有明显的对象性，即人们对不同事物的态度并不相同。

2.态度的结构

态度的结构包括认知、情感和行为三种成分。其中，情感是态度的核心成分。

①态度的认知成分是指个体对态度对象所具有的带有评价意义的观念和信念。

②态度的情感成分是指伴随态度的认知成分而产生的情绪或情感体验。

③态度的行为成分是指准备对某对象做出某种反应的意向或意图。

一般情况下，态度的上述三种成分是一致的，但有时也可能不一致。比如，行为成分与认知成分相分离，外在的行为不一定是内在的真实态度的体现，或者口头表达的态度常常不能付诸行动，即知行脱节。

（二）品德的定义与结构

1.品德的定义

品德是道德品质的简称，是个体依据一定的社会道德行为规范行动时表现出来的比较稳定的心理特征和倾向。

2.品德的心理结构

所谓品德的心理结构，指的是品德这种个体心理现象的组成成分。品德的心理结构包含道德认识、道德情感、道德意志和道德行为，即知、情、意、行四种心理成分。

（1）道德认识

道德认识是指对社会道德规范及其执行意义的认识。道德认识是个体品德中的核心部分，是学生品德形成的基础。

（2）道德情感

道德情感是人的道德需要是否得到满足而引起的一种内心体验，也是对于某种道德义务产生爱慕或憎恨、喜爱或厌恶等态度的情绪体验。道德情感是产生和维持道德行为的重要动力，是实现知行转化的催化剂。

（3）道德意志

道德意志是个人在道德情境中，自觉地调节行为，克服内外困难，以实现道德目的的心理过程。它是道德认识转化为道德行为的关键。

（4）道德行为

道德行为是指在道德意向支配下表现出来的符合社会道德规范的行为。道德行为是衡量个体品德高低与好坏的重要标志。

> 📝 **真题陈列架**
>
> （2017年下·单选·20）在小组讨论中，关于什么是道德行为培养的关键，同学们有下列四种不同的看法，其中正确的是（　　）。
>
> A.形成良好的道德意志　　　　B.形成良好的道德环境
>
> C.形成良好的道德情感　　　　D.形成良好的道德习惯
>
> 【答案】D。

（三）态度与品德的关系

1. 态度与品德的联系

①实质相同。态度是一种习得的、影响个人行为选择的内部状态，而品德也是依据一定的道德行为规范行动时所表现出来的比较稳定的心理特征。因此，二者都是个体的内部心理状态。

②结构相同。态度与品德都包含认知、情感、行为三种共同成分。

2. 态度与品德的区别

①价值（或行为规范）的内化程度不同。态度变化发展分为五级水平，从最低水平开始，依次是接受、反应、评价、组织、性格化。只有价值内化到最高级水平的态度，也就是价值标准经过组织成为个人性格系统中的稳定态度，方有可能被称作品德。

②所涉及的范畴不同。在态度中，有些涉及社会道德规范，有些并不涉及社会道德规范。只有涉及社会道德规范的那部分稳定的态度，才能被称为品德。

二、态度与品德形成的一般过程

一般认为，态度与品德的形成过程经历了依从、认同与内化三个阶段。

1. 依从

依从包括从众和服从两种。从众是指人们对于某种行为要求的依据或对行为的必要性缺乏认识与体验，从而跟随他人行动的现象。服从是指在权威命令、社会舆论或群体气氛的压力下，放弃自己的意见而采取与大多数人相一致的行为。依从阶段的行为具有盲目性、被动性和不稳定性。

2. 认同

认同是在思想、情感、态度和行为上主动接受他人的影响，使自己的态度和行为与他人相接近。认同实质上就是对榜样的模仿，其出发点就是试图与榜样一致。认同阶段的行为具有一定的自觉性、主动性和稳定性。

3. 内化

内化是指在思想观点上与他人的思想观点一致，将自己所认同的思想和自己原有的观点、信念融为一体，构成一个完整的价值体系。在内化阶段，个体的行为具有高度的自觉性和主动性，并具有坚定性，表现为"富贵不能淫，贫贱不能移，威武不能屈"。此时，稳定的态度和品德便形成了。

三、道德发展理论

（一）皮亚杰的道德发展阶段论

皮亚杰在他的《儿童的道德判断》一书中，通过"对偶故事法"的观察实验，将儿童道德认知发展划分为四个阶段。这四个阶段的渐进更替，体现了道德认知从他律到自律的发展脉络。

1. 自我中心阶段

5～6岁以前的儿童，基本上处于无规则阶段，他们虽然已能接受外界的规则，但往往按自己的想象去执行规则，规则对于他们的行动还不具有约束力，他们还没有义务意识，在游戏中没有形成真正的合作。

2. 权威阶段

6～8岁的儿童绝对地顺从权威，认为独立于自身之外的规则是必须遵守的，遵从权威的行为就是正确的行为。他们把规则看作固定的、神圣的、不可改变的，因而处于他律道德水平。

3. 可逆性阶段

9～10岁的儿童开始认识到规则是大家共同约定的，只要大家同意，规则也可以修改。儿童开始意识到自己可以与他人发展互相尊重的平等关系，规则不再是权威人物的单方面要求，而是具有保证人们相互行动的、互惠的可逆特征，这意味着儿童开始进入自律道德水平。

4. 公正阶段

11～12岁以后进入形式运算阶段的儿童开始倾向于以公道、公正作为判断是非的标准。这也意味着他们能够根据他人的具体情况，基于同情、关心来对道德情境中的事件做判断。

> **真题陈列架**
>
> （2017年上·单选·15）小星判断道德问题时，不仅能依据规则，而且能出于同情心和关心做出判断。依据皮亚杰的道德发展阶段论，小星的道德认知发展处于（　　　　）。
>
> A. 自我中心阶段　　　　　　　　B. 权威阶段
>
> C. 可逆性阶段　　　　　　　　　D. 公正阶段
>
> 【答案】D。

（二）科尔伯格的道德发展阶段论

科尔伯格采用"道德两难故事法"，考察儿童和青少年对一系列结构化的道德情境中的事实进行判断和推理的情况。其中，代表性的道德两难故事是"海因茨偷药的故事"。科尔伯格通过研究，将儿童、青少年的道德认知发展分为三水平六阶段，每个水平包含两个阶段。

1. 水平一：前习俗水平

着眼于行为的具体后果和自身利害关系来判断是非，儿童无内在的道德标准。判断一种行为是否适当，主要是看其能否使自己免于受罚，或让自己感到满意。

阶段1：惩罚和服从取向阶段。

以免去惩罚与服从权力为道德判断的依据。凡是造成较大损害、受到较严厉惩罚的行为都是坏的行为。反之，一种行为即使是出于恶意，但如果未被觉察或未受惩罚那就不是错误的。因此本阶段儿童尚缺乏真正的是非观念。

阶段2：相对功利取向阶段。

以是否符合自己的需要和偶尔考虑到互利为道德判断的依据。尽管也会考虑到他人的利益，但多是出于利益交换原则，总希望得到的比付出的多，道德判断有较强的自我中心性质。

2.水平二：习俗水平

以满足社会舆论期望、遵循现行的社会准则和习俗、受到赞扬为道德判断的依据。处于习俗水平的个体已经能够从社会成员的角度来思考道德问题。

阶段3：寻求认可取向阶段。

在处于本阶段的个人看来，一种行为是否正确，要看其是否被别人喜爱，取悦于人。个人愿意按照大家对自己的期望去行动，希望通过"做好人"来寻求认可。

阶段4：遵守法规取向阶段。

在本阶段，社会规范和法律代替了同伴群体的规范。对社会赞许的需求不再是道德判断的根据，更重要的是要遵守法规、尊重权威，尽个人责任和本分，维护社会秩序。

3.水平三：后习俗水平

能够依据自己选定并遵循的伦理原则和价值观进行道德判断，认为不违背多数人的意愿、不损害多数人的幸福、不违背普遍的道德原则的行为就是最好的行为。处于后习俗水平的个人，已经超越现实道德规范的约束，达到完全自律的境界。

阶段5：社会契约取向阶段。

处于本阶段的个人，认为法律与道德规范是大家共同约定的，也是可以改变的。人人都有遵守法律的义务，但如果法律以牺牲人类权利和尊严为代价，则应该予以修改和完善。

阶段6：普遍伦理取向阶段。

处于本阶段的个人，能够依据自己选定的基本伦理原则、个人良心办事。这些原则，如公正、平等、人的价值等，都是抽象的，而不是具体的道德律令。法律条文如果与这些基本原则相冲突，就不应该遵守，因为"公正高于法律"。

科尔伯格认为这些发展顺序是一定的、不可颠倒的，各个阶段的时间长短是不相等的。同时，就个体的道德发展水平而言，并不是所有人都在同样的年龄达到同样的发展水平，有些人可能只停留在前习俗水平或者习俗水平上，而永远不能达到后习俗水平。

真题陈列架

（2019年下·单选·16）张丽在进行道德判断时，能够超越某种规章制度，更多考虑道德的本质，而非具体的原则。根据科尔伯格的道德发展阶段论，其道德发展处于哪一阶段？（　　）

A.社会契约　　　B.相对功利　　　C.遵守法规　　　D.普遍伦理

【答案】D。

四、态度与品德发展的影响因素

（一）外部因素

1. 家庭教养方式

若家庭教养方式是民主、信任、容忍的，则有助于儿童优良态度与品德的形成与发展。若家长对待子女过分严格或放任，则儿童更容易产生不良的、敌对的行为。

2. 社会风气

社会风气由社会舆论、大众媒介传播的信息、各种榜样的作用等构成。良好的社会风气与不良的社会风气都有可能影响学生道德信念与道德价值观的形成。

3. 同伴群体

归属于某一个团体的需要是个体的一种基本需要。学生的态度与道德行为在很大程度上受到他们所归属的同伴群体的行为准则和风气的影响。

（二）内部因素

1. 认知失调

人类具有一种维持平衡和一致性的需要，即力求维持自己的观点、信念的一致，以保持心理平衡。当认知不平衡或不协调时，如自己的观点与他人的、社会的观点或风气不一致等，个体就试图通过改变自己的观点或信念，以达到新的平衡。可以说，认知失调是态度改变的先决条件。

2. 态度定式

个体由于过去的经验，对所面临的人或事可能会具有某种肯定或否定、趋向或回避、喜好或厌恶等内心倾向性。这种事先的心理准备或态度定式常常支配着人对事物的预料与评价，进而影响着人是否接受有关的信息和接受信息的量。帮助学生形成对教师、对集体的积极的态度定式或心理准备是使学生接受道德教育的前提。

3. 道德认知

态度、品德的形成与改变取决于个体头脑中已有的道德准则和规范的理解水平和掌握程度，取决于个体已有的道德判断水平。根据皮亚杰和科尔伯格的研究，要改变或提高个体的道德水平，必须考虑其接受能力，遵循先他律而后自律、循序渐进的原则。实施道德教育时，不应只注意道德教育的形式，进行道德说教，而是应结合学生的实际生活和切身体验，晓之以理。

（三）其他因素

个体的智力水平、受教育程度、年龄等因素也对态度与品德的形成与改变有不同程度的影响。

五、中学生品德发展的特点

从道德发展的整体上看，中学生阶段是道德意识高度发展的时期，具体表现为以下几个方面。

（一）伦理道德发展具有自律性，言行一致

在整个中学阶段，学生的品德迅速发展，处于伦理形成时期。伦理是人与人之间的关系及必须遵守的行为准则，是道德关系的概括。伦理道德是道德发展的最高阶段。

1. 形成道德信念与道德理想

中学阶段是道德信念和道德理想形成、并以此指导行动的时期。中学生逐渐掌握伦理道德，并服从它，表现为独立、自觉地依据道德信念、价值标准等去行动，使学生的道德行为更有原则性、自觉性。

2. 自我意识增强

在品德发展的过程中，中学生更加关注自我道德修养，并努力加以提高。可以说中学生对自我道德修养的反省性和监控性有明显的提高，这为产生自觉的道德行为提供了有效的前提。

3. 道德行为习惯逐步巩固

由于不断地实践、练习，加之较为稳定的道德信念的指导，中学生逐渐形成了与道德伦理相一致的、较为定型的道德行为习惯。

4. 品德结构更为完善

中学生的道德认识、道德情感与道德行为三者相互协调，形成一个较为完善的动态结构，使他们不仅按照自己的道德准则去行动，而且也逐渐成为稳定的个性心理结构的一部分。

（二）品德发展由动荡向成熟过渡

1. 初中阶段品德发展具有动荡性

从总体上看，初中即少年期的品德虽然具有伦理道德的特点，但仍旧不成熟、不稳定，具有动荡性。具体表现为道德观念的原则性、概括性不断增强，但还带有一定程度的具体经验的特点；道德情感表现丰富、强烈，但又好冲动；道德行为有一定的目的性，渴望独立自主行动，但愿望与行动经常有距离。这个时期，既是人生观开始形成的时期，又是容易发生品德的两极分化的时期。品德不良、违法犯罪多发生在这个时期。根据研究，八年级是品德发展的关键期。

2. 高中阶段品德发展趋向成熟

高中阶段或青年初期的品德发展进入了以自律为主要形式、应用道德信念来调节道德行为的成熟时期，表现在能自觉地应用一定的道德观点、信念来调节行为，并初步形成人生观和世界观。

总体来看，初中生的伦理道德已开始形成，但具有两极分化的特点。高中生的伦理道德的发展具有成熟性，可以比较自觉地运用一定的道德观念、原则、信念来调节自己的行为。

六、促进中学生形成良好品德的方法

促进中学生形成良好品德常用而有效的方法有说服、榜样示范、群体约定、价值辨析、奖励与惩罚等。

（一）有效的说服

教师经常应用言语来说服学生改变态度，在说服的过程中，教师要向学生提供某些证据或信息，以支持或改变学生的态度。教师的说服不仅要以理服人，还要以情动人。教师进行说服时，还应考虑学生原有的态度。教师应该以学生原有的态度为基础，逐步提高要求。

（二）树立良好的榜样

给学生呈现榜样时，首先，应考虑到榜样的年龄、性别、兴趣爱好、社会背景等特点，尽量与学生相似，这样可以使学生产生可接近感；其次，应给学生呈现受人尊敬、地位较高、能力较强且具有吸引力的榜样，这样的榜样具有感染力和可信性，使学生产生情感共鸣，进而产生见贤思齐的上进心；再次，应注意教师自身的榜样作用；最后，各种大众传播媒介也应为学生提供良好的榜样示范，坚决杜绝消极的、不健康的内容。

（三）利用群体约定

经集体成员共同讨论决定的规则、协定，对其成员有一定的约束力，使成员承担执行的责任。一旦某成员出现越轨或违反约定的行为，则会受到其他成员的有形或无形的压力，迫使其改变态度。教师可利用集体讨论后做出集体约定的方法，来改变学生的态度。

（四）价值辨析

人的价值观刚开始不能被个体清醒地意识到，必须经过逐步的辨别和分析，才能形成清晰的价值观念并指导自己的道德行动。在价值观辨析的过程中，教师引导学生利用理性思维和情绪体验来检查自己的行为模式，鼓励他们努力去发现自身的价值观，并根据自己的价值选择来行事。

（五）给予恰当的奖励与惩罚

给予奖励时，首先要选择、确定可以得到奖励的道德行为；其次，应选择、给予恰当的奖励物；最后，应强调内部奖励。

惩罚不是最终目的，给予惩罚时，教师应让学生认识到惩罚与错误的行为的关系，使学生从心理上能接受，口服心服。同时还要给学生指明改正的方向，或提供正确的、可替代的行为。

除上述所介绍的各种方法外，角色扮演、小组道德讨论等方法对于态度与品德的形成和改变都是非常有效的。

真题陈列架

（2014年上·单选·20）刘老师与学生一起讨论"网络谣言的危害"，形成了"拒绝网络语言"的认识，共同提出相应的具体要求并被全班同学所认可。这种品德培养方法是（　　）。

A.有效说服　　　　B.树立榜样　　　　C.群体约定　　　　D.价值辨析

【答案】C。

📑 **记忆保温箱**

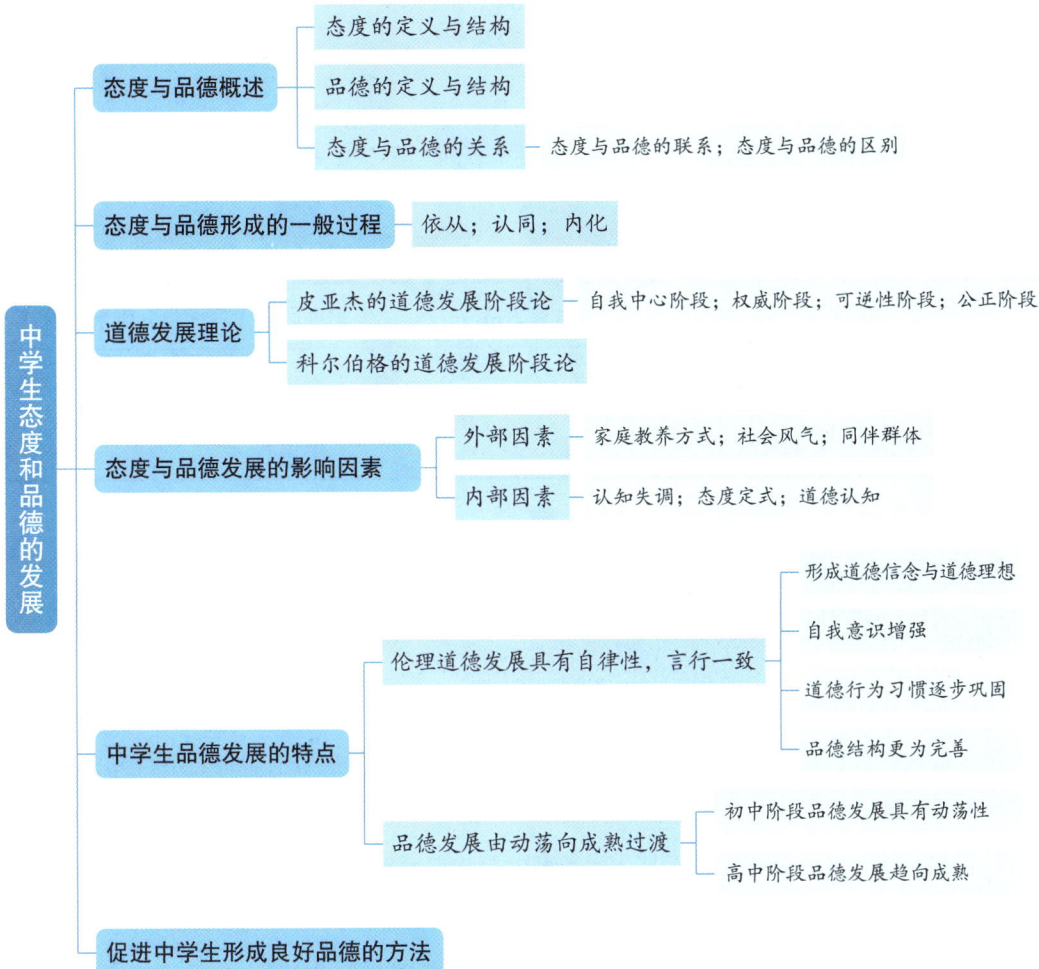

第二节 德育概述

考点收纳盒

关键考点	考查力度	常考题型	理解难度
德育的概念	■□□□□	辨析	★☆☆☆☆
我国学校德育的构成	■□□□□	单选	★☆☆☆☆

知识储备库

一、德育

（一）德育的概念

德育是教育者依据特定社会要求和德育规律，对受教育者实施有目的、有计划的影响，培养他们特定的政治思想意识和道德品质的活动。德育相对于体育、智育而言，是思想教育、政治教育和道德教育的总称，而不是道德教育的简称或政治教育的代名词。德育包括家庭德育、学校德育、社会德育等形式。狭义的德育专指学校德育。

（二）学校德育的概念

学校德育是教育者按照一定社会或阶级的要求和受教育者品德形成发展的规律，有目的、有计划、有组织地对受教育者施加系统的影响，并通过受教育者的认识、体验和践行，自主建构与提升社会所期望的道德、思想、政治品质的教育活动。

（三）我国学校德育的构成

我国学校德育主要由以下三部分构成。

1. 道德教育

引导学生逐步理解与领会社会主义的道德理想与道德行为规范，初步理解人与人之间应具备的道德关系，养成良好的道德行为习惯。

2. 政治教育

引导学生逐步理解与领会坚持社会主义道路，坚持共产党领导的正确性与必要性，逐步形成爱憎分明的政治态度和立场。

3. 思想教育

引导学生逐步理解与领会世界、社会与人生的丰富性与复杂性，教导学生学会思考，并在教育者的引导之下，逐步形成正确的人生观和科学的世界观。

在上述三个部分中，政治教育、思想教育是目标、是方向，而道德教育则是基础、是关键。此外，根据社会条件与环境的变化及学生的具体情况，教育者常常结合德育对学生进行一定的心理健康教育、法制教育与自我管理素质等方面的教育。

> **真题陈列架**
>
> （2018 年上·单选·7）我国学校德育包括的三个基本组成部分是（　　）。
>
> A. 思想教育、品德教育和纪律教育　　B. 政治教育、道德教育和公民教育
>
> C. 道德教育、政治教育和思想教育　　D. 道德教育、政治教育和纪律教育
>
> 【答案】C。

二、德育的功能

学校德育的功能可以概括地表述为德育的社会性功能、个体性功能和教育性功能。

（一）德育的社会性功能

德育的社会性功能指的是学校德育能够在何种程度上对社会发挥何种性质的作用，具体表现为学校德育对社会的文化、政治、经济功能等。

德育的文化功能是指学校德育在一定社会文化发展历程中的作用和在不同文化形态中所起的作用。

德育的政治功能不仅指在阶级社会中为阶级斗争服务，而且也为国家的政治法律制度的民主化、完善和改革服务。

德育的经济功能是指学校德育通过培养具备一定品德的劳动者，对社会经济发展产生着重要的影响。

（二）德育的个体性功能

德育的个体性功能是指德育对德育对象的个体发展能够产生的实际影响。德育的个体性功能可以描述为德育对个体的生存、发展、享用发生影响的三个方面，其中，享用功能是德育个体性功能的最高境界。

德育对于个体的生存功能是指赋予每个个体以科学的价值观、道德原则和行为规范等。正是这些观念、原则、规范使个体在社会生活中能够生存下去。

德育对于个体的发展功能主要指的是对个体品德心理结构的发展所起的作用。

德育对于个体的享用功能是指德育可使每个个体实现某种需要、愿望（主要是精神方面的），从中体验满足、快乐、幸福，获得一种精神上的享受。

（三）德育的教育性功能

德育的教育性功能有两大含义，一是指德育的教育属性（也称教育性）或价值属性。赫尔巴特曾指出："我不承认有任何无教育的教学。"这里的"教育"主要指对于学生价值追求的引导。二是指德育作为教育的子系统对平行系统的作用，这里主要指德育对智、体、美等诸育的促进功能。

三、德育目标

（一）德育目标的概念

德育目标是指通过德育活动在受教育者品德形成和发展上所要达到的总体规格要求，亦即德育活动所要达到的预期目的或结果的质量标准。德育目标是德育工作的出发点和归宿。

（二）制定德育目标的依据

制定德育目标的主要依据有时代与社会发展需要，国家的教育方针和教育目的，民族文化及道德传统，受教育者思想品德形成、发展的规律及心理特征。

（三）我国学校德育目标

根据 2017 年教育部印发的《中小学德育工作指南》，我国学校德育目标如下。

1. 总体目标

培养学生爱党、爱国、爱人民，增强国家意识和社会责任意识，教育学生理解、认同和拥护国家政治制度，了解中华优秀传统文化和革命文化、社会主义先进文化，增强中国特色社会主义道路自信、理论自信、制度自信、文化自信，引导学生准确理解和把握社会主义核心价值观的深刻内涵和实践要求，养成良好政治素质、道德品质、法治意识和行为习惯，形成积极健康的人格和良好心理品质，促进学生核心素养的提升和全面发展，为学生一生成长奠定坚实的思想基础。

2. 中学德育目标

（1）初中学段德育目标

教育和引导学生热爱中国共产党、热爱祖国、热爱人民，认同中华文化，继承革命传统，弘扬民族精神，理解基本的社会规范和道德规范，树立规则意识、法治观念，培养公民意识，掌握促进身心健康发展的途径和方法，养成热爱劳动、自主自立、意志坚强的生活态度，形成尊重他人、乐于助人、善于合作、勇于创新等良好品质。

（2）高中学段德育目标

教育和引导学生热爱中国共产党、热爱祖国、热爱人民，拥护中国特色社会主义道路，弘扬民族精神，增强民族自尊心、自信心和自豪感，增强公民意识、社会责任感和民主法治观念，学习运用马克思主义基本观点和方法观察问题、分析问题和解决问题，学会正确选择人生发展道路的相关知识，具备自主、自立、自强的态度和能力，初步形成正确的世界观、人生观和价值观。

四、德育内容

（一）德育内容的概念

德育内容是指实施德育工作的具体材料和主体设计，是形成受教育者品德的社会思想政治准则和道德规范的总和。它关系到用什么道德规范、政治观、人生观、世界观来教育学生的重大问题。

（二）选择德育内容的依据

1. 德育目标

德育内容是为达到预期的学校德育目标服务的，德育内容必须根据教育目的、学校德育目标的要求来确定。

2. 受教育者的身心发展特征

学校的德育内容应遵循受教育者身心发展规律，使德育内容的深度、广度与学生品德发展的"最近发展区"相吻合，以更好地为青少年所接受。

3. 德育所面对的时代特征和学生思想实际

德育所面对的时代特征和学生思想实际，决定了德育工作的针对性和有效性。德育工作的针对性，就是指德育的内容要主动适应国内外新形势的要求和社会环境的变化，要根据青少年身心发展的特点和思想品德形成的规律有针对性地确定，有的放矢地开展德育工作。德育工作的有效性是指确定德育内容不能主观化，要依据时代特征和学生思想实际，认真选择，确实有效地推动社会发展和学生思想品德进步。

4. 文化传统

德育内容总是随时代的发展而变化，因不同国家的社会性质、发展水平和文化传统而各具特色。

（三）我国学校德育内容

具体而言，我国学校德育内容主要包括如下几个方面。

1. 爱国主义和国际主义教育

爱国主义教育就是要培养和熏陶学生的民族精神，树立民族自尊心和自豪感，培养有理想、有道德、有文化、有纪律的社会主义公民。热爱祖国是对中小学生在道德品质上最基本的要求，是激励中小学生奋发向上的强大动力。爱国主义教育是社会主义精神文明建设的基础性工程，是中小学德育的核心内容。

国际主义教育就是要教育学生关心世界形势，加强同各国人民的团结，反对霸权主义；教育学生懂得中国革命同世界各国人民革命的关系；要清除大国主义的思想影响，防止崇洋媚外思想的侵蚀；在与国外友人的交往中，要懂礼貌、讲文明，注意国格和人格。

2. 理想和传统教育

理想是人奋斗的目标，是人们对未来的憧憬、向往和追求。传统是历史中继承下来的、众多人认可的思想主张与行为习惯。理想教育重在让学生心中有明天，传统教育则重在使学生不忘昨天。二者结合，能让学生避免满足于现状、不求上进，而代之以历史使命感，使其不断努力超越现状。

3. 集体主义教育

集体主义教育的基本内容为教育学生要关爱集体，维护集体荣誉，服从集体决定，遵守集体规则，对自己承担的任务负责。而核心内容则是教育学生正确认识和处理个人与集体的关系，懂得在个人利益与集体利益产生矛盾时，应以集体利益为重。

4. 劳动教育

教育学生认识劳动有体力劳动和脑力劳动之分，明白"一分耕耘、一分收获"的道理，应在学习发展中努力将理论学习与实践探索相结合，掌握各种基本劳动技能，养成积极探索、勤于动手的好习惯，并且要具有热爱劳动，尊重劳动、劳动者及其劳动成果的素养。

5. 纪律和法制教育

纪律与法制教育重在教育学生熟知现代社会中合格公民应遵守的基本法律，以及我国中小学生在学校学习生活中的校规校纪，认清权利与义务、民主与集中、自由与纪律的关系，确立法制意识，养成遵纪守法的习惯。在与他人发生行为冲突时，具有维权意识，且能依据法规解决问题。

6. 辩证唯物主义世界观和人生观教育

这是德育内容的最高层次，教育学生正确地认识人生、规划人生，在协调人与人、人与社会、人与自然的关系时，能以历史唯物主义和辩证唯物主义为指导，确立正确的人生目标、人生态度、人生价值取向，选择正确的路径，不断提升自我并实现人生价值。

五、新时期德育内容发展出的新主题

社会在发展，时代在变化。新的时期，德育内容发展出了新的主题。这就是生存教育、生活教育、生命教育、安全教育、升学和就业指导教育。

（一）"三生"教育

所谓"三生"教育，就是对受教育者进行关于生存、生活和生命的教育，以使受教育者形成符合一定时代要求的生存观、生活观和生命观的过程。

1. 生存教育

（1）生存教育的概念

生存教育就是通过开展一系列的与生命保护和社会生存有关的教育活动和社会实践活动，向学生系统传授生存知识与经验，有目的、有计划地培养学生的生存意识、生存能力和生存态度，树立科学的生存价值观，从而促进学生生存质量提高的过程。

（2）生存教育的意义

生存教育的意义，在于使学生认识生存及提高生存能力的意义，树立人与自然、社会和谐发展的正确生存观；帮助学生建立适合于个体的生存追求，学会判断和选择正确的生存方式，学会应对生存危机和摆脱生存困境，善待生存挫折，形成生存能力，解决好自己安身立命的问题。

（3）生存教育的基本途径

生存教育要以家庭教育为基础，学校教育为主干，社会教育为保障，通过专题式教育和渗透式教育两大类途径来实施。

专题式教育可分为组织开展以生存教育为主题的专题活动和以综合课程的思路开设此类课程两个方面。

渗透式教育可分为学科课程渗透和活动课程渗透两种类型。

2. 生活教育

（1）生活教育的概念

生活教育是帮助学生了解生活常识，掌握生活技能，实践生活过程，获得生活体验，确立正确的生活观，追求个人、家庭、团体、民族、国家和人类幸福生活的教育。

（2）生活教育的意义

生活教育的意义，在于让学生理解生活是由物质生活和精神生活、个人生活和社会生活、职业生活和公共生活等若干方面组成的；帮助学生提高生活能力，培养学生良好的品德和行为习惯，培养学生的爱心和感恩之心，培养学生的社会责任感，形成立足现实、着眼未来的生活追求；教育学生学会正确的生活比较和生活选择，从而理解生活的真谛。

（3）生活教育的基本途径

首先，从职业和生涯规划指导中体现生活教育的内容，为以后的生活做准备。

其次，通过学校的实践活动，以及教学内容的"知行统一"，在行动中实现教育为生活质量提高之内容。

3. 生命教育

（1）生命教育的概念

生命教育有广义与狭义两种：狭义的生命教育指的是对生命本身的关注，包括个人与他人的生命，进而扩展到一切自然生命；广义的生命教育是一种全人的教育，它不仅包括对生命的关注，而且包括对生存能力的培养和生命价值的提升。生命教育是帮助学生认识生命、尊重生命、珍爱生命，促进学生主动、积极、健康地发展生命，提升生命质量，实现生命的意义和价值的教育。

（2）生命教育的意义

生命教育的意义，在于使学生认识人类自然生命、精神生命和社会生命的存在和发展规律，认识个体的自我生命和他人的生命，认识生命的生老病死过程，认识自然界其他物种的生命存在和发展规律，最终树立正确的生命观，领悟生命的价值和意义；要以个体的生命为着眼点，在与自我、他人、自然建立和谐关系的过程中，促进生命的和谐发展。

（3）生命教育的基本途径

生命教育应该渗透到学校所有教育教学活动中，其主要途径有学科教学、专题教育、课外活动、校园文化、家庭教育和社会教育等。

（二）安全教育

1. 安全教育的概念

安全教育是帮助和引导学生了解基本的保护个体生命安全和维护社会公共安全的知识和法律法规，树立和强化安全意识，正确处理个体生命与自我、他人、社会和自然之间的关系，了解保障安全的方法并掌握一定的技能的教育。

2. 安全教育的意义

加强学生安全教育，可以提高学生的自我防护能力，使学生基本上做到"三懂""三会"，即懂得各种不安全因素的危险性，从而增强安全意识；懂得各种危险和危害的形成原理，注意了解各种安全事项的细节；懂得预防各种危险和危害，积极开展安全宣传；学会报警方法；学会预防危险；学会自护、自救的方法。

3. 安全教育的基本途径

安全教育一般可以通过主题班队会、知识竞赛、墙报板报、音像制品、实况演习、文艺节目、安全倡议书等途径开展。同时，还可以组织学生参与到学校的安全管理工作中，提高他们自我教育、自我管理和自我服务的能力。

（三）升学和就业指导

1. 升学和就业指导的概念

升学和就业指导是指教师根据社会的需要，指导学生树立正确的职业观，帮助他们了解社会职业，进而引导他们按照社会需要和自己的特点，为将来升学选择专业与就业选择职业，在思想上、学习上和心理上做好准备。

（1）升学指导的内容

就升学指导的内容而言，主要包括以下三个方面。

①思想指导。教师应帮助学生树立正确的价值观和人生观，应结合国情教育，使学生在了解自己个性倾向的基础上，选择一个既适合自己能力倾向，又能够符合社会经济发展需要的专业与方向，而不是单纯地追求学校和专业声誉，追求学历。

②复习指导。复习指导的内容：一是根据学生的知识、智力、性格等方面的差异，指导学生制订切实可行的复习计划，并根据复习情况不断调整；二是做好各任课教师的联络协调工作，为学生创造一个既紧张又和谐的复习心理环境；三是要指导学生进行解题技能训练；四是指导学生合理安排作息时间，使学生注意劳逸结合，一张一弛。

③心理指导。心理指导的内容：一是指导学生进行自我心理调控；二是指导学生学会适应考场。

（2）就业指导的内容

就业指导包括就业意识指导、就业准备指导和就业具体指导三个方面。

①就业意识指导。就业意识是指学生对职业对象的认识，以及由此产生的对职业对象的意向和态度。就业意识指导，就是指帮助学生逐步树立远大的理想，形成正确的世界观，做到"三个了解"（了解社会、职业、自己），树立"三个观念"（正确的劳动观、职业观、择业观），处理好"三者关系"（国家、集体、个人）。

②就业准备指导。就业准备指导主要包括以下内容：督促学生扎实地抓好对基础知识与基本技能的学习和一般职业技能训练；重视对学生的职业道德教育；加强对学生的职业心理训练。

③就业具体指导。一方面，教师应向学生介绍各行各业对人才的需要；另一方面，要通过一些心理测验（兴趣、气质、能力等）帮助学生正确认识自己。在此基础上，再有的放矢地指导学生择业。

2. 升学和就业指导的意义

升学和就业指导可帮助学生充分了解自己的个性特点，使学生对自己有全面、理性的认识；可帮助学生完成学业，了解社会分工的要求，根据自身特点选择适合自身的发展方向；激励学生以新的姿态继续学习，走向成功。

3. 升学和就业指导的基本途径

升学和就业指导教育中要注意引导学生做好升学与就业的"两手准备"，可以利用多种途径与方法，诸如渗透于各学科课程中，组织专题报告会，开展系列的主题教育活动，参与家长、社区协同组织的其他校外活动等。

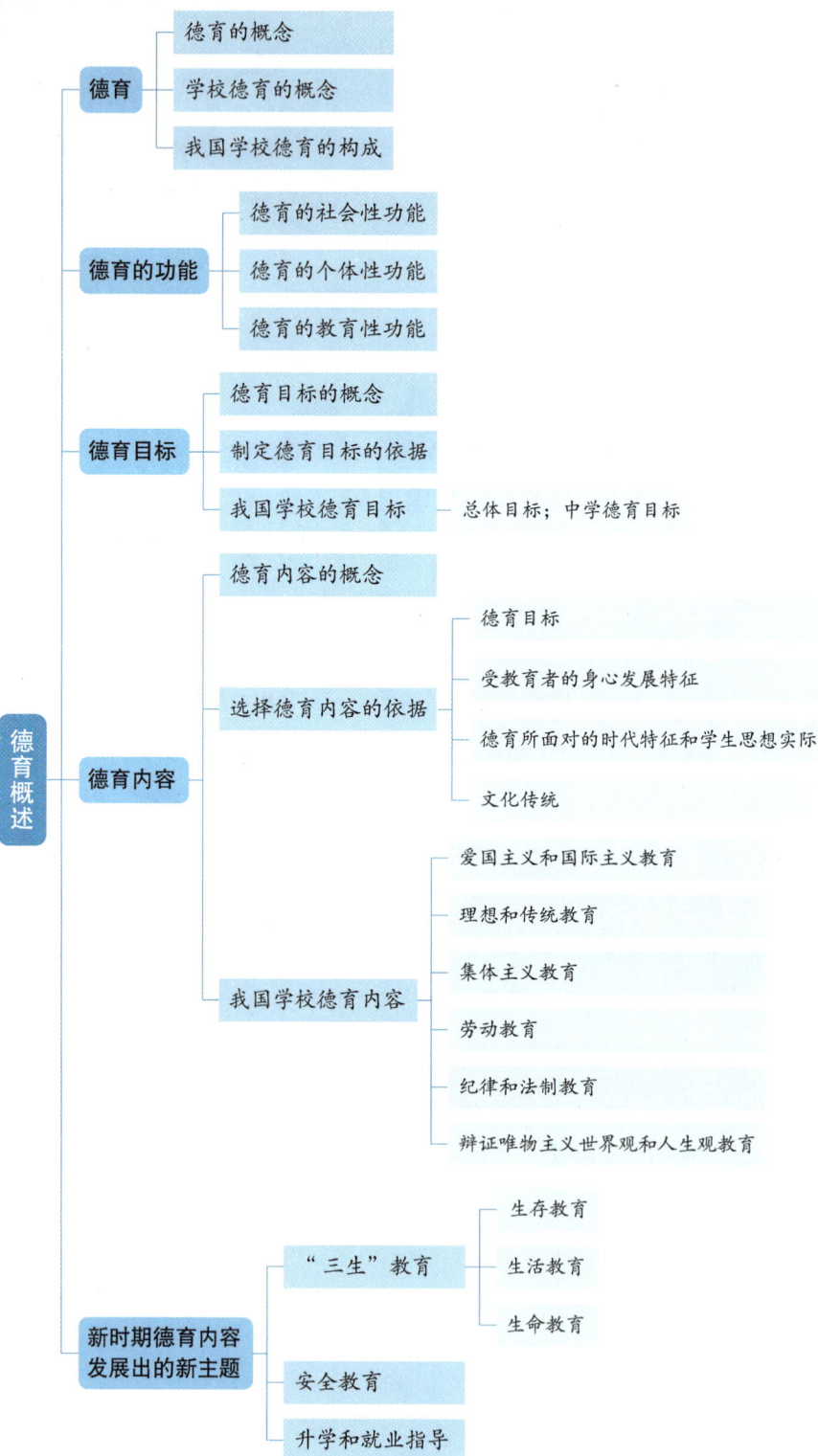

记忆保温箱

```
德育概述
├── 德育
│   ├── 德育的概念
│   ├── 学校德育的概念
│   └── 我国学校德育的构成
│
├── 德育的功能
│   ├── 德育的社会性功能
│   ├── 德育的个体性功能
│   └── 德育的教育性功能
│
├── 德育目标
│   ├── 德育目标的概念
│   ├── 制定德育目标的依据
│   └── 我国学校德育目标 —— 总体目标；中学德育目标
│
├── 德育内容
│   ├── 德育内容的概念
│   ├── 选择德育内容的依据
│   │   ├── 德育目标
│   │   ├── 受教育者的身心发展特征
│   │   ├── 德育所面对的时代特征和学生思想实际
│   │   └── 文化传统
│   └── 我国学校德育内容
│       ├── 爱国主义和国际主义教育
│       ├── 理想和传统教育
│       ├── 集体主义教育
│       ├── 劳动教育
│       ├── 纪律和法制教育
│       └── 辩证唯物主义世界观和人生观教育
│
└── 新时期德育内容发展出的新主题
    ├── "三生"教育
    │   ├── 生存教育
    │   ├── 生活教育
    │   └── 生命教育
    ├── 安全教育
    └── 升学和就业指导
```

第三节　德育过程

考点收纳盒

关键考点	考查力度	常考题型	理解难度
德育过程与品德形成过程的关系	■□□□	辨析	★★☆☆☆
德育过程的矛盾	■□□□	单选	★☆☆☆☆
德育过程的基本规律	■■■□	单选、辨析、简答	★☆☆☆☆

知识储备库

一、德育过程概述

（一）德育过程的概念

德育过程是教育者和受教育者双方借助于德育内容和方法，进行施教传道和受教修养的统一活动过程，是促使受教育者道德认识、道德情感、道德意志和道德行为发展的过程，是个体社会化与社会规范个体化的统一过程。

（二）德育过程与品德形成过程的关系

1.德育过程与品德形成过程的联系

德育过程不同于品德形成过程。前者是有目的地促进个体的思想品德形成的过程，而后者则是个体的思想品德的知、情、意、行由低级到高级、由简单到复杂、由量变到质变的矛盾运动过程，二者属于教育与发展的关系。

2.德育过程与品德形成过程的区别

首先，德育是教育的组成部分，其实施属于教育活动范畴，是社会现象；而思想品德是人的精神素质的组成部分，其形成属于人的素质发展的范畴，是个体现象。

其次，德育过程是从外部对受教育者施加影响的过程；而品德形成过程是在外部影响的作用下，道德主体内部自己运动或自主构建的过程。

最后，德育过程是受教育者与外界教育影响相互作用的过程；而品德形成过程是道德主体与外界各种影响相互作用的过程。

真题陈列架

（2013年下·辨析·25）德育过程即品德形成过程。

【答案要点】错误。德育过程不同于品德形成过程。前者是有目的地促进个体的思想品德形成的过程，而后者则是个体的思想品德的知、情、意、行由低级到高级、由简单到复杂、由量变到质变的矛盾运动过程，二者属于教育与发展的关系。二者的主要区别有：①德育是教育的组成部分，其实施属于教育活动范畴，是社会现象；而思想品德是人的精神素质的组成部分，其形成属于人的素质发展的范畴，是个体现象。②德育过程是从外部对受教育者施加影响的过程；而品德形成过程是在外部影响的作用下，道德主体内部自己运动或自主构建的过程。③德育过程是受教育者与外界教育影响相互作用的过程；而品德形成过程是道德主体与外界各种影响相互作用的过程。

二、德育过程的构成要素

德育过程通常由教育者、受教育者、德育内容和德育方法四个相互制约的要素构成。

（一）教育者

教育者是德育过程的组织者、领导者，是一定社会德育要求和思想道德的体现者，在德育过程中起主导作用。

（二）受教育者

受教育者是德育的对象。在德育过程中，受教育者既是德育的客体，又是德育的主体。当他作为德育对象时，他是德育的客体；当他接受德育影响、进行自我品德教育或者对其他德育对象产生影响时，他便成为德育的主体。

（三）德育内容

德育内容是用以形成受教育者品德的社会思想政治准则和法纪道德规范，是受教育者学习、修养和内在化的客体。

（四）德育方法

德育方法是教育者施教传道和受教育者受教修养的相互作用的活动方式的总和。教育者借助一定的德育方法将德育内容作用于受教育者，受教育者借助一定的德育方法来学习、修养、内化德育内容而将其转化为自己的品德。

德育过程中的各要素，通过教育者施教传道和受教育者受教实践的活动而发生一定的联系和相互作用，促使受教育者的品德发生预期变化的矛盾运动过程。

三、德育过程的矛盾

德育过程的基本矛盾是社会通过教师向学生提出的道德要求与学生已有品德水平之间的矛盾。这是德育过程中最一般、最普遍的矛盾，也是决定德育过程本质的特殊矛盾。

德育过程中的基本矛盾在学生内部的表现，即由教育者提出的德育要求所引起的学生新的精神需要与其自身思想品德发展现状之间的矛盾，是个体思想品德形成和发展的动力。

> **真题陈列架**
>
> （2017 年下·单选·8）像任何事物的发展一样，学生品德的发展也是由其内部矛盾推动的。学生品德发展的内部矛盾是（　　　）。
>
> A. 社会道德要求与学生现有品德发展水平之间的矛盾
>
> B. 学校德育要求与学生现有品德发展水平之间的矛盾
>
> C. 学生品德发展的社会要求与学校德育要求之间的矛盾
>
> D. 学生品德发展的新需要与其现有发展水平之间的矛盾
>
> 【答案】D。

四、德育过程的基本规律

（一）德育过程是具有多种开端的对学生知、情、意、行的培养提高过程

1. 德育过程是对学生进行知、情、意、行和谐统一培养的过程

德育过程是培养学生思想品德的过程。道德认识、道德情感、道德意志、道德行为是形成思想品德的基本要素，简称知、情、意、行。其中，知是基础，行是关键，情和意在知到行的转化中起驱动和调节作用。在德育过程中，应该注意全面性，兼顾知、情、意、行各要素，通过"晓之以理，动之以情，导之以行，持之以恒"来促进学生知、情、意、行各个方面全面而和谐地发展。

2. 德育过程具有多开端性

德育过程的一般顺序可以概括为提高道德认识、陶冶品德情感、锻炼品德意志和培养品德行为习惯，即品德培养是沿着知、情、意、行的顺序进行的。但是，在学生品德的形成和发展的实际过程中，知、情、意、行四个要素的发展往往是不平衡的，有的快，有的慢，容易出现薄弱环节，导致各因素之间的不协调和脱节，从而阻碍品德的发展。因此，在德育具体实施过程中，具有多种开端，即不一定遵守知、情、意、行的一般教育培养顺序，而是可以根据学生品德发展的具体情况，或从"导之以行"开始，或从"动之以情"开始，或从锻炼品德意志开

始，最后达到使学生品德在知、情、意、行等方面的和谐发展。

（二）德育过程是组织学生的活动和交往，对学生多方面教育影响的过程

1. 德育过程是有目的地组织学生的教育性活动和交往的过程

学生的思想品德是在活动和交往的过程中，接受外界教育影响逐渐形成和发展起来的，并通过活动和交往表现出来。活动和交往是品德形成的源泉。教育性活动和交往是德育过程的基础。教育者在实施德育的过程中，要组织好丰富多彩、有教育意义、有吸引力的活动和交往，并发挥学生的主动性，通过活动促进他们品德的发展。

2. 德育过程是统一多方面教育影响的过程

在活动和交往中，学生主动接受多方面的教育影响。德育过程就是对各种影响进行干预、协调的过程，是统一多方面教育影响的过程。此外，在活动和交往中，学生的主动性和品德能力也得到锻炼和提高。

（三）德育过程是促使学生思想内部矛盾运动的过程

1. 任何外界的教育和影响都必须经过学生思想内部的矛盾斗争

德育是把道德内化为品德，又把品德外化为道德行为的过程。实现这种转化必须通过思想内部的矛盾斗争。学生思想品德的任何变化，都必须依赖于学生个体的心理活动。任何外界的教育和影响，都必须通过学生思想状态的变化，经过学生思想内部的矛盾斗争，才能发生作用，促使学生品德的真正形成。教育是外因，思想斗争是内因。在德育过程中，学生思想内部的矛盾斗争，实质上是对外界教育因素分析、综合的过程，学生不断做出自己的反应，汲取自己需要的，抵制自己不需要的，斗争的过程也就是学生品德不断发展的过程。

2. 学生自我教育的过程就是其思想内部矛盾斗争的过程

自我教育是受教育者为了形成良好的思想品德，由自己提出任务，自觉实现思想转化和行为控制的活动。当学生一旦形成教育者所要求的思想品德，就具有相对独立性，并转化为一种能动的自我教育力量。学生的自我教育过程，实际上也是他们思想内部矛盾斗争的过程。因此，在德育中，教育者要处理好教育和自我教育的关系，既要对学生积极地进行德育，同时又不能一味地灌输和强制，而是要启发学生的自觉性，引导学生进行思想内部的矛盾斗争。

（四）德育过程是一个长期的、反复的、逐步提高的过程

1. 德育过程是一个长期的过程

首先这是由人类认识规律所决定的。随着社会的不断发展进步，德育要适应社会的需求，就需要在德育的内容、手段、方法等方面不断地加以调整、补充。其次，德育过程中，知、情、

意、行的培养和提高都不是一朝一夕的，只有通过长期的引导、强化、积累才能实现。最后，在意识形态领域里，各种思想观念的斗争是长期存在的，这必然反映到学生的思想中，这就决定了德育过程是一个长期的、坚持不懈的过程。

2. 德育过程是一个反复的过程

青少年学生正处于成长时期，世界观尚未形成，思想很不稳定，加上现代社会影响因素的日益复杂化，因此在品德发展中会出现时高时低，甚至出现倒退的反复现象。学生品德形成过程中的反复，绝不是简单、机械的重复，而是螺旋式的不断深化，带有逐步提高的性质。

3. 德育过程是一个逐步提高的过程

社会在前进，时代在发展，思想品德的要求也会随着社会的发展不断提高，思想品德的修养也应与时俱进，特别是青少年学生，思想品德应不断提高和升华。因此，思想品德的培养是无止境的，是不断地由简单到复杂、由低级到高级、由量的积累到质的飞跃的逐步提高的过程。

德育过程这一规律告诉我们，学生道德的形成和发展不可能是直线型的，只能是波浪式曲折前进的，有时还会出现反复。因此，德育过程要坚持不懈、持之以恒地进行，要"抓反复""反复抓"。

> **真题陈列架**
>
> （2019 年下・单选・11）"动之以情，晓之以理，导之以行，持之以恒"的做法主要反映了哪一德育过程规律？（   ）
>
>   A. 德育过程是具有多种开端的对学生知、情、意、行的培养提高过程
>
>   B. 德育过程是促进学生思想内部矛盾斗争的过程
>
>   C. 德育过程是组织学生活动与交往，统一多方面教育影响的过程
>
>   D. 德育过程是长期的、反复的、逐步提高的过程
>
>   【答案】A。

记忆保温箱

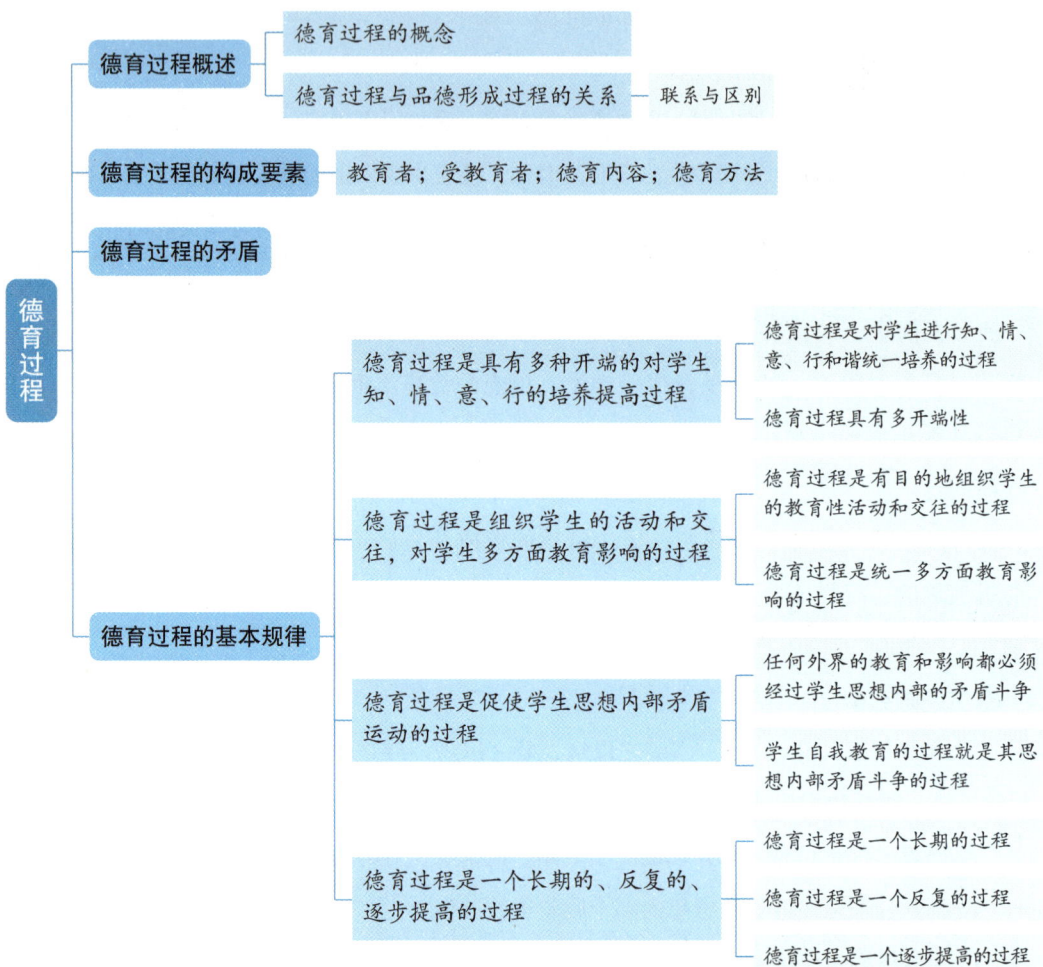

第四节　德育的原则、方法和途径

考点收纳盒

关键考点	考查力度	常考题型	理解难度
德育的原则	▃▃▅▇▯	单选、简答、材料分析	★☆☆☆☆
德育的方法	▃▃▅▇▯	单选、材料分析	★☆☆☆☆
德育的途径	▃▯▯▯▯	单选	★☆☆☆☆

知识储备库

一、德育的原则

德育的原则是根据教育目的、德育目标和德育过程规律提出的指导德育工作的基本要求。

现阶段，我国中学常用的德育原则主要有导向性原则、疏导原则、尊重学生与严格要求学生相结合原则、教育的一致性与连贯性原则、因材施教原则、长善救失原则、知行统一原则、集体教育与个别教育相结合原则、正面教育与纪律约束相结合原则等。

（一）导向性原则

导向性原则，又被称为方向性原则，是指进行德育时要有一定的理想性和方向性，以指导学生向正确的方向发展。

贯彻这一原则的基本要求：①坚定正确的政治方向；②德育目标必须符合新时期的方针政策和总任务的要求；③要把德育的理想性和现实性结合起来。

（二）疏导原则

疏导原则，又被称为循循善诱原则，是指进行德育要循循善诱，以理服人，从提高学生认识入手，调动学生的主动性，使他们积极向上。

贯彻这一原则的基本要求：①讲明道理，疏导思想；②因势利导，循循善诱；③以表扬激励为主，坚持正面教育。

（三）尊重学生与严格要求学生相结合原则

尊重学生与严格要求学生相结合原则，是指进行德育时要把对学生个人的尊重和信赖与对他们的思想和行为的严格要求结合起来，使教育者对学生的影响与要求易于转化为学生的品德。

贯彻这一原则的基本要求：①爱护、尊重和信赖学生；②教育者对学生提出的要求要做到合理正确、明确具体和严宽适度；③教育者对学生提出的要求要认真执行。

（四）教育的一致性与连贯性原则

教育的一致性与连贯性原则，是指进行德育应当有目的、有计划地把来自各方面对学生的教育影响加以组织、调节，使其相互配合、协调一致、前后连贯地进行，以保障学生的品德能按教育目的的要求发展。

贯彻这一原则的基本要求：①组建教师集体，使学校对学生的教育影响一致；②做好衔接工作，使对学生的教育前后连贯和一致；③发挥学校教育的引领作用，使学校、家庭和社会对学生的教育得到整合、优化。

> **真题陈列架**
>
> （2014年下·简答·27）简述贯彻教育一致性与连贯性德育原则的基本要求。
>
> **【答案要点】**①组建教师集体，使学校对学生的教育影响一致；②做好衔接工作，使对学生的教育前后连贯和一致；③发挥学校教育的引领作用，使学校、家庭和社会对学生的教育得到整合、优化。

（五）因材施教原则

因材施教原则，是指进行德育时要从学生的思想认识和品德发展的实际出发，根据他们的年龄特征和个性差异进行不同的教育，使每个学生的品德都能得到最好的发展。

贯彻这一原则的基本要求：①深入了解学生的个性特点和内心世界；②根据学生个人特点有的放矢地进行教育，努力做到"一把钥匙开一把锁"；③根据学生的年龄特征有计划地进行教育。

（六）长善救失原则

长善救失原则，又被称为依靠积极因素、克服消极因素原则，是指进行德育要调动学生自我教育的积极性，依靠和发扬他们自身的积极因素去克服他们品德上的消极因素，促进学生的道德成长。

贯彻这一原则的基本要求：①"一分为二"地看待学生；②发扬积极因素，克服消极因素；③引导学生自觉评价自己，勇于自我教育。

真题陈列架

（2016年上•单选•11）初二（1）班小王同学在黑板上画了个漫画，并写上"班长是班主任的小跟班"。班主任冯老师看了，发现漫画真的画出了自己的特征，认为小王有绘画天赋。于是请小王担任班上的板报和班刊绘画编辑，并安排班长协助他。在班长的帮助下，小王发挥了自己的才能，出色地完成了任务，克服了散漫的毛病，后来还圆了他考取美术专业的大学梦。冯老师遵循的主要德育原则是（　　　）。

　　A.疏导原则 　　　　　　　　　　B.教育影响一致性与连贯性原则

　　C.长善救失原则 　　　　　　　　D.严格要求与尊重学生相结合原则

【答案】C。

（七）知行统一原则

知行统一原则，又被称为理论联系实际原则，是指在德育过程中，既要重视对学生进行系统的思想政治观念和道德准则的教育，提高其道德认识水平，又要重视对学生进行道德行为的实际锻炼，把提高道德认识与培养道德行为习惯结合起来，做到言行一致、表里如一。

贯彻这一原则的基本要求：①注重提高学生的道德认识；②强调养成良好的道德行为习惯；③全面评价学生的行为；④教师必须以身作则，言传身教。

（八）集体教育与个别教育相结合原则

集体教育与个别教育相结合原则，是指教师要教育集体、培养集体，通过集体的活动、舆论、优良风气和传统来教育个人，又要通过教育个人来影响集体的形成和发展，把教育集体和教育个人辩证地统一起来。

贯彻这一原则的基本要求：①引导学生关心、热爱集体，为建设良好的集体而努力；②通过集体教育学生个人，通过学生个人转变影响集体；③把教师的主导作用与集体的教育力量结合起来。

（九）正面教育与纪律约束相结合原则

正面教育与纪律约束相结合原则，是指教师在德育过程中，必须坚持进行正面引导，以说服教育为主，又要有强制性的纪律约束，督促其严格执行，二者相辅相成，缺一不可。

贯彻这一原则的基本要求：①要正面说理，疏通引导，启发自觉；②要树立先进典型，用正面榜样引导学生，注意培养后进生转变的典型；③要建立必要的规章制度。

二、德育的方法

德育的方法是为达到德育目的在德育过程中采用的教育者和受教育者相互作用的活动方式

的总和。它包括教育者的施教传道方式和受教育者的受教修养方式。

（一）说服教育法

1. 说服教育法的概念

说服教育法，又被称为说服法、明理教育法，是通过摆事实、讲道理，使学生提高认识，形成正确观点的方法。说服包括讲解、谈话、报告、讨论、参观等。

2. 运用说服教育法的基本要求

运用说服教育法的基本要求如下。

①要有针对性。针对要解决的问题，有的放矢，触动和启发学生的心灵。切忌一般化、空洞冗长、唠叨，使学生感到单调、厌烦，产生抵触情绪。

②要有知识性和趣味性。青少年渴求知识，期望更多地了解社会、人生。故运用说服教育法时要注意给学生以新的知识、论点、观点，使他们喜闻乐见，深受启示，并乐于去实践。

③要善抓时机。说服的成效，往往不取决于花多少时间，讲了多少道理，而取决于是否善于捕捉教育的时机，拨动学生的心弦，引起他们的情感共鸣。

④要注重互尊互动。对学生进行说服教育，教师的态度要诚恳、语重心长、与人为善，同时要尊重学生，耐心倾听学生的意见，不能一个人喋喋不休。

（二）榜样示范法

1. 榜样示范法的概念

榜样示范法，又被称为榜样法、示范法，是以他人的高尚思想、模范行为和卓越成就来影响学生品德的方法。榜样多种多样，既有好的榜样，也有坏的榜样，教师应向学生提供好榜样。好榜样主要有四类：历史伟人，现实的英雄模范，优秀教师、家长，优秀学生。

2. 运用榜样示范法的基本要求

运用榜样示范法的基本要求如下。

①榜样必须是真实可信的。从古到今，人们都习惯拔高榜样，甚至编造一些美德故事来美化榜样，这是不可取的。尤其当学生有了自己的判断能力之后，这样做只会令人反感、适得其反。

②激起学生对榜样的积极情感。学生是通过模仿榜样的言行举止来习得其中的道德价值取向和行为方式的，这种模仿的倾向有赖于学生对榜样的积极情感。因此，需要引导学生在心灵深处对榜样产生惊叹、爱慕、敬佩之情。

③给不同年龄段的学生树立不同的榜样。比如，少年期学生崇拜英雄人物、文艺体育明星，应该多树立正面、积极的偶像性榜样；高中学生志向高远，可为他们树立历史伟人与当代名人的榜样。

④要注重教师自身的示范作用。德育的教育效果，在很大程度上取决于教师本人的以身作则。

✏ 真题陈列架

（2019年下·单选·10）某中学在"每月一星"的活动中，将表现好、进步快的学生照片贴在"明星墙"以示奖励，并号召大家向他们学习，这种做法体现出的德育方法是（　　）。

A.说服教育　　　　B.情感陶冶　　　　C.实际锻炼　　　　D.榜样示范

【答案】D。

（三）情感陶冶法

1.情感陶冶法的概念

情感陶冶法，又被称为陶冶法、情境陶冶法、陶冶教育法，是通过创设良好的情境，潜移默化地培养学生品德的方法。陶冶包括人格感化、环境陶冶和艺术陶冶等。

2.运用情感陶冶法的基本要求

运用情感陶冶法的基本要求如下。

①创设良好的情境。这种情境包括美观、朴实、整洁的学习与生活环境；团结、紧张、严肃、活泼、尊师爱生、民主而有纪律的班风、校风。

②与启发说服相结合。通过创设情境陶冶学生，不仅与教师对学生的说服教育不矛盾，而且为了更有效地发挥情境的陶冶作用，不能只让创设的情境自发地影响学生，还需要教师配合以启发、说服。

③引导学生参与情境的创设。良好的情境不是固有的、自然存在的，需要人为地创设。但这决不能只靠教师去做，应当组织学生为自己创设良好的学习与生活的情境。

（四）实际锻炼法

1.实际锻炼法的概念

实际锻炼法，又被称为锻炼法、实践锻炼法，是有目的地组织学生进行一定的实际活动，以培养学生良好品德的方法。锻炼包括练习、制度、委托任务和组织活动等。

2.运用实际锻炼法的基本要求

运用实际锻炼法的基本要求如下。

①调动学生的主动性。锻炼的主体是学生，只有激发学生的主动性、积极性，使他们内心感到锻炼是有益的、有价值的，他们才能自强不息、自觉严格要求自己，获得最大的锻炼效果。

②教师给予适当的指导。有时，学生虽有良好的道德动机，但不善于选择正当的道德行为。

因此，对学生的道德活动应视学生的能力给予适当的提示、指导，以提升学生的锻炼效果。

③坚持严格要求学生。任何一种锻炼，若不严格要求，而是马马虎虎，就会搞形式主义，不可能使学生得到真正的锻炼和提高。

④及时检查并长期坚持。良好的习惯与品德的形成，必须经历长期反复的锻炼过程，贵在持之以恒。因此，教师既要强调学生锻炼的自觉性，又要及时督促学生，并检查其锻炼完成情况，使他们可以长期坚持下去。

（五）品德评价法

1. 品德评价法的概念

品德评价法就是由教育者根据德育目标对受教育者的思想品德状况进行肯定或否定的判断，从而督促受教育者向预定目标努力的一种德育方法。品德评价的具体方式主要有表扬与奖励、批评与惩罚、操行评定等。

2. 运用品德评价法的基本要求

运用品德评价法的基本要求如下。

①要有明确的目的。评价时应有明确的目的，从调动受教育者内在积极因素出发，充分肯定成绩，诚恳地、适当地指出缺点，提出改正意见。

②要客观慎重，实事求是。评价学生时，要坚持从实际出发，一分为二，灵活掌握评价的分量和时机，做到公平合理、恰如其分。

③要充分发扬民主。评价要发扬民主，广泛征求各方面的意见，并取得集体舆论的支持与赞同，否则就会削弱教育作用，甚至产生不良后果。

④注意对象的个别差异。品德评价要考虑学生的年龄特征、个性差异，需要教师实事求是而又灵活地进行。如对那些经常犯错误、挨批评的学生，当其有良好表现时，应及时给予表扬、鼓励；而对经常受表扬的学生，应提出更高要求。

（六）自我修养法

1. 自我修养法的概念

自我修养法，又被称为个人修养法、自我教育法，是在教师引导下学生经过自觉学习、反思和自我改进，使自身品德不断完善的一种方法。自我修养一般包括立志、学习、反思、箴言、慎独等方式。

2. 运用自我修养法的基本要求

指导学生运用自我修养法的基本要求如下。

①培养学生自我修养的兴趣与自觉性。引导学生自我修养，首先要培养他们的兴趣，使他

们愿意去实践。

②指导学生掌握修养的标准。以什么作为修养的标准，决定着修养的方向与性质，因而指导学生掌握正确的修养标准是极为重要的。

③引导学生积极参加社会实践。指导学生修养要引导他们广泛接触社会生活、积极参加社会活动，从中体验自我修养的必要性及其重大价值。

真题陈列架

（2020 年下·单选·10）班主任王老师在"每月一星"活动中，将表现好、进步大的学生照片贴在"明星墙"上以示奖励。王老师运用的方法是（   ）。

A. 说服教育法 　　　　　　　　B. 实际锻炼法

C. 品德评价法 　　　　　　　　D. 情感陶冶法

【答案】D。

三、德育的途径

德育的途径是指德育的实施渠道或形式。学校为了向青少年学生施加教育影响而组织开展的各个不同方面的活动和工作都是德育的途径。我国中小学德育的途径有思想政治课与其他学科教学，课外活动与校外活动，劳动与其他社会实践，学校共青团、少先队活动，心理咨询，班主任工作等。其中，思想政治课与其他学科教学是学校有目的、有计划、系统地对学生进行德育的基本途径。

真题陈列架

（2018 年下·单选·11）学校德育可以通过多种途径实施，但其中最基本的途径是（   ）。

A. 思想政治课和其他学科教学 　　　B. 课外和校外活动

C. 班主任工作 　　　　　　　　　　D. 共青团、少先队活动

【答案】A。

📋 记忆保温箱

```
德育的原则、方法和途径
├── 德育的原则
│   ├── 导向性原则
│   ├── 疏导原则
│   ├── 尊重学生与严格要求学生相结合原则
│   ├── 教育的一致性与连贯性原则
│   ├── 因材施教原则
│   ├── 长善救失原则
│   ├── 知行统一原则
│   ├── 集体教育与个别教育相结合原则
│   └── 正面教育与纪律约束相结合原则
├── 德育的方法
│   ├── 说服教育法
│   │   ├── 说服教育法的概念
│   │   └── 运用说服教育法的基本要求
│   ├── 榜样示范法
│   │   ├── 榜样示范法的概念
│   │   └── 运用榜样示范法的基本要求
│   ├── 情感陶冶法
│   │   ├── 情感陶冶法的概念
│   │   └── 运用情感陶冶法的基本要求
│   ├── 实际锻炼法
│   │   ├── 实际锻炼法的概念
│   │   └── 运用实际锻炼法的基本要求
│   ├── 品德评价法
│   │   ├── 品德评价法的概念
│   │   └── 运用品德评价法的基本要求
│   └── 自我修养法
│       ├── 自我修养法的概念
│       └── 运用自我修养法的基本要求
└── 德育的途径
```

第八章

中学班级管理与教师心理

本章常考知识点比较集中，主要内容包括班主任工作、班集体、教师的教学能力等。

本章内容对应的常考题型有单项选择题和简答题。考生要注意简答题的备考。

第一节　班级与班级管理

考点收纳盒

关键考点	考查力度	常考题型	理解难度
班级与班集体	■■■□□	单选、辨析、简答、材料分析	★☆☆☆☆

知识储备库

一、班级与班集体

（一）班级及其产生、发展的历史

1. 班级的概念

班级是学校为实现一定的教育目的，把处于一定年龄阶段、文化程度大体相同的学生按一定的人数规模建立起来的基层教育组织。

班级是学校的一个基本单位，是开展教育教学活动的基本单位。学校的大部分活动是以班级为单位开展的。班级是班主任工作的对象，是建立和培养班集体的基础和条件。班级具有满足学生的需求、促进学生的发展、矫正学生的行为等功能。

2. 班级产生与发展的历史

率先正式使用"班级"一词的是文艺复兴时期的著名教育家埃拉斯莫斯（又译伊拉斯谟）。17世纪捷克教育家夸美纽斯总结了前人和自己的实践经验，并在其代表作《大教学论》中对班级组织进行了论证，从而奠定了班级组织的理论基础。19世纪初，英国学校中出现了"导生制"。这一制度由于其经济而有效的特点，受到社会的欢迎，从而使班级教学的形式得到了发展。中国采用班级组织形式的雏形始于1862年清政府开办的京师同文馆。20世纪初废科举、兴学校之后，全国各地的学校开始采用了班级组织的形式。随着学校教育的不断发展，班级逐渐成为学校教育的基本单位。

（二）班集体及其发展与培养

1. 班集体的概念

班集体是按照班级授课制的培养目标和教育规范组织起来的，以共同学习活动和直接性人际关系交往为特征的社会心理共同体。班集体一旦建成，那么它既是教育的对象，又是教育的手段。因此，教师要善于组织班集体。

2. 班集体的基本特征

班集体必须具备以下四个基本特征。

（1）明确的共同目标

当班级成员具有共同的目标定向时，群体成员在实现目标的过程中便会在认识上、行动上保持一致，相互之间形成了一定的依存性。这是班集体形成的基础。

（2）一定的组织结构

班级中的每个成员都是通过一定的班级机构组织起来的。按照组织结构建立相应的机构，维持和控制着班级成员之间的关系，从而完成共同的任务和实现共同的目标。一定的组织结构是一个班集体所不可或缺的。

（3）一定的共同生活的准则

健全的集体不仅要有一定的组织结构，而且受到相应的规章制度的约束，并把取得集体成员认同的、为大家自觉遵守的行为准则，作为完成共同任务和实现共同目标的保证。在一个班集体中，准则可以是明文规定的，也可以是无形的。

（4）集体成员之间平等、心理相容的氛围

在集体中，成员之间在人格上应处于平等的地位，在思想感情和观点信念上应该是比较一致的；成员个体对集体有自豪感、依恋感、荣誉感等肯定的情感体验。

3. 班集体的教育作用

在学校教育中，良好的班集体对学生健康成长是非常重要的，具体表现在以下几个方面。

（1）有利于形成学生的群体意识

每个学生都是集体中的一员，学生的发展与集体的发展密切相关。在一个良好的班集体中，学生会感受到集体对他们的关心与尊重，能体会到从集体生活中获得的知识、友谊和实现他们的某种心愿。这时，学生往往也会努力使自己成为对集体有所奉献的一员。在良好班集体的形成过程中，学生的群体意识、集体荣誉感会得到大大的强化。

（2）有利于培养学生的社会交往与适应能力

班集体是学生活动与交往的基本场所，通过班级的集体活动和学生群体之间的交往，可使学生积累集体生活的经验，学会交往与合作，学会对环境的适应。

（3）有利于训练学生的自我教育能力

班集体是学生自己的集体，每个学生在所属的班集体中都拥有一定的权利和义务，都能找到适合于自己的角色与活动。因此，班集体是训练班级成员自己管理自己、自己教育自己、自主开展活动的最好载体。

4. 班集体的发展阶段

一般来说，班集体的发展要经历班集体组建、核心初步形成和集体自主活动三个阶段。

（1）组建阶段

在这一阶段，虽然班级从组织形式上建立起来了，但同学间互不了解，缺乏凝聚力和活动能力，不能离开班主任的监督而独立开展活动。而班主任成为班集体建立的核心力量，班集体发展主要依赖于班主任。班主任的严格要求有助于使学生形成对班级的认同感，形成良好的班风，为班集体的发展打下坚实的基础。此时，如果班主任不注意严格要求，班级就可能变得松散。

（2）核心初步形成阶段

因为班集体内部必须有一个坚强的领导核心，所以学生干部骨干力量的培养成为这一阶段的重要任务。在这一阶段，师生之间、同学之间有了一定的了解，产生了一定的友谊与信赖，学生积极分子不断涌现，班级的核心初步形成，班级的组织和功能已较健全。这时，班主任开始从直接领导、指挥班级的活动，逐步过渡到向他们提出建议，由班干部来组织、开展集体的工作与活动。

（3）集体自主活动阶段

在这一阶段，积极分子队伍壮大，学生普遍关心、热爱班集体，积极承担集体的工作，维护集体的荣誉，形成了正确舆论与班风。这时，班集体能根据学校和班主任的要求，自觉地向集体成员提出任务与要求，自主地开展集体活动。

5. 班集体的形成与培养

（1）确定班集体的发展目标

目标是集体发展的方向和动力，一个班集体只有具有共同的目标，才能使班级成员在认识上和行动上保持统一，才能推动班集体的发展。为此，教师要精心设计班级发展的目标。目标的提出要由易到难、由近到远、逐步提高。在实现班集体的目标的过程中，教师要充分发挥班级成员的积极性，使实现目标的过程成为教育与自我教育的过程。

（2）建立班集体的核心队伍

一个良好的班集体都会有一批团结在教师周围的积极分子，他们是带动全班同学实现集体发展目标的核心。因此，建立一支核心队伍是培养班集体的一项重要工作。在建立班集体的核心队伍时，教师要善于发现和培养积极分子，并把对积极分子的使用与培养结合起来。

（3）建立班集体的正常秩序

班集体的正常秩序是维持和控制学生在校生活的基本条件，是教师开展工作的重要保证。班集体的正常秩序包括必要的规章制度、共同的生活准则及一定的活动节律。教师在班集体的组建阶段，就应着手正常秩序的建立工作，特别是刚接手一个教育基础较差的班级时，首先就要做好这项工作。在建立正常秩序的过程中，教师要依靠班干部的力量，由他们来带动全班同学；一旦初步形成了班级秩序，不要轻易去改变它；不断让学生体验到正常的秩序对他们的学习、生活所带来的便利与成效。

（4）组织形式多样的教育活动

班集体是在全班同学参加各种教育活动中逐步成长起来的，而各种教育活动又可使每个人都有机会为集体出力并显示自己的才能。设计并开展班级教育活动是教师的经常性工作之一。教师在组织各种教育活动时，要有明确的目的和要求，要精心设计活动内容，注意形式的适龄化，力争把活动的开展过程变成教育学生的过程。

（5）培养正确的舆论和良好的班风

班集体舆论是班集体生活与成员意愿的反映。正确的班集体舆论是一种巨大的教育力量，对班集体每个成员都有约束、感染、同化、激励的作用，是形成、巩固班集体和教育集体成员的重要手段。教师要注意培养正确的班集体舆论，善于引导学生对班集体的一些现象与行为进行评议，要努力把舆论中心引导至正确的方向。

良好的班风是一个班集体舆论持久作用而形成的风气，是班集体大多数成员的精神状态的共同倾向与表现。良好的班风一旦形成，就会无形地支配着集体成员的行为，它是一种潜移默化的教育力量。教师可通过讲清道理、树立榜样、严格要求、反复实践等方面培养与树立良好的班风。

真题陈列架

（2017年上·简答·26）简述班主任培养班集体的主要方法。

【答案要点】班主任培养班集体的主要方法：①确定班集体的发展目标；②建立班集体的核心队伍；③建立班集体的正常秩序；④组织形式多样的教育活动；⑤培养正确的舆论和良好的班风。

（三）班级群体与班级群体的管理

1. 群体和班级群体的概念

群体是指由两个以上具有共同目标、共同利益，并在一起活动的人组成的介于组织与个体之间的人群集合体。

班级群体是由学生按照特定的目标和规范建立起来的集体，它对学生的学习和社会性发展都有极为重要的影响。

2. 群体的心理功能

群体的心理功能是指群体情境对个体心理和行为上的影响。学校中群体的心理功能主要表现在以下几个方面。

（1）归属功能

个体一旦明确自己是属于某个群体的，就能免除孤独与怯懦，获得安全感。儿童和青少年到了一定的年龄，就有渴望进入学校、参加同龄人的组织并和他们一起活动的需要。在他们进入学校和自己的班级后，就感到踏实、感到温暖，甚至会为自己是其中的一员感到自豪和骄傲。

（2）认同功能

认同是指人们对其所喜欢和崇拜的对象的某些思想和行为的赞同和模仿。当学生喜欢自己的学校和所属的群体时，会因认同而与学校群体保持共同的看法和评价。相应地，学校群体对学生所具有的认同作用就明显，个体就愿意接受学校的影响并与学校群体融为一体。认同功能不仅使学校能够更好地保持其内在的整体性，而且也使学校更容易实现其教育人、塑造人的目标。

（3）支持功能

当学生的思想、观点、情感、行为等得到学校群体的肯定与鼓励时，个体就获得了一种支持的力量，就会增强其进一步努力的信心，成为其前进的动力。每个学生都需要从群体中得到肯定、鼓励和支持，特别是那些学习与适应困难的学生更是需要这种支持与帮助。因此，学校尤其是班级要充分发挥群体对个体的支持功能，对每个学生从情感、社会交往和学习策略等方面给予关心与帮助，这对学生身心的健康成长是非常重要的。

（4）塑造功能

上述群体对个体的归属、认同与支持功能其实都可以归结为一个功能，即人才培养或人格塑造功能。我们应该认识到，学校利用群体规范、群体的凝聚力与影响力来教育和塑造人是其整个教育方法与手段中的一个重要组成部分。

3. 正式群体与非正式群体

（1）正式群体

正式群体是由教育行政部门明文规定的群体，其成员有固定的编制，职责权利明确，组织地位确定。班级、小组、少先队都属于正式群体。

正式群体的发展经历了松散群体、联合群体和集体三个阶段。松散群体是指学生们只在空间和时间上结成群体，但成员间尚无共同活动的目的和内容。联合群体的成员已有共同目的的活动，但活动还只具有个人的意义。集体则是群体发展的最高阶段，成员的共同活动不仅对每个成员有个人意义，而且还有重要的社会意义。

（2）非正式群体

在正式群体内部，学生们会在相互交往的基础上，形成以个人好恶、兴趣爱好为联系纽带，具有强烈情感色彩的非正式群体。这种群体没有特定的群体目标及职责分工，缺乏结构的稳定性，但它有不成文的规范和自然涌现的领袖。

班级中的非正式群体有积极和消极之分。积极的非正式群体的目标、价值取向和行为规范与班级的要求相一致，它对班级的活动有促进作用。消极的非正式群体的目标、价值取向和行为规范与班级的要求不一致，它往往对班级管理和学生的发展产生干扰作用。

（3）非正式群体与正式群体的协调

首先，要不断巩固和发展正式群体，使班内学生之间形成共同的目标和利益关系，产生共同遵守的群体规范，并以此协调大家的行动，满足成员的归属需要和彼此之间相互认同，从而使班级成为坚强的集体。

其次，要正确对待非正式群体。对于积极型的非正式群体，应该支持和保护。对于中间型的非正式群体，要持慎重态度，积极引导，联络感情，加强班级目标导向。对于消极型的非正式群体，要教育、争取、引导和改造。而对于破坏型的非正式群体，则要依据校规和法律，给予其必要的制裁。

> **真题陈列架**
>
> （2014年下·单选·19）小玲和她的同学们都非常喜欢自己的学校，在很多方面都能很好地与学校保持一致。这体现了群体的哪种功能？（　　）
>
> A.归属功能　　　B.支持功能　　　C.认同功能　　　D.塑造功能
>
> 【答案】C。

二、班级管理

（一）班级管理的概念

班级管理是教师根据一定的目的和要求，采用一定的手段和措施，带领班级学生，对班级中的各种资源进行计划、组织、协调、控制，以实现教育目标的组织活动过程。

班级管理的根本目的是实现教育目标，使学生得到充分的、全面的发展；班级管理的对象是班级中的各种管理资源，包括人、财、物、时间、空间、信息，而主要对象是人，即学生；班级管理的主要管理手段有计划、组织、协调和控制；班级管理是一种组织活动过程，它体现了教师与学生之间的双向活动，是一种互动的关系。

（二）班级管理的功能

班级管理的功能主要有以下几个方面。

首先，班级管理有助于实现教学目标，提高学习效率。这是班级管理的主要功能。

其次，班级管理有助于维持班级秩序，形成良好班风。这是班级管理的基本功能。

最后，班级管理有助于锻炼学生能力，学会自治自理。这是班级管理的重要功能。

（三）班级管理的目标

班级管理的目标就是形成一个"班级共同体"。

1. 班级成为一个学习共同体

班级中的学生，首要的属性是"学习者"，其主要任务是学习。因此，使班级成为一个学习共同体是班级管理的基本目标。

2. 班级成为一个精神共同体

班级是一个精神共同体，就是说教师要关注每个学生的精神发展，把班级建设成为一个成员之间相互信赖、相互认同、相互关爱的统一体，从而获得对自己的满意感和对世界的信任感。

3. 班级成为一个文化共同体

班级作为一个共同体，就是要形成能让学生乐于身处其中的文化空间。

4. 班级成为一个伦理共同体

班级共同体还应该是一个伦理共同体，班级组织中无论是正式结构还是非正式结构的成员，都要维持一定的交往和互动，并遵循交往中的规则，形成成员间良好的伦理关系。

（四）班级管理的模式

1. 班级常规管理

班级常规管理是指通过制定和执行规章制度去管理班级的经常性活动。规章制度是学生在学习、工作、生活中必须遵守的行为准则，如学生守则、日常行为规范、课堂常规、值日生制度等，它具有管理、控制和教育的作用。开展以班级规章制度为核心的常规管理，是班主任工作的重要内容之一。

2. 班级平行管理

班级平行管理是指班主任既通过对集体的管理去间接影响个人，又通过对个人的直接管理去影响集体，从而把对集体和个人的管理结合起来的管理方式。班级平行管理的理论源于著名教育家马卡连柯的"平行影响"的教育思想。马卡连柯认为，教师要影响个别学生，首先要去影响这个学生所在的班级，然后通过这个学生集体与教师一起去影响这个学生，这样就会产生巨大的教育力量。

3. 班级民主管理

班级民主管理是指班级成员在服从班集体的正确决定和承担责任的前提下，参与班级管理的一种管理方式。班级民主管理的实质是在班级管理的全过程中，调动学生自我教育的力量，发挥每个学生的主人翁精神，使人人都积极主动地参与班级事务，让每个学生都成为班级的主人。

4. 班级目标管理

班级目标管理是指班主任与学生共同确定班级总体目标，然后转化为小组目标和个人目标，使其与班级总体目标融为一体，形成目标体系，以此推进班级管理活动、实现班级目标的管理方法。目标管理是由美国管理学家德鲁克提出的，其理论的核心是将传统的他控式的管理方式转变为强调自我、自控的管理方式，是一种以自我管理为中心的管理，目的是为了更好地调动被管理者的积极性。

（五）班级管理中存在的问题及解决策略

1. 当前我国班级管理存在的问题

当前，我国班级管理主要存在两个问题：一是由于受到分数压力和教师权威的制约，班主任对班级实施管理的方式偏重于专断型；二是班级管理制度缺乏活力，学生参与班级管理的程度较低。

2. 当前我国班级管理存在问题的解决策略

当前我国班级管理存在问题的解决策略是要建立以学生为本的班级管理的机制。

首先，要以满足学生的发展需要为目的。满足学生发展的需要既是班级活动的出发点，又是班级活动的最终归宿。班级管理的实质就是要让学生的潜能得到尽可能的开发。

其次，要确立学生在班级中的主体地位。现代教育的内在机制就在于从人的主体性源泉出发去发掘学生的主体性，促进人的主动和谐的发展。因此，现代班级管理强调以学生为核心，建立一套能够持久地激发学生主动性、积极性的管理机制，确保学生的持久发展。

最后，要训练学生自我管理班级的能力，建立以训练学生自我管理能力为主的班级管理制度；要把以教师为中心的班级教育活动转变为学生的自我教育，即把班级集体作为学生自我教育的主体。

记忆保温箱

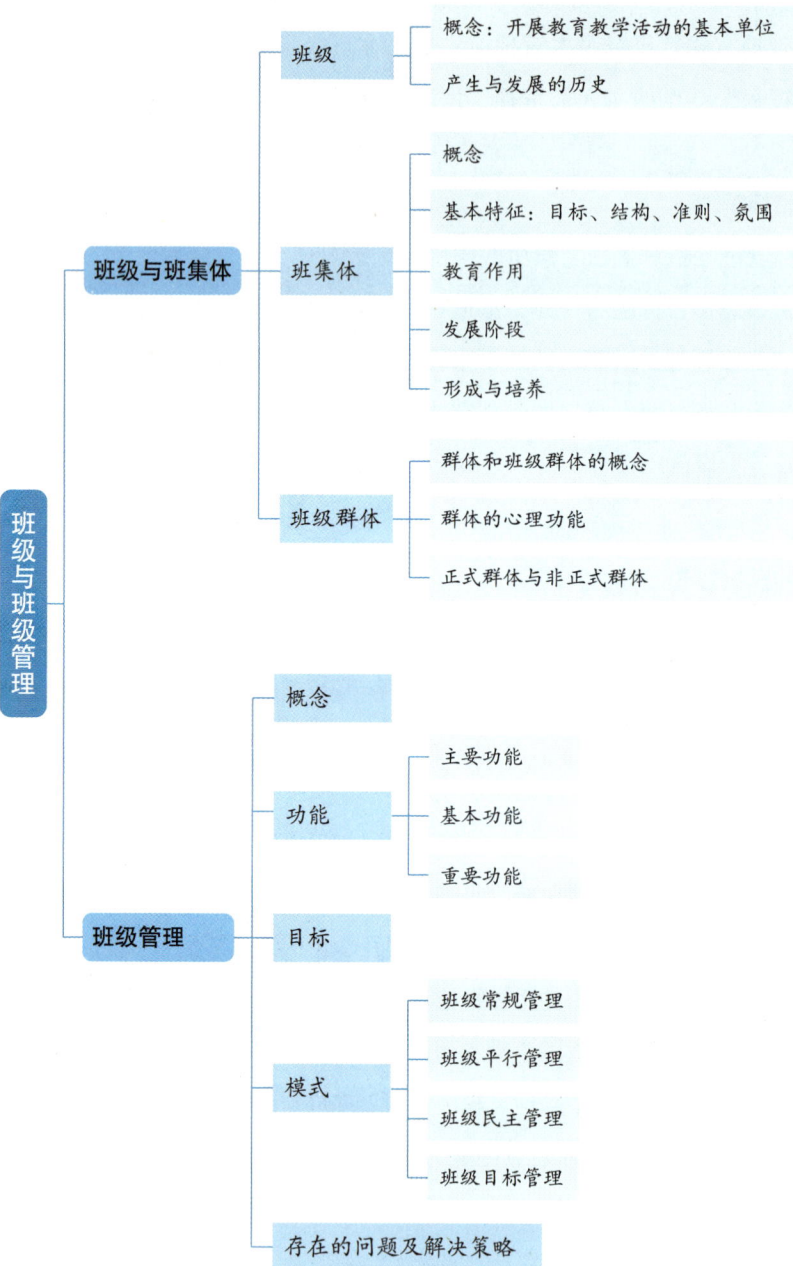

班级与班级管理
- 班级与班集体
  - 班级
    - 概念：开展教育教学活动的基本单位
    - 产生与发展的历史
  - 班集体
    - 概念
    - 基本特征：目标、结构、准则、氛围
    - 教育作用
    - 发展阶段
    - 形成与培养
  - 班级群体
    - 群体和班级群体的概念
    - 群体的心理功能
    - 正式群体与非正式群体
- 班级管理
  - 概念
  - 功能
    - 主要功能
    - 基本功能
    - 重要功能
  - 目标
  - 模式
    - 班级常规管理
    - 班级平行管理
    - 班级民主管理
    - 班级目标管理
  - 存在的问题及解决策略

第二节　班主任与班主任工作

考点收纳盒

关键考点	考查力度	常考题型	理解难度
班主任概述	■□□□	简答	★☆☆☆☆
班主任工作的内容和方法	■□□□	简答	★☆☆☆☆

知识储备库

一、班主任概述

（一）班主任的概念

班主任是学校中全面负责一个班学生的思想、学习、生活等工作的教师，是班级的组织者、领导者和教育者，是学校办学思想的贯彻者，是联系班级任课教师和学生团队组织的纽带，是沟通学校、家长和社会的桥梁。

教育部印发的《中小学班主任工作规定》中指出："班主任是中小学日常思想道德教育和学生管理工作的主要实施者，是中小学生健康成长的引领者，班主任要努力成为中小学生的人生导师。"

（二）班主任的地位与作用

①班主任是班集体的组织者和领导者。

②班主任是实现教育目的、促进学生全面发展的骨干力量。

③班主任是沟通学校、家庭、社会三方面的桥梁，是形成教育合力的重要中介。

（三）班主任的领导方式和领导影响力

1.班主任的领导方式

（1）班主任的领导方式的类型

班主任的领导方式一般可以分为权威型、民主型、放任型三种类型。

①权威型领导方式。采用权威型领导方式的班主任侧重于在领导与服从的关系上实施影响，由教师自身对班级施行无条件的管理，严格监督学生执行教师所提出的要求的过程与结果。

②民主型领导方式。采用民主型领导方式的班主任比较善于倾听学生的意见，在领导班级过程中，不是以直接的方式管理班级，而是以间接的方式引导学生。

③放任型领导方式。采用放任型领导方式的班主任主张对班级管理不要过多地干预，以容忍的态度对待班级生活中的冲突，不主动组织班级活动。

（2）班级管理实践中的领导方式

在当前班级管理实践中，有两种领导方式运用得比较多：一是"教学中心"的领导方式，二是"集体中心"的领导方式。

"教学中心"的领导方式的最大弊端是对人的因素不够重视，班级工作只重教学不重学生，只看学生的分数不看学生的发展。

"集体中心"的领导方式主张信赖而不是怀疑集体，用集体领导的手段管理班级，将班级作为教育的对象，而不是一对一地去对待每个学生。

2. 班主任的领导影响力

班主任在班级管理中的领导影响力主要表现在两个方面。

（1）班主任的职权影响力

班主任的职权影响力是指班主任的权威、地位、职权。班主任实施职权影响力要依据一定的组织法规和一定的群体规范。

（2）班主任的个性影响力

班主任的个性影响力是指班主任的个性条件。班主任的个性影响力取决于三个方面：一是班主任自身对教育工作的情感体验；二是对学生产生积极影响的能力；三是高度发展的控制自己的能力。

（四）班主任的素质要求

班主任首先应该是一个合格的教师，符合教师的专业标准是对班主任最基本的要求。班主任应该具备以下几个基本素质。

1. 高尚的思想品德

班主任应有崇高的品德，要做到工作热情饱满、坚持进取、言行一致、表里如一、为人师表，从而在学生中树立崇高的威信，给学生以正面的教育影响。

2. 坚定的教育信念

班主任要确信教育的力量，确信每个学生都有优点和才干，都有光明的前途。班主任只有确信教育的力量，树立坚定的教育信念，才能在工作中不畏困难曲折，顽强而耐心地工作，收获辛劳的硕果。

3. 对学生炽热的爱

班主任对待学生要像家长对待孩子一样，兼严父与慈母于一身。既要无微不至地关怀学生、真诚地爱护学生，与学生彼此信赖、有深厚的情感，又要严格要求学生，不偏袒他们的缺点和错误。

4. 较强的组织能力

善于组织学生开展活动是教育学生的重要条件。一个称职的班主任必须善于计划和组织学生的各种活动，善于根据情况的变化迅速做出决定、采取措施、进行调整，在工作中表现出魄力，能令行禁止，坚定地引导学生积极开展活动，不断前进。

5. 扎实的教育理论素养和教育科研意识

扎实的教育理论素养主要要求班主任具备教育学和心理学的相关知识。教育学的知识最主要的是德育与班主任知识。心理学知识主要是要求班主任能够了解学生的身心发展特征，掌握心理健康方面的知识，这些都是开展班主任工作的重要条件。教育科研能力也是班主任素质中不可缺少的一项基本功。当代青少年活泼好动，经常出现各种问题。对此，班主任应该进行深入研究，这便要求班主任具有强烈的教育科研意识。

6. 多方面的兴趣与才能

青少年学生活泼好动，而且每个学生都有自己的兴趣与爱好，因而需要开展各种各样、丰富多彩的活动。这就要求班主任也应具有多方面的兴趣与才能。一般来说，性格活泼开朗、兴趣广泛、多才多艺的班主任，与学生有较多的共同语言，易于与学生打成一片，便于开展工作。

7. 交往与合作能力

为了教育好学生，班主任需要与家长、任课教师、课外辅导员和有关社会人士联系与协作，因而要善于接人待物。事实证明，只有那些善于交往、能团结人的教师，才能很好地协调各方面的教育力量，把班主任工作做好。

📋 **真题陈列架**

（2018年上·简答·27）简述班主任应具备的基本素质。

【答案要点】班主任应具备的基本素质有：①高尚的思想品德；②坚定的教育信念；③对学生炽热的爱；④较强的组织能力；⑤扎实的教育理论素养和教育科研意识；⑥多方面的兴趣与才能；⑦交往与合作能力。

二、班主任工作的内容和方法

班主任工作很复杂，工作内容很多，主要包括了解和研究学生、组织和培养班集体、建立学生档案、进行个别教育工作、组织班会活动、协调各种教育影响、做好学生的操行评定、做好班主任工作计划和总结。

（一）了解和研究学生

全面了解和研究学生，是有效地进行班主任工作的前提和基础。

1. 了解和研究学生的内容

了解和研究学生，包括个人和集体两个方面。

①了解和研究学生个人情况，主要包括学生个人德智体等方面的发展；学生的兴趣、爱好、特长、品质、性格；学生在家庭生活中的地位和学生的社会交往情况。

②了解和研究班集体情况，主要包括集体的基本情况，如总人数、性别结构、生源状况、年龄分布等；班级的基本情况。

2. 了解和研究学生的方法

（1）观察法

观察法是班主任在自然情况下，有目的、有计划地对学生进行了解和研究的方法。这是班主任了解和研究学生的一种最基本的方法。

（2）谈话法

谈话法就是班主任有目的、有计划地直接向学生提出问题，通过学生回答问题，从而了解学生的一种方法。

（3）调查法

调查法是指班主任通过召开座谈会、访问、问卷等手段，有目的、有计划地广泛了解并掌握大量的材料，在此基础上进行分析和综合，得出科学结论的方法。

（4）研究书面材料法

研究书面材料法就是通过对学生的档案资料（如学生登记表、历年成绩单和操行评语等），班级记录资料（如班主任工作手册、班级日志等）及学生的作业、试卷、成绩册、日记等资料进行分析研究，从而达到对学生了解的一种方法。这是一种间接了解学生的方法，也是一种初步了解班级和学生基本情况的最简单易行的方法。

（二）组织和培养班集体

班集体既是教育、培养的对象，更是对学生进行教育，促进学生健康成长，使其顺利迈向社会的良好环境。所以，组织和培养班集体是班主任工作的中心环节。

（三）建立学生档案

班主任在全面了解学生的基础上，对掌握的材料进行分析和处理，并将整理结果分类存放起来，即建立学生档案。学生档案有集体档案和个体档案两种。学生档案中最常见的是学生个体档案。建立学生档案一般分四个环节：收集—整理—鉴定—保管。

（四）进行个别教育工作

个别教育是指班主任对班级中每个学生的具体情况或具有不同类型特点的学生所进行的有的放矢的教育。这里的"个别教育工作"包括先进生的教育工作、中等生的教育工作及后进生的教育工作。

1.先进生的教育工作

先进生一般指在一个班中那些思想好、学习好、纪律好、劳动好、身体好的学生。他们一般有如下心理特点：自尊好强，充满自信；有强烈的荣誉感；有较强的超群愿望与竞争意识。

针对先进生的心理特点，对他们的教育可从四个方面入手：①严格要求，防止自满；②不断激励，弥补挫折；③消除嫉妒，公平竞争；④发挥优势，全班进步。

2.中等生的教育工作

中等生一般是指班级中那些在各方面表现都处于一般水平的学生。

对中等生进行教育可以从以下三个方面着手：①主动接近，因材施教；②提供机会，体验成功；③挖掘潜力，鼓励进取。

3.后进生的教育工作

后进生通常指那些学习积极性不高、学习成绩暂时落后、不太守纪律的学生。他们一般有如下心理特点：不适的自尊心、学习动机不强、意志力薄弱等。

对后进生的教育应注意以下几点：①关心爱护，尊重人格；②捕捉亮点，正面引导；③讲究方法，善抓时机。

（五）组织班会活动

班会活动是班主任进行教育活动的重要手段，是培养优良班集体的重要方法，也是养成学生活动能力的基本途径，所以它成为班主任工作的重要内容。

（六）协调各种教育影响

班级是一个开放的系统，学生是在多种因素纵横交错的影响下发展与成长的。班主任要对班级实施有效的教育与管理，必须要争取校内外各种教育力量的配合，调动各种积极因素。首先，要充分发挥本班任课教师的作用；其次，要协助和指导班级团队活动；最后，争取和运用家庭和社会教育力量。

（七）做好学生的操行评定

操行评定是以教育目的为指导思想，以"学生守则"为基本依据，对学生一个学期内在学习、劳动、生活、品行等方面的小结与评价。在义务教育阶段，对学生的操行评定主要有三种：撰写评语、评定操行等级、学生档案袋记录。

班主任对学生的操行进行评定时，应遵循以下要求。

①评定内容的全面性。要从素质教育的高度出发，从德、智、体等各方面来评价学生，兼顾学生在学校、家庭、社会生活等各方面的表现，对学生进行全面的评价，防止以偏概全。

②评定主体的多元性。应充分发动任课教师、家长和学生共同参与评价，集众人的智慧，共同描绘出学生的整体风貌。

③评定过程的发展性。要以动态的眼光来看待学生，充分肯定学生的成长与进步，防止一成不变的评定过程。

④评价语言的规范性。评语要具体、客观，富有激励性，并尽量突出学生的优点和长处，激发其上进心。教师应以尊重、关爱的态度进行评定。

（八）做好班主任工作计划和总结

班主任工作计划是指班主任为达到一定的教育目标，根据主客观条件而提出的班级工作的设想和办法。班主任工作计划一般分为阶段计划（如学期计划、月计划、周计划）与具体活动计划。

班主任工作总结是对整个班主任工作过程、状况和结局做出全面的、恰如其分的评估，即进行质的评议和量的估计。班主任工作总结一般分为全面总结和专题总结两类。总结一般在学期末或学年末进行。做好总结应注意两点：平时注意对班主任工作资料的积累；注意做阶段小结。

📁 真题陈列架

（2020年下·简答·27）班主任工作的基本内容有哪些？

【参考答案】班主任工作的基本内容包含以下方面：①了解和研究学生；②组织和培养班集体；③建立学生档案；④进行个别教育工作；⑤组织班会活动；⑥协调各种教育影响；⑦做好学生的操行评定；⑧做好班主任工作计划和总结。

记忆保温箱

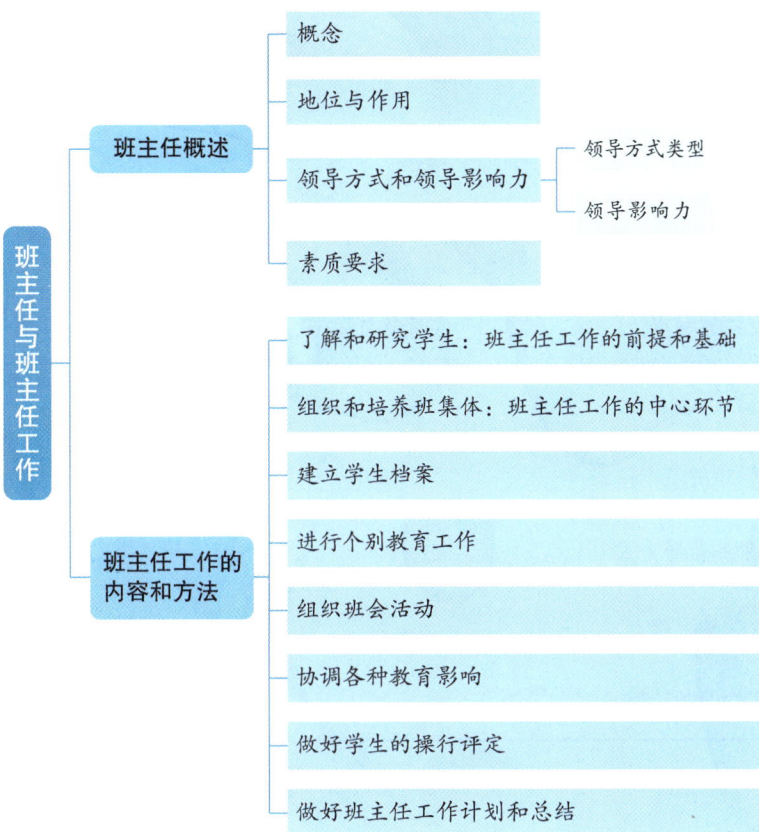

班主任与班主任工作

- 班主任概述
  - 概念
  - 地位与作用
  - 领导方式和领导影响力
    - 领导方式类型
    - 领导影响力
  - 素质要求

- 班主任工作的内容和方法
  - 了解和研究学生：班主任工作的前提和基础
  - 组织和培养班集体：班主任工作的中心环节
  - 建立学生档案
  - 进行个别教育工作
  - 组织班会活动
  - 协调各种教育影响
  - 做好学生的操行评定
  - 做好班主任工作计划和总结

第三节　课堂管理

考点收纳盒

关键考点	考查力度	常考题型	理解难度
课堂管理的功能	■□□□□	单选	★★☆☆☆
课堂管理的基本模式	■□□□□	单选	★☆☆☆☆
教师的领导方式	■□□□□	单选	★★★★★
课堂纪律	■■□□□	单选	★☆☆☆☆
课堂问题行为	■■□□□	单选	★★★★★

知识储备库

一、课堂管理概述

（一）课堂管理的概念

课堂教学效率的高低，取决于教师、学生和课堂情境三大要素的相互协调。课堂管理就是指教师通过协调课堂内的各种人际关系而有效地实现预定的教学目标的过程。

（二）课堂管理的目标

课堂管理的目标主要表现在以下几个方面。

1.争取更多的时间用于学习

由于学生的学习时间是有限的，为学生争取更多的学习时间的真正含义，就是使学生投入有价值的学习活动，从而提高所用时间的质量。

2.争取更多的学生投入学习

课堂管理的目的应该是吸引尽可能多的学生的注意和兴趣，让全体而不是个别学生加入有效的学习中来。

3. 帮助学生自我管理

课堂管理的第三个目标是帮助学生很好地管理自己，这是课堂管理的最佳状态。

（三）课堂管理的功能

课堂管理的功能有如下三个方面。

1. 维持功能

课堂管理的维持功能指课堂管理能够在课堂教学中，持久地维持良好的学习环境，有效地排除各种干扰因素，使学生充分地参与学习活动中。维持功能是课堂管理的基本功能。

2. 促进功能

课堂管理的促进功能指良好的课堂管理能够增强、提升课堂教学的效果，促进学生的学习。

3. 发展功能

课堂管理的发展功能指课堂管理本身可以教给学生一些行为准则，促进学生从他律走向自律，帮助学生获得自我管理能力，使学生逐步走向成熟。

> **真题陈列架**
>
> （2017 年上·单选·19）华老师认为课堂管理是教学的一部分，课堂管理本身可以教给学生一些行为准则，促使学生从他律走向自律，使学生逐步走向成熟。这主要说明课堂管理具有哪一功能？（   ）
>
> A. 维持功能　　　B. 导向功能　　　C. 发展功能　　　D. 调节功能
>
> 【答案】C。

（四）课堂管理的原则

课堂管理的具体原则有如下几个：①以积极的指导为主，以消极的管理为辅；②培养良好行为于先，奖惩管理于后；③师生共同确定可能达成的行为标准及可能容忍的最大行为限度；④采取民主式领导，培养学生群居共处的合作态度；⑤改善处理问题行为的技能与技巧，以他律为始，以自律为终；⑥减少造成不良行为的校内及校外刺激因素。

（五）课堂管理的基本模式

课堂管理的基本模式概括起来有三种取向，即行为主义取向、人本主义取向和教师效能取向。三种取向的课堂管理模式适用的条件不同，针对不同的学生，发挥的作用也不同。教师应注意发挥它们各自的优势，使其相互补充，结合运用。

1. 行为主义取向的课堂管理模式

行为主义取向的课堂管理模式是以教师为核心来实施的。该模式强调对学生的外部控制，强调借助各种约束来抑制学生的不良行为。其基本理念是学生的成长和发展是由外部环境决定的。在课堂管理中，教师的责任是强化适宜的行为并根除不适宜的行为。典型的行为主义取向的课堂管理模式有斯金纳模式和坎特模式。

（1）斯金纳模式

斯金纳模式又被称为行为矫正模式。该模式认为，在课堂管理中，教师要想使学生在课堂中表现出适宜的行为，就必须奖励和强化适宜的行为，忽视学生的不良行为。为了维持良好的课堂环境，教师必须清楚地讲明规则，忽视不良行为，并对遵守规则的行为给予奖励。斯金纳曾在其出版的《超越自由与尊严》一书中系统地表述了这一课堂管理模式的思想。

（2）坎特模式

坎特模式又被称为果断纪律模式，由坎特及其同事提出。该模式希望借助有效制定和实施课堂秩序来进行课堂纪律的管理。坎特认为，仁慈的强力控制实际上是对学生负责任的行为，也是行之有效的。教师应该使用果断的纪律来管理课堂，维持良好的课堂纪律，促进学生的发展。

2. 人本主义取向的课堂管理模式

人本主义取向的课堂管理模式认为，教师应该关注学生的需要、情感和主动精神，强调对学生的尊重，强调采用引导的方式来帮助学生形成自律，克服行为问题。典型的人本主义取向的课堂管理模式有格拉塞模式和吉诺特模式。

（1）格拉塞模式

格拉塞模式又被称为现实疗法或控制疗法，由格拉塞在其出版的《没有失败的学校》一书中提出。格拉塞认为，人有两种基本需要，即爱和被爱的需要、期望自己的价值得到自己和他人认可的需要，这些需要若得不到满足，就会导致行为问题。他强调建立和强化课堂行为准则的重要性，主张课堂规则和学生行为的处理应通过班会来建立。

（2）吉诺特模式

吉诺特模式又被称为明智信息模式，其核心理念是强调教师用明智的方式与学生进行和谐的沟通。吉诺特认为，只要教师许可，学生就能够控制他们自己的行为；教师可以通过允许学生选择他们所希望的能够改变自己行为的方式和管理班级的方式，来鼓励他们达到自我控制。

3. 教师效能取向的课堂管理模式

教师效能取向的课堂管理模式关注的是教师课堂管理技能的提高，强调教师掌握一些有效的课堂管理技能，尽可能调控好课堂，避免问题行为的出现。典型的教师效能取向的课堂管理模式有戈登模式和库宁模式。

（1）戈登模式

戈登模式又被称为教师效能训练模式，由戈登提出。这一模式关注学习者的个体性和学生个人的权利，强调学生观点的重要作用。

（2）库宁模式

库宁模式由库宁在其出版的《课堂中的纪律和团体管理》一书中提出。库宁认为，课堂管理本质上是一种团体管理。在这种团体管理中，存在着一种涟漪效应：当你纠正一个学生的行为时，也会改变其他学生的行为。对于学生的不良课堂行为，最好采取预防的办法。对一个教师而言，预防不良行为的发生比纠正错误行为更为重要。

> 📘 真题陈列架
>
> （2015年下·单选·20）董老师总是希望在课堂上尽可能地满足学生爱与被爱的需要。董老师的做法体现了哪种课堂管理取向？（　　　　）
>
> A.建构取向　　　　B.行为取向　　　　C.认知取向　　　　D.人本取向
>
> 【答案】D。

（六）影响课堂管理的因素

1.教师的领导风格

教师的领导风格对课堂管理有直接的影响。普雷斯顿认为，参与式领导和监督式领导对课堂管理有不同的影响。参与式领导注意创造"自由空气"，鼓励自由发表意见，不把自己的意见强加于人。而监督式领导则待人冷淡，只注重集体讨论的进程，经常监督人的行为有无越轨。

2.班级规模

班级规模的大小是影响课堂管理的一个重要因素。首先，班级规模的大小会影响成员间的情感联系。班级规模越大，情感纽带的力量就越弱。其次，班内的学生越多，学生间的个别差异就越大，课堂管理所遇到的阻力也可能越大。再次，班级规模的大小也会影响交往模式。班级规模越大，成员间相互交往的频率就越低，对课堂管理技能的要求也就越高。最后，班级规模越大，内部越容易形成各种非正式小群体，而这些小群体又会影响课堂教学目标的实现。

3.班级的性质

班级本身是影响课堂管理的另一个重要因素。不同的班级往往有不同的群体规范和不同的凝聚力，教师不能用固定不变的课堂管理模式对待不同性质的班级，而应该在深入了解的基础上，掌握班级集体的特点，运用促进和维持的高度技巧，获得理想的管理效果。

4.定型的期望

人们对教师在学校情境中执行教育任务的情况往往有一种比较固定的看法，这就是定型的期望。它包括人们对教师理应表现的行为及其所具有的动机和意向的期望。班内的学生对教师的课堂行为同样会形成定型的期望。他们期望教师以某种方式进行教学和课堂管理。这种定型的期望必然会影响课堂管理。

二、课堂气氛

（一）课堂气氛的概念

课堂气氛作为教学过程的软情境，通常是指课堂里某些占优势的态度与情感的综合状态。创造良好的课堂气氛是实现有效教学的重要条件。

（二）课堂气氛的类型

在通常情况下，课堂气氛可以分成积极的、消极的和对抗的三种类型。

1. 积极的课堂气氛

积极的课堂气氛是恬静与活跃、热烈与深沉、宽松与严谨的有机统一，表现为学生思维活跃，课堂发言积极，课堂纪律良好，时刻注意听取教师的讲授或同学的发言，并紧张而积极地思考；师生之间、学生之间关系和谐融洽，师生双方都有饱满的热情，配合默契。

2. 消极的课堂气氛

消极的课堂气氛通常以学生的紧张拘谨、心不在焉、反应迟钝为基本特征，表现为学生注意力分散、情绪压抑、无精打采、小动作多，有的甚至打瞌睡；对教师的要求，学生一般采取应付的态度，很少主动发言；师生关系不融洽，学生之间不友好，学生产生了不满意、压抑、烦闷、厌恶、恐惧、紧张、高焦虑等消极的态度和体验。

3. 对抗的课堂气氛

对抗的课堂气氛是一种失控的课堂气氛，表现为学生过度兴奋、各行其是、随便讲话、故意捣乱；教师则失去了对课堂的驾驭和控制能力，有时不得不中止讲课而维持秩序。

（三）影响课堂气氛的因素

课堂气氛是在课堂活动中由师生相互作用而产生的，它主要受到教师、学生、课堂内物环境三个方面因素的影响。

1. 教师的因素

教师是课堂教学中的主导者。教师的领导方式、教师的移情、教师对学生的期望、教师的情绪状态、教师的教学能力，都是影响课堂气氛的决定因素。

（1）教师的领导方式

教师的领导方式是指教师行使权力与发挥其领导作用的行为方式。勒温曾在 1939 年将教师的领导方式分为集权型、民主型和放任型三种类型。他认为这三种不同的领导方式会使学生产生不同的行为反应，从而形成不同的课堂气氛，其中民主型的课堂气氛最佳。

关于教师的领导方式，李皮特和怀特从教师的权威表现和对学生的关怀程度两个维度进行区分，将其主要分为强硬专断型、仁慈专断型、放任自流型和民主型四种教师领导方式（见表8-1）。

表8-1　教师领导方式的类型、特征及学生的典型反应

教师领导方式的类型	教师领导方式的特征	学生的典型反应
强硬专断型	①对学生时时严加监视； ②要求即刻无条件接受一切命令，严格遵守纪律； ③认为表扬可能会宠坏学生，所以很少给予表扬； ④认为没有教师监督，学生就不可能自觉学习	①屈服，但一开始就厌恶这种领导方式； ②常常推卸责任； ③易怒，不愿合作，而且可能会在背后伤人； ④一旦教师离开，学习明显松懈
仁慈专断型	①不认为自己是专断独行的人； ②表扬学生并关心学生； ③专断的症结在于自信，缺乏弹性，口头禅有"我喜欢这样做"或"你能给我这样做吗？" ④以自己要求为班级一切工作的标准	①大部分学生喜欢这种领导，但看穿这套方法的学生可能会憎恨他； ②在各方面都依赖教师，缺乏创造性； ③屈从，缺乏个人发展； ④班级工作量可能是多的，质量也是好的
放任自流型	①与学生打交道时缺乏信心，或认为学生爱怎样就怎样； ②很难做出决定； ③没有明确目标； ④既不鼓励学生，也不反对学生；既不参加学生的活动，也不提供帮助与建议	①品德差、学习差； ②有"推卸责任""寻找替罪羊"和"易怒"的行为特点； ③没有合作； ④谁也不知道该做什么
民主型	①与集体共同制订计划和做出决定； ②在不损害集体的情况下，很乐意给个别学生以帮助和指导； ③尽可能鼓励集体的活动； ④给予客观的表扬与批评	①喜欢学习，喜欢同别人尤其喜欢同教师一道工作； ②工作质量高； ③互相鼓励，独自承担某些任务； ④教师不在时，能自觉学习

（2）教师的移情

教师的移情是教师将自身的情绪或情感投射到学生身上，感受到学生的情感体验，并引起与学生相似的情绪性反应，由此产生和谐的心理互动。师生双方彼此的移情体验和心理换位会促进师生感情的沟通与融洽，并对良好的师生人际关系产生积极的影响，进而促使和谐愉快的课堂气氛的形成。

（3）教师对学生的期望

教师对学生的期望，是一种无形的环境因素。罗森塔尔和雅克布森的研究表明，教师的期

望存在"自我实现的预言"效应，即教师的期望或明或暗地传递给学生后，学生会按照教师的期望方式去塑造自己的行为。这种效应也叫罗森塔尔效应或皮格马利翁效应。教师在课堂教学中往往会通过一些特定的行为向学生传达他们的期望信息，如果教师在传达期望信息时，能够采取恰当的方式，对学生形成适度的高期望，便可以调动学生学习的积极性，促进积极的课堂气氛的形成。

（4）教师的情绪状态

教师的积极情绪状态往往会投射到学生身上，使教师与学生的意图、观点和情感联结起来，从而在师生间产生共鸣性的情感反应，有利于创造良好的课堂气氛。焦虑是教师对当前或预计到对自尊心有潜在威胁的任何情境所具有的一种类似于担忧的反应倾向。只有当教师焦虑适中时，才会激起教师努力改变课堂现状，避免呆板或恐慌反应，从而推动教师不断努力以谋求最佳课堂气氛的出现。

（5）教师的教学能力

课堂气氛与教师的教学能力密切相关。例如，教师的言语表达能力在很大程度上影响教学效果，进而制约课堂气氛。教师的语言表达清晰、语速适度、语调抑扬顿挫，学生对教师的语言听得清、听得懂，就为和谐积极的课堂气氛的建立奠定了基础。

2. 学生的因素

学生是课堂活动的主体。因此，学生的一些特点也是影响课堂气氛的重要因素。尊师重道、互助互学、比学赶帮、友好团结、紧张活泼的学风的形成，对于改善人际关系、提高学习士气、形成良好的课堂气氛具有极为重要的作用。

3. 课堂内物环境的因素

课堂内物环境又被称为"教学的时空环境"，主要指教学时间和空间因素构成的特定的教学环境，包括教学时间的安排、班级规模、教室内的设备、教具、乐音或噪音、光线充足与否、空气清新或污染、高温或低温、座位编排方式等。这些因素虽然不是决定课堂气氛的主要原因，但是它们的优劣会对课堂气氛的形成起着促进或阻碍的作用。

📖 **真题陈列架**

（2018年下·单选·21）朱老师很关心学生，但对学生很严格，常对学生提出各种要求和规定。大部分学生都喜欢朱老师，也能按他的要求去做。朱老师对班级的领导类型属于（　　）。

A. 强硬专断型　　　　　　　　B. 放任自流型

C. 仁慈专断型　　　　　　　　D. 民主平等型

【答案】C。

（四）创设良好课堂气氛的条件

要创设良好课堂气氛，教师通常需要做好如下几个方面的工作：第一，建立和谐的课堂人际关系，这是创设积极课堂气氛的基础；第二，运用灵活多样的教学方式；第三，采用民主的领导方式；第四，给予学生合理的期望。

三、课堂纪律

（一）课堂纪律的概念

课堂纪律是指为了保障或促进学生的学习而为他们设置的行为标准和施加的控制。良好的课堂纪律具有约束性、标准性和自律性。课堂纪律是课堂教学得以顺利进行的重要前提和条件。

（二）课堂纪律的类型

根据形成途径，课堂纪律一般可分为教师促成的纪律、集体促成的纪律、自我促成的纪律和任务促成的纪律四类。

1. 教师促成的纪律

教师促成的纪律指在教师的帮助指导下形成的班级行为规范。这类纪律在不同年龄阶段的学生中所发挥的作用有所不同。刚入学的儿童由于不知道如何在一个大的团体中学习和游戏，需要较多的监督和指导，其课堂纪律主要是由教师制定的。随着年龄的增长和自我意识的增强，学生开始反对教师的过多限制，对教师促成的纪律的要求降低，但是它始终是课堂纪律中的一个重要类型。

2. 集体促成的纪律

集体促成的纪律指在集体舆论和集体压力的作用下形成的群体行为规范。从儿童入学开始，同辈人的集体在使儿童社会化方面就开始发挥越来越重要的作用。随着学生年龄的增长，同伴群体对学生个体的影响会越来越大，他们开始以同辈群体的集体要求和价值判断作为自己的行为准则，以"别人也都这么干"为理由而从事某件事情。班集体的纪律、少先队的纪律、兴趣小组的纪律等，都属于这类纪律的范畴。

3. 自我促成的纪律

所谓自我促成的纪律，简单说就是自律，它是在个体自觉努力下由外部纪律内化而成的个体内部约束力。自我促成的纪律是课堂纪律管理的最终目标。当一个学生能够自律并客观评价他自己的和集体的行为标准时，便意味着能够为新的更好的集体标准的发展做出贡献，同时也标志着学生的成熟水平向前迈进了一步。

4. 任务促成的纪律

所谓任务促成的纪律，主要指某一具体任务对学生行为提出的具体要求。这类纪律在学生的学习过程中占有重要地位。在日常学习过程中，每项学习任务都有它特定的要求，或者说特定的纪律，例如课堂讨论、野外观察、制作标本等任务都有各自的纪律要求。任务促成的纪律是以学生对任务的充分理解为前提的，学生对任务的意义理解越深刻，就越能自觉遵守任务的纪律要求，即使遇到困难挫折也不会轻易退却。所以，学生完成任务的过程，就是接受纪律约束的过程。

📝 **真题陈列架**

（2016年上·单选·20）中学生晓华和几个同学为了参加全省航模大赛，组成了航模小组。他们为了在大赛中表现出色，达成了共识：牺牲各自的一些课余休息时间，放弃各自的一些爱好，以规范自己的参赛行为。这种情况下，小组成员遵循的纪律属于（　　　）。

A. 教师促成　　　　B. 群体促成　　　　C. 任务促成　　　　D. 自我促成

【答案】C。

（三）课堂纪律发展的阶段

不同年龄阶段儿童的纪律发展水平一般要经历如下几个阶段。

1. 反抗行为阶段

4～5岁之前的儿童，多处于反抗行为阶段。处于这一阶段的儿童，他们的行为中经常表现出对抗性，拒绝遵循指示、要求，需要给予大量的注意；他们很少具有自己的规则，但是畏于斥责，可能遵循他人的要求。在学校教育阶段，也有一些儿童处于这一水平。其表现为当教师盯住他们时，他们会表现得中规中矩，但是稍微不注意，他们就会失去控制。

在这一阶段，对于维持纪律所能发挥作用的是儿童和权威人物之间的权利不平衡。当教师或父母向儿童展示出强力的控制时，儿童的不良行为可以很有效地得到约束；反之，他们就可能不断表现出不良行为。

2. 自我服务行为阶段

5～7岁的儿童，多处于自我服务行为阶段。这一阶段的儿童是以自我为中心的，但是在课堂上比较容易管理，因为他们所关心的是行为后果"对我意味着什么"，是奖励还是惩罚。从道德发展来讲，他们处于奖励和惩罚阶段。这些儿童做出某些行为，要么是因为他们想得到某些奖励，如糖果、休息时间等；要么是因为不喜欢违反纪律后所带来的后果。

处于这一阶段的儿童很少具有自我纪律感。他们可能在这节课上表现很好，而在另一节课上失去自我控制，与处于反抗行为阶段的儿童一样，为了避免出现纪律问题，教师需要对他们进行不断的监督。

3. 人际纪律阶段

大多数中学生处于人际纪律阶段。处于这一阶段的学生，其行为取向是要建立一种相互的人际关系，他们做出的行为往往与"我怎样才能取悦你"联系在一起，他们这样做是因为你要求他们这样做；他们关心自己在别人心目中的形象，希望别人喜欢自己。

这一阶段的学生形成了一种纪律感，你让他们安静下来，他们就会安静下来；他们基本上不借助强力的纪律来约束自己，但是需要轻微的提示。

4. 自我约束阶段

处于自我约束阶段的学生很少陷入什么麻烦，因为他们能够明辨是非，理解遵守纪律的意义，也能够做到自我约束。教师可以离开教室 20 ~ 30 分钟，回来后发现他们依然很安静地在学习。他们这样做，是因为他们知道这样做是对的，就应该这样做。尽管许多中学生能够达到这一水平，但是只有一部分人能够稳定地保持在这一水平上。

处于这一阶段的学生并不赞赏武断纪律。在课堂上，如果某些同学逼迫教师花很多时间处理纪律问题，会使他们感到厌烦。

📖 **真题陈列架**

（2015 年下·单选·19）初二（5）班学生在课堂上非常注重自己在老师心目中的形象，希望老师喜欢他们。该班学生的课堂纪律发展处于（　　　）。

A. 人际纪律阶段 　　　　　　　　B. 自我服务阶段

C. 自我约束阶段 　　　　　　　　D. 相互协同阶段

【答案】A。

（四）课堂结构与课堂纪律

学生、学习过程和学习情境是课堂的三大要素。这三大要素的相对稳定的组合模式就是课堂结构，它包括课堂情境结构与课堂教学结构。

1. 课堂情境结构

（1）班级规模的控制

一般而言，班级规模越大，学生的平均成绩便越差。班级规模过大容易限制师生交往和学生参加课堂活动的机会，阻碍了课堂教学的个别化，有可能导致课堂出现较多的纪律问题；而过小的班级规模又是极不经济的。一般而言，中小学的班级人数以 25 ~ 40 人为宜。

（2）课堂常规的建立

课堂常规是每个学生必须遵守的最基本的日常课堂行为准则。它使学生明白，行为所依据的价值标准具有约束和指导学生课堂行为的功能，从而促使课堂行为规范化。

（3）学生座位的分配

研究发现，分配学生座位时，教师主要关心的是减少课堂混乱。其实，分配学生座位时，教师最值得关注的应该是对人际关系的影响。人际关系的和谐有助于课堂纪律的维持。对于学生座位的分配，一方面要考虑课堂行为的有效控制，预防纪律问题的发生；另一方面又要考虑促进学生间的正常交往，形成和谐的师生关系，并有助于学生形成良好的人格特征。

2. 课堂教学结构

（1）教学时间的合理利用

学生在课堂里的活动可以分为学业活动、非学业活动和非教学活动等三种类型。在通常情况下，用于学业活动的时间越多，学业成绩便越好。

（2）课程表的编制

课程表是使课堂教学有条不紊进行的重要条件。首先，它的编制应尽量将语文、数学和外语等核心课程安排在学生精力最充沛的上午第一、二、三节课，将音乐、美术、体育和习字等技能课安排在下午。其次，将文科与理科、形象性的学科与抽象性的学科交错安排，避免同类刺激长时间地作用于大脑皮层的同一部位而导致疲劳和厌烦。

（3）教学过程的规划

教学过程的合理规划是维持课堂纪律又一个重要条件，不少纪律问题是因教学过程的规划不合理造成的。

（五）维持课堂纪律的策略

为了维持良好的课堂纪律，教师应注意采用如下一些策略。

1. 建立积极、有效的课堂规则

课堂规则是课堂成员应该遵守的课堂基本行为规范和要求，具有规范、指导和约束课堂行为的效力。制定课堂规则有以下原则和要求：①课堂规则应由教师和学生充分讨论，共同制定；②课堂规则应少而精，内容表述以正面引导为主；③课堂规则应及时制定、引导与调整。

2. 合理组织课堂教学，维持学生的注意和学习兴趣

教师合理地组织课堂教学结构，维持好学生的学习兴趣，把学生的注意力始终维持在学习活动中，就会使学生失去违纪的机会，从而使课堂纪律大大改善。

3. 注意做好课堂监控

良好的课堂纪律在很大程度上依赖于教师对纪律问题的预防，而预防的最好方法就是对课堂情况做好监控。

4. 培养学生的自律品质

自律是学生纪律性发展的最高阶段，也是课堂学习纪律管理的最终目的。促进学生形成和发展自律品质，是维持课堂纪律的最佳策略之一。

四、课堂问题行为

（一）课堂问题行为的概念和性质

1. 课堂问题行为的概念

课堂问题行为是指学生在课堂中发生的违反课堂规则、妨碍及干扰课堂教学活动正常进行的行为。课堂问题行为具有普遍性，是教师经常遇到而又非常敏感的问题，处理不好，就会损害师生关系和破坏课堂气氛，影响教学效率。

2. 课堂问题行为的性质

首先，课堂问题行为具有消极性；其次，课堂问题行为具有普遍性；最后，课堂问题行为的程度以轻度为主。

（二）课堂问题行为的类型

1. 扰乱性问题行为和心理性问题行为

美国学者威克曼把学生的课堂问题行为分为扰乱性问题行为和心理性问题行为。前者主要指破坏课堂秩序、不守纪律和不道德方面的行为。后者则指退缩、神经过敏等方面的行为。

2. 人格型问题行为、行为型问题行为、情绪型问题行为

奎伊等人将学生的课堂问题行为分为人格型问题行为、行为型问题行为、情绪型问题行为。人格型问题行为带有神经质特征，常常表现为退缩行为。行为型问题行为具有对抗性、攻击性和破坏性等特征。情绪型问题行为主要指出学生过度焦虑、紧张和情绪多变导致的行为障碍。

3. 外向攻击型行为和内向退缩型行为

根据学生在课堂活动中行为表现的主要倾向的不同，课堂问题行为可分为外向攻击型行为和内向退缩性行为。外向攻击型问题行为是指在教学活动中学生的心理活动和行为过分外倾，妨碍和干扰课堂教学正常进行的问题行为。内向退缩型问题行为是指在教学活动中，学生的心理活动和行为反应严重内倾，对课堂环境丰富的各种刺激采取退缩反应，对课堂教学活动不构成直接威胁，且不易被觉察的问题行为。

4. 心理性问题行为和品德性问题行为

根据引起问题行为的原因的不同，课堂问题行为可以分为心理性问题行为和品德性问题行为。心理性问题行为主要指由心理方面的原因造成的问题行为。品德性问题行为指学生经常发生的违反道德规范的不良行为。

（三）课堂问题行为产生的主要原因

导致学生在课堂上出现问题行为的原因比较复杂，概括起来，可以分为以下三个方面。

1.学生方面的原因

①挫折。在日常学习生活中，学业成绩不良、人际关系不和谐、对教师教学要求的不适应等，都会使学生产生挫折感，并引发紧张、焦虑、惧怕甚至愤怒等情绪反应，在一定条件下这种情绪反应就可能演变为课堂问题行为。

②寻求注意。研究发现，一些自尊感较强但因为成绩较差或因其他原因得不到集体和教师承认的学生，往往故意在课堂上制造一些麻烦以引起教师和同学的注意。

③人格因素。学生的课堂行为问题在一定程度上与其个性心理特征如能力、性格、气质等有关。

④生理因素。身体上的疾病、发育期的紧张、疲劳和营养不良等，都会影响学生的行为。

2.教师方面的原因

①教学不当。教师备课不充分、缺乏教学组织能力或表达能力差而造成的教学失误，也会引起课堂问题行为。

②管理不当。教师主观武断，不尊重学生，态度生硬，方法简单、粗暴，体罚学生，激起学生反感，产生对立情绪，会直接诱发课堂中的问题行为。教师对学生要求不严，放任自流，也会导致学生无视课堂纪律而出现问题行为。教师对学生的问题行为反应过激，滥用惩罚手段，导致矛盾激化，反而会助长问题行为。

③丧失威信。在学生心目中失去威信的教师是很难管好课堂的。

3.环境方面的原因

校内外环境中的许多因素，如大众传播媒介、家庭环境、课堂座位编排方式、教学环境的温度和色彩等，对学生的课堂行为都会产生十分明显的影响。

（四）处置与矫正课堂问题行为的方法

课堂管理的对象是班级内所有的学生，而不只是捣乱的学生。克文和门德勒提出了典型课堂的80-15-5原则。这一原则指出，在典型的课堂中一般有三类学生。首先，80%的学生形成了合适的课堂行为，很少违反规则，教师仅需预防他们可能发生的问题行为。其次，15%的学生会周期性地违反规则，教师应花费一些精力来干预他们的问题行为。最后，5%的学生是长期的规则违反者，对于这些学生，教师需要使用一定的行为矫正技巧。这是课堂行为管理的三层计划——预防、干预和矫正。

1.预防

（1）注意教学的组织

教师的教学应当确保学生通过努力可以胜任，否则，就会导致很多不良行为的发生。教师可以对课程进行适当调整，使所呈现的材料不过难或过易。教师所提出的指导性要求是以学生的当前水平为基础的。

（2）增加参与

增加学生的投入时间的最好途径就是教有趣的、有参与性的课程。另外，还要加强教师的监督。

（3）保持动量

保持动量是指避免打断或放慢，实际上就是我们所说的紧凑，上课时保持动量是学生高度参与的关键。

（4）保持教学的流畅性

教学的流畅性是指不断地注意教学意义的连续性。流畅的教学从一个活动转向另一个活动时所花的时间较少，并且能给学生一个注意信号。

（5）管理转换

管理转换是顺利地将分段教学活动或一个活动转换到另一个活动，如从一门课转到另外一门课。一般来说，转换需要遵循三条规则：首先，转换时应该给学生一个明确的信号，且学生早已被教导过如何对这些信号做出反应；其次，在做出转换之前，学生一定要明确收到信号后做什么；最后，所有的学生同时进行转换，不要一次一个学生地进行。

（6）整体关注

整体关注是克宁提出的课堂主要策略和提问技术，确保班上所有的学生都始终投入到课堂中，即使教师只叫起一个学生回答问题时也是如此。克宁认为，维持团体注意焦点的两个基本成分就是全体责任和团体警觉。

全体责任是指在提问和回答问题期间，教师让每个学生都对自己要完成的任务负起责任。这种策略所隐含的观点就是课堂教学的每个环节都让所有学生参与进来。

团体警觉是指在讲演和讨论期间，教师用来鼓励学生保持注意力的提问方法。以随机的顺序让学生回答问题是维持团体警觉的一种方式。

课堂自习时，教师也要维持团体的注意力，不要在个别学生身上花费太多的时间。

（7）明察秋毫

明察秋毫指教师要让学生知道，他注意到了课堂里发生的每件事，没有任何遗漏。

（8）一心多用

一心多用是指同时跟踪和监督几项活动。教师要不断地监控全班。例如，教师在检查个别学生作业的同时，还要对小组学生说"好，继续"，从而使他们更努力地学习。

（9）避免涟漪效应

当学生违反规则时，教师没有加以制止或者制止方式不当，反而会让其他学生模仿不良行为，这就是涟漪效应。

2. 干预

教师对课堂不良行为的任何干预都要做到：第一，遵循最小干预原则，教师在有效阻止和抑制不良课堂行为时尽量不要中断正常的教学进程；第二，将处理不良课堂行为看成一个促进学生发展正确课堂行为的机会。

（1）线索提示

教师用言语或非言语的形式，直接或间接地提示学生，让其表现出教师期望的行为。

①非言语线索。非言语线索包括目光接触、手势、身体靠近和触摸等，它既能消除许多不良行为，又不会中断上课。

②表扬与不良行为相反的行为。对许多学生来说，表扬是强有力的激励。教师要想减少学生的不良行为，不妨表扬他们所做出的与不良行为相反的行为。

③表扬其他学生（替代强化）。表扬一个学生的行为，常常可使另一个学生也做出这一行为。

④言语提示。提示应尽量使用积极的语言，避免消极的语言。

⑤反复提示。当学生拒绝听从简单的提示时，教师就要反复明确地向学生陈述要求，直到学生服从。

⑥使用幽默。教师可以巧妙地、在不干扰正常教学活动的情况下，幽默地描述一下学生的行为，使学生在愉快的情境中接受教育。

（2）应用后果

如果学生不能遵守规则，就要应用后果。后果有积极后果和消极后果之分。消极后果（惩罚）能有效地压制特定的不期望行为，但是它不能有效地教会学生期望的行为。因此使用惩罚不能成为课堂管理干预的中心。

3. 矫正

行为矫正就是系统地应用先前刺激和后果来改变行为。建立和使用任何行为矫正程序，都需要遵循由行为观察到程序完成再到程序评定等一系列步骤。

（1）识别目标行为和强化

完成一个行为矫正程序，首先就是观察行为不良的学生，以识别出一个或少数几个行为作为目标行为，并确定是什么强化物在维持这一行为。

（2）设立基点行为

在后面的几天（至少三天）里观察学生，看看其目标行为发生的频率有多高。可以根据频率或时间来测量行为基点。

（3）选择强化物和强化的标准

行为主义学习理论和行为矫正实践，都赞成强化适当行为而不是惩罚不当行为。典型的课堂强化物包括表扬、权利、奖品等。

（4）必要的惩罚及其标准

当使用强化程序也无法解决某一个严重的行为问题时，就需要使用惩罚了。奥·勒利等人提出七条有效而人道地使用惩罚的原则：①偶尔使用惩罚；②使儿童明白为什么他要受惩罚；③给儿童提供一个可选的方法以获得某种积极的强化；④强化儿童与问题行为相反的行为；⑤避免使用体罚；⑥避免在你非常愤怒或情绪不好时使用惩罚；⑦在某个行为开始而不是结束时使用惩罚。

（5）观察行为并与基点做比较

按照前面设立的基点行为为标准，前后比较学生在行为上进步的情形。如果一周以后行为并未得到改善，那么就要尝试其他系统或强化物。

（6）减少强化的频率

一个行为矫正程序实施了一段时间，如果学生的行为得到了改善，并且稳定在某个新的水平上，强化的频率就可减小了。

📝 **真题陈列架**

（2019年下·单选·21）王建在课堂上玩手机，老师没有直接提出批评，而是表扬了认真听讲的冯军，王建看了看冯军，也开始认真听讲了。该老师使用的课堂管理方法是（　　）。

　　A.直接干预　　　　B.替代强化　　　　C.团体警觉　　　　D.处理转换

【答案】B。

（2019年上·单选·15）钱老师上课时经常先提出问题让大家思考一会儿，然后再叫学生回答，以使学生的心理活动更好地维持在教学活动中。钱老师所采用的课堂管理方式是（　　）。

　　A.团体警觉　　　　B.替代强化　　　　C.最小干预　　　　D.处理转换

【答案】A。

📑 记忆保温箱

```
课堂管理 ─┬─ 课堂管理概述 ─┬─ 概念
          │                ├─ 目标
          │                ├─ 功能
          │                ├─ 原则
          │                ├─ 基本模式 ── 行为主义取向；人本主义取向；教师效能取向
          │                └─ 影响因素
          │
          ├─ 课堂气氛 ─┬─ 概念
          │            ├─ 类型
          │            ├─ 影响因素 ─┬─ 教师的因素 ── 领导方式：勒温的分类、李皮特和怀特的分类；移情；
          │            │            │                对学生的期望；情绪状态；教学能力
          │            │            ├─ 学生的因素
          │            │            └─ 课堂内物环境的因素
          │            └─ 创设良好课堂气氛的条件
          │
          ├─ 课堂纪律 ─┬─ 概念
          │            ├─ 类型
          │            ├─ 发展阶段
          │            ├─ 课堂结构与课堂纪律 ─┬─ 课堂情境结构：班级规模的控制、课堂常规的建立、学生
          │            │                      │                座位的分配
          │            │                      └─ 课堂教学结构：教学时间的合理利用、课程表的编制、教
          │            │                                        学过程的规划
          │            └─ 维持课堂纪律的策略
          │
          └─ 课堂问题行为 ─┬─ 概念和性质
                          ├─ 类型
                          ├─ 产生的主要原因
                          └─ 处置与矫正方法 ── 预防；干预；矫正
```

第四节　课外活动

📖 知识储备库

一、课外活动概述

（一）课外活动的概念

课外活动是相对课堂教学而言的，指在课堂教学之外，学校有目的、有计划地组织学生参加的各种有教育意义的活动。这里的课堂教学包括计入总课时的必修课和选修课。所以，课外活动不包括选修课，自习课也不属于课外活动之列。

（二）课外活动的意义

课外活动的意义主要表现在以下几个方面。

①多样、有效的课外活动为学生提供了多样的活动条件和与其他人群接触交流的机会，能够促进学生全面发展和社会化。

②自由的课外活动为学生提供了展示才能的机会和舞台，也为学生认识自我、认识社会，提供了参与和观察的机会，能够促使学生在社会化过程中个性的形成。

③课外活动的趣味性，缓解了紧张而程序固定的学校生活，给学生的学习生活增添了乐趣。

④课外活动有助于教师和学生发现认识自己的特长，为因材施教和充分发挥学生特长提供依据。

（三）课外活动的特点

1. 自愿性

课外活动的自愿性指在中小学组织的课外教育活动中，学生是自由选择、自愿参加的。学生依据自己的兴趣、爱好、特长及自己的现有发展水平自主选择、自愿参与课外活动的做法，可以使学生的个性得到充分发展。

2. 开放性

课外活动的开放性指课外活动不受课堂教学内容的局限，凡是符合学校培养目标，学校具备开展活动条件的内容，皆可作为课外教育的内容。课外活动为学生打开了生活的领域，能容纳丰富的内容、多样的形式。课外活动内容上的开放性，决定了课外活动是丰富多彩的。

3. 自主性

课外活动的自主性指课外活动要充分发挥学生的主体作用，使学生在积极、主动、自觉的活动状态下受到良好的教育。富有成效的课外活动，大多是在教师及相关人员的指导下由学生独立组织、自主展开的。

4. 灵活性

课外活动的多样性指课外活动的形式、方法、时间等是灵活多样的。课外活动可以打破班级界限，活动人数可多可少，可以是群众性的、小组性的，也可以是个人活动；活动的时间可长可短；活动不仅可以走出课堂，还可以走出校门、走向社会，学生可以亲自进行调查、参观、访问等，只要符合学生的年龄特征，就可以大胆采用新形式。

5. 综合性

课外活动是以活动及学生为中心进行组织的，它提供的场景是综合的，能为学生提供同时运用多种知识、展示多种才能的机会。因此，在课外活动中要注意组织综合性的学习活动，以使学生全身心地参与，获得丰富的体验与发展。

6. 探究性

课外活动的内容、形式、方法等都具有较大的不确定性。正是这种不确定性，将学生的好奇心牢牢扣住，培养他们的探究兴趣及初步的探究意向。

二、课外活动的内容与组织形式

（一）课外活动的主要内容

课外活动内容广泛，按其性质可分为以下几大类。

1. 学科活动

学科活动是一种学科性的课外学习和研究活动，一般按学科分别组织活动，如语文活动小组、数学活动小组。学科活动是学校课外活动的主体部分。学科活动与课堂教学联系紧密，但不局限于教学大纲范围之内，也不是课内学科教材的补充或延伸，而是学科中某一领域的拓展，注重学生学科兴趣的培养。

2. 科技活动

科技活动是学习现代科学技术知识，进行各种科技实践性作业的活动。如制作科技小模型、采集标本、动物小观察、动物小饲养、小种植等，以及举办科技知识讲座和科学家故事会、科技表演、竞赛等。

3. 文艺活动

文艺活动以培养学生的兴趣爱好和发展他们鉴赏美、表现美、创造美的能力为主要目的。如歌咏、乐器演奏与欣赏、舞蹈、观看影视剧等。

4. 体育活动

体育活动是以发展学生健康体魄及体育文化修养为目标，根据学生的年龄特点，因地制宜地组织丰富多彩的活动。如各种球类、长短跑、登山、划船等活动，或体育竞赛和表演等活动。

5. 社会活动

社会活动是让学生走出学校接触社会，了解科学技术的发展，了解社会生活、经济建设实际状况的教育活动。这类活动包括社会调查、参观、考察、访问以及各种无偿的社会服务和公益劳动。

6. 传统的节假日活动

节假日活动针对中国传统的节假日开展课外活动，并选择与之相关的主题进行具体活动，培养学生具有热爱祖国、热爱劳动、热爱人民和热爱中华历史文化的精神。如国庆节、儿童节、春节、端午节、中秋节、校庆、夏令营等，都是典型的节假日活动。

7. 课外阅读活动

课外阅读活动是指学生在课堂教学范围之外，根据自己的兴趣、爱好或某一方面的需要进行的完全自觉的读书活动。其目的在于扩大学生视野，使学生接触和吸收新鲜知识，培养学生的自学能力和思维能力。教师应注意指导学生有选择地多读书、读好书，避免一些低俗、不健康的出版物对学生的不良影响。

（二）课外活动的组织形式

按活动人数和规模，课外活动的组织形式有群众性活动、小组活动和个人活动三类。

1. 群众性活动

群众性活动是组织多数或全体学生参加的一种带有普及性质的活动。这种活动有全校性的或校际性的，有全班性的或班际性的。群众性活动的基本特点是参与人数多、活动规模大，可以使大多数学生在相对较短的时间内受到教育，教育效率高。其具体的活动方式包括报告、讲座、各种集会和比赛、参观、访问、调查、旅行、社会公益活动等。

2. 小组活动

小组活动是对某一内容有共同的兴趣与爱好的学生以小组的方式参与该项内容活动的一种课外教育形式。小组活动是学校课外活动的基本组织形式。其特点是自愿组合、小型分散、灵活机动。小组活动的具体活动方式包括学科兴趣小组、科技小组、艺术小组、体育小组、公益服务小组等。小组活动的辅导员可请教师、家长或校外有某方面专长的人士兼任。

3. 个人活动

个人活动是学生在教师指导下单独进行活动的课外教育形式。它最突出的特点是学生在活动中的独立性强。个人活动是课外活动的基础，充分体现了因材施教的特点。个人活动的主要内容是阅读各种书籍，写读书心得，记日记，进行某种观察或小实验，采集制作标本，唱歌，体育锻炼，进行小发明、小制作、小论文、小改革活动，等等。

三、课外活动组织管理的要求

组织课外活动应注意以下几点基本要求：①要有明确的目的性和计划性；②活动要丰富多彩，富有吸引力；③充分发挥学生的积极主动性和创造精神；④符合学生的年龄特征，满足和发展学生的兴趣和特长；⑤因地、因校制宜；⑥积极争取家长、社区的配合。

四、教育资源的整合与协调

学校与家庭和社会应当相互配合，形成教育上的合力，三者之间的一致性越高，对于学生发展所起的作用就越大。学校在三者的协调配合上应当起主导作用。

（一）学校与家庭联系的基本内容和方式

1. 互相访问

访问内容通常有三个方面：一是了解学生在学校班级和家庭的基本情况；二是互相通报学校、家庭近来发生的重要事件和变化，以及学生在学校和家庭中的重要活动、表现和进步情况；三是共同协调今后一个时期内教育学生的步骤和方法。互相访问应当经常化，且家校双方都要采取实事求是的态度，在可能的情况下可以请学生参加。

2. 建立通信联系

通信联系方式很多，书信、联系卡、电话、口信以及学校和班级的刊物等都是便利而有效的。通讯联系范围广、速度快，可以经常化。多用于传递学生成绩、日常表现、学校及家庭的变化及各种教育信息等。

3. 举行家长会

举行家长会可以使学校在较短时间内与大多数家长取得一致性联系，效率较高。家长会常在学期开始、期中或期末举行，主要是向家长汇报学校或班级教育工作的基本情况和今后工作计划，向家长提出教育上的要求，听取家长意见，表扬优秀学生，请家长介绍教育子女的经验，发学生成绩册等。

4.组织家长委员会

家长委员会是学生家长直接参与学校教育工作的组织形式，人选由学校和家长协商推举，应吸收热爱教育事业、活动能力强、教子有方者参加。

5.举办家长学校

举办家长学校的目的，是利用学校有利条件帮助家长提高教育素养。学校通过家长学校可以向家长传播教育学、心理学等有关知识，介绍、交流好的家庭教育经验，并为遇到教育难题的家长提供帮助等。

6.举办学校开放日

学校应当选择适当时机，举办学校开放日，邀请家长参观学校，了解学校的各项工作，包括安排家长听课，组织家长参观学校各种设施，了解家长对于学校工作的意见和建议，回答家长的各种问题，等等。学校开放日对于沟通学校与家长的思想感情，促进彼此的理解和信任，增强相互的协作和配合，都能够起到十分突出的作用。

（二）学校与社会教育机构联系的方式

1.建立学校、家庭、社会三结合的校外教育组织，使学校与学生主要居住地区间形成稳定的联系网络

三结合的校外教育组织一般由学校派的教师、学生主要居住地区（村、镇、街道等）管理校外教育工作人员及家长代表共同组成。三结合组织的任务，主要是交换彼此的信息和情况，研究学生在学校、家庭和社会上的表现；筹办并领导学生居住地区的各种校外活动小组；协商并解决各种勤工俭学、校外文娱体育活动所需要的器材、指导教师、场地等事宜；制订宣传好人好事、帮助各方面处境不利学生的计划及措施；等等。

2.学校与校外教育机构建立经常性的联系

学校与校外教育机构建立的经常性联系大致有以下几方面的内容。

①及时向有关部门反映学校的情况、要求，努力通过多种宣传渠道让更多的人了解和支持学校教育，呼吁社会各界关心下一代，杜绝所有有害儿童青少年身心健康的事物。

②共同组织各种竞赛、表演活动，为学生的全面发展创造更为广阔的天地，同时也帮助有关机构物色和选拔各个领域中有特长的学生。

③学校通过与校外机构合作，在寒暑假、节假日期间安排各种丰富多样、有益学生身心的活动，促进学生的发展。

3.采取"走出去、请进来"的方法与社会各界保持密切联系

学校应当主动争取和利用各种社会力量来为教育服务。比如，从工厂、企业、村镇、部队邀请先进生产者、劳动模范、战斗英雄来校做报告或担任校外辅导员，带领学生到工厂、农村、街道去实践、参观、访问、调查，还可以请各行各业的专职人员到学校辅导学生各种课程的学习。

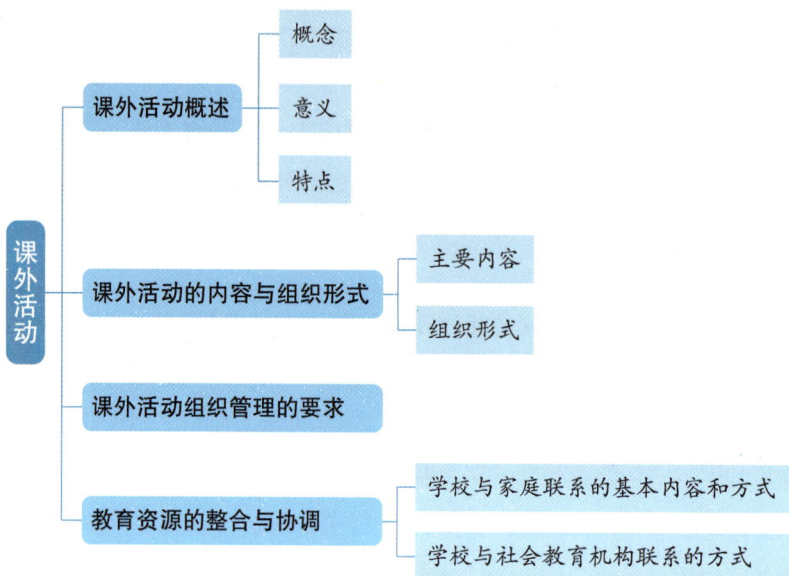

记忆保温箱

第五节　教师与教师心理

考点收纳盒

关键考点	考查力度	常考题型	理解难度
教师的心理特征	▪▪▪▪▫	单选、简答	★★★★☆
教师的成长心理	▪▪▪▪▫	单选、材料分析	★★★☆☆
教师的心理健康	▪▫▫▫▫	单选	★★★☆☆

知识储备库

一、教师概述

（一）教师的概念

《中华人民共和国教师法》规定："教师是履行教育教学职责的专业人员，承担教书育人，培养社会主义事业建设者和接班人、提高民族素质的使命。"这对我国教师的法定含义、地位作用进行了规定。

（二）教师劳动的特点

教师劳动具有和其他社会劳动不同的特点，具体表现在以下几个方面。

1. 教师劳动的复杂性和创造性

（1）教师劳动的复杂性

教师劳动的复杂性主要表现在以下三个方面。

①劳动目的的全面性。教师劳动的目的是培养德、智、体等全面发展的人。

②劳动任务的多样性。教师不仅要传授给学生科学文化知识，还要培养学生各种技能，发展他们的智力，培养他们的思想品德，使学生德、智、体等方面全面发展。

③劳动对象千差万别。教师的劳动对象有着各自的个性特征和发展倾向，生理和心理的年龄特征差别很大。教师对每个劳动对象都要从不同角度采取不同方法加以塑造。

（2）教师劳动的创造性

教师劳动的创造性主要表现在以下三个方面。

①教育内容和方法的不断变换和创新。教育内容和方法因学生的年龄特点而异，教学方法又因学科、教材和教学条件而异。

②因材施教。教师不仅要针对学生共同的特征，而且还要针对学生个别特点施教。

③教师的教育机智。教师的教育机智指教师应当对突发性的教育情境做出迅速、恰当和随机应变的处理。

2. 教师劳动的长期性和间接性

（1）教师劳动的长期性

教师劳动的成果是培养合格的人才，而人才培养的周期较长。这一周期往往需要十几年甚至几十年。

（2）教师劳动的间接性

教师的劳动结晶是学生的知识、才能和思想品德的逐步形成和建构。它不直接创造财富，而是以学生为中介实现教师劳动的价值。

3. 教师劳动的主体性和示范性

（1）教师劳动的主体性

教师的劳动手段是教师自身，是凝结在自身的知识、智慧、才能、思想品德等方面的。教育、教学过程就是将教师自身掌握和具备的知识、才能、思想品德等转移到学生身上的过程。教师在教学过程中使用的教材、教具，只有教师完全掌握，化为教师自身的东西，才能够传授给学生，这是教师劳动的主体性和教师在教育过程中主导作用的体现。

（2）教师劳动的示范性

在学生身心发展过程中，教师的一举一动、一言一行，都可能成为学生模仿的对象。教师的人品、才能、治学方法乃至世界观，对学生影响很大，起着潜移默化的作用。这就决定了教师必须以身作则，为人师表。

4. 教师劳动的连续性和广延性

（1）教师劳动的连续性

连续性是指时间的连续性。教师的劳动没有严格的交接班时间界限，这个特点是由教师劳动对象的相对稳定性决定的。教师要不断了解学生的过去与现状，预测学生的发展与未来，检验教育教学效果，获取教育教学反馈信息，准备新一轮的教育教学活动。

（2）教师劳动的广延性

广延性是指空间的广延性。教师没有严格界定的劳动场所，课堂内外、学校内外都可能成为教师劳动的空间。学生的成长不仅受学校的影响，还受社会和家庭的影响。教师不能只在课内、校内发挥影响力，还要走出校门，协调学校、社会、家庭的教育影响，以便形成教育合力。

二、教师的角色心理

（一）教师角色与教师的角色意识

1.教师角色的含义

教师角色是指教师按照其特定的社会地位，承担起相应的社会角色，并表现出符合社会期望的行为模式。

2.教师的角色意识

教师的角色意识是指教师对自己所扮演的社会所期望的角色规范的认知和体验。其心理结构包括以下三个方面的内容。

（1）角色认知

角色认知是指角色扮演者对角色的社会地位、作用、行为规范及与其他社会角色的关系的认知。角色认知是角色扮演的先决条件。教师的角色认知就是教师通过学习、职业训练、社会交往等，了解社会对教师角色的期望和要求。

（2）角色体验

角色体验是指个体在扮演一定角色的过程中，由于受到各方面的评价与期待而产生的一种情绪体验。这种体验有积极与消极之分。如自尊感或自卑感就是教师常有的不同的角色体验。

（3）角色期待

角色期待是指角色扮演者对自己和对别人应表现出什么样的行为或应成为什么样的角色的想法和期望。教师的角色期待是教师自己和他人对其的行为期望。

3.对教师的角色期待

教师作为一种社会角色，其职业特征决定了社会对教师的角色期待。社会对教师的角色期待主要有：①学生学习的指导者和促进者；②班集体的领导者和组织者；③行为规范的示范者；④学生心理健康的保健者；⑤教育教学的研究者；⑥家长代理人；⑦学生的朋友。

（二）教师职业角色的形成

教师职业角色的形成主要经历以下三个阶段。

1.教师角色的认知

角色认知是指角色扮演者对某一角色行为规范的认识和了解，知道哪些行为是合适的，哪些行为是不合适的。一般来说，从教 1 ~ 2 年的新手型教师就能够形成较完整的教师角色认知。

2. 教师角色的认同

教师角色的认同是指个体亲身体验并接受教师角色所承担的社会职责，用以控制和衡量自己的行为。对教师角色的认同，是成熟地扮演教师角色的情感基础。教师可以在其由新手型教师向专家型教师转化的过程中体验到这种情感。

3. 教师角色的信念

教师角色的信念是指教师在角色扮演中，将职业角色的社会要求转化为个体需要，坚信自己对教师职业的正确认识，并将其作为规范自己行为的指南，形成职业的自尊心和自豪感。信念坚定并努力去实践，正是专家型教师的显著特点。

（三）教师威信

1. 教师威信的概念

教师威信是教师的人格、能力、学识及教育艺术在学生心理上引起的信服而又崇拜的态度反映。教师威信的高低是以他们在学生心目中的地位、他们的教育活动对学生心理产生的影响来衡量的。

2. 影响教师威信形成的因素

在教师威信的形成过程中，以下几个教师个人主观因素起着极为重要的作用：①教师高尚的思想道德品质、渊博的知识和高超的教育教学艺术是获取威信的基本条件；②教师的仪表、作风和习惯，是教师获得威信的必要条件；③师生平等交往是教师获得威信的重要条件；④在师生交往过程中，教师给学生留下的第一印象的好坏对教师能否获得威信有较大影响。

3. 建立教师威信的途径

教师可以通过下列途径建立自己的威信：①培养自身良好的道德品质；②培养良好的认知能力和性格特征；③注重良好仪表、风度和行为习惯的养成；④给学生以良好的第一印象；⑤做学生的朋友与知己。

4. 教师威信的维护和发展

教师应从以下几个方面来维护和发展自己的教师威信：①教师要有坦荡的胸怀、实事求是的态度；②教师要正确认识和合理运用自己的威信；③教师要有不断进取的敬业精神；④教师要言行一致，做学生的楷模。

三、教师的心理特征

教师的心理特征是指教师在长期的教育教学实践活动中扮演的各种不同的角色，使其逐渐形成的特有的心理品质。

（一）教师的认知特征

1. 教师的知识结构

申继亮和辛涛等人认为教师的知识结构包括以下几个方面：①本体性知识，指教师所具有的特定的学科知识；②实践性知识，指教师在面临实现有目的的行为中所具有的课程情境知识和与之相关的知识；③条件性知识，指教师所具有的教育学和心理学知识。

2. 教师的教学能力

申继亮等人把教师的教学能力分成以下几个方面。

①教学认知能力。教学认知能力是指教师对所教学科的定理法则和概念等的概括化程度，以及对所教学生的心理特点和自己所使用的教学策略的理解程度。

②教学操作能力。教学操作能力是指教师在教学中使用策略的水平，其水平高低主要看他们是如何引导学生掌握知识、积极思考、运用多种策略解决问题的，它是教师课堂教学能力的集中体现。

③教学监控能力。教学监控能力是指教师为了保证教学达到预期目的，而在教学的全过程中，将教学活动本身作为意识对象，不断对其进行积极主动的计划、检查、评价、反馈、控制和调节的能力。

在整个教学能力结构中，教学认知能力是基础，教学操作能力是教学能力的集中体现，而教学监控能力是关键。

> **✔ 真题陈列架**
>
> （2018 年下·单选·20）刘老师在教学过程中善于引导学生掌握知识，积极思考，运用多种策略解决问题。这说明他的哪种教学能力比较突出？（　　）
>
> A. 教学认知能力　　　　　　　　B. 教学反思能力
>
> C. 教学监控能力　　　　　　　　D. 教学操作能力
>
> 【答案】D。

（二）教师的人格特征

教师的人格特征是影响教学的重要因素，其包含的内容是多方面的，如教师的职业信念、教师的职业性格等。研究材料表明，在教师的人格特征中，有两个重要特征对教学效果有显著影响：一是教师的热心和同情心；二是教师富于激励和想象的倾向性。

1. 职业信念

教师的职业信念是指教师对成为一个成熟的教育教学专业工作者的向往和追求，它为教师提供了奋斗的目标，是推动教师成长的巨大动力。有关职业信念的心理研究主要集中于以下两方面。

（1）教学效能感

教学效能感一般指教师对自己影响学生行为和学习结果的能力的一种主观判断。这种判断会影响教师对学生的期待、对学生的指导，从而影响教师的工作效率。阿什顿等人的研究表明，教学效能感高的教师对学生寄予较高的期望，认为自己对学生的成长负有责任并相信自己能教好学生。

阿什顿在班杜拉的理论基础上，把教师的教学效能感分为两个部分：一般教学效能感和个人教学效能感。前者指教师对教与学的关系、教育在学生身心发展中的作用等问题的一般看法和判断，后者指教师认为自己能够有效地影响学生，相信自己具有教好学生的能力。

（2）教学归因

教学归因是指教师对学生学习结果的原因的解释和推测，这种解释和推测所获得的观念必然会影响其自身的教学行为。

例如，倾向于将原因归于外部因素的教师，他们往往会更多地将学生的学习结果归结于学生的能力、教学条件、学生的家庭等因素，因而，面对挫折时，他们比较倾向于采取职业逃避策略，做出怨天尤人或者听之任之的消极反应；倾向于将原因归于自身因素的教师，他们更愿意对学生的学业成败承担责任，因而，能比较主动地调节自己的教学行为，积极地影响学生的学习活动。

2. 职业性格

盖兹达等人认为优秀教师性格品质的基本内核是"促进"。"促进"包括以下三个方面。

（1）理解学生

有效的教学依赖于教师对学生的理解，教师要真正理解学生，就应心胸豁达，具有敏感性、移情作用和客观性的品质。

（2）与学生相处

有效的教学取决于有效的交往。能否进行有效的交往，取决于下面几点：真诚、非权势、积极相待、善于交往的技能。

（3）了解自己

了解自己主要指的是教师能感受到与他人相处时产生的情感或心境。教师对自己执教时产生的心理状态的了解和控制，是教师保持健康心理和有效施教的一个重要问题。

✏️ **真题陈列架**

（2019年上·单选·21）李老师对自己的教学能力十分自信，认为自己能教好学生。这主要反映了他的哪种心理特征？（　　　）

    A. 教学责任感　　　　　　　　　B. 教学幸福感

    C. 教学理智感　　　　　　　　　D. 教学效能感

【答案】D。

（三）教师的行为特征

1. 教师的教学行为

林崇德认为，教师的教学行为可以从以下六个方面来衡量：一是教学行为的明确性，即教师的教学行为是否明确；二是多样性，即教师的教学方法是否灵活、多样，调动学生学习积极性的手段是否有效；三是任务取向，即教师在课堂上的所有活动是否是围绕教学任务而进行的；四是富有启发性，即教师的课堂教学对学生能否启而得法；五是参与性，即在课堂教学中，班上的学生是否都积极地参与到教学活动中去；六是及时评估教学效果，即教师能否及时掌握学生的学习状况和课堂中出现的问题，并据此调整自己的教学节奏和教学行为。如果一个教师能做到以上六个方面，那么他的教学行为应是非常恰当的，教学效果必然会很好。

2. 教师的期望行为

教师的期望或明或暗地传递给学生后，学生会按照教师的期望方式去塑造自己的行为。这种影响被称为教师期望效应，也被称为罗森塔尔效应或皮格马利翁效应。这说明教师对学生的期望能对学生产生巨大的影响。它启示我们，教师对学生应该给予积极期望，学生才会按照教师所期望的方向来塑造自己的行为。

✏️ **真题陈列架**

（2017年下·单选·21）教师在课堂上提问一些有难度的问题时，通常会不由自主地将眼光停留在那些优秀的学生身上。这种现象反映的是（　　　）。

    A. 从众效应　　　　B. 木桶效应　　　　C. 期待效应　　　　D. 投射效应

【答案】C。

四、教师的成长心理

（一）新手型教师与专家型教师的比较

根据研究结果，专家型教师和新手型教师在课前计划、课堂教学过程和课后教学评价三个方面都存在差异。新手型教师与专家型教师的比较见表 8-2。

表8-2　新手型教师与专家型教师的比较

		专家型教师	新手型教师
课前计划	总体评价	与新手型教师相比，专家型教师的课时计划简洁、灵活、以学生为中心并具有预见性	
	简洁性	简洁，只是突出了一节课的主要步骤和教学内容	把大量的时间用在课时计划的一些细节上
	中心	依赖于课堂教学活动中学生的行为	往往依赖于课程的目标
	灵活性	能根据学生的先前知识安排教学进度，有很大的灵活性	一般不随课堂情境做出修改
	预见性	备课时，表现出一定的预见性	备课时，更多地提到自己做什么，而不能预测计划执行时的情况
课堂教学过程	课堂规则的制定与执行	明确并能坚持执行	较为含糊，不能坚持下去
	吸引学生注意力	有一套完善的维持学生注意的方法	缺乏吸引学生注意力的方法
	教材的呈现	在教学时注重回顾先前的知识，并能根据教学内容选择适当的教学方法	一上课就开始讲一些较难的和使人迷惑的教学内容，而不注意此时学生还未进入课堂学习状态
	课堂练习	将练习看作检查学生学习的手段	仅仅把练习当作必要的步骤
	家庭作业的检查	具有一套检查学生家庭作业的规范化、自动化的常规程序	检查学生作业较为费时、效率不高
	教学策略的运用	具有丰富的教学策略，并能灵活运用	缺乏或不会运用教学策略
课后教学评价		多谈论学生对新材料的理解情况和认为课堂中值得注意的活动	更多地关注课堂中发生的细节

（二）教师成长的历程

福勒和布朗根据教师的需要和教师在不同时期所关注的焦点问题，把教师的成长划分为关注生存、关注情境和关注学生等三个阶段。

1. 关注生存阶段

处于关注生存阶段的一般是新教师。他们非常关注自己的生存适应性问题，关注对课堂的控制是否被学生喜欢，关注领导和同事对自己的评价。例如，"学生喜欢我吗？""同事们如何看我？""领导是否觉得我干得不错？"等。因而，有些新教师可能会把大量的时间都花在如何与学生搞好个人关系上，有些新教师则可能想方设法控制学生，而不是更多考虑如何让他们获得学习上的进步。

2. 关注情境阶段

处于关注情境阶段的教师把关注的焦点投向了提高学生的成绩，从而把精力放在如何教好每堂课上。他们关心的是如何教好每堂课的内容，一般总是关心诸如班级的大小、时间的压力和备课材料是否充分等与教学情境有关的问题。例如，"内容是否充分得当？""如何呈现教学信息？""如何掌握教学时间？"等。一般来说，老教师比新教师更关注此阶段。

3. 关注学生阶段

处于关注学生阶段的教师关注的是根据学生的差异而采取适当的教学，促进学生的发展。教师认识到学生们的先前知识和学习能力是不同的，同样一种材料、同样一种教学方法，不一定适合所有学生。于是，教师针对不同的学生确定不同的学习目标、选择不同的学习内容、采用不同的教学方法。能否自觉关注学生是衡量一个教师是否成长成熟的重要标志之一。

> **真题陈列架**
>
> （2018 年上·单选·21）江金当了一段时间教师后感到自己完全能够适应教学的基本要求，此时他把关注的焦点投向了如何提高学生成绩、教好每堂课。按福勒的教师成长阶段论，江金处于（ ）。
>
> A. 关注生存阶段　　　　　B. 关注学生阶段
>
> C. 关注情境阶段　　　　　D. 关注自我阶段
>
> 【答案】C。

（三）教师专业发展的方式

1. 基于学习与研究中的专业发展

教师即学习者，通过学习所教学科的知识、教育理论知识、教育实践的基本技术和方法知识、现代教育技术的知识和教育科研知识等来丰富自己的知识底蕴。教师即研究者，主要是通过对实践性问题的研究来加深对教学的理解。

2. 基于教学实践的专业发展

教师即实践者，实践性知识对教师的日常教学行为起着实际的指导作用，对促进教师的成长具有重要的意义。教师即行动者，通过积极开展"为了行动而研究，对行动进行研究，在行动中研究"来改进自己的教学。

3. 基于教学反思的专业发展

教师即反思者，教师自觉地把自己的教学实践作为认识对象，进行全面而深入的思考和总结，从而不断改善自己的教学行为，提高自己的教学水平，这是教师成长的重要途径。

4. 基于自我发展的专业发展

教师即自主成长者，自我发展倡导的是"以师为本"的发展理念。它会激励教师在教学实践中通过学习与研究主动地建构自己的知识体系，以获得新的发展。

5.基于信息化环境的专业发展

教师即信息技术的使用者，教师信息技术素养的提高，会激励自己在教学中自觉地使用信息技术，从而促进教学内容、教学方式和学生学习方式的变革。

> **真题陈列架**
>
> （2017年上·单选·21）李老师经常自觉地对自己的讲课过程进行分析，进行全面深入的归纳与总结，以不断改善自己的教学行为，提高自己的教学水平。李老师的做法是基于下列哪种专业发展方式？（　　　）
>
> A.教学实践　　　　B.教学研究　　　　C.自我发展　　　　D.教学反思
>
> 【答案】D。

（四）教师成长与发展的基本途径

教师成长与发展的基本途径主要有两个方面：一方面是通过师范教育培养新教师作为教师队伍的补充；另一方面是通过实践训练提高在职教师的能力与素质。

1.观摩和分析优秀教师的教学活动

课堂教学观摩可分为组织化观摩和非组织化观摩。组织化观摩是有计划、有目的的观摩，非组织化观摩则没有这些特征。一般来说，在培养新教师和提高教学经验欠缺的年轻教师的能力与素质时，宜进行组织化观摩，这种观摩可以是现场观摩（如组织听课），也可以是观看优秀教师的教学录像。通过观摩分析，学习优秀教师驾驭专业知识、进行教学管理、调动学生积极性等方面的教育机智和教学能力。

2.开展微格教学

微格教学指以少数的学生为对象，在较短的时间（5～20分钟）内，尝试做小型的课堂教学，可以把这种教学过程摄制成录像，课后再进行分析。这是训练新教师、提高教学水平的一条重要途径。

3.进行专门训练

专家教师所具有的教学常规和教学策略是可以教给新教师的，新教师掌握这些知识后，会在一定程度上促进其教学。但仅靠短期训练来缩小专家与新手的差别是不够的。

4.反思教学经验

对教学经验的反思，又被称为反思性实践或反思性教学，这是一种思考教育问题的方式，要求教师具有做出理性选择并对这些选择承担责任的能力。著名教育心理学家波斯纳提出了一个教师成长公式：经验+反思=成长。

布鲁巴奇等人在1994年提出了以下四种反思的方法。

①反思日记。在一天教学工作结束后，要求教师写下自己的经验，并与其指导教师共同分析。

②详细描述。教师相互观摩彼此的教学，详细描述他们所看到的情景，教师们对此进行讨论分析。

③交流讨论。来自不同学校的教师聚集在一起，首先提出课堂上发生的问题，然后共同讨论解决的办法，最后得到的方案为所有教师及其他学校所共享。

④行动研究。为弄清楚课堂上遇到的问题的实质，探索用以改进教学的行动方案，教师以及研究者合作进行调查和实验研究。它不同于研究者由外部进行的旨在探索普遍法则的研究，而是直接着眼于教学实践的改进。

五、教师的心理健康

（一）教师心理健康的概念

教师心理健康是指教师在教育教学过程中有意识地完善人格，发挥心理潜能，维护和增强心理各方面的机能和社会适应能力，预防各种心理疾病，使个人的心理机能发挥到最佳状态。

（二）教师心理健康的标准

教师心理健康的标准是开展教师心理教育，维护教师心理健康的重要前提。教师心理健康的标准至少应包括以下几点：①良好的职业角色认同；②积极稳定的情绪、情感；③和谐的人际关系；④良好的自我意识；⑤坚强的意志品质；⑥丰富的创造力。

（三）教师的职业压力与应对

1. 教师的职业压力

教师的职业压力是因为工作而引起的压力，是教师对来自教学情境的刺激而产生的消极情绪反应。

职业压力对教师的消极影响主要表现在生理、心理和行为上。在生理上，可能导致教师身体疾病增多，如头疼、头晕、疲劳、炎症等；在心理上，表现为焦虑、紧张、压迫、无助、受挫、忧郁、缺乏自信等消极情绪；在行为上表现为易冲动、暴躁、行为失控、工作效率低、缺勤等不良行为。长期的职业压力最终会造成教师的职业倦怠。

2. 教师的职业压力来源

教师的职业压力来源是多方面的。伍尔若和梅将教师职业压力按性质的不同分为以下五类。

①中心压力——较小的压力及日常的麻烦（例如，某次课的幻灯片丢了）。

②外围的压力——教师经历的重大生活事件或压力情节（例如，换到一所新的学校或长期的人际关系冲突）。

③预期性压力——教师预先考虑到的令人不愉快的事件（例如，与校长将要进行一次谈话）。

④情境压力——教师现在的心境。

⑤回顾压力——教师对自己过去的压力事件及相关经历进行的评价。

3. 教师职业压力的应对

应对是指教师面对职业压力所采用的认知和行为方式的改变以及情绪的调整。应对的策略包括以下两大类。

①直接行动法，即积极地处理压力源的所有策略，包括找出并监视职业压力的来源，减少过多过重的职业压力；调整个人的期望水平，制定合适的工作目标；改变易增加压力的行为方式，处理好工作与休闲的关系；扩展应对资源，善于寻求和利用社会支持。

②缓解方法，即努力减轻由职业压力引起的消极情绪体验，包括积极认知，理智、客观、积极地看待压力对自身的影响，形成面对压力的良好心态；主动应对，提高抗压能力；掌握调控方法，学会心理放松，缓解不良情绪。

（四）教师的职业倦怠与干预

1. 教师职业倦怠的含义与来源

"职业倦怠"的概念是美国心理学家弗登伯格最早提出来的，指个体在长期的职业压力下，缺乏应对资源和应对能力而产生的身心耗竭状态。

2. 职业倦怠的特征

玛勒斯等人认为职业倦怠主要表现在以下三个方面。

（1）情绪耗竭

情绪耗竭，又被称为情绪衰竭、情感衰竭等，是倦怠的个体压力维度，主要表现在生理耗竭和心理耗竭两个方面。

生理耗竭是职业耗竭的临床指标，表现为极度的慢性疲劳、力不从心、疲乏虚弱、睡眠障碍（失眠/嗜睡）、头痛、食欲异常（厌食/贪食）等。

心理耗竭是职业倦怠的核心维度，也是最明显的症状表现，特指丧失工作热情、情绪波动大，容易迁怒他人，感到自己的感情处于极度疲劳状态。

（2）去人性化

去人性化，又被称为去人格化等，是职业倦怠的人际关系维度，指刻意在自身和工作对象间保持距离，对工作对象和环境采取冷漠和忽视的态度。去人性化的教师表现为以一种消极的、否定的、麻木不仁的态度和情感对待学生，对待有些学生像对待没有生命的物体一样。

（3）个人成就感低

个人成就感低，又被称为无力感等，是职业倦怠的自我评价维度。个人成就感低的教师表现为消极地评价自己，自我效能感下降，贬低自己工作的意义和价值，工作变得机械化且效率低下，缺乏适应性。

3. 教师职业倦怠的干预

合理地预防、积极地应对以减少和消除职业倦怠，个体干预与组织干预是达到这一目标的两种重要途径。

（1）个体的自我干预

个体自我干预的目的是通过改变个体自身的某些特点来增强适应工作环境的能力。个体自我干预的主要方法有放松训练、认知压力管理、时间管理、社交训练、压力管理和态度改变等。以下是个体干预职业倦怠的几种有效建议。

①观念的改变。当个体认为自己的付出没有回报时，就会产生职业倦怠。因此，教师要学会正确看待自己的工作。

②积极的应对策略和归因方式。努力使自己成为更加内控的人，把原因归结为个体可以控制的因素，如努力程度。当自己有职业倦怠的症状时，要勇于面对现实，反思自己的压力来源，主动寻求专业人士的帮助。

③合理的饮食和锻炼。教师要进行合理的饮食和锻炼，尤其是锻炼，它是一种精神娱乐法，可以分散教师的注意力，从而让教师放松紧张的情感和身体。

（2）组织的有效干预

组织干预的思路是通过削减过度的工作时间、降低工作负荷、明确工作任务、积极沟通与反馈、建立有效的社会支持系统来防止和缓解职业倦怠。

> ✏️ **真题陈列架**
>
> （2016年上·单选·19）孟老师近期工作比较消极，漠视学生的存在，对学生态度麻木，缺乏应有的尊重。依据职业倦怠的特征，孟老师的这些表现属于（　　　）。
>
> A. 情绪枯竭 　　　　B. 去人性化 　　　　C. 成就感低 　　　　D. 知识枯竭
>
> 【答案】B。

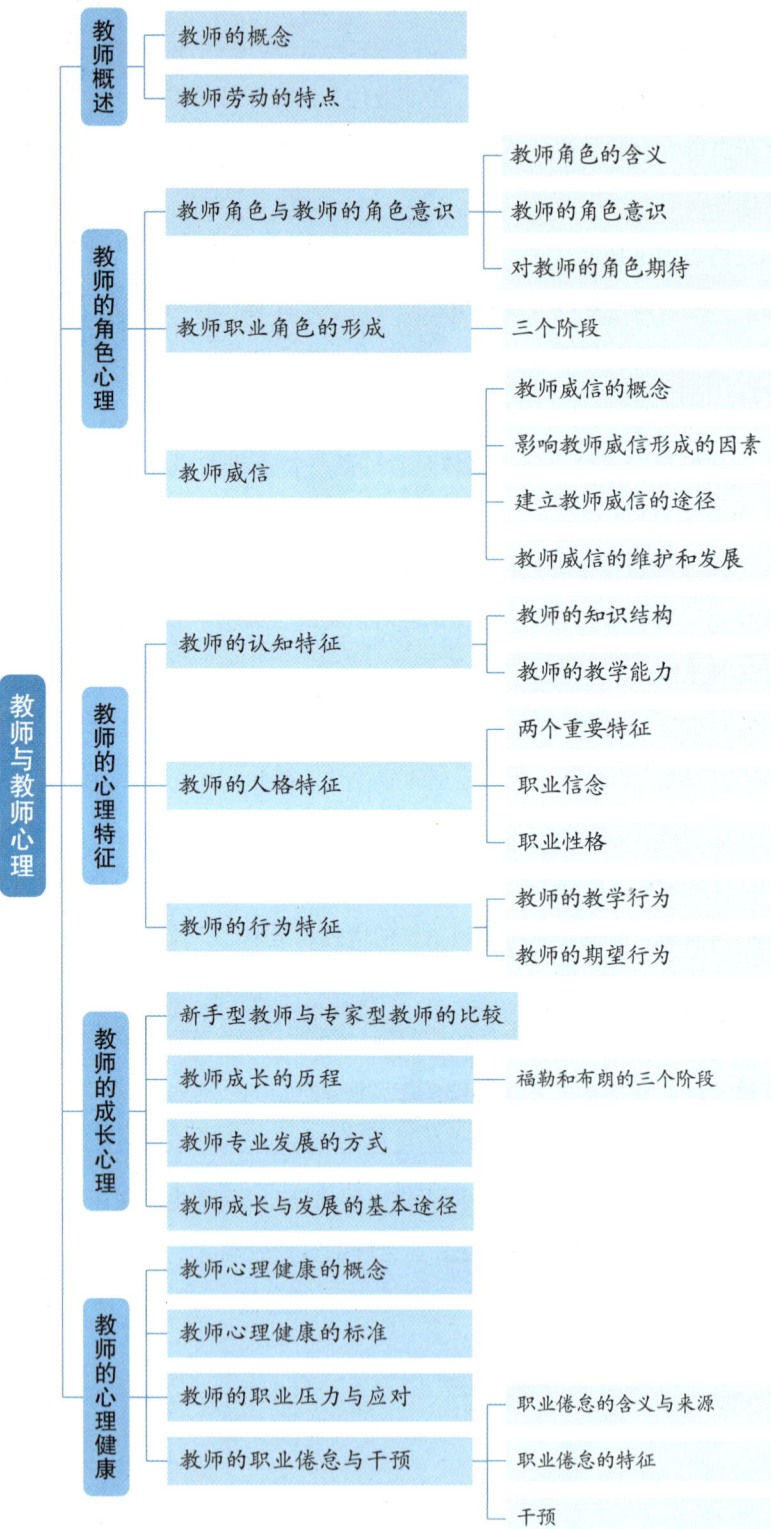

记忆保温箱

教师与教师心理

- 教师概述
  - 教师的概念
  - 教师劳动的特点
- 教师的角色心理
  - 教师角色与教师的角色意识
    - 教师角色的含义
    - 教师的角色意识
    - 对教师的角色期待
  - 教师职业角色的形成
    - 三个阶段
  - 教师威信
    - 教师威信的概念
    - 影响教师威信形成的因素
    - 建立教师威信的途径
    - 教师威信的维护和发展
- 教师的心理特征
  - 教师的认知特征
    - 教师的知识结构
    - 教师的教学能力
  - 教师的人格特征
    - 两个重要特征
    - 职业信念
    - 职业性格
  - 教师的行为特征
    - 教师的教学行为
    - 教师的期望行为
- 教师的成长心理
  - 新手型教师与专家型教师的比较
  - 教师成长的历程
    - 福勒和布朗的三个阶段
  - 教师专业发展的方式
  - 教师成长与发展的基本途径
- 教师的心理健康
  - 教师心理健康的概念
  - 教师心理健康的标准
  - 教师的职业压力与应对
  - 教师的职业倦怠与干预
    - 职业倦怠的含义与来源
    - 职业倦怠的特征
    - 干预